金牌教练
教象棋
丛书

梁大师讲残局

【下册】

梁文斌◎著

经济管理出版社
ECONOMY & MANAGEMENT PUBLISHING HOUSE

图书在版编目（CIP）数据

梁大师讲残局（上、下册）/梁文斌著．—北京：经济管理出版社，2012.12
（金牌教练教象棋丛书）
ISBN 978－7－5096－2144－8

Ⅰ.①梁…　Ⅱ.①梁…　Ⅲ.①中国象棋－残局（棋类运动）　Ⅳ.①G891.2

中国版本图书馆 CIP 数据核字（2012）第 250700 号

组稿编辑：王　琼　郝光明
责任编辑：王　琼　郑学文
责任印制：黄　铄
责任校对：陈　颖

出版发行：经济管理出版社
（北京市海淀区北蜂窝 8 号中雅大厦 A 座 11 层　100038）
网　　　址：www.E-mp.com.cn
电　　　话：（010）51915602
印　　　刷：三河市泃河印刷厂
经　　　销：新华书店
开　　　本：720mm×1000mm/16
印　　　张：31
字　　　数：573 千字
版　　　次：2013 年 4 月第 1 版　2013 年 4 月第 1 次印刷
书　　　号：ISBN 978－7－5096－2144－8
定　　　价：56.00 元（含上、下册）

目　录

第十七章 车马残局

第301局 车马胜车双士

"车马有仕相必胜车双士",而没士没相则易和棋。本局属于高难残局,取胜的诀窍是先把黑王逼出,然后车马在侧翼攻势中吃士或杀王。

本局是著名特级大师杨官璘的取胜之战(图301)!

1. 帅六平五　将6进1

为什么不车4进3吃仕呢?车三进三,将6进1,马六退五,车4平8,车三退三,车8进1,帅五退一,车8进1,帅五进一,车8退3,马五进三,车8平5,帅五平六,士5进4,车三进二,将6退1,马三进四,车5退4,车三进一,将6进1,马四退二,红棋胜势。

2. 帅五平四　车4进1	**3. 仕六退五　车4平6**
4. 仕五进四　士5进4	**5. 车三退一　车6退2**
6. 马六退五　车6平8	**7. 车三进三　将6退1**
8. 车三进一　将6进1	**9. 马五进三　士6退5**
10. 帅四平五　车8进5	**11. 帅五退一　车8进1**
12. 帅五进一　车8退6	**13. 车三退一　将6退1**
14. 车三进一　将6进1	**15. 帅五进一（参考图）　……**

"红王"上三楼是绝佳顿挫,经漫长争斗终于迎来胜利的曙光。

15. ……　士5进6

黑车不能移动,只好撑士。

16. 车三退一　将6退1	**17. 车三进一　将6进1**
18. 车三退二　士6退5	**19. 马三进二（绝杀,红胜）**

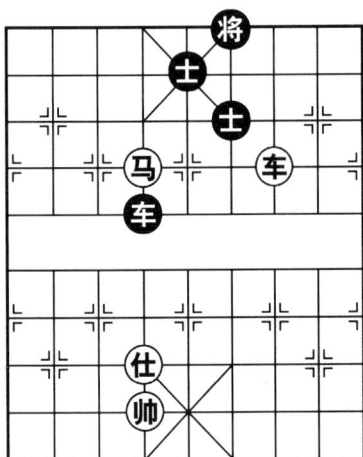

图 301

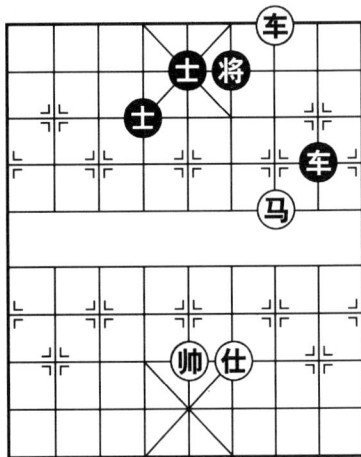

参考图

第 302 局　车马胜车双士

本局是 1995 年全国象棋个人赛，李智屏大师取胜之战（图 302）！

1. 车七平五　士 6 进 5
2. 马五进六　车 1 平 6
3. 车五平三　将 5 平 6

倘若车 6 退 2，车三进三，车 6 退 2，车三退二，车 6 进 4，车三平二，车 6 进 2，马六进七，车 6 平 5，帅五平四，士 5 退 6，马七进六，将 5 进 1，车二平四，红胜。

4. 车三进三　将 6 进 1
5. 仕六进五　车 6 平 4
6. 马六进四　车 4 平 6
7. 马四退二　车 6 平 8

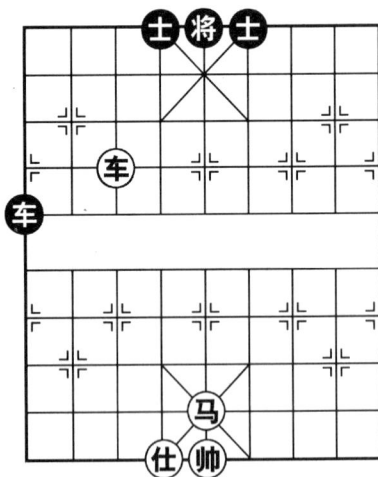

图 302

8. 马二进四　车 8 平 6
9. 马四退二　车 6 平 5
10. 马二进三　车 5 退 2
11. 马三进一　车 5 平 9
12. 马一退二（红胜）

第303局　车马胜车双士

如图303，红马似乎在劫难逃，要想赢有点儿难，甚至是梦想，但是陈富杰大师却把梦想变为现实！

1. 车九进三　将4进1

车死死压住红马，似乎无可非议，但是黑王上三楼总还是有点儿风险。似可车7进1坚守为宜。

2. 相三进一　……

倘若车九退四，车7退1，车九平六，将4平5，帅五平六，车7平4，和棋。

2. ……　　将4退1

3. 相五进三　将4进1

4. 仕五退四　……

敞开仕相借用红帅远程助攻！

4. ……　　将4退1

5. 车九退一　将4进1

退车叫杀是解救红马的绝着！

6. 车九退三　……

6. ……　　将4退1

7. 车九平六　士5进4

8. 车六平三　车7平6

别无良策！倘若车7进3，马三退四，将4退1，马四退三，红棋胜势。

9. 车三平七　士6退5

10. 马三退二　车6进1

11. 马二退三　……

红马安然无恙，高调撤回。

11. ……　　车6平5

12. 仕四退五　将4退1

13. 车七进四　将4进1

采取以退为进迂回战术。

14. 马三退一　……

14. ……　　车5进4

阻断右马左移的通道。

15. 马一退二　士5进6

16. 马二退三　车5平4

17. 车七退五　将4平5

18. 马三进四　车4平6

19. 车七平六　将5平4

20. 帅五平六　士6退5

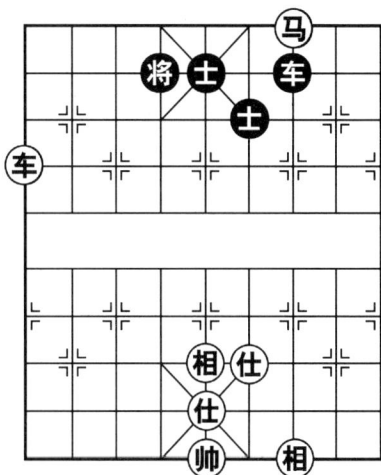

21. 车六平七　车6退2

图303

退车防止红车偷吃中士。

22. 马四进五 ……

几经辗转，红马终于从黑棋底线返回，即将展开车马侧翼攻势。

22. ……	车 6 平 4	**23.** 帅六平五	士 5 进 6
24. 车七进四	将 4 退 1	**25.** 马五进七	将 4 平 5
26. 车七进一	将 5 进 1		

27. 车七退二（参考图） ……

退车捉士是攻城擒王的佳着！

27. …… 将 5 进 1

无奈！倘若将 5 平 4，相一退三，车 4 进 1，仕五进六，红胜。

28. 马七进九 ……

跳边马暗伏小小陷阱！一旦车 4 平 1，车七平六，将 5 平 4，马九进八，抽车红胜。但是这步棋也略有急躁之嫌，应相三退五安定后院再伺机攻击为佳。

28. …… 士 6 退 5

似可车 4 平 2，相三退五，车 2 退 1，车七退三，将 5 退 1，马九退八，车 2 进 1，红棋还要重新组织攻势。

参考图

29. 车七退一	车 4 平 6	**30.** 马九退七	将 5 平 6
31. 马七退五	将 6 退 1	**32.** 车七平三	……

车马侧翼攻杀，黑棋防不胜防。

32. ……	士 5 进 6	**33.** 马五进四（红胜）	

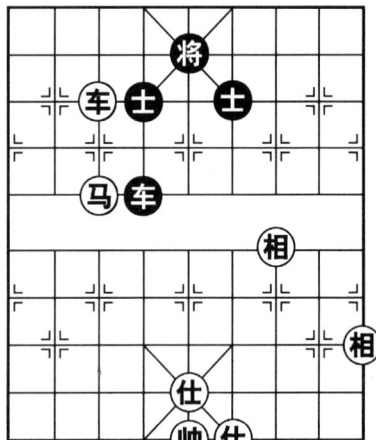

第 304 局　车马和车双象

"车马对车双象"是红棋难赢、黑棋难和的高难残局。

多年前在成都全国象棋团体赛，作者与四川著名象棋老前辈刘剑青交谈"车马对车双象残局"，刘大师认为"车马必胜"。刘老前辈与他儿子刘健先生是这个残局专家，曾有专著出版。在大量比赛实战残局中"车马"的胜率相当高，但也不乏和棋出现。

本局是 1981 年第 1 届五羊杯全国象棋冠军邀请赛，杨官璘与柳大华的"马拉松"之战（图 304）！

1. 车三平六	象 3 进 1	**2.** 车六进二	……

红车占领卒林线很重要的点位。

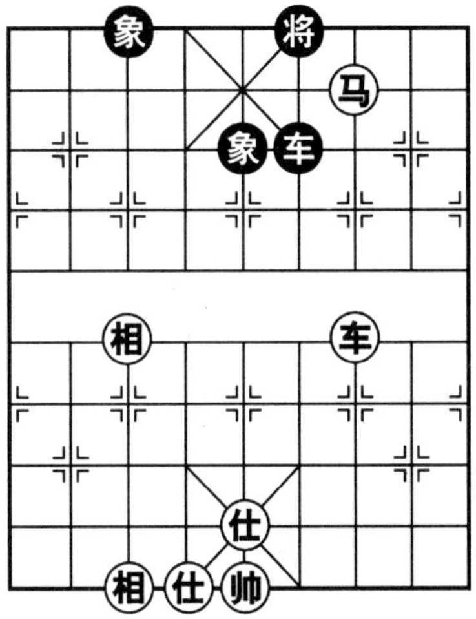

2. ……　　　象 1 进 3

3. 马三退二　车 6 进 3

4. 相七退五　车 6 进 1

5. 相五退三　车 6 退 1

6. 相三进一　车 6 退 1

7. 马二进三　车 6 退 4

8. 马三退四　将 6 进 1

9. 马四进六　车 6 进 2

10. 马六进八　车 6 退 2

11. 马八退六　车 6 进 2

12. 马六退八　车 6 退 2

13. 马八进七　将 6 退 1

14. 车六平三　车 6 进 4

16. 相一退三　车 6 退 1

18. 相三进一　将 6 进 1

19. 车五平二　车 6 进 4（参考图 1）

20. 马六进五　……

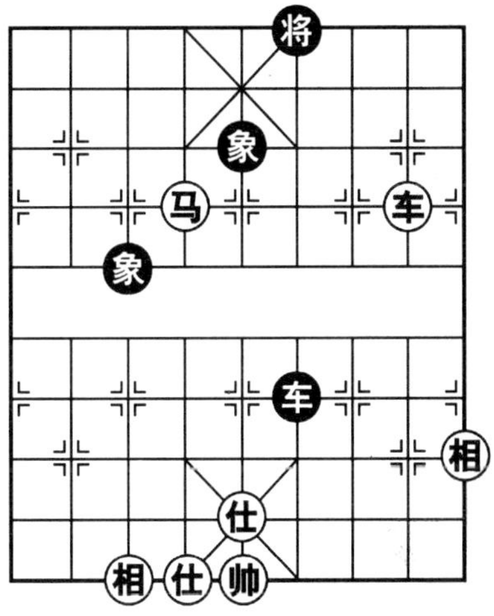

图 304

15. 车三平五　将 6 进 1

17. 马七退六　车 6 退 3

倘若马六进八，车 6 退 1，车二平六，车 6 退 1，仕五进四，将 6 进 1，红棋也难找到取胜之路。

20. ……　　　将 6 平 5

21. 马五退七　将 5 平 6

22. 相一进三　车 6 退 2

23. 车二进三　将 6 进 1

24. 车二平五　车 6 进 2

25. 车五平六　……

无功而返！倘若马七进八，车 6 平 4，黑可抗衡。

25. ……　　　车 6 退 3

27. 车六退三　车 6 退 2

29. 相三退一　将 6 进 1

26. 马七退六　车 6 进 1

28. 马六进四　将 6 退 1

30. 马四退三　将 6 退 1

参考图 1

特级大师柳大华精准无误的防御，使堪称一流的残局专家杨官璘在 30 多个回合后依然没有取得突破性进展。

31. 仕五进四　将6进1

32. 马三进二（参考图2）　车6进5

柳特大在限着坚持30多个回合的情况下，仍然吃仕而使限着重新开始，看来是胸有成竹！

33. 仕六进五　车6退2

34. 马二进一　将6平5

35. 马一退二　车6进1

36. 帅五平六　将5平6

37. 马二进一　将6平5

38. 马一退二　将5平6

39. 马二退三　车6退4

40. 马三进四　将6退1

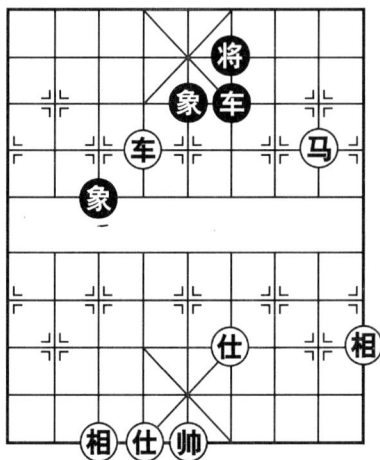

参考图2

41. 帅六平五　将6进1

42. 马四退五　车6进2

43. 车六平五　车6退2

44. 马五进六　将6退1

45. 仕五进四　将6进1

46. 相一进三　象3退1

47. 车五平二　车6进4

48. 车二进二　将6退1

49. 车二退一　象1退3

50. 马六进五　将6平5（和棋）

第305局　车马和车双象

本局是1999年首届少林汽车杯全国象棋八强赛，赵国荣与柳大华两位特级大师之战！如图305，黑方是边象，明显不如中象的防守形势。但是柳特大仍然顶住赵特大的攻势，堪称经典！

1. 马五退七　……

倘若马五进六，车5平6，帅四平五，象7退5，车六平五，将5平6，马六进八，象5进3，马八进六，车6平4，相五进三，象9进7，仕五进四，象3退5，黑可抗衡。

1. ……　　车5平6

2. 帅四平五　将5平6

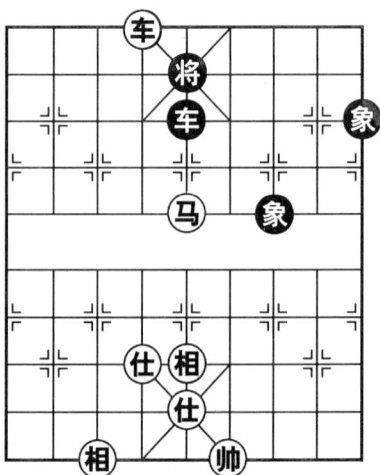

图305

3. 车六退三　将6平5

4. 车六平二　车6平4

5. 马七进八　车4平2

6. 马八退六　车2平6

7. 马六进四　将5平4

8. 马四退五　车6进3

似应车6平7坚守为宜。

9. 马五进六　象9退7（参考图1）

10. 马六进八　……

错失良机！似应马六退八，车6退3，车二平七，象7进9，车七进二，将4退1，马八进七，红胜。

10. ……　　　将4平5

11. 马八退六　将5平4

12. 马六进七　……

又失良机！应马六退八，车6退3，车二平七，车6平2，马八进七，将4进1，仕五进四，车2进4，车七平六，将4平5，车六平三，红棋可胜。

12. ……　　　象7进5

13. 车二进二　将4退1

14. 车二退二　将4进1

15. 相七进九　车6退1

16. 相五退七　车6平3

17. 马七退九　将4平5

18. 车二平四　象5退3

19. 马九退七　象3进5

20. 帅五平四　车3平2

21. 马七退六　车2平3

22. 马六退五　车3进2

23. 马五退三　将5退1

24. 马三进四　车3退2（参考图2）

红马上下腾挪，被黑车一着封锁，倍减光彩。

25. 马四进二　将5进1

26. 马二进三　将5退1

27. 马三进四　将5进1

28. 马四退二　将5平4

29. 车四平五　车3平6

30. 帅四平五　车6退2

31. 马二退四　将4平5

32. 仕五进四　将5平6

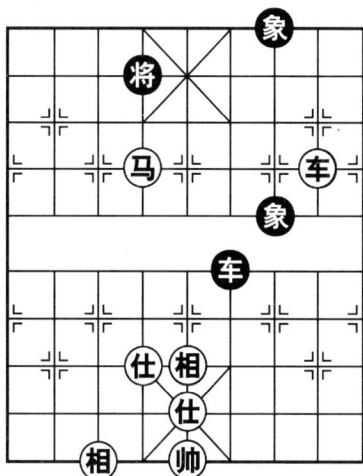

参考图1

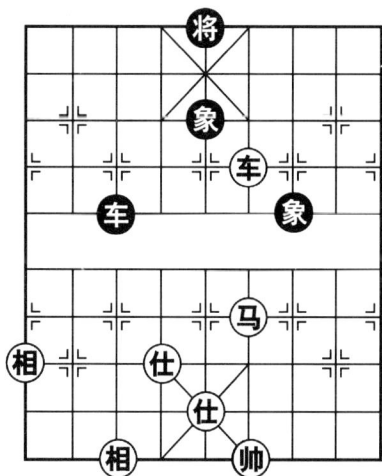

参考图2

253

33. 车五平六　将6退1　　34. 马四退六　将6进1

35. 马六退八　将6退1　　36. 马八进七　将6平5

37. 车六平三　车6进4　　38. 马七进九　将5平6

39. 马九进八　车6平5　　40. 相七进五（和棋）

第306局　车马胜车双象

"车马对车双象"的残局中，必胜定式不多，但本局是必胜定式。请看2008年象甲联赛，特级大师谢靖精彩杰作（图306）！

1. 相五进七　车4平3

2. 车八退三（参考图）　车3平4

为什么不将4进1呢？仕五进四，以下黑棋有三种选择：①象3进1，马三退四，将4退1，车八平六，将4平5，马四进三，将5进1，车六进三，象1进3，马三退四，将5平6，车六退六，将6退1，马四进三，车3退1，车六进六，将6进1，马三退一，将6平5，马一进二，绝杀，红胜。②象5进3，马三退四，车3平5，仕六退五，车5平6，车八平六，将4平5，帅五平六，将5平6，车六进二，将6退1，马四进六，象3退5，车六进一，将6进1，车六平七，车6进2，车七退一，将6退1，帅六平五，车6平4，马六进八，红棋胜势。③车3平4，车八进二，将4退1，车八平五，象5进3，车五进一，将4进1，车五平七，红棋胜势。

3. 车八平五　……

精妙！逼迫黑车不能横向移动！

3. ……　　车4进3

无奈！倘若象5进3，车五进三，将4进1，车五平七，红胜。

4. 车五平四（红胜）

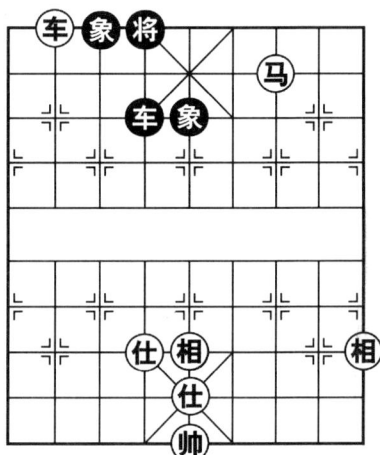

图306

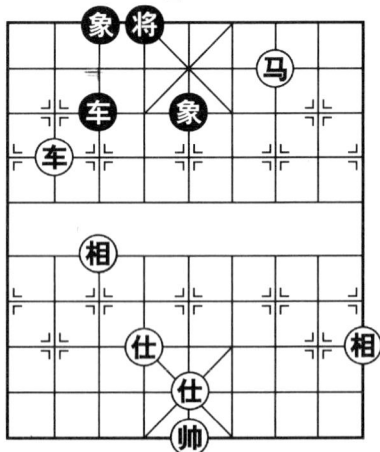

参考图

第 307 局　车马胜车双象

本局是 2003 年全国象棋团体赛，许文学大师速胜佳作（图 307）！

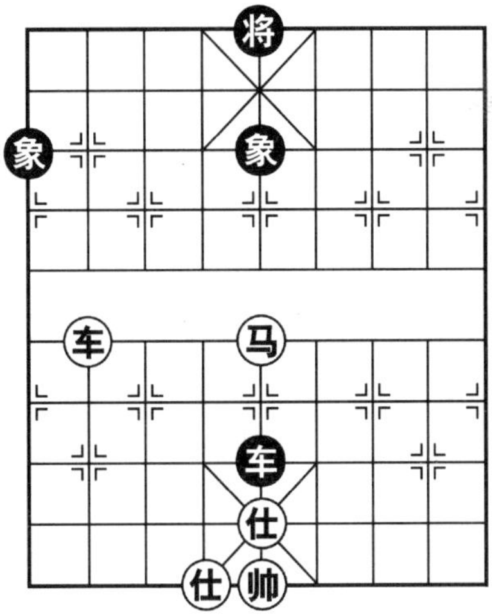

　　1. 马五进六　车 5 平 3

　　倘若象 1 退 3，车八平二，将 5 平 6，车二平四，将 6 平 5，帅五平四，将 5 平 4，车四进五，将 4 进 1，车四平五，车 5 平 2，车五退二，红胜。

　　2. 车八平二　将 5 平 4

　　3. 马六进七（红胜）

图 307

第 308 局　车马胜车双象

本局是 2003 年全国象棋团体赛，张申宏大师取胜杰作（图 308）！

　　1. 仕五进四　车 6 平 5

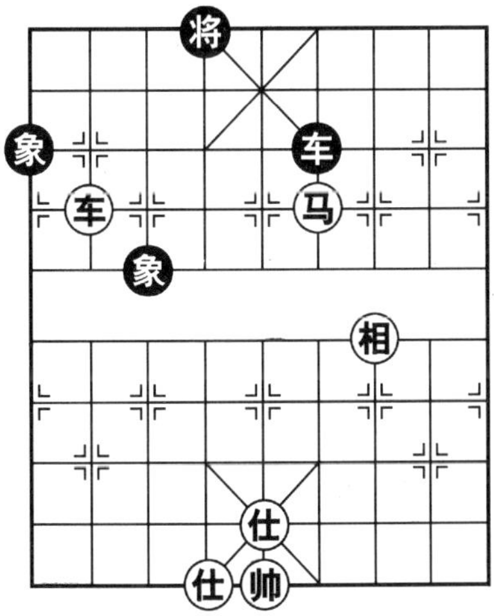

　　倘若象 3 退 5，马四退六，将 4 平 5，车八进三，将 5 进 1，马六进七，将 5 平 6，车八平五，车 6 平 8，马七进六，车 8 进 7，帅五进一，车 8 平 4，马六退五，车 4 退 6，马五进六，车 4 进 4，车五退一，将 6 退 1，车五平四，红胜。

　　2. 仕六进五　车 5 平 6

　　3. 马四退五　……

　　似可车八平六，将 4 平 5，帅五平六，将 5 平 6，马四进六，车 6 进 2，帅六平五，车 6 退 2，相三退一，车 6 进 4，车六平五，红胜。

　　3. ……　　　　车 6 平 3

图 308

似应象 3 退 5 坚守为佳。

4. 车八平六　将 4 平 5　　　　**5. 马五进四　车 3 平 6**

6. 帅五平六　……

精巧！

6. ……　　　将 5 平 6　　　　**7. 马四进六（红胜）**

第 309 局　车马胜车双象

本局是 2009 年全国智力运动会，广州著名棋手黎德志取胜之战（图 309）！

1. 车五平七　……

佳着！黑棋难以招架。

1. ……　　　象 3 退 1

倘若车 2 进 1，马五进七，绝杀，红胜。

2. 车七退一　将 4 退 1

倘若将 4 进 1，马五进三，车 2 进 1，马三进四，红胜。

3. 马五进七（红胜）

倘若接走将 4 平 5，帅五平四，红胜。

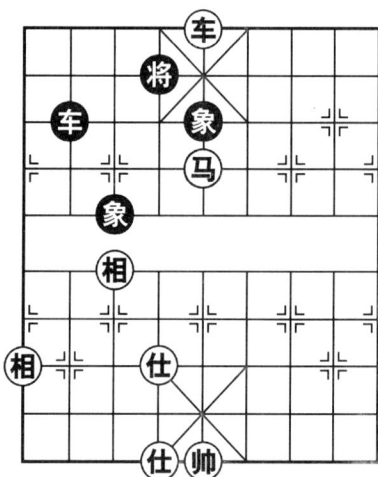

图 309

第 310 局　车马胜车双象

本局是 2003 年全国象棋团体赛，女子全国象棋冠军金海英精彩取胜佳作（图 310）！

1. 马六退八　……

佳着！

1. ……　　　象 3 进 1

倘若车 4 退 3，马八进七，车 4 平 7，帅五平四，将 5 平 4，车四平七，红棋胜势。

2. 帅五平四　象 5 进 3

倘若象 5 退 3，车四退四，车 4 退 1，马八退六，将 5 退 1，车四平五，将 5 平 4，马六进七，将 4 进 1，车五进四，车 4 平 6，仕五进四，将 4 进 1，帅四平五，车 6 退 4，车五退三，红胜。

3. 车四退一　将 5 退 1　　　　**4. 车四退三（红胜）**

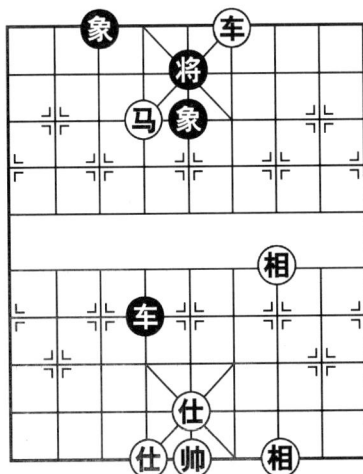

图 310

第 311 局　车马胜车双象

本局是 2008 年荥阳楚河汉界杯象棋棋王争霸赛，广州著名棋手黎德志取胜之战（图 311）！

1. 车三平五　……

红车占中绝妙，奠定胜利基础！

1. ……　　　车 6 进 5

2. 帅五进一　车 6 退 7

3. 车五进三　将 6 进 1

4. 马八进五（红胜）

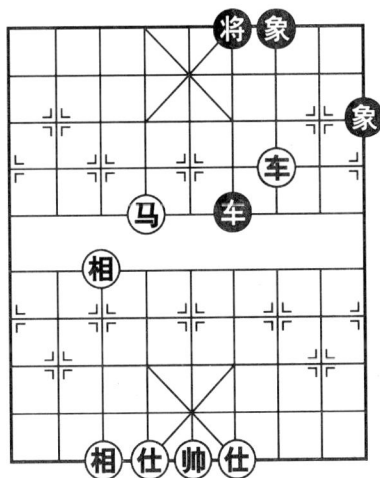

图 311

第 312 局　车马和车单缺象

"车马难胜车单缺象"。在大量实战中"和棋多，赢棋少"（图312）。

1. 马九进八　车3平5

2. 仕四进五　车5平3

3. 马八进九　车3退1

4. 仕五退四　将5平4

5. 马九进七　将4进1

6. 帅五进一　士5进4

倘若士5进6，车九退三，士6进5，马七退九，士5进4，马九退八，车3进2，车九进二，将4退1，车九平八，形成车马对车双士，红棋胜势。

7. 马七退九　车3平2

8. 车九平四　士4退5

9. 车四平五　将4进1

10. 车五平九　将4退1

11. 帅五退一　士5退4（和棋）

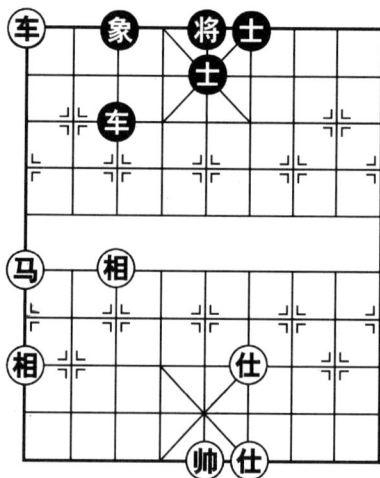

图 312

第 313 局　车马和车单缺象

网络原版残局。弃象链马也是和棋（图313）。

1. 车三平二　象9退7

2. 车二进三　车6平7

3. 车二平三　将6进1

4. 仕五进四　车7进1（和棋）

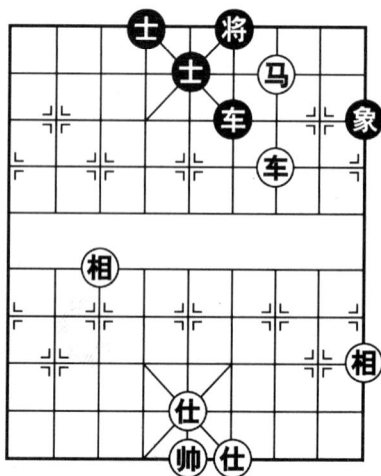

图 313

第314局 车马和车单缺象

本局是2007年全国象棋个人赛，许银川与赵鑫鑫两位顶级棋手演绎55回合"马拉松"大战，终局平分秋色（图314）。

1. 车四进二　车7平8
2. 马二退三　车8平7
3. 仕五进六　车7进2
4. 马三退五　车7退2
5. 马五进六　车7平4
6. 马六进八　车4平2
7. 马八退七　车2平7
8. 马七进六　车7平4
9. 车四退二　象7进9
10. 仕四进五　象9退7
11. 相五进三　象7进9
12. 车四平五　象9退7
13. 仕五退六　象7进9
14. 车五平二　象9退7
15. 车二进三　车4平7
16. 帅五平四（参考图1）　士5进4

唯一解杀之着。

17. 车二退三　象7进9
18. 相三进五　象9退7
19. 车二平五　士4进5
20. 帅四平五　车7平8
21. 车五退一　车8平7
22. 马六退八　车7平6
23. 马八进九　将5平6

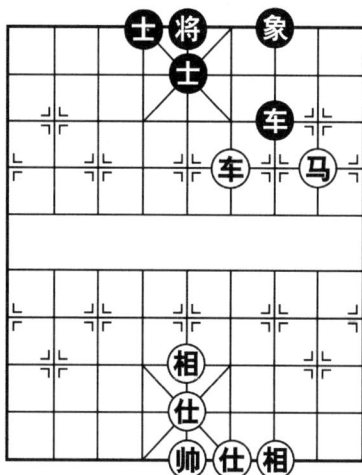

图314

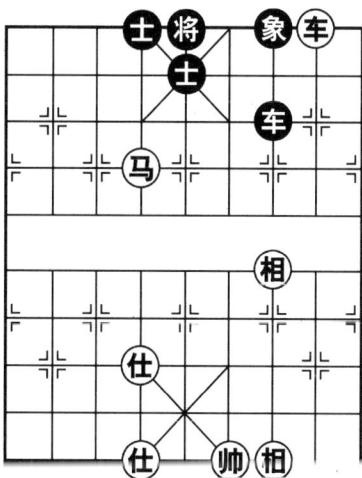

参考图1

24. 马九进七　车6进7
25. 帅五进一　车6退1
26. 帅五退一　车6进1
27. 帅五进一　车6退1
28. 帅五退一　车6进1
29. 帅五进一　车6退7
30. 车五平三　象7进9
31. 车三平二　象9退7
32. 车二进一　车6进6

33. 帅五退一	车 6 进 1	**34.** 帅五进一	车 6 退 1
35. 帅五退一	车 6 进 1	**36.** 帅五进一	车 6 退 7
37. 帅五平六	车 6 进 6	**38.** 仕六进五	车 6 退 6
39. 帅六退一	车 6 平 7	**40.** 车二平四	车 7 平 6
41. 车四平八	车 6 平 7		
42. 车八进三	将 6 进 1		
43. 马七退六	车 7 进 2		
44. 马六退五	车 7 退 1		
45. 马五进七	象 7 进 9 （参考图 2）		

特级大师赵鑫鑫的防御绝对一流，使全球棋艺最高水平者"许仙"屡攻不入，无良计攻城。两位特级大师的实战攻守，是青少年爱好学习实用残局的良好教材！

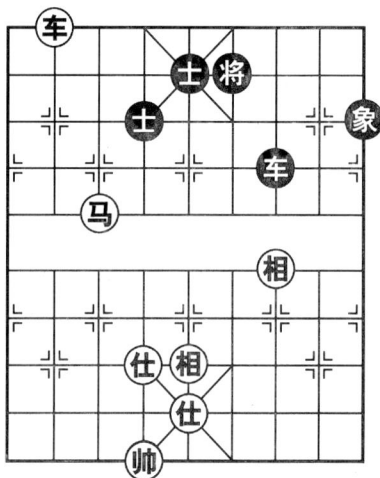

46. 马七退八	车 7 进 1		
47. 相三退一	车 7 退 1		
48. 马八进六	象 9 退 7		
49. 马六进四	车 7 进 1	**50.** 马四进五	车 7 退 2
51. 马五退六	象 7 进 9	**52.** 马六进四	车 7 平 6
53. 马四退二	车 6 平 8	**54.** 马二进四	车 8 平 6
55. 马四退二 （和棋）			

参考图 2

第 315 局　车马胜车单缺象

黑棋车单缺象守和车马似乎不难，一旦丢子必输无疑！

本局是 1991 年宝仁杯象棋世界顺炮王争霸战，法国麦迪峰与荷兰袁枢森之战（图 315）！

1. 车八平五	车 6 退 1	**2.** 马六进七	将 5 进 1
3. 马七退五 （红胜）			

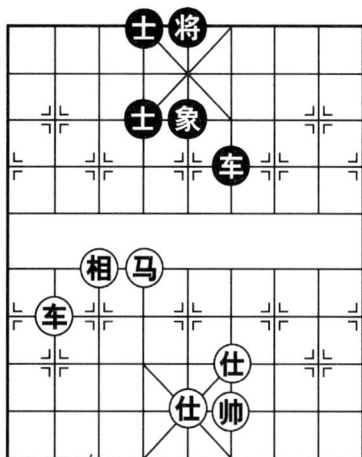

图 315

第 316 局　车马胜车卒士象全

倘若说车马能战胜车卒士象全，似乎是荒诞不经，但在特殊形势之下，车马仍有巧胜之机。

本局是 2001 年翔龙杯象棋电视快棋赛胡荣华表演"凤凰夺巢"的取胜佳作（图 316）！

1. 车九退二　……

擒王佳着！

1. ……　　　象 5 退 3

2. 马五退三　……

退马控盘抽车，恰到好处！

2. ……　　　车 4 进 2

3. 车九平七　……

良好的顿挫！

3. ……　　　象 3 进 1

5. 马三退四（红胜）

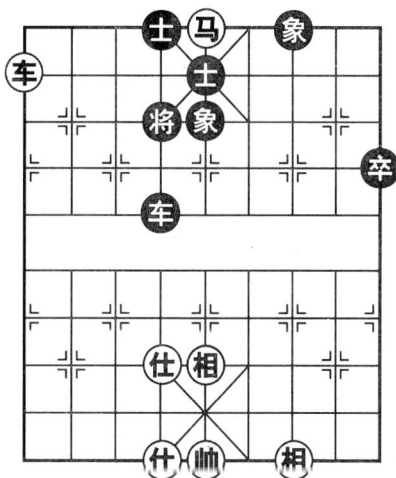

图 316

4. 车七进一　将 4 退 1

第十八章　车马兵残局

第317局　车马兵胜车士象全

"车马兵必胜车士象全"。常见战略是①马换双士，②马换双象，③兵换双士，④兵换单士单象及利用攻势白吃士象等。

本局是车马兵战胜车士象全最佳基本定式，形成（图317）车马兵的战术组合，基本百分百获胜。

1. 帅五平四　象9进7

2. 兵三进一　车4平3

3. 兵三进一　……

小兵长驱直入难以抵挡。

3. ……　　　象7退9

4. 兵三平四　车3平4

5. 兵四进一　……

弃兵是谋车的妙着！

5. ……　　　士5退6

6. 车四进三　将5进1

7. 车四平六　车4进1

8. 车六退三（红胜）

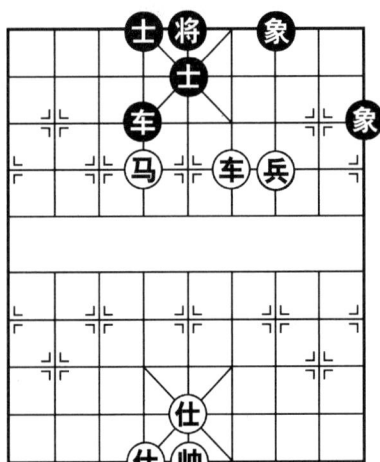

图317

第318局　车马兵胜车士象全

"车马兵对车士象全"属于高难残局。虽然车双兵是必胜，但在大量实战中的和棋率还是相当高的，甚至在大型比赛中，一流高手的和棋也是屡见不鲜。造成和棋主要与小兵下冲过急有关。

以下是作者闭门造车之作，也许会对读者朋友有所启发和借鉴（图318）。

1. 兵三平二 ……

为什么小兵渐行渐远呢？从某种意义上讲，这步棋是为卒林红车留下三路线一条看似平凡的通道，也许是车双兵战胜孤车士象全的秘诀！

1. …… 车8平7

2. 马六进八 将5平6

倘若象5退7，马八进七，将5平6，车六平四，以下黑方有两种选择：①车7平6，车四进一，士5进6，帅五平四，士4进5，相五退七，士5进4，马七退

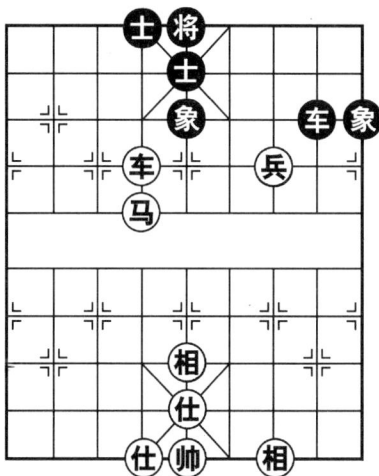

图318

六，将6进1，兵二平三，士4退5，兵三进一，象9进7，兵三进一，将6退1，马六进五，象7进5，马五退七，红胜。②士5进6，马七退六，将6进1，兵二平三，车7平8，帅五平四，士4进5，车四平五，士5退6，车五退一，车8进4，车五平四，车8退4，马六进四，红胜。

3. 车六平四 车7平6

4. 车四平三 象5退7

5. 马八退七 将6平5

6. 马七进六（参考图） ……

佳着！通过调兵遣将终于迎来与上一局相近的形势。

6. …… 车6进4

无奈！倘若车6平4，车三平四，车4平3，帅五平四，车3平4，兵二进一，象9进7，兵二进一，车4平3，兵二平三，象7退9，兵三平四，车3平4，兵四进一，士5退6，车四进三，将5进1，红胜。

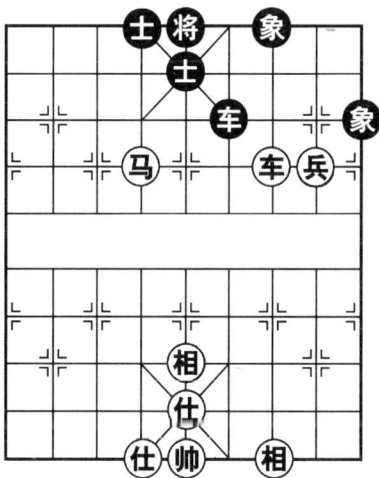

参考图

7. 马六进七 将5平6

8. 兵二进一 车6退4

9. 兵二进一 ……

冲兵点穴，黑棋崩溃！

9. …… 象7进5

10. 马七退五 ……

虎口献马，精妙凶悍！

10. ……　　　车6平5　　　**11.** 车三进三　将6进1

12. 兵二平三　将6进1　　　**13.** 车三平二（红胜）

第319局　车马兵胜车士象全

原版网上对局。

在"孤车士象全"的防御中，有一
种误区，认为"撑起羊角士不怕马来
将"。可是撑起羊角士却要遭到"以马换
双士"的毁灭性攻击，因车双象很难抵
抗车兵的攻杀（图319）。

1. 马五进四　象7进5

倘若车6平3，兵三进一，象7进5，
车五平六，车3退2，兵三平四，车3退
1，车六退二，士5退6，马四进六，车3
平4，帅五进一，象3进1，帅五平四，
象5进7，兵四进一，将5进1，车六平
五，象7退5，车五平一，红胜。

2. 车五平六　……

随时准备以马换士。从某种意义上讲，"羊角士"是导致败局的"癌症"。

2. ……　　　将5平6　　　**3.** 马四进六　士5进4

4. 车六进一　……

马换双士后，黑棋立马危机四伏。

4. ……　　　车6进5　　　**5.** 帅五进一　车6退1

6. 帅五退一　将6平5　　　**7.** 车六进一　……

控将定位，老练细腻！

7. ……　　　车6退4　　　**8.** 兵三进一　象5退7

9. 兵三平四　车6平5　　　**10.** 仕六进五（红胜）

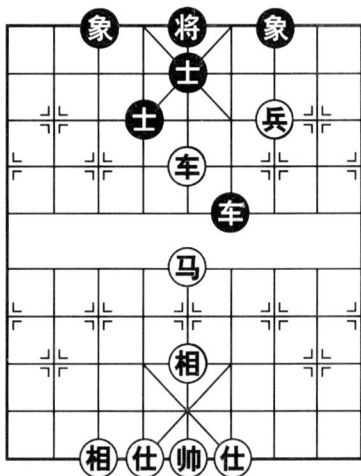

图319

第320局　车马兵胜车士象全

网络原版对局。

本局将再一次体现"羊角士"危险后果（图320）。

1. 车九平四　车4进4

2. 马五进四　士5进6

3. 车四进一　……

马换双士后，黑将面临十分危险的境地。

3. ……　　　将5进1

4. 车四平二　……

杀棋，顿挫精妙！倘若车四平三，黑有车4平7，暂解燃眉之急。

4. ……　　　象5进3

多少有点儿业余的味道。似应象5进7为宜。

5. 车二平三　……

捉死象，黑棋败局已定。

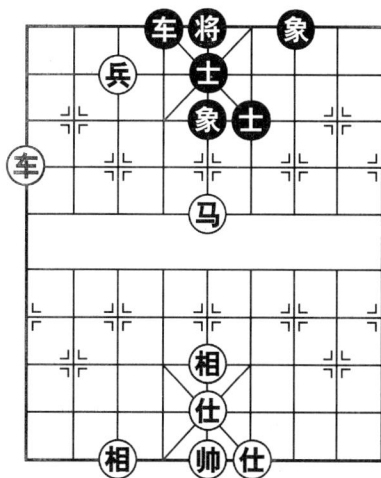

图 320

5. ……　　　象7进9　　　6. 车三平一　车4平7

7. 车一平六　车7平5　　　8. 兵七平六　将5平6

9. 相五进七　车5进1

信马由缰，加速失败！

10. 车六退二　将6进1　　　11. 车六平七　车5退2

12. 车七平四　将6平5　　　13. 车四进四　将5平4

14. 兵六平七（红胜）

第 321 局　车马兵胜车士象全

原版网上对局。

不仅"羊角士"是孤车士象全的噩梦，凡是遭到马换双士的自杀式袭击，后果惨重（图321）。

1. 车二平七　象3进1　　　2. 兵七进四　将4退1

3. 马四进五　……

借捉象之机，实施马换双士之策。

3. ……　　　士6进5　　　4. 车七平五　象1退3

5. 车五平四　将4平5　　　6. 车四退四　将5进1

7. 车四进五　象3进5　　　8. 兵五平四　将5平4

9. 车四退一　将4退1　　　10. 车四退一　车4进1

11. 车四进二　将4进1

12. 车四退一　将4进1

13. 兵四进一　象5进7

14. 车四平五　车4进2

15. 相五退三　车4平6

16. 兵四进一　象7退5

17. 车五平七　象5进7

18. 车七退一　将4退1

19. 车七退四　将4进1

20. 车七平五　车6退2

21. 仕五进六　车6平4

22. 车五进六（红胜）

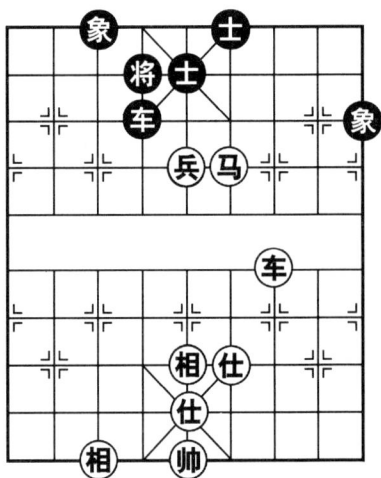

图 321

第 322 局　车马兵和车士象全

"车马兵战胜孤车士象全"是一场漫长的"马拉松"之战，比赛中由于"限时限着"两把利剑高悬空中，应胜不胜也在情理之中。

本局是 1998 年全国象棋大师冠军赛，龚晓民与洪智两位大师之战（图 322）。

1. 车六平四　……

似应兵三平二为宜。

1. ……　　　车2平6

2. 车四平七　车6平2

3. 马八退七　车2平4

4. 车七平九　车4平3

5. 马七进六　车3平4

6. 帅五平四　车4平3

借势冲兵，争胜佳着。

7. ……　　　车3平4

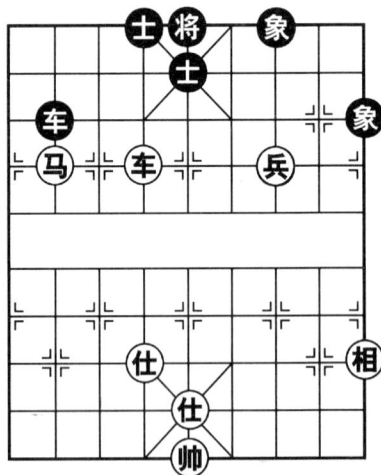

图 322

7. 兵三进一　……

8. 兵三进一　……

似可马六退四，车4平2，车九平五，车2平4，马四进六，象9进7，车五平四，迎来胜利之曙光！

8. ……　　　　士5退6（参考图1）

9. 马六退七　……

错失良机！似可兵三平四，士6进5，帅四平五，象9进7，马六退五，象7退9，车九平五，车4平6，车五平四，车6平8，马五进六，士5进4，车四平五，士4进5，马六进八，车8平6，马八退七，将5平4，马七进九，将4平5，马九进八，车6退1，马八退六，将5平6，马六进四，将6进1，红胜。

9. ……　　　　车4平7

10. 兵三平二　车7平8

11. 兵二平三　车8平7

12. 兵三平二　车7平8

参考图1

13. 兵二平三　车8平7

14. 兵三平二　车7平6

15. 帅四平五　车6退1

16. 车九平五　士4进5

17. 车五平二　车6进1

18. 马七进六　车6平3

19. 兵二平三　将5平4

20. 马六退五　车3进7

21. 仕五退六　车3退7

22. 仕六退五　车3平5

23. 车二平六　将4平5

24. 马五进四　车5平6

25. 兵三进一（参考图2）　……

在"限着"的利剑威胁下，冲兵换象迫不得已，但这也是和棋定式。

25. ……　　　　象9退7

26. 仕五进四　车6平5

27. 仕六进五　车5平6

28. 仕五退四　车6平5

29. 帅五平六　车5平6（和棋）

参考图2

第 323 局　车马兵胜车士象全

车马兵攻击孤车士象全的战斗各种各样。本局是 2009 年全国象棋冠军邀请赛，特级大师于幼华取胜之战（图 323）！

1. 兵三进一　士 5 进 4

2. 兵三平四　士 4 进 5

3. 兵四进一　……

兵临城下，大有黑云压城城欲摧之势！

3. ……　　　象 3 进 1

4. 仕六进五　象 1 退 3

5. 马七退五　车 3 平 8

调车左翼防御。

6. 车四平一　士 5 退 6

7. 车一平六　车 8 退 3

8. 车六平四　……

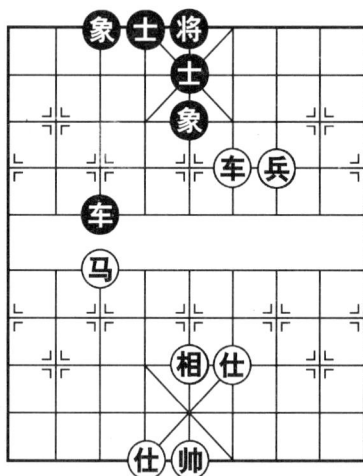

图 323

倘若兵四进一换士，形成车马对车双象，赢棋仍然难，所以不是上策。

8. ……　　　士 6 进 5　　　**9.** 马五进四　将 5 平 4

10. 马四进二　车 8 进 1

势在必行。倘若象 5 进 3，马二进三，暗伏兵四平五的杀棋。

11. 帅五平六　将 4 平 5

12. 车四平三　士 5 退 6

13. 车三进三　……

似凶实软！似可车三平六为宜。

13. ……　　　士 4 退 5

14. 马二退四（参考图）　……

诱敌之策！还是应车三退三重新组织攻击为宜。

14. ……　　　车 8 平 6

落入陷阱！似应车 8 退 1 提死小兵，尚有和棋之望。

15. 兵四平五　……

绝妙！

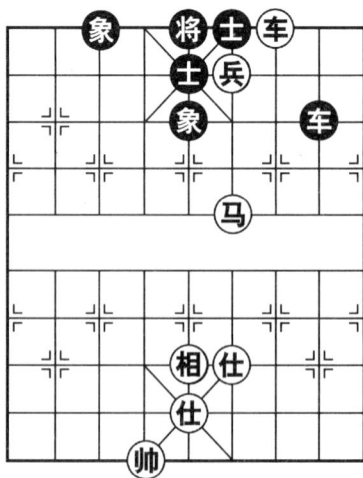

参考图

15. …… 将5进1 16. 马四进六 将5平4

17. 车三退六（红胜）

为什么放弃续战呢？倘若车6进1，车三平六，车6平5，马六进七，将4平5，车六进五，将5退1，车六平四，红胜。

第324局 车马兵胜车士象全

"羊角士"不利于"孤车士象全"的防守，往往会成为攻击的靶点。

本局是2000年全国象棋团体赛，特级大师阎文清取胜之战（图324）。

1. 马四进二 ……

佳着！

1. …… 象7进5

2. 马二进四 将4进1

倘若车3进2，兵六进一，车3平4，车八进四，车4平6，车八进一，将4平5，兵六进一，车6退3，车八平七，象3进1，车七平八，士5退4，兵六进一，将5平6，兵六平五，将6平5，车八平四，红胜。

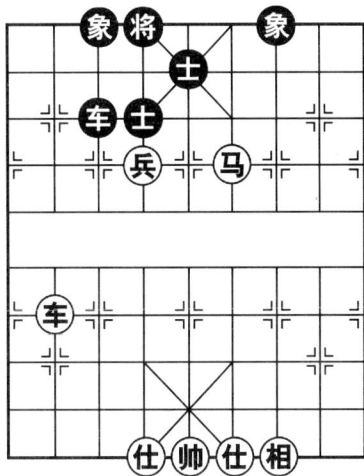

图324

3. 车八平五 将4退1 4. 车五平二 象5进7

倘若将4进1，车二进四，将4退1，仕四进五，黑棋崩溃，不丢象则丢士。

5. 车二进六 将4进1 6. 车二退二 车3平1

7. 马四退五（红胜）

第325局 车马兵胜车士象全

车马兵一旦形成有效的战术组合，其杀伤力令人不寒而栗！

本局是2002年全国象棋个人赛，蒋川大师取胜之战（图325）！

1. 车四平二 ……

亦可车四平三，车4退1，车三进六，将6平5，兵三平二，士6退5，马九退八，车4进1，车三进二，士5退6，马八退九，车4退1，车三退一，红胜。

　　1. ……　　　车 4 平 3

　　2. 车二进七　……

似可车二进六，车 3 平 4，马九退七，士 4 进 5，车二平三，车 4 退 1，马七退八，将 6 平 5，兵三平二，红胜。

　　2. ……　　　士 4 进 5

　　3. 车二进一　车 3 进 1

　　4. 兵三平二　车 3 平 7

　　5. 车二平一　象 9 进 7

　　6. 马九退七　车 7 退 1

　　7. 车一退三　……

倘若车一退一，车 7 平 9，和棋之势。

　　7. ……　　　象 7 退 9

　　8. 车一平二　士 5 退 4

　　9. 马七退六　士 4 进 5

　　10. 仕五退六　车 7 进 2

　　11. 车二平四（参考图）　……

针对"羊角士"实施打击的方向正确！

　　11. ……　　　将 6 进 1

　　12. 仕四进五　车 7 退 2

　　13. 帅五平四　象 9 进 7

　　14. 车四平五　士 5 进 4

倘若士 5 退 6，相五进三，象 7 退 9，车五进一，象 9 进 7，兵二平三，车 7 退 1，车五平四，红胜。

　　15. 马六进八（红胜）

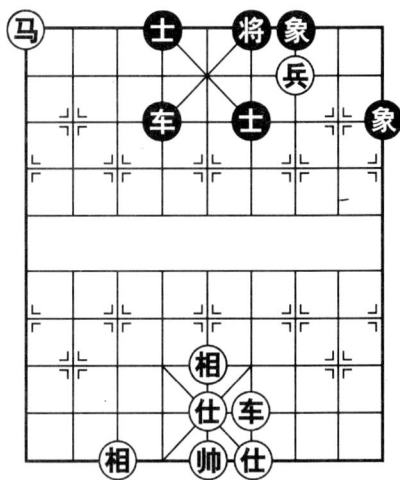

图 325

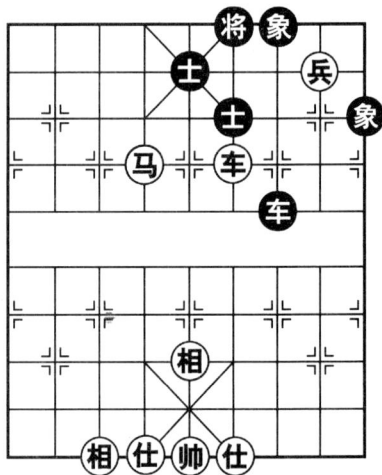

参考图

第 326 局　车马兵胜车士象全

本局是 2008 年全国象甲联赛，潘振波大师取胜之战（图 326）！

　　1. 兵三进一　士 5 退 6　　　　**2. 兵三进一　象 3 进 5**

无心恋战，似应象 7 进 9，不至于速败。

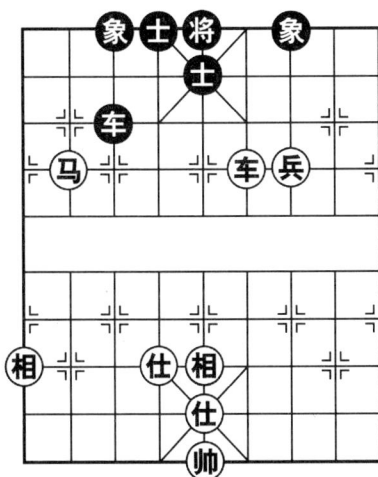

图 326

3. 车四进二（红胜）

黑棋要丢象丢士，放弃续战。

第 327 局　车马兵胜车士象全

本局是 2009 年全国象棋个人赛，陈卓大师取胜之战（图 327）！

1. 车八平六　……

吊住"羊角士"，佳着。

1. ……　　　将 4 平 5

2. 马六进四　车 3 平 4

3. 帅五平六　车 4 平 2

4. 兵三进一　车 2 平 4

5. 马四退三　象 5 进 7

6. 马三进五　象 7 退 5

7. 兵三进一　士 5 退 4

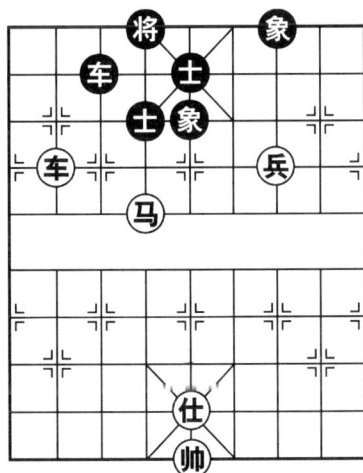

图 327

倘若士 5 退 6，马五进四，将 5 平 4，兵三平四，将 4 平 5，兵四平五，将 5 进 1，车六平三，将 5 平 6，马四进二，红胜。

8. 马五进四　将 5 平 6　　　**9.** 兵三进一　……

精妙！

9. ……　　将6进1

10. 马四退五　将6平5

11. 兵三平四（红胜）

第328局　车马兵和车炮单缺士

车马兵对车炮单缺士的和棋率相当高。

本局是1994年高科杯全国象棋邀请赛，李来群与许银川两位顶尖级棋手之战（图328）！

1. 车五平四　象5退3

2. 车四进二　车4平5

3. 兵九进一　……

强行渡河换士一战。

3. ……　　车5退2

特级大师许银川十分机警！倘若车5平1，车四平五，将5平4，马三退五，车1进5，仕五退六，车1平4，帅五进

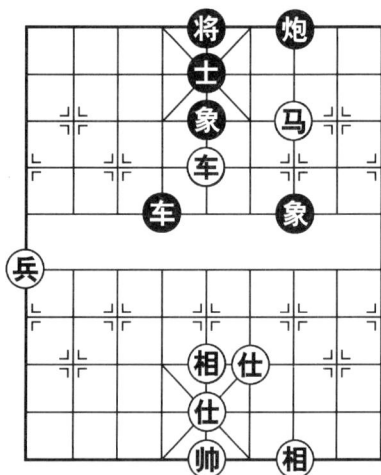

图 328

一，车4退6，马五退三，车4进5，帅五退一，车4进1，帅五进一，车4退7，车五平四，炮7平5，帅五平四，红棋优势。

4. 马三退一　象7退9

5. 车四平二　车5进2

6. 马一进三　车5退2

7. 马三退二　车5进2（参考图）

8. 马二进四　……

倘若马二进一，车5平1，黑棋也有和棋之望。

8. ……　　车5平1

9. 车二平五　将5平6

倘若错走将5平4，马四进六，车1平2，车五进一，将4进1，马六退五，红棋胜势。

10. 车五退二　车1退2

11. 马四进三　车1平6

12. 马三退二　车6平8

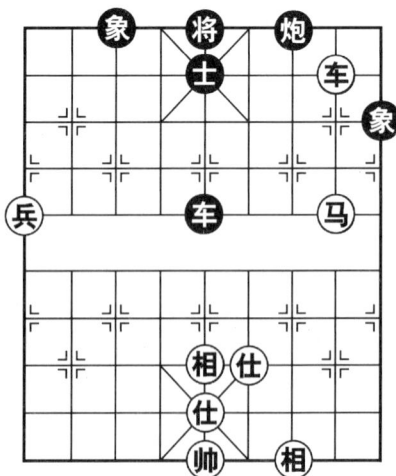

参考图

13. 车五平四 将 6 平 5　　**14. 马二进四 将 5 进 1**

15. 马四退六 车 8 平 4　　**16. 车四平五 象 3 进 5**

17. 车五平三 车 4 进 1

弃车砍炮恰到好处，立成和棋！

18. 车三平六 炮 7 进 4（和棋）

第 329 局　车马兵和车炮单缺士

红方要有耐心与毅力才有机会取胜，否则攻击过急则黑方可和棋。

本局是 2011 年伊泰杯全国象棋甲级联赛，特级大师洪智与王跃飞大师之战（图 329）！

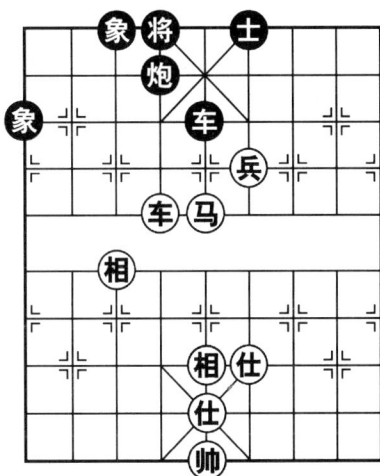

1. 兵四进一 车 5 进 1

2. 兵四进一 ……

冲兵过急，似应马五退三为宜。

2. …… 车 5 平 6

机不可失，时不再来！

3. 兵四进一 ……

无奈！倘若兵四平三，车 6 进 1，和棋之势。

图 329

3. …… 车 6 退 3　　**4. 车六进二 车 6 进 3**

5. 马五进四 车 6 退 1

弃车砍马形成炮双象和孤车残局。

6. 车六平四 将 4 平 5 （和棋）

第 330 局　车马兵胜车炮单缺士

车马兵要取胜车炮单缺士是要有点儿功夫的。

本局是 1996 年全国象棋个人赛，特级大师柳大华取胜之战（图 330）！

1. 马二退四 炮 1 平 4　　**2. 兵八平七 象 5 退 3**

3. 马四进六 车 7 退 2　　**4. 马六进七 炮 4 进 1**

5. 车四退二 车 7 进 1　　**6. 兵七平六 车 7 退 1**

7. 车四平七（参考图） 将 5 平 6

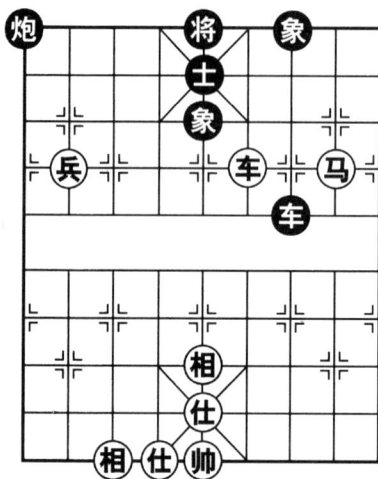

图330

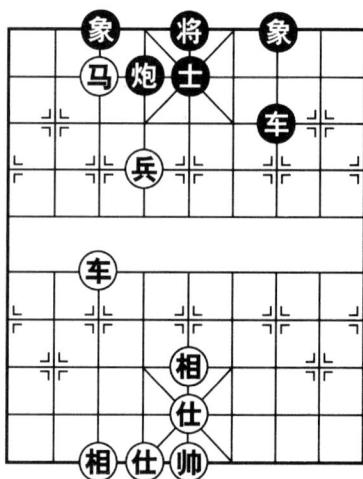

参考图

不明显软着！似应象3进1坚守为宜。

8. 马七退八 ……

丢士或丢象已成必然。

8. …… **炮4退1**

倘若象3进1，车七进四，车7平2，马八退七，炮4退1，车七平五，红棋胜势。

9. 车七进五 车7进1	**10. 车七退三 炮4平5**
11. 仕五退四 车7平6	**12. 仕六进五 将6进1**
13. 马八进七 炮5平3	**14. 车七平八 车6退1**
15. 兵六平五 车6平3	**16. 马七退五 将6进1**

无尽恋战加快失败进程！倘若将6退1，马五退三，车3平7，马三退一，炮3平5，兵五平四，炮5平4，兵四平三，车7平6，马一退三，黑棋也难免败局。

17. 车八退二 炮3平6 **18. 车八平三（红胜）**

第331局　车马兵胜车炮单缺士

本局是1997年世界象棋锦标赛，越南名将张亚明取胜之战（图331）！

1. 兵七平六 士5进4

倘若士5退4要比士5进4好点。

2. 车六平八 将6进1 **3. 车八平三 将6退1**

4. 马二退三　……

联合迂回攻击势在必行，车兵组合难以完成攻营擒王大业。

4. …… 炮8平6	**5. 车三平八** 象7进9
6. 马三进一 炮6平7	**7. 马一进三** 象9进7
8. 车八进三 将6进1	**9. 车八平三**（参考图）……

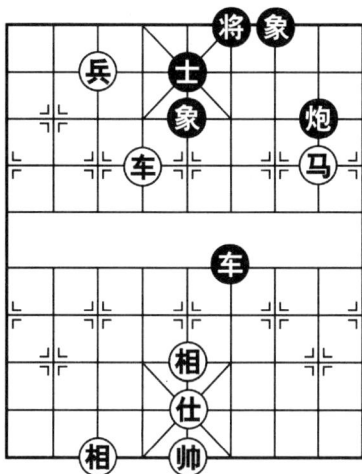

图 331

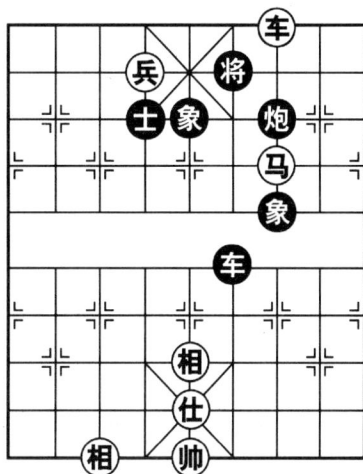

参考图

黑炮必丢，红胜。

9. …… 车6退3	
10. 马三退五 车6进2	**11. 车三退一** 将6退1

12. 车三退一　……

残局功夫精湛深厚！

12. …… 车6平5	**13. 车三平四** 将6平5
14. 帅五平四 士4退5	**15. 车四进一**（红胜）

第 332 局　车马兵和车马单缺士

车马兵要战胜车马单缺士有难度。大量实战中和棋率相当高，胜局则很少。

本局是 2008 年四川眉山全国象棋明星赛，汪洋大师与曹岩磊大师之战（图 332）！

1. 帅五平六 马4退3	**2. 帅六平五** 马3进4
3. 车九平六 马4退3	**4. 车六平一** 马3进4
5. 车一进四 马4退6	**6. 车一平二** ……

倘若车一平四，马 6 进 5，马二进三，车 7 退 1，兵二进一，马 5 退 6，马三进一，车 7 平 9，车四退二，车 9 退 2，和棋。

6. …… 车 7 退 1
7. 马二退四 车 7 平 8
8. 车二平四 马 6 进 8（和棋）

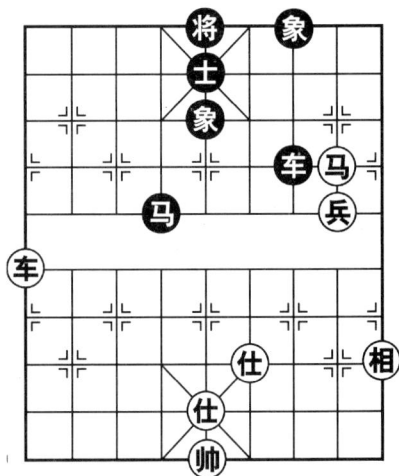

图 332

第 333 局　车马兵和车马单缺象

"车马兵难胜车马单缺象"。简单一点说，就是用马换兵而形成"车马难胜车单缺象"定式。

本局是 2005 年全国象棋大师冠军赛，苗利明大师与特级大师赵鑫鑫之战（图 333）！

1. 帅五平六 马 4 进 5
2. 马七进八 车 5 平 4
3. 帅六平五 车 4 平 3
4. 车七进九 马 5 退 4
5. 马八进九 马 4 退 3
6. 马九退七 象 5 进 3（和棋）

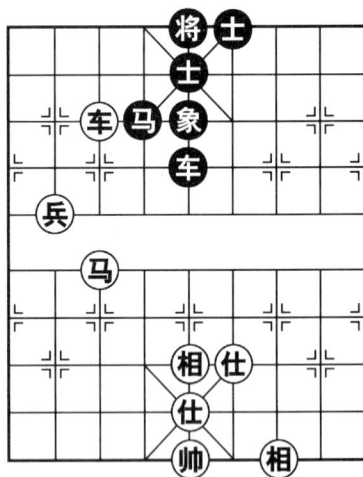

图 333

第 334 局　车马兵和车炮单缺象

"车马兵难胜车炮单缺象"，但是在大量实战中"胜和参半"。

本局是 2005 年象甲联赛，孙浩宇大师与李雪松大师之战（图 334）。

1. 马三退四　车7进1
2. 兵五进一　车7退1
3. 车一平五　炮7平9
4. 马四进二　炮9进7
5. 仕五进六　炮9退6
6. 马二进四　车7平8
7. 相五进三　车8进6

倘若炮9平5以炮换兵形成"车马对孤车单缺象"的和棋定式，但要忍受60个回合限着苦守，所以一般不愿以炮换兵。

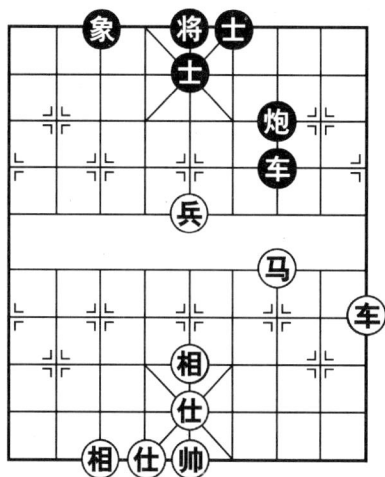

8. 帅五进一　车8退1
9. 帅五退一　车8进1
10. 帅五进一　车8退5

图 334

11. 兵五平六　车8平6
12. 马四退三　车6平4
13. 兵六平五　车4平8
14. 相三退一　车8平7
15. 马三进四　车7平6
16. 马四退二　车6平8
17. 兵五平四　车8平6
18. 兵四平三　车6退2
19. 车五平七　象3进1
20. 车七平三　车6平5
21. 相七进五　士5退4
22. 相一退三　炮9退2
23. 兵三进一　炮9平1
24. 车三进三　士6进5
25. 马二进四　车5平4
26. 马四进二　象1退3
27. 车三平一　车4平3
28. 帅五平四　士5退6
29. 车一平九　炮1进1
30. 兵三进一　车3平6
31. 帅四平五　士6进5
32. 帅五退一　炮1平4
33. 车九平六　炮4平1
34. 仕六进五　象3进5
35. 马二退一　炮1退1
36. 车六进二　炮1进2
37. 马一进三　炮1平2
38. 马二进五　车6进1
39. 车六平八　炮2平5
40. 车八退五　车6进1
41. 马五退七　象5进3
42. 车八平五　炮5平3
43. 马七进五　炮3退2
44. 马五进六　炮3平4
45. 兵三进一　……

无奈！还有3个回合双方子力没有变化，就到60回合限着而和棋。

45. ……　　　象3退5
46. 车五进四　车6退2（和棋）

277

第 335 局　车马兵胜车炮单缺象

在名手大量实战中，车马兵的胜率还是很高的。其主要原因可能是很少选择以炮换兵求得和棋。

本局是 2003 年全国象棋大师冠军赛，黄海林大师取胜之战（图 335）！

1. 兵四平五　车 2 平 8
2. 马二退四　车 8 平 6
3. 马四进六　炮 1 平 4

这步棋值得推敲，因在以下被兵换双士，无疑等于自杀式选择。似可车 6 平 4，马六退七，象 9 退 7，坚守为宜。

4. 兵五进一　车 6 进 7
5. 帅五进一　车 6 退 1
6. 帅五退一　车 6 进 1

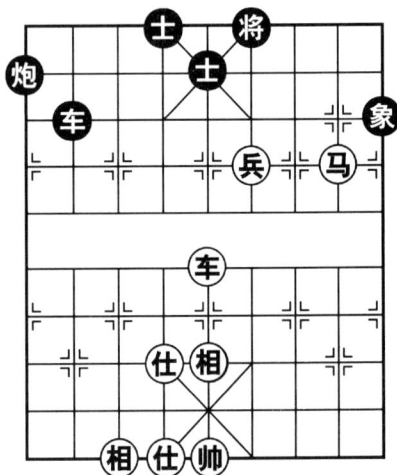

图 335

7. 帅五进一　象 9 进 7

8. 兵五进一　……

一兵换双士奠定胜势。

8. ……　　　车 6 退 1
9. 帅五退一　车 6 进 1
10. 帅五进一　士 4 进 5
11. 马六进五　车 6 退 8

倘若车 6 退 7，车五进一，象 7 退 9，马五退六，车 6 进 1，马六退八，红棋优势。

12. 车五进二　炮 4 退 1
13. 马五退七　炮 4 平 5
14. 帅五平六　炮 5 进 2
15. 车五平三　炮 5 平 4
16. 车三平六　……

倘若仕六退五，车 6 进 3，仕五进四，车 6 平 3，马七进六，将 6 平 5，马六退八，车 3 平 4，帅六平五，炮 4 平 5，相五进七，象 7 退 9，车三进一，象 9 进 7，黑方尚可坚守。

16. ……　　　车 6 平 2
17. 仕六进五　炮 4 退 1
18. 帅六退一　象 7 退 5
19. 帅六平五　车 2 平 3
20. 马七退五　炮 4 平 5
21. 马五进三　将 6 平 5
22. 帅五平四　炮 5 平 6
23. 车六平五　车 3 进 1
24. 车五平二　炮 6 进 1

倘若炮 6 平 7，车二平四，将 5 平 4，车四进三，将 4 进 1，车四退一，红胜。

25. 车二进三　将 5 进 1

26. 帅四平五　车 3 进 1

27. 车二退一　将 5 退 1

28. 车二平四　车 3 平 6

29. 马三进一　将 5 平 4

倘若车 6 进 3，马一进三，象 5 退 3，相七进九，车 6 退 1，马三退五，象 3 进 5，马五退七，车 6 退 2，尚可支撑一时。

30. 马一进三（参考图）　车 6 平 8

如参考图是颇有艺术韵味的残局。现在黄大师弃炮分车，因红车四退一吃炮则象 5 退 7 吃马和棋，那么马三退四吃炮能否解脱黑车的拴链呢？请看下着。

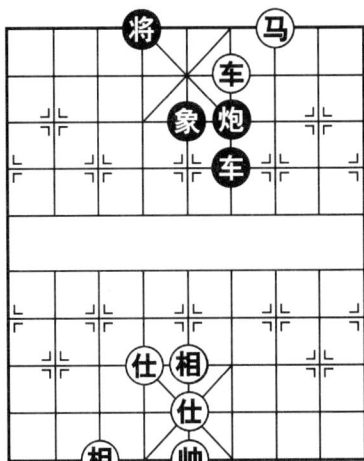

31. 车四进一　将 4 进 1　　　32. 马三退四　……

黄大师勇敢鲸吞黑炮可谓算度深远！

32. ……　　　车 8 平 6　　　33. 仕五退六　车 6 进 3

34. 相五退三（红胜）

以下黑棋欠行，因红有马四进二兑车吃象，黑棋败局；倘若黑棋车 6 平 5，帅五平四，车 5 平 6，帅四平五，黑棋不能"长将"而难解拴链车马而失败。

参考图

第 336 局　车马兵胜车炮单缺象

似乎黑棋防御阵形比较完美，那么能抵抗车马兵的攻击吗？

请看 2008 年全国象甲联赛，徐天红取胜之战（图 336）。

1. 马五进二　士 5 进 4　　　2. 牛五平六　士 6 退 5

倘若车 3 平 5，车六进二，将 4 平 5，车六平四，红棋胜势。

3. 兵五平六　车 3 退 1　　　4. 马三进四　……

展开围剿"羊角士"战斗。

4. ……　　　将 4 进 1　　　5. 帅五平六　炮 6 平 4

分炮阻击，势在必行。

6. 车六平八　炮 4 平 5　　　7. 车八平六　炮 5 平 4

8. 马四进三　炮 4 平 6

9. 兵六平五　将 4 退 1

10. 马三退四　……

红棋通过十分精彩的移步换形及上下腾挪，使黑棋反围剿即将失败。

10. ……　　炮 6 进 2

11. 兵五平六　象 3 进 5

12. 车六平二　炮 6 退 2

13. 车二进四　车 3 进 4

无可奈何，处境尴尬难以两全。倘若将 4 平 5，马四进三，将 5 平 4，马三退五，红棋亦胜势。

14. 兵六进一　车 3 平 4

15. 帅六平五　车 4 平 6　　　**16. 马四进五（红胜）**

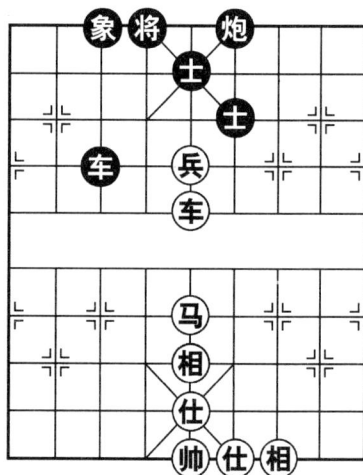

图 336

第 337 局　车马兵胜车炮单缺象

本局是 2004 年全国象甲联赛，特级大师苗永鹏取胜之战（图 337）！

1. 兵六进一　车 3 平 1　　　**2. 车三平八　象 3 进 1**

3. 车八进四　士 5 退 4

4. 马七进八　士 6 进 5

5. 兵六进一　……

兵临城下，佳着！

5. ……　　炮 3 进 4

为什么不士 5 进 4 吃兵呢？马八进六，将 5 进 1，车八平六，红棋胜势。

6. 兵六平五　……

似可兵六进一，炮 3 平 4，马八进七，红亦胜势。

6. ……　　象 1 退 3

慌不择路！似应炮 3 平 4 为宜。

7. 兵五进一（红胜）

倘若将 5 进 1，车八退一，将 5 进 1，马八退六，抽炮红胜。

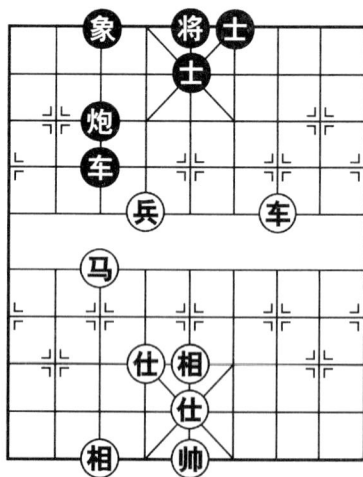

图 337

第338局　车马兵胜车炮单缺象

要赢棋小兵渡河是必须的。

本局是 2009 年象甲联赛，王天一大师取胜之战（图 338）!

1. 车八进三　将 4 进 1

2. 车八退四　炮 1 退 1

3. 马二进三　象 5 退 7

4. 车八进一　炮 1 退 1

倘若错走车 4 平 7，车八平六，士 5 进 4，车六平九，红胜。

5. 马三退四　车 4 平 7

6. 马四退五　象 7 进 9

7. 马五进七　将 4 退 1

8. 车八进三　将 4 进 1

9. 马七进五　车 7 平 5

图 338

10. 马五退六　车 5 平 3

11. 车八平九　炮 1 平 2

12. 车九退二　将 4 退 1

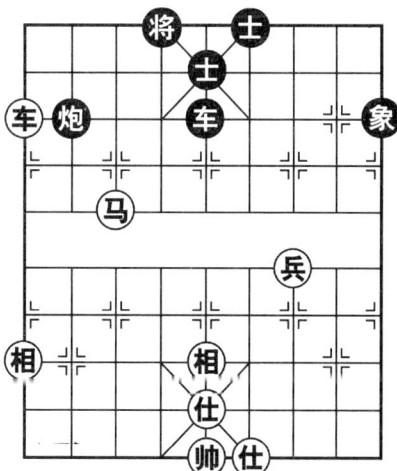

13. 马六进五　车 3 平 5

14. 马五退七（参考图 1）　炮 2 平 4

倘若炮 2 平 3，马七进九，炮 3 平 2，车九进二，将 4 进 1，车九平七，炮 2 平 1，马九进七，车 5 平 8，相五退三，炮 1 进 2，马七进八，车 8 平 2，车七平四，将 4 进 1，车四平二，红亦胜势。

15. 车九进二　将 4 进 1

16. 帅五平六　……

远程助攻，妙出!

16. ……　　　士 5 进 6

倘若炮 4 进 2，车九退三，士 5 进 4，车九进二，将 4 退 1，车九进一，将 4 进 1，车九平四，红棋胜势。

参考图 1

17. 车九平四　将 4 平 5

18. 车四平一　……

有过急之嫌。似可车四平六，炮 4 平 1，车六退三，将 5 平 6，车六平二，

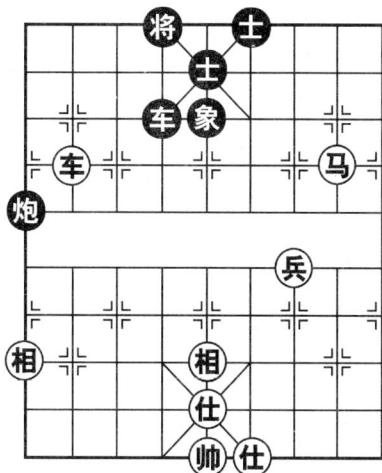

稳步进取必然胜势。

18. ……　　　车5进2（参考图2）

精妙！进车捉马兑炮，亦属劣势下顽强防御。

19. 车一退一　　将5进1

20. 马七进六　　……

倘若马七进八，车5进3，马八进九，车5平4，帅六平五，车4退2，黑棋也有所顾忌。

20. ……　　　车5平4

21. 帅六平五　　将5平4

22. 车一退一　　车4平6

似可将4平5，车一退四，车4平5，黑棋仍有和棋之望。

23. 车一退四（参考图3）　将4退1

似可车6平4，相五退七，将4退1，车一平五，士6退5，仕五进六，士5进4，车五进一，将4退1，黑棋尚有和棋之望。

24. 车一平六　将4平5

25. 车六平五　将5平4

倘若将5平6，车五平三，黑棋仍难调整到和棋之势。

26. 相五进七　士6退5

27. 车五平六　士5进4

28. 帅五平六　车6退2

被逼迫放弃河头防线，三兵长驱直入，黑难和棋。

29. 兵三进一　将4平5

30. 兵三进一　将5平6

31. 车六平五　将6退1

32. 帅六平五　将6进1

33. 仕五进四　车6平8

34. 车五平四　车8平6

35. 兵三平四　车6平8

36. 兵四平五（红胜）

倘若接续车8平6，车四平五，红棋胜势。

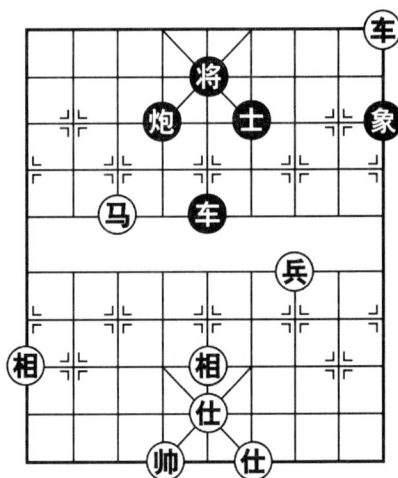

参考图2

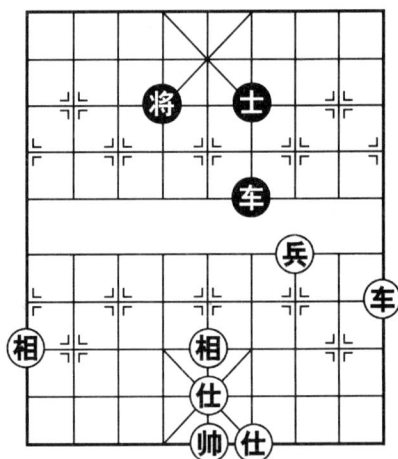

参考图3

第 339 局　　车马兵和车马士象全

"车马兵难胜车马士象全"，即使黑方用马兑换兵，再用车砍马，红车也难胜士象全。

本局是 1991 年五羊杯全国象棋冠军邀请赛，胡荣华与李来群两位全国冠军之战（图 339）!

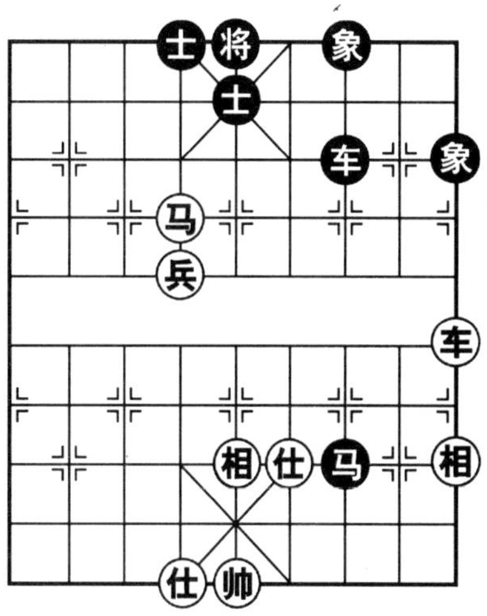

1. 车一平五　　车 7 进 1
2. 车五退一　　马 7 退 6
3. 马六进七　　将 5 平 6
4. 车五平四　　车 7 平 6
5. 兵六平五　　马 6 退 8
6. 兵五平四　　车 6 退 2
7. 马七退六　　马 8 退 7（和棋）

图 339

第 340 局　　车马兵胜车马士象全

本局是 2001 年全国象棋个人赛，黄海林大师取胜之战。由于子力位置较好，车马兵巧胜车马士象全（图 340）。

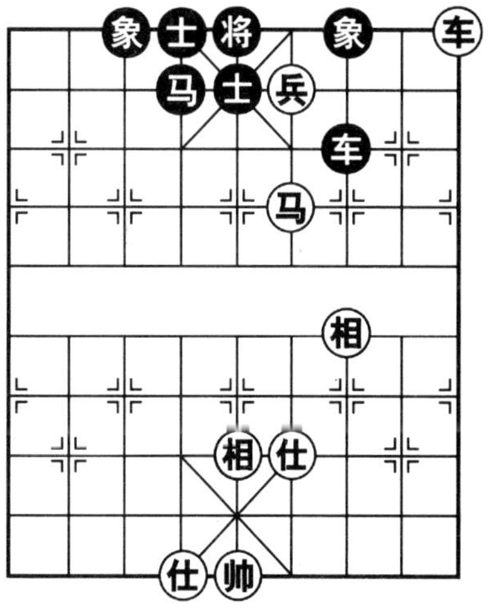

1. 马四进三　　士 5 退 6
2. 车一平三　　车 7 平 6
3. 兵四进一　　……

小兵"双将"撞开底线，势在必行。

3. ……　　　　将 5 进 1
4. 马三退二　　车 0 进 1
5. 车三退一　　车 6 退 2

倘若将 5 进 1，车三退一，将 5 退 1，马二进三，马 4 进 3，车三平七，车 6 平 7，车七进二，车 7 退 2，车七退三，车 7 进 3，车七平五，将 5 平 4，车五平六，将 4 平 5，车六进三，红胜。

6. 车三退三　　马 4 进 3　　　　7. 马二退四　　车 6 进 2

图 340

倘若将5平4，马四进六，车6进2，车三平六，车6平5，马六进七，将4平5，车六进四，红棋亦胜势。

8. 车三进三　将5进1　　　　**9.** 车三平四（红胜）

第341局　车马兵胜车马士象全

虽然"车马兵难胜车马士象全"，但若形势较好依然可胜。

本局是1997年世界象棋锦标赛，台北名手刘国华取胜之战（图341）！

1. 马六进五　……

飞马踏士，精妙！

1. ……　　　　士4进5

2. 车四平七　象3进1

3. 车七平八　象1退3

4. 车八进三　将5平6

倘若士5退4，车八平七，将5平6，车七平六，将6进1，车六平五，绝杀，红胜。

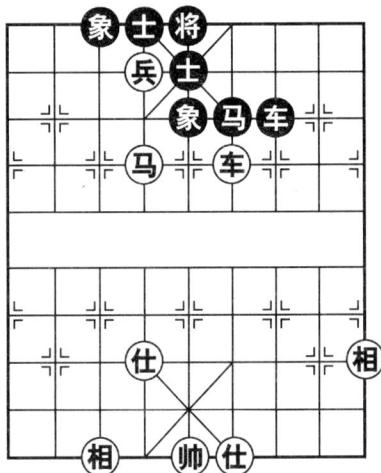

图341

5. 兵六平五　车7进1　　　　**6.** 仕六退五　马6退7

7. 车八退六（红胜）

第342局　车马兵和车炮士象全

"车炮士象全守和车马兵"比较简单，倘若黑车砍马也会形成"车兵难胜炮士象全"定式，所以黑棋车炮可轻松和棋。

本局是2010年全国象棋甲级联赛中，景学义大师与特级大师陶汉明之战（图342）！

1. 兵五平四　车5平4　　　　**2.** 马六进四　炮9平6

3. 马四退二　车4退3　　　　**4.** 马二进三　车4退1

5. 兵四平三　士4进5　　　　**6.** 仕四进五　将5平4

7. 车三进四　炮6进5　　　　**8.** 车三平五　炮6平7

9. 车五平三　炮7平2　　　　**10.** 车三平八　炮2平7

11. 相五进三　象7退5（和棋）

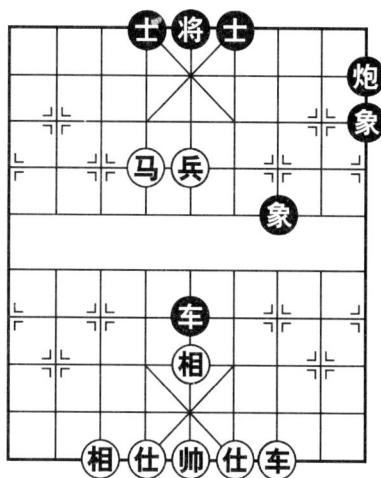

图 342

第 343 局　车马兵和车炮双士

通常"车马高兵可胜车炮双士"，但若出现软着也会和棋。

本局是 1992 年全国象棋个人赛，特级大师于幼华与陈信安大师之战（图 343）。

1. 车五平二　炮 8 平 9
2. 仕四进五　炮 9 进 5
3. 仕五进四　炮 9 退 1
4. 兵五进一　车 7 平 3
5. 马七退八　车 3 平 2
6. 马八进九　炮 9 退 4
7. 兵五进一　炮 9 平 1
8. 兵五进一　车 2 平 1
9. 马九退八　车 1 平 5

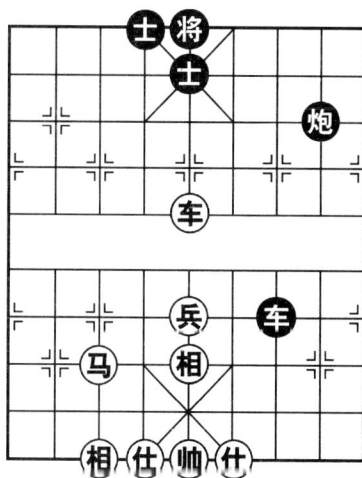

图 343

10. 兵五平四　炮 1 进 7
11. 仕四退五　车 5 平 2
12. 马八进七　车 2 平 3
13. 马七退九　车 3 平 1
14. 马九进七　车 1 平 3
15. 马七退九　车 3 退 3

陈大师一流防御使于大师屡攻不入，现在捉兵逼红棋表态。

16. 车二进一　……

不明显软着！似应车二平四，车3进3，车四平五，炮1平2，兵四平五，红棋尚有赢棋之望。

16. ······　　　士5退6　　　　17. 帅五平四　车3平2

18. 马九进七　炮1退6

退炮打兵，和棋来临。

19. 马七进五　车2进3（和棋）

第344局　车马兵胜车炮双士

"车马兵必胜车炮双士"。

本局是2011年首届周庄杯海峡两岸象棋大师公开赛，特级大师蒋川以小兵换双士攻而胜之（图344）。

1. 兵六进一　炮6进4

2. 车六退一　炮6退1

3. 兵六进一　······

老练！兵换双士形成车马胜车炮残局。

3. ······　　　士5进4

4. 车六进四　车7平5

5. 车六平四　炮6平8

6. 车四平二　炮8平9

7. 相五退七　炮9平5

8. 相三进五　炮5平9

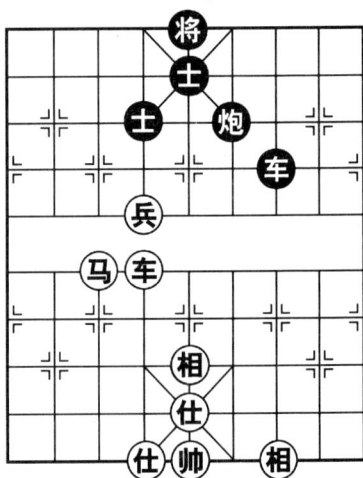

图344

9. 车二退二　炮9退3

10. 车二平四　炮9平5

11. 帅五平四　炮5平9

12. 马七进九　车5平1

抢占中路是残局中重要战术。

13. 车四平五　······

13. ······　　　将5平4

14. 帅四平五　炮9平1

15. 马九退七　车1平3

16. 车五进二　炮1进1

17. 马七进五　车3平6

18. 车五进一（红胜）

第345局　车马兵胜车炮双士

本局是2011年全国象棋个人赛，特级大师孙勇征以围困之策而不战自胜（图345）。

1. 车五平九　车3平5

2. 仕六进五　车5平3

3. 车九进二　……

拴链车炮，佳着。

3. ……　　　将5平4

4. 相三退五　将4平5

5. 仕五退四　将5平4

6. 车九进二　将4进1

7. 车九退一　将4退1

8. 车九退一　将4进1

9. 马八退七　……

退马迂回，调整攻击路线。

9. ……　　　车3平9

10. 马七进五　炮2平5

倘若将4退1，兵六进一，士5进4，车九平八，得子红胜。

11. 帅五平六　将4退1　　　　12. 车九平七（红胜）

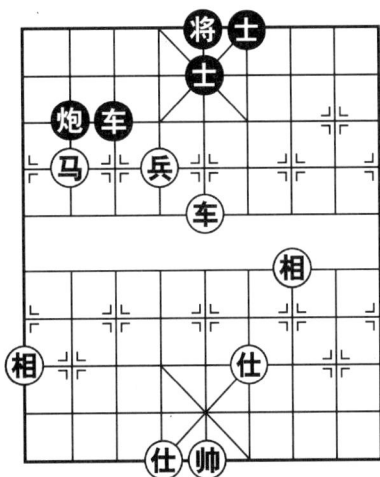

图 345

第 346 局　车马兵胜车炮双士

本局是 2008 年全国象棋个人赛，陕西名手李景林演绎一兵换双士的胜局（图 346）。

1. 兵三平四　车6平8

2. 马四进六　车8平4

3. 马六退五　将5平6

4. 马五进三　士5进4

撑士于防守无益，似应炮3进2坚守为宜。

5. 兵四进一　炮3进2

6. 兵四进一　士4退5

7. 兵四平五　……

小兵逼进九宫，黑王处于险境。

7. ……　　　将6平5

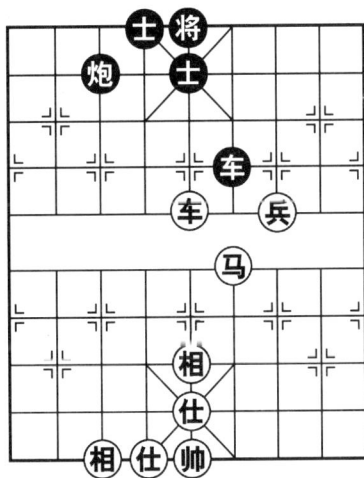

图 346

8. 仕五退四　车4平7

9. 马三退五　车7平6

10. 马五进六　将5平6

11. 兵五进一 ……

老练！一兵换双士，必胜之势。

11. ……　　　士4进5　　　　**12.** 车五进三　炮3平5

13. 相五进三　车6进6　　　　**14.** 帅五进一　车6退1

15. 帅五进一　炮5平8　　　　**16.** 车五进一　将6进1

17. 马六进七（红胜）

第 347 局　车马兵胜车马双士

本局是 2002 年第 2 届全国体育大会，特级大师陶汉明取胜之战（图 347）！

1. 马五进六　将5平4

2. 车五平九 ……

艺高胆大算度深远！

2. ……　　　车3退2

为什么不士5进4吃马呢？车九进六，将4进1，车九退一，将4退1，兵六进一，将4平5，兵六进一，车3退4，车九退一，士6进5，车九平五，将5平6，兵六平五，车3进1，车五平三，车3平5，车三进二，将6进1，车三退一，将6退1，车三平五，红胜。

3. 马六退四　马7退6　　　　**4.** 车九进六　将4进1

5. 马四退五　车3平2

图 347

慌不择路而速败！倘若马6进8，车九退三，马8退6，兵六平七，车3退2，马五进四，将4退1，马四退六，将4平5，马六进五，车3平4，兵七进一，红棋也难抵抗。

6. 马五进七（红胜）

以下黑棋倘若车2平5，马七进九，车5平2，兵六平七，红棋亦胜。

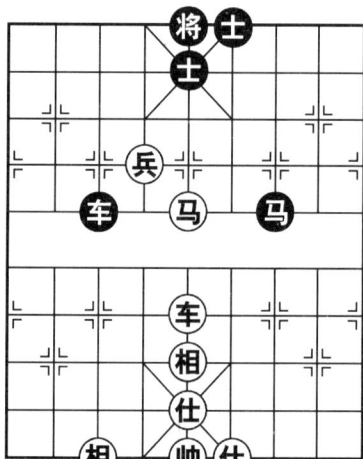

第 348 局　车马兵胜车马双士

本局是 2007 年全国象棋个人赛，女子大师杨伊取胜之战（图 348）！

1. 兵五平六　车9平7　　　　**2.** 相三进五　车7平9

倘若马6进5，车八进三，士5退4，马七进六，将5进1，车八退一，将5进1，兵六平五，将5平4，车八退一，将4退1，车八平三，红胜。

3. 车八进三　士5退4

4. 马七进六　将5进1

5. 车八退一　将5进1

6. 车八退三　……

似可马六进五，车9进6，仕五退四，士6进5，车八退三，红棋胜势。

6. ……　　　将5退1

7. 车八进三　将5进1

8. 车八退三　将5退1

9. 马六退四　将5平6

11. 马六退四　将5平6

13. 帅五平四（红胜）

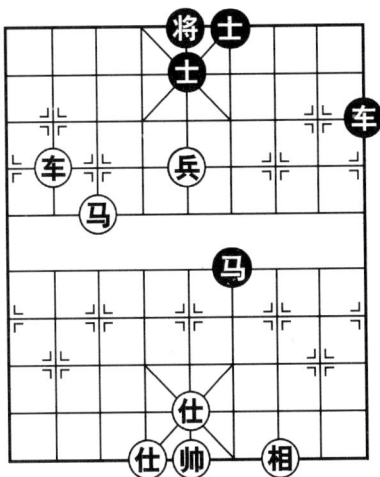

10. 马四进六　将6平5

12. 车八平四　马6进4

图 348

第349局　车马兵胜车马双象

"车马兵必胜车马双象"。请注意，最好不要被"黑马换小兵"，保持多兵种组合赢棋轻松（图349）。

很多年前作者亲眼见到执黑棋的特级大师赵国荣，乘对方不备果断以马换兵，最后以车双象60回合大战平分秋色。

1. 车六进三　将6进1

2. 兵三进一　车6退3

3. 车六平五　象5进3

倘若车6平7，兵三平四，将6进1，车五平四，绝杀，红胜。

4. 兵三进一　将6进1

5. 车五平四　将6平5

6. 车四退三（红胜）

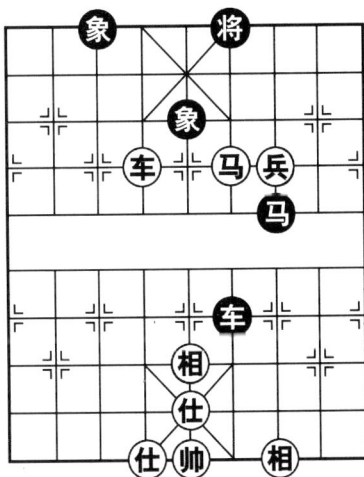

图 349

第350局 车马兵胜车炮双象

"车马兵必胜车炮双象"。

本局是1984年全国象棋团体赛，特级大师李来群取胜之战（图350）！

1. 仕五退四　将5退1

2. 车五平六　将5进1

3. 帅五平六　象3进1

4. 车六退二　象1退3

5. 马二退三　炮6平7

平炮打马阻击边兵过河，势在必行！

6. 马三退五　车7平5

7. 马五进六　炮7进1

8. 马六进八　炮7退1

9. 仕四进五　炮7平6

图 350

10. 车六进二　车5平7　　　11. 马八退六　车7平5

一流防御，使红棋难有实质性突破。

12. 马六退八　车5平6　　　13. 马八进九　炮6进1

14. 车六进二　将5退1　　　15. 车六进一　将5进1

16. 车六退一　将5退1　　　17. 马九退八　车6平5

18. 车六进一　将5进1　　　19. 车六退一　将5退1

20. 车六退二　将5进1　　　21. 马八进七　炮6退1

22. 马七退六　炮6进1　　　23. 马六进五　车5平6

24. 马五进三　……

李特大的中局功夫绝对一流，车马组合左攻右击，并没刻意想办法边兵渡河。

24. ……　　车6平7　　　25. 车六进二　将5退1

26. 马三进一　车7平8

倘若炮6平8，兵一进一，小兵巧渡如虎添翼。

27. 车六平四　车8平4　　　28. 仕五进六　车4进3

29. 帅六平五　车4平5　　　30. 仕四退五　车5平8

31. 马一退三（红胜）

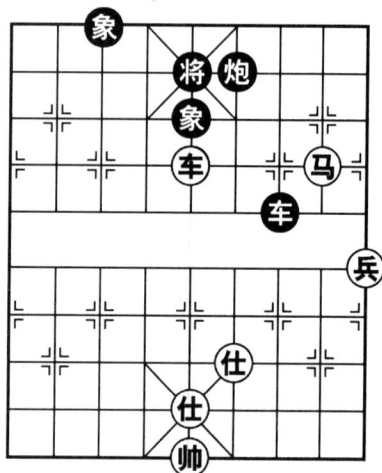

第351局　车马兵胜车炮双象

小兵过河与车马组合，其威力巨大，黑棋难以抵挡。

本局是 2005 年全国象棋团体赛，宁夏著名棋手刘明取胜之战（图 351)！

1. 兵三平四　象 5 进 7

2. 车六平五　象 7 退 5

无奈！倘若将 5 平 4，马六进四，黑棋丢车。

3. 兵四平五　将 5 平 4

4. 马六进八　……

献马绝妙！

4. ……　　　车 4 平 2

5. 兵五进一（红胜）

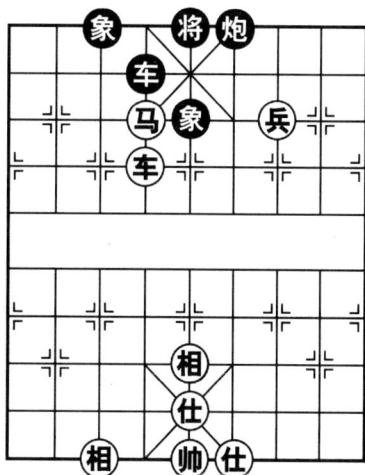

图 351

第十九章 车马双兵残局

第 352 局 车马双兵胜车马士象全

车马双兵对车马士象全，赢棋少和棋多。其胜率大约是 20%，和棋是 80%。

本局是 2001 年全国象棋团体赛，广东黄海林大师取胜之战（图 352）！

1. 马七进六　　车 6 进 1

2. 车三退一　……

缩小黑马的活动范围，好棋。

2. ……　　　　将 5 平 6

3. 仕四进五　车 6 平 8

4. 兵四进一　车 8 进 2

5. 仕五退四　车 8 退 3

6. 车三退二　车 8 平 4

倘若车 8 平 9，兵四进一，士 5 进 6，马六进四，车 9 退 4，马四退二，红棋胜势。

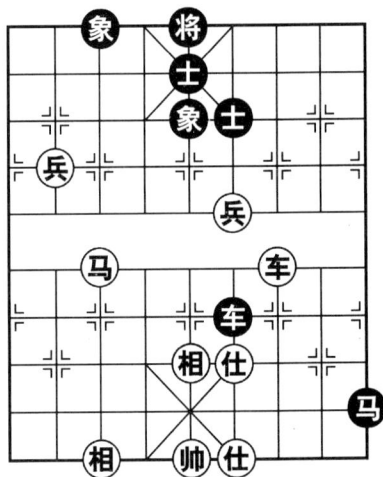

图 352

7. 马六进五　马 9 退 8　　**8.** 马五退三　将 6 平 5

9. 车三平四　士 6 退 5　　**10.** 兵八平七　马 8 退 7

11. 仕四进五　车 4 平 8　　**12.** 车四平一　象 5 退 7

13. 车一进七　车 8 进 3　　**14.** 仕五退四　马 7 进 8

相互搏杀进入高潮！

15. 车一平五　……

高瞻远瞩！红棋有惊无险。

15. ……　　　　将 5 平 4　　**16.** 兵七平六　……

绝妙！

16. …… 马8进7	**17.** 帅五平六 车8平6
18. 帅六进一 车6退1	**19.** 帅六退一 车6退5
20. 车五平六 将4平5	**21.** 兵六平五 车6进6
22. 帅六进一 车6退7	**23.** 车六进一 将5进1
24. 车六平三（红胜）	

第353局　车马双兵胜车马士象全

本局是 2006 年全国象棋个人赛，特级大师于幼华取胜之战，因子力位置较好，取胜较容易（图353）。

1. 马七进八　将5平4

2. 车九退一　士5进4

3. 马八进六　士6进5

4. 马六退八（红胜）

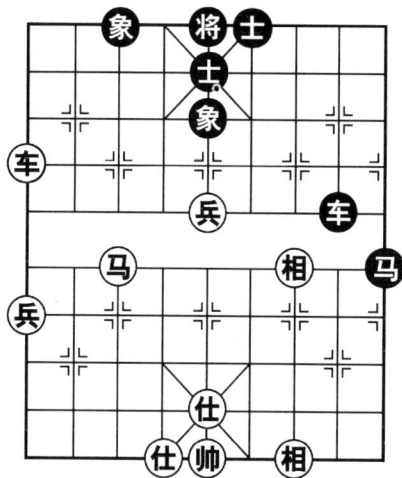

图 353

第354局　车马双兵胜车炮士象全

车马双兵对车炮士象全，和棋多而赢棋少，胜率大约是 20%，和棋是 70% 多。本局是 2008 年全国象棋大师冠军赛，蒋川大师取胜之战（图354）！

1. 兵六平七　象3进1	**2.** 车八平三　……
佳看！黑象必去。	
2. …… 车9平2	**3.** 车三进六　……
吃一象则形成车马必胜车炮单缺象之势。	
3. …… 象1退3	**4.** 车三退六　车2退1
5. 前兵进一　将5平4	**6.** 后兵进一　车2平1
7. 车三平八　车1平2	**8.** 后兵平八　车2平1
9. 兵八进一　将4平5	**10.** 车八平六　将5平4

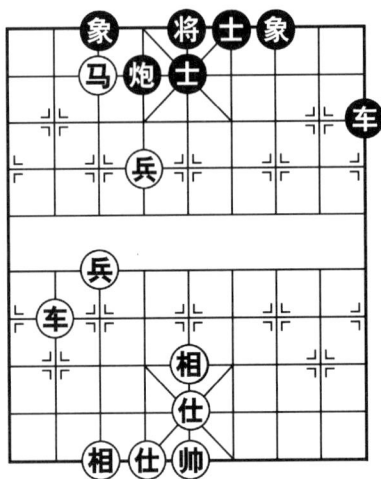

图 354

11. 兵八平七　　车1进2	12. 车六平七　　炮4进3
13. 前兵平八　　车1进1	14. 兵八进一　　车1退2
15. 兵八进一（红胜）	

第 355 局　车马双兵胜车炮士象全

　　双兵渡河参战是取胜的必由之路，可是黑棋车炮联合防守，大有一夫当关万夫莫开之势。那么双兵如何过河参战呢？请看 2009 年全国象棋精英赛，汪洋大师取胜之战（图 355）！

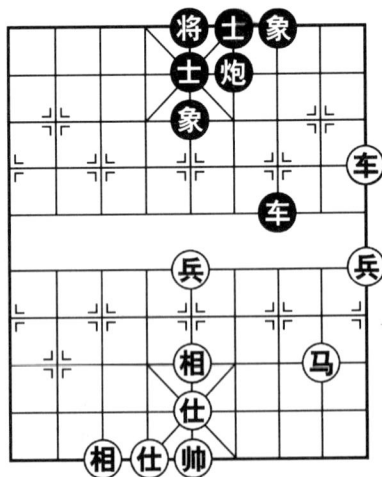

图 355

1. 车一平四　　炮6平9

2. 车四进二　　炮9进1

3. 马二进三　　炮9平7

4. 马三进五　　炮7平6

5. 车四平二　　……

倘若马五进四，车7平6，和棋。

5. ……　　　　象5退3

6. 车二退二　　炮6平4

7. 车二平六　　象7进5

8. 马五退三　　象5退7

9. 车六平七　　象7进5

10. 兵五进一　　……

第一个小兵登陆成功。

10. ……　　　炮4进4

11. 兵五进一　炮4平6

12. 车七退二　炮6退5

13. 车七平五　炮6平7

14. 马三进五　车7平6

15. 马五退七　象5进3（参考图1）

机警！倘若被一兵换双象成必败之势。

16. 车五平三　炮7平6

17. 马七退八　象3退1

18. 车三进二　炮6进1

19. 马八进七　车6平3

20. 马七退五　炮6平2

22. 马五进三　车3平7

24. 兵六平七　炮2进2

25. 兵七进一　炮2平6

26. 车五平四　炮6进2

27. 马三退五　炮6平8

28. 兵七进一　炮8退5

29. 车四进二　炮8进1

30. 兵七平六　炮8平6

31. 车四平二　象5进3

32. 车二进一（参考图2）　……

准备一兵换双仕。

32. ……　　　炮6平5

33. 帅五平四　车7平5

34. 马五进二　车5平6

35. 帅四平五　车6平7

36. 马三退四（红胜）

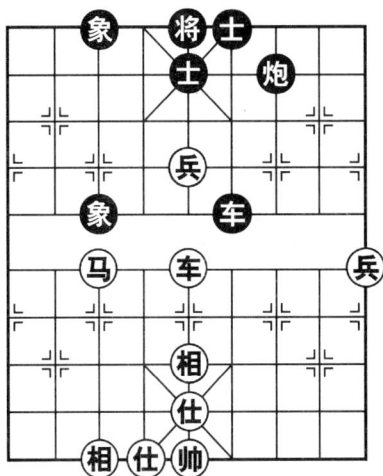

参考图1

21. 兵五平六　象3进5

23. 车三平五　象1退3

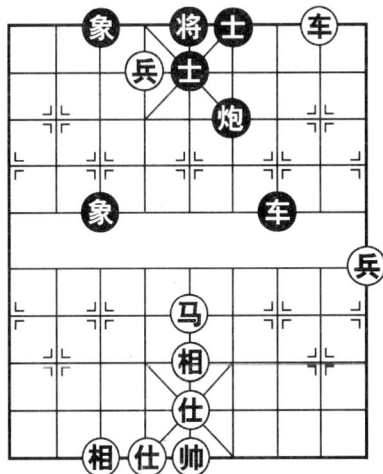

参考图2

第二十章　车炮残局

第356局　车炮和单车

古谱《橘中秘》残局，黑车占中红棋难胜（图356）。

1. 车六平七　将5进1（和棋）

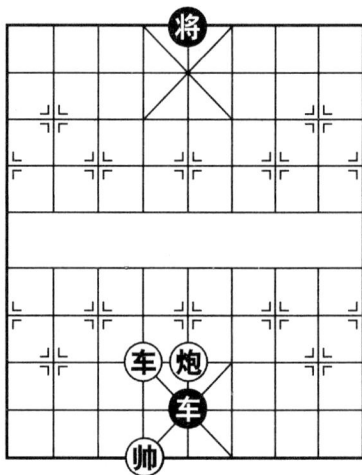

图356

第357局　车炮和单车

黑车占中红棋难胜。本局是2009年九城置业杯中国象棋年终总决赛，蒋川与李雪松两位大师之战（图357）。

1. 帅六进一　车5退1　　　　**2.** 帅六退一　车5进2（和棋）

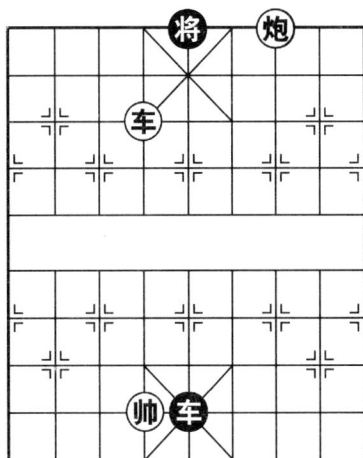

图 357

第 358 局 车炮和单车

本局是 2010 年全国象棋团体赛，象棋大师网队裴勃充与倪敏两位名手之战（图 358）。

1. 车三平六　车 5 进 7

倘若错走将 5 进 1，炮二平五，将 5 平 6，帅六平五，车 5 进 1，炮五退四，车 5 平 6，炮五进一，车 6 进 6，帅五进一，车 6 退 3，车六平五，红胜。

2. 帅六进一　车 5 退 1
3. 帅六退一　车 5 退 2
4. 炮二平五　车 5 退 1
5. 帅六进一　车 5 进 1（和棋）

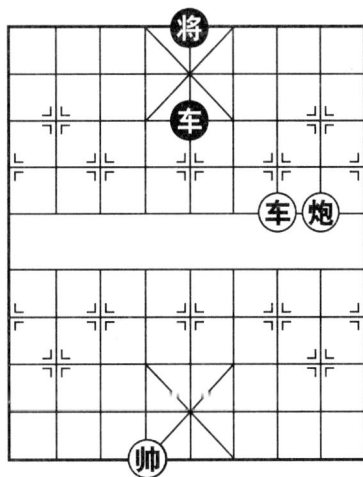

图 358

第359局　车炮胜单车

"红车占中，车炮必胜单车"。

本局是1999年全国象棋个人赛，特级大师于幼华取胜之战（图359）！

1. 炮四平五　　车7平6
2. 车五退三　　将6退1
3. 帅六进一　　车6退1
4. 炮五进一　　车6进2
5. 炮五进一　　车6退2
6. 帅六退一　　车6平5
7. 车五进二　　……

佳着！逼走黑车让开中路，红帅占中再"海底捞月"，可胜。

7. ……　　　　车5进2
8. 炮五退一（红胜）

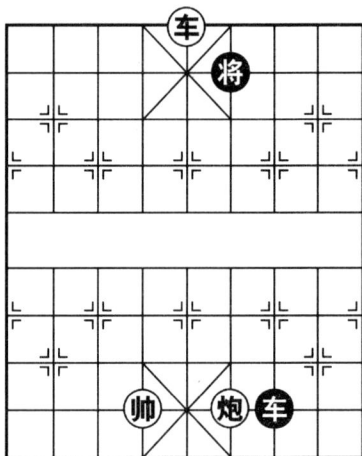

图 359

第360局　车炮和车士

古谱《橘中秘》残局。"车炮难胜车士"（图360）。

1. 炮一平三　　……

精巧顿挫！

1. ……　　　　将6退1

倘若车6退7，炮三平四，车6平8，车五进四，士4退5，车五进二，红棋胜势。

2. 车五进五　　将6进1

改进之着。《橘中秘》原谱是车6退2，炮三进五，打死黑士红胜。

3. 车五平六　　车6退1
4. 帅五退一　　车6退1
5. 炮三进二　　车6平5

黑车占中和棋。

6. 帅五平六　　将6平5（和棋）

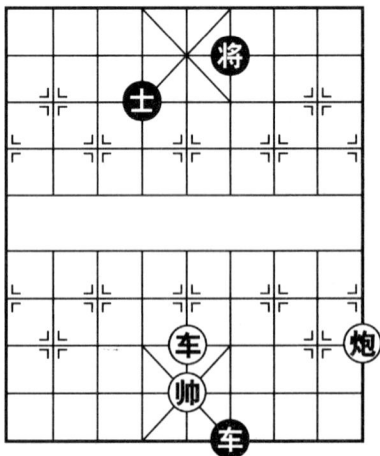

图 360

第361局　车炮胜车士

"红车占中有巧胜"（图361）。

1. 车四平五　　将5平4

2. 炮五退六　　士4进5

倘若车7进7，帅四退一，车7平4，炮五平一，车4进1，帅四进一，车4退1，帅四退一，车4退2，帅四平五，将4退1，炮一进六，车4退2，车五进七，车4平8，炮一平六，车8退3，炮六平八，车8进8，帅五进一，车8退8，车五退三，车8进1，炮八平六，红胜。

3. 车五平七　　将4退1

倘若车7进7，帅四退一，车7进1，帅四进一，车7退1，帅四退一，车7平5，车七进五，将4退1，车七进一，将4退1，车七平五，车5退1，帅四进一，车5进2，炮五退一，车5平4，帅四平五，红胜。

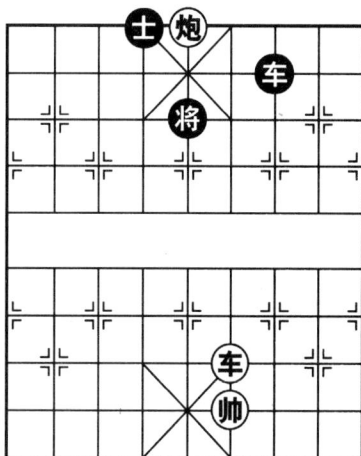

图361

4. 帅四平五　　车7进7

5. 帅五退一　　车7进1

6. 帅五进一　　车7退8

7. 车七进四　　车7进7

8. 帅五退一　　车7退7

良好的顿挫战术。

9. ……　　　　车7进8

10. 帅五进一　　车7退1

11. 帅五退一　　车7退7

12. 车七平六　　士5进4

13. 炮五平六　　车7进6

14. 帅五进　　　车7进1

15. 帅五进一　　车7平4

无奈！倘若车7退2，车六平三，车7平4，车三进一，红胜。

16. 车六退一　　车4进1

17. 帅五退一　　车4平1

18. 炮六进五（红胜）

5. 帅五退一　　车7进1

7. 车七进四　　车7进7

9. 炮五退一（参考图）　……

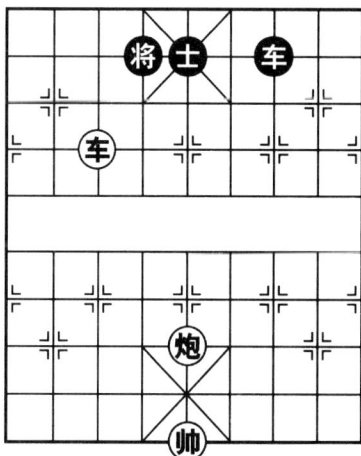

参考图

第362局　车炮胜车士

"黑棋车士同侧，红有巧胜"（图362）。

1. 车八退九　车4平3

倘若车4退3，炮五平六，车4进2，帅五退一，将4退1，车八进七，红胜。

2. 炮五平六　士4退5

3. 车八进六　……

倘若车八进八，将4退1，车八平五，车3进1，帅五进一，车3进1，炮六进一，车3退2，帅五退一，车3进1，和棋。

3. ……　　　将4退1

4. 车八进三　将4进1

5. 车八退八　将4退1

6. 车八平六　将4平5

7. 车六平九　车3平4（参考图）

倘若将5平4，炮六平五，车3退4，车九进八，将4进1，车九退一，将4退1，车九平五，车3进5，帅五进一，车3进1，帅五平四，车3退1，车五退四，车3平4，炮五进三，车4平5，车五进四，车5进1，帅四退一，车5退2，帅四退一，车5进1，炮五退一，车5平4，炮五平八，红胜。

8. 炮六平五　将5平4

9. 炮五进八　车4退1

10. 炮五退六　将4进1

11. 车九进四　车4进2

12. 帅五退一　车4退2

13. 车九平五（车占中，红胜）

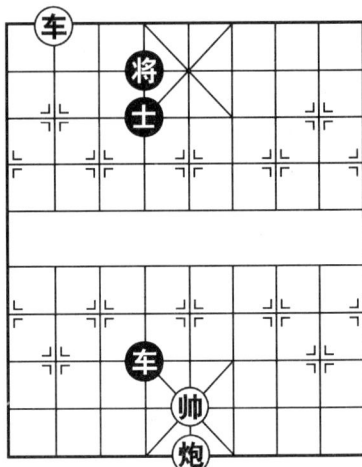

图 362

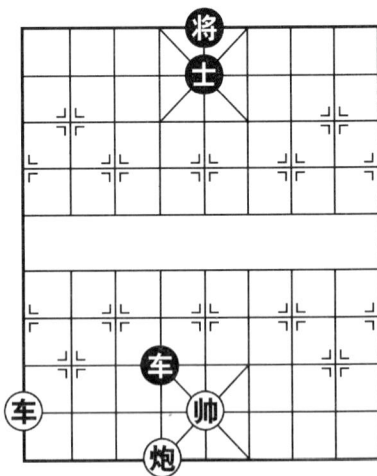

参考图

第363局 车炮胜车士

"车炮占中可胜车底士"（图363）。

1. 炮九进七　车6进1

2. 帅五退一　车6退2

3. 车五进四　士6进5

无奈！倘若车6平2，炮九平四，车2退5，炮四平二，红棋胜势。

4. 车五退一　将6退1

5. 车五退二　车6进3

6. 帅五进一　车6退5

7. 炮九退三　……

以下是"海底捞月"必胜定式。

7. ……　　　车6进4

8. 帅五退一　车6退2

9. 车五进三　将6进1

11. 帅五进一　车6退6

13. 炮一平四　车2退2

15. 车五退一　将6退1

17. 车五进三　将6进1

19. 车五退三（红胜）

10. 炮九平一　车6进3

12. 炮一进三　车6平2

14. 炮四平三　车2进1

16. 车五退二　车2平6

18. 炮三平四　车6平2

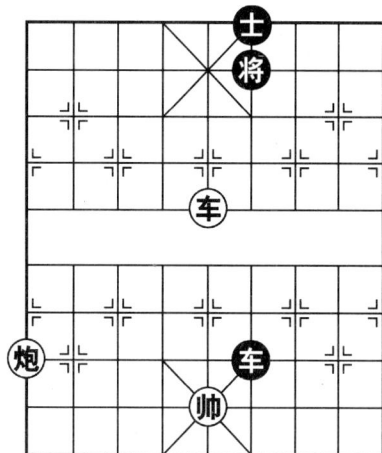

图363

第364局 车炮和车象

古谱《橘中秘》残局。"车炮难胜车象"（图364）。

1. 帅五退一　……

倘若车五进二，将0退1，车五进一，将6进1，车五退四，车8平6，炮二进三，象9进7，车五平三，车6平5，帅五平六，将6平5，和棋。

1. ……　　　车8平7

3. 炮二进五　象9进7

5. 车五进一　将6进1

7. 车五退二　象7退5（和棋）

2. 炮二退二　车7平6

4. 车五进二　将6退1

6. 炮二平四　车6平5

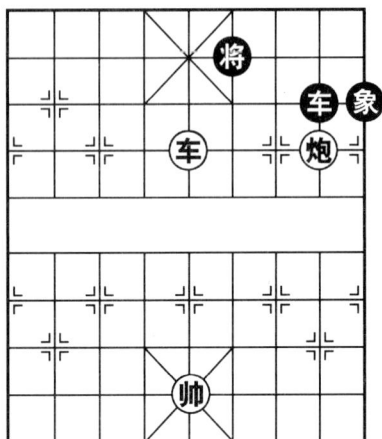

图 364

第 365 局　车炮胜车象

子力位置较好，车炮可胜车象。

本局是 2011 年句容茅山·碧桂园杯全国象棋冠军邀请赛，特级大师蒋川取胜之战（图 365）！

1. 车五退二　车 9 平 4

2. 炮八进六　象 1 进 3

3. 车五进三　将 4 进 1

4. 炮八平六　……

海底捞月绝杀！

4. ……　　　　车 4 平 8

5. 车五退三（红胜）

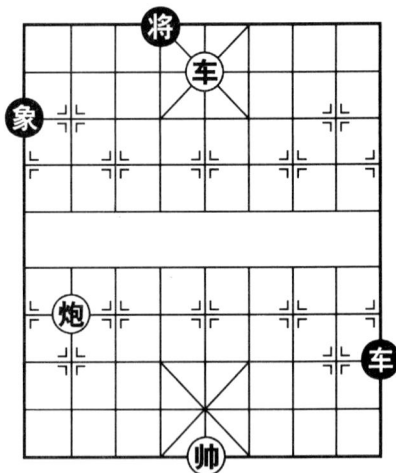

图 365

第 366 局　车炮胜车象

本局是 2010 年亚运会象棋赛，越南著名棋王阮成保取胜之战（图 366）！

1. 炮八进二　象 1 退 3　　　　2. 车五进四（红胜）

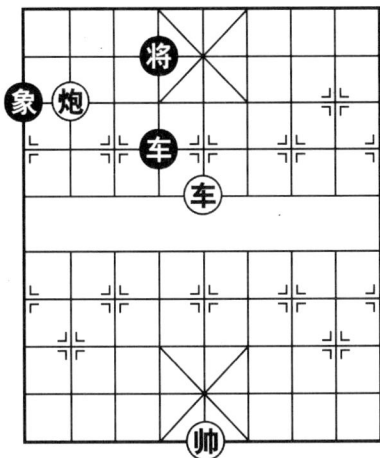

图 366

第 367 局　车炮和车双士

古谱《橘中秘》残局。"车炮难胜车双士"（图 367）。

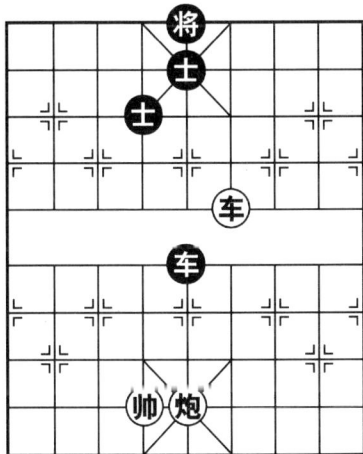

图 367

1. 车四进二　将 5 平 4 　　　　　2. 车四退五　车 5 退 1（和棋）

第 368 局　车炮和车双士

本局是 2009 年九城置业杯中国象棋年终总决赛，蒋川与李雪松两位大师的"马拉松"之战（图 368）。

1. 车一平四　士 5 进 6
2. 帅五平四　车 7 进 4
3. 帅四进一　车 7 退 1
4. 帅四退一　车 7 进 1
5. 帅四进一　车 7 退 1
6. 帅四退一　车 7 退 6
7. 炮五平四　车 7 进 7
8. 帅四进一　车 7 退 1
9. 帅四退一　车 7 进 1
10. 帅四进一　车 7 退 1
11. 帅四退一　车 7 退 1
13. 帅五进一　将 6 退 1

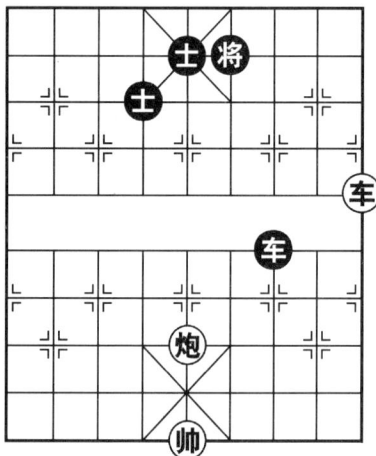

图 368

12. 帅四平五　士 4 退 5

无奈！倘若车 7 平 8，炮四退一，将 6 退 1，车四平三，车 8 平 6，车三进四，将 6 进 1，车三退一，将 6 退 1，车三平五，车 6 退 1，车五退一，红胜。

14. 车四进二（参考图 1）　……
从此进入"车炮对车士"残局。

14. ……　　　将 6 平 5
15. 车四退一　车 7 进 1
16. 帅五退一　车 7 退 1
17. 帅五进一　车 7 进 1
18. 炮四退一　车 7 平 8
19. 帅五平六　士 5 进 4
20. 车四平五　将 5 平 6
21. 炮四平五　车 8 平 6
22. 帅六退一　车 6 进 1
23. 炮五退一　将 6 进 1
24. 车五退一　将 6 退 1
25. 帅六进一　车 6 退 1

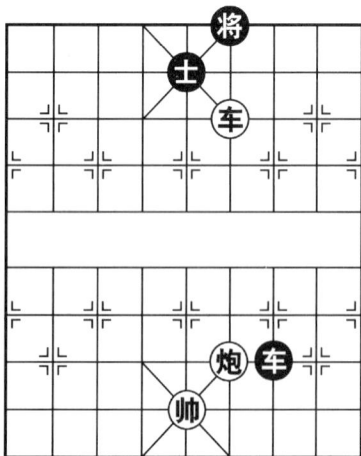

参考图 1

26. 帅六进一　车 6 进 1　　**27.** 炮五进一　车 6 退 2

28. 炮五进一　将 6 进 1　　**29.** 帅六退一　车 6 进 1

30. 炮五退一　将 6 退 1　　**31.** 车五退三　将 6 进 1

32. 帅六进一　车 6 退 2　　**33.** 车五进四　车 6 进 1

34. 帅六退一　车 6 进 1　　**35.** 帅六进一　车 6 进 1

因篇幅所限，删去第 36 至 68 回合。

69. ……　　车 8 退 8（参考图 2）

唯一解杀精妙之策！

70. 炮四平三　车 8 平 7

71. 车五平八　车 7 进 7

72. 帅五退一　车 7 进 1

73. 帅五进一　车 7 退 1

74. 帅五退一　车 7 退 6

75. 车八平五　车 7 进 7

76. 帅五进一　车 7 进 1

77. 帅五退一　车 7 进 1

78. 帅五进一　车 7 退 8

79. 车五退七　将 6 退 1

80. 车五平六　车 7 平 5

黑车占中，已成和棋。

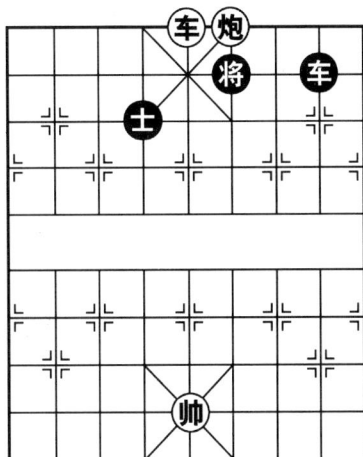

参考图 2

81. 帅五平六　将 6 平 5　　**82.** 车六进五　车 5 进 7

83. 帅六进一　车 5 退 1　　**84.** 帅六退一　车 5 进 2（和棋）

第 369 局　车炮和车双士

"车炮难胜车双士"（图 369）。

1. 炮五平二　将 4 进 1　　**2.** 炮二进六　将 4 退 1

3. 车五平八　车 4 平 5　　**4.** 帅五平四　士 5 进 6

5. 车八进六　将 4 进 1　　**6.** 车八平四　将 4 平 5

7. 车四退二　车 5 进 5　　**8.** 帅四退一　车 5 退 4（和棋）

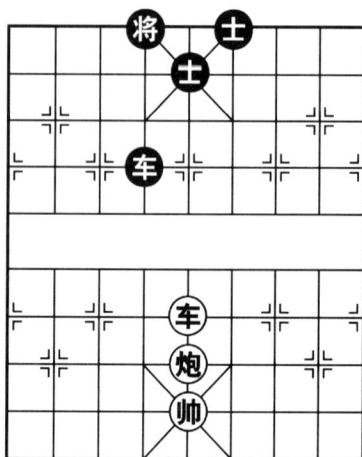

图 369

第 370 局　车炮胜车双士

车炮只有巧胜车双士（图 370）。

1. 车九进三　将 4 进 1　　　　2. 车九退一　将 4 进 1

3. 车九退二　将 4 退 1　　　　4. 车九平六（红胜）

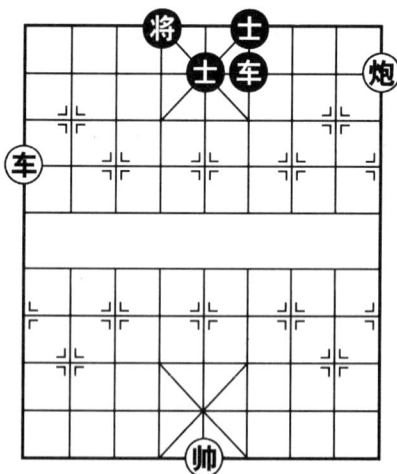

图 370

第 371 局　车炮胜车双士

"黑车在低位，红棋有巧胜"（图371）。

1. 车四进二　……

简明精妙！倘若炮九平五，以下黑棋有两种选择：①士 5 进 6，车四进一，将 5 进 1，车四退一，车 3 退 1，帅五退一，车 3 退 7，车四平二，车 3 进 8，帅五进一，车 3 退 1，帅五退一，车 3 平 6，车二平五，将 5 平 6，炮五平八，车 6 退 2，炮八进七，车 6 进 3，帅五退一，车 6 退 3，车五进三，红棋胜势。②士 5 进 4，帅五平四，车 3 退 1，帅四退一，车 3 退 1，炮五退二，将 5 进 1，车四平五，将 5 平 4，炮五平六，车 3 平 4，帅四平五，车 4 退 1，车五进一，士 4 进 5，车五进一，将 4 退 1，车五退一，红胜。

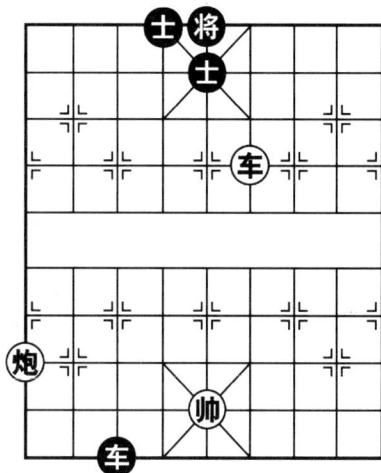

图 371

| **1. ……** | 车 3 退 1 | **2. 帅五退一** | 车 3 平 1 |

倘若车 3 退 1，炮九进七，车 3 退 7，车四平五，将 5 平 6，车五退二，绝杀，红胜。

3. 炮九平七　车 1 退 8

无可奈何！倘若车 1 平 3，车四退六，车 3 进 1，帅五进一，车 3 退 1，帅五退一，车 3 进 1，帅五进一，黑棋长将，判负。

4. 炮七进六　……

绝杀，妙着！

| **4. ……** | 车 1 进 9 | **5. 帅五进一** | 车 1 退 1 |
| **6. 帅五退一** | 车 1 平 3 | **7. 车四平二（红胜）** | |

第 372 局　车炮胜车双士

黑王在三楼，红棋可巧胜（图372）。

| **1. 车四平六** | 将 4 平 5 | **2. 车六平五** | 将 5 平 4 |
| **3. 炮五平六** | 将 4 退 1 | **4. 车五平六** | 士 5 进 4 |

5. 车六平一　　车9平4

6. 帅四平五　……

平帅护炮占中是一箭双雕的取胜妙着！

6. ……　　将4退1

7. 车一进二　士6进5

8. 车一进二　将4进1

9. 车一退一　将4退1

10. 车一平五（红胜）

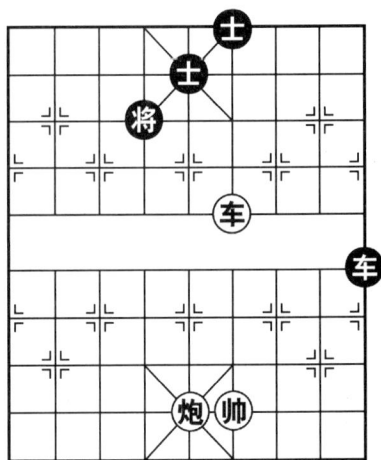

图 372

第373局　车炮胜车双士

本局是上局的姊妹篇，皆属于巧胜（图373）。

1. 车七进七　将4进1

2. 炮五平六　……

链住黑车则胜。

2. ……　　车5平4

3. 帅四平五　车4退4

4. 车七平五　士5退4

5. 车五退二　士4进5

6. 车五进一　将4退1

7. 车五退一（红胜）

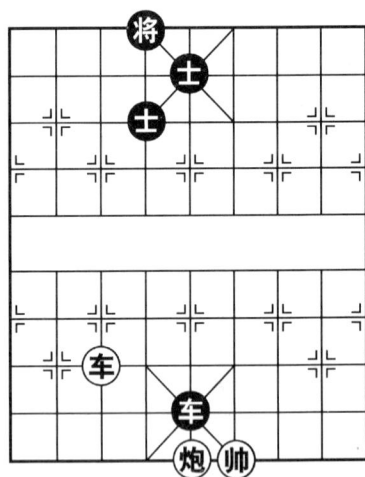

图 373

第374局　车炮胜车双士

黑车处于低位，红有巧胜（图374）。

1. 炮五退三　……

精妙！

1. ……　　　　车 4 退 8

倘若车 4 退 3，车五平六，车 4 平 5，车六平四，红胜。

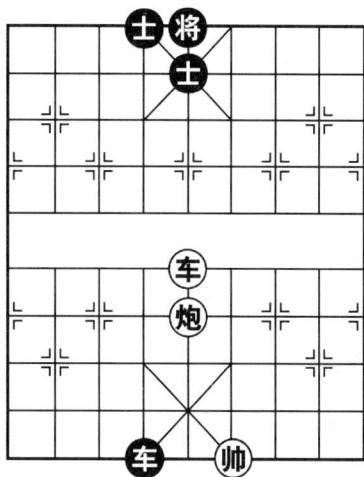

2. 车五进二　……

巧妙等着。

2. ……　　　　车 4 进 1

无处藏身，别无良策。

3. 车五平六　　车 4 平 5

4. 车六平四（红胜）

图 374

第 375 局　车炮仕胜车双象

"车炮仕对车双象"属于复杂深奥的高难残局。本局是古谱《橘中秘》中的经典残局。后来经全国冠军杨官璘老前辈撰文研究认为，原谱所拟着法有所瑕疵，重拟红棋仍可胜。现将其精辟的研究献给读者朋友赏析，转录如下（图 375）。

1. 帅六进一　车 5 进 1

2. 车四退四　……

退车捉车是特级大师杨官璘重新所拟着法。

《橘中秘》原谱：炮五进一，车 5 退 1，仕六进五，车 5 进 1，仕五进四，车 5 退 1，炮五退一，车 5 进 1，车四退二，象 3 退 1，车四平九，象 1 退 3，车九平七，将 5 平 6，车七进三，将 6 退 1，车七平五，红胜。

因黑可接走车 5 平 4，帅六平五，红棋不能取胜，为了维持原谱红胜结果，杨官璘创拟以下新着。

2. ……　　　　车 5 退 1　　　　3. 炮五进二　将 5 退 1

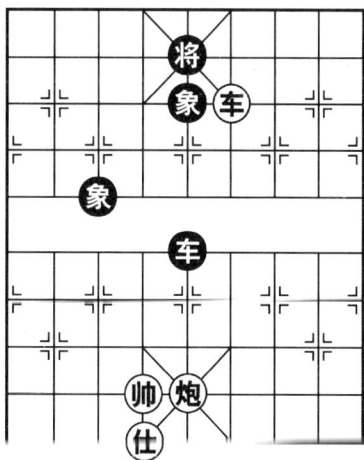

图 375

4. 仕六进五　车5退2

5. 帅六退一　车5进2

6. 帅六退一　车5退2

7. 仕五进六（参考图1）　……

现在形势，如果黑方的三路象改为七路象，则红方不用仕五进六，而仕五进四，可以较快取胜。因为黑方是三路象，红帅必须由六路平至四路，才能够正局取胜，否则不能正局取胜（除非黑方走一步大错），同时还要利用"羊角士"掩护，红帅才能够右移，所以仕五进六是重要着法。

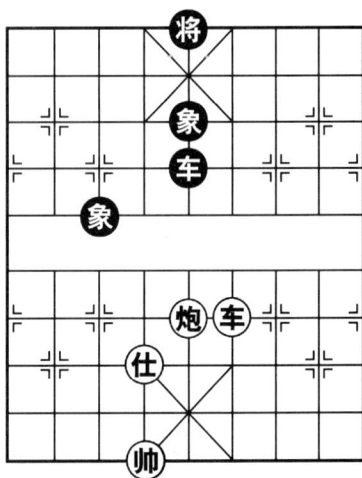

参考图1

7. ……　　将5平4

8. 炮五退二　车5进4

9. 车四平六　将4平5

10. 帅六平五　将5平6

11. 车六平四　将6平5

12. 帅五平四　将5平4

13. 车四平六　将4平5

14. 帅四进一　象3退1

15. 车六进四　象1进3

16. 车六退二　象3退1

17. 车六平九　象1退3

18. 车九平七　将5平4

19. 车七平六　将4平5

20. 车六进二　将5进1

21. 车六平七　将5平4（参考图2）

22. 车七平六　……

如改走炮五进六，则将4平5，炮五平二，车5平4，车七进一，将5退1，车七进一，将5进1，车七退一，将5退1，炮二平五，车4平5，车正永无沉底捞月，成和局。

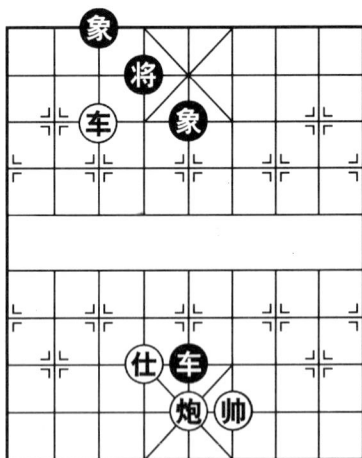

参考图2

22. ……　　将4平5

23. 车六进二　……

现在形势，如果让黑方先行，红方就容易取胜，因此以下的着法，红方运车赶象，就是要调换着法，让黑方先行。这一段调换先后次序，是重要的行棋环节，但由于着法比较细腻，所以又容易使人忽略，希望读者研究时注意。

23. ……　　象3进1　　**24.** 车六平九　　象1进3

25. 车九退三　　将5退1　　**26.** 车九平七　　将5平4

27. 车七平六　　将4平5　　**28.** 车六进一　　将5进1

29. 车六退二　　象3退1

30. 车六平九　　象1退3

31. 车九平七　　将5平4

32. 车七平六　　将4平5

33. 车六进二（参考图3）　　将5退1

如改走车5退1，则帅四进一，将5退1，车六退四，车5退1，车六平四，象3进1，车四进六，将5进1，车四退一，将5退1，车四平七，（如将5平4，车七平五，红方得子胜），车5进1，车七退一，象1进3，车七进二，将5进1，车七退四，去象，红胜。

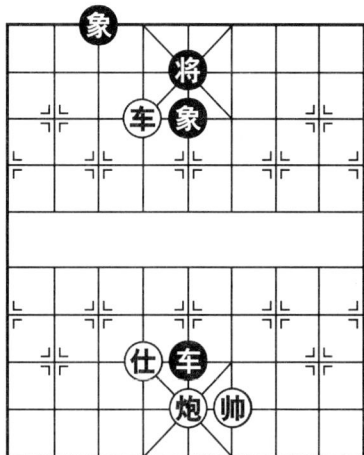

34. 车六平七　　将5平4

35. 炮五平六　　将4平5　　**36.** 炮六平八　　车5平4

如改走将5进1，则炮八进八，将5平4，仕六退五，捉死一象，红方胜定。

37. 炮八进八　　象3进1　　**38.** 车七平五　　将5平4

39. 帅四平五　　象1进3　　**40.** 车五进二　　将4进1

41. 炮八平六　　车4平8　　**42.** 车五退四　　象3退5

43. 车五进二　　车8退6　　**44.** 炮六平八　　车8平9

45. 车五退五　　车9进1　　**46.** 炮八平六（红胜）

参考图3

第376局　车炮仕胜车双象

"车炮单缺相必胜车双象"，有"仕相"可简单轻松取胜。

本局是2008年象棋甲联赛，江苏朱晓虎大师取胜之战（图376）！

1. 炮四平五　　车5退1　　**2.** 帅五平六　　车5进1

3. 仕五进四　　象7退9　　**4.** 炮五退二　　……

简捷高效，取胜诀窍。

4. ……　　将5进1　　**5.** 车四平六　　车5退3

无奈丢象。倘若象9退7，车六进三，将5退1，车六进一，将5进1，车六平三，也要丢象，红胜。

311

6. 仕四退五　车5平7　　　　　**7.** 车六进三　将5退1

8. 炮五进七（红胜）

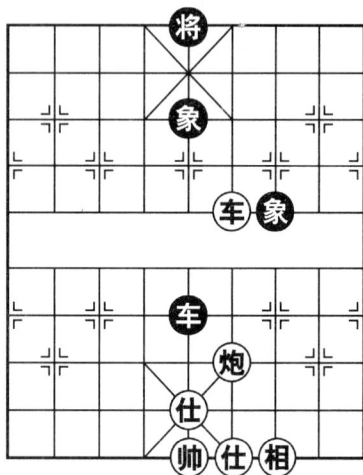

图 376

第 377 局　车炮和车士象全

"车炮仕相全难胜车士象全"。主要策略是"以车换炮"即可和棋。

本局是 2009 年全国象棋个人赛，刘欢与金海英两位女子大师攻守之战（图377）。

1. 炮一进六　士6进5

简明！沉底炮的攻势不可怕，弃一车换炮可成士象全守和单车。

2. 车二进三　车6退4（和棋）

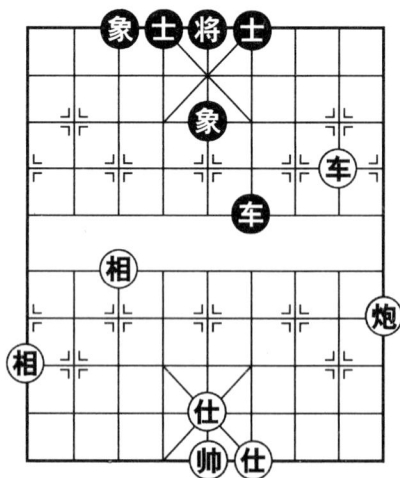

图 377

第378局 车炮和车士象全

"中炮型"也难胜车士象全。

本局是 2002 年第 13 届银荔杯象棋争霸赛，吕钦与孙勇征两位大师的攻守之战（图 378）。

1. 仕六进五　车 4 退 2

2. 相五进三　车 4 进 2

3. 炮五退四　车 4 退 2

4. 车八平三　将 5 平 4

5. 炮五平三　……

准备一旦有机会偷袭底象！

5. ……　车 4 进 2

倘若错走将 4 平 5，车三进三，红胜。

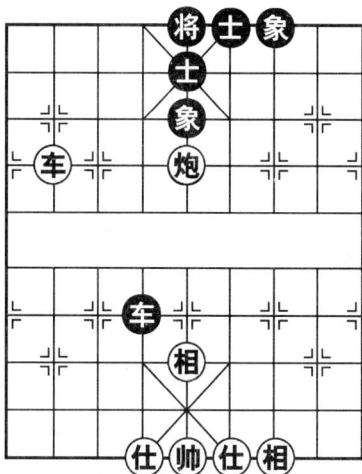

图 378

6. 相三进一　车 4 退 2 ⟨⟩ **7.** 炮三平四　将 4 平 5

8. 炮四平三　将 5 平 4 ⟨⟩ **9.** 车三平八　将 4 平 5

10. 炮三退一　车 4 进 2 ⟨⟩ **11.** 车八进三　车 4 退 6

12. 车八退七　车 4 进 6 ⟨⟩ **13.** 仕五进六　车 4 平 5

14. 仕四进五　车 5 平 4 ⟨⟩ **15.** 仕五进四　车 4 平 5

16. 帅五平四　车 5 平 4 ⟨⟩ **17.** 炮三平六　车 4 平 3（和棋）

第379局 车炮和车士象全

本局是 2009 年全国智力运动会，孙勇征与徐超两位大师的攻守之战（图 379）。

1. 炮二平三　车 8 平 7 ⟨⟩ **2.** 炮三平二　车 7 进 5

3. 仕五退四　士 5 退 4

怎么如此大胆白白送象呢？非也！徐超大师胸有成竹！

4. 车七进三　车 7 平 6

弃车砍士是等价交换！

5. 帅五进一　车 6 退 1 ⟨⟩ **6.** 帅五平四　……

倘若帅五退一，车 6 退 1 吃仕也是和棋。

6. ……　象 5 退 3（和棋）

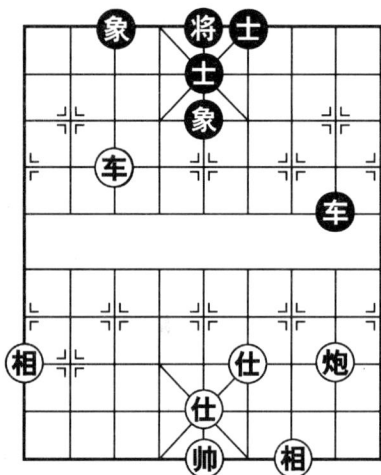

图 379

第 380 局　车炮胜车士象全

"车炮难胜车士象全"是基本规律。有时因子力位置等原因，车炮还是有可胜之机。本局是最常见的必胜定式（图380）。

1. 相五进七　车 2 平 3
2. 相七进九　车 3 平 2
3. 炮五退四　象 7 进 9
4. 车六退一　象 9 退 7
5. 车六平三　车 2 进 9

倘若车 2 进 7，炮五进二，车 2 进 2，帅六进一，车 2 退 3，车三进四，车 2 平 5，车三退五，车 5 平 4，仕五进六，车 4 退 1，相七退五，将 5 平 4，仕四进五，象 5 进 7，车三平二，象 7 退 5，炮五平三，象 5 进 7，车二进二，红棋胜势。

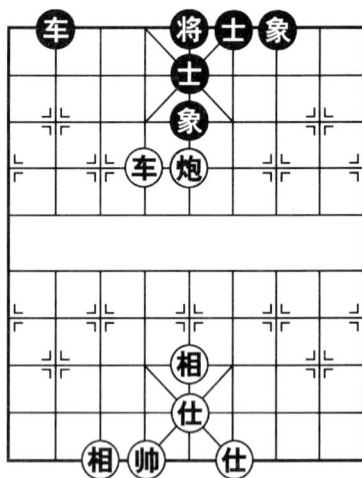

图 380

6. 帅六进一　车 2 退 3
7. 车三进四　车 2 平 4
8. 仕五进六　将 5 平 4
9. 车三退三　车 4 进 1
10. 帅六平五　车 4 退 1
11. 车三平四（红胜）

第 381 局　车炮胜车士象全

本局中似乎黑棋尚无大碍，可是岭南"棋仙"许银川以灵巧深邃和独到艺术手法化腐朽为神奇，演绎车炮战胜车士象全奇迹（图 381）。

1. 车二平六　将 4 平 5

2. 帅五平六　……

占肋叫将还看不出什么力量型的战术，但是"出王"则是力透枰背的佳着，以下才会显示"许仙"的神机妙算！

2. ……　　　车 9 平 6

3. 炮四平二　车 6 退 1

4. 炮二退四（参考图 1）　……

退炮看似平静似水，实则暗流汹涌，黑棋危机四伏！

4. ……　　　车 6 平 8

5. 炮二平八　车 8 平 2

6. 炮八平九　车 2 平 1

7. 炮九平八　车 1 平 2

8. 炮八平九　车 2 平 1

9. 炮九平八　车 1 平 2

10. 炮八平九（参考图 2）　车 2 进 1

倘若象 3 进 1，炮九平五，车 2 平 5，炮五平八，车 5 平 2，炮八平五，车 2 退 4，红棋胜势，以下参看实战。

11. 炮九进五　车 2 退 5

12. 炮九退四　车 2 进 4

13. 炮九进四　车 2 退 4

14. 炮九退四　车 2 进 4

15. 炮九进四　车 2 退 4

16. 炮九退四　象 3 进 1

无奈而飞象，黑车只有留守底线，因为长捉违规。许银川利用规则赢棋，真乃高也！

17. 炮九平五（参考图 3）　……

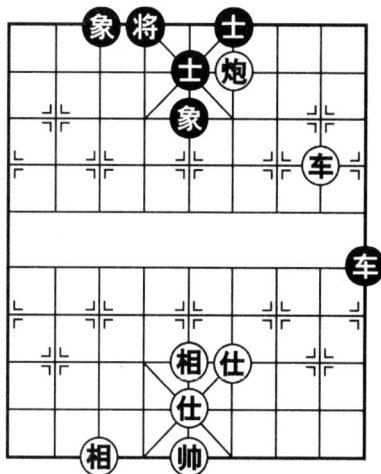
图 381

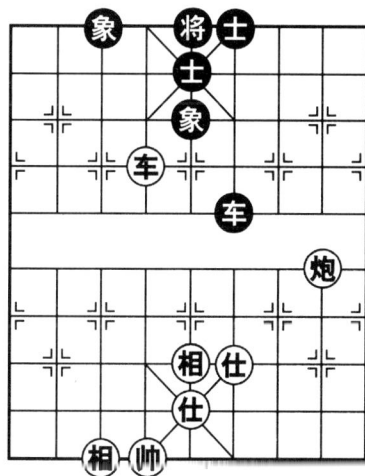
参考图 1

梁大师讲残局（下册）

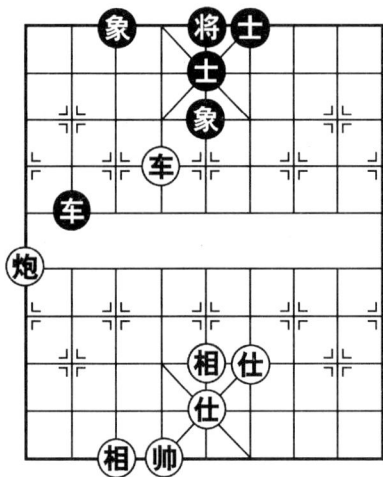

参考图2

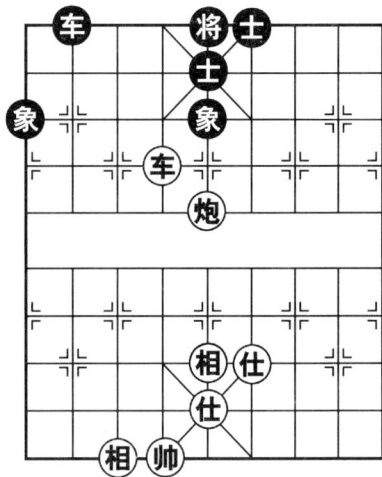

参考图3

架中炮必胜！

17. ·····　　象1进3　　　**18.** 车六进一　车2平1

19. 车六平七（红胜）

第382局　车炮胜车士象全

车炮单缺相巧胜车士象全（图382）。

1. 车六平三　车2进9

2. 帅六进一　车2退2

3. 炮五进二　车2退4

倘若车2退1，车三进五，车2平4，仕五进六，将5平4，车三退三，车4进1，帅六平五，车4退2，车三平五，象5退7，相七退五，红棋胜势。

4. 车三进五　车2平4

5. 仕五进六　将5平4

6. 车三退六　车4进4

7. 帅六平五　车4退2

8. 炮五退二　车4平3

9. 车三平六　将4平5

11. 炮五进五　士5进4

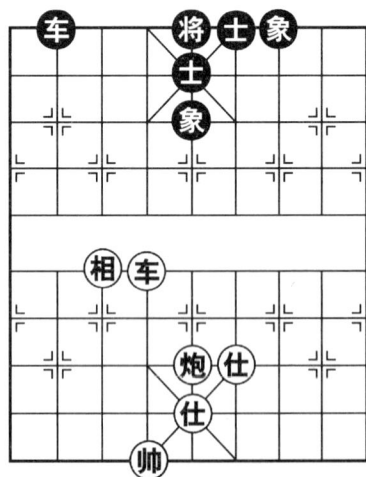

图382

10. 车六平五　将5平4

12. 帅五平四（红胜）

316

第 383 局　车炮胜车士象全

本局倘若说红胜一定会被认为是痴人说梦，可是实战中红棋确实赢了！那么取胜奥妙在哪里呢？请看黄仕清大师的杰作（图383）！

1. 炮五平三　车3退9
2. 仕五进六　将4平5
3. 车九进一　象7进9

信马由缰，毫无防备！似应车3平4，可成和棋。

4. 炮三平五　将5平4
5. 炮五平二　象9退7
6. 炮二平三　象7进9
7. 车九平六　将4平5
8. 车六平一　象9退7

大意失荆州！应象9进7，炮三平二，车3进2，黑棋无风险。

9. 车一进三（参考图）　……

精妙绝伦，一剑封喉！

9. ……　　　　　　车3平4

不明显软着！似应车3进8，车一平三，车3平7，炮三平五，车7进1，帅五进一，车7平4，车三退二，车4退2，车三平五，也许尚有和棋之望。

10. 仕六退五（红胜）

倘若车4进8，车一平二，车4平7，炮三平五，红胜。

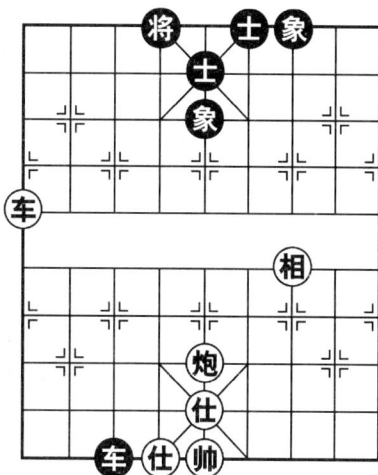

图 383

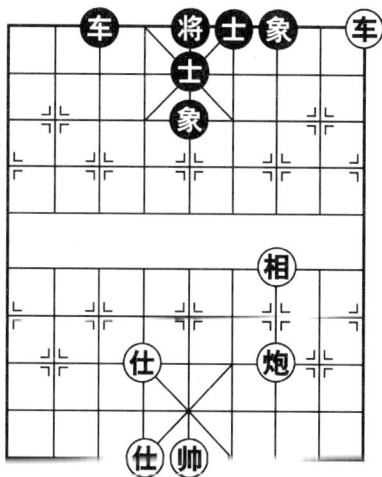

参考图

第 384 局　车炮胜车士象全

本局是上海著名棋手王鑫海于1991年上海擂台赛时的取胜之战（图384）！

1. 车三平四　士5进6　　　2. 炮二退八　……

退炮是攻击士象全的佳着！

2. ……　　　车1平7

3. 炮二平四 ……

弃相加快进攻速度是正确决策。

3. ……　　　车7进1

无奈中的等待。

4. 仕四进五 ……

倘若急于炮四进六打士，车7退3，和棋。

4. ……　　　车7进4

5. 炮四退一　车7退5

倘若士4进5，车四平二，车7平6，帅五平四，士5进4，车二进二，将6退1，车二退一，士4退5，车二进二，将6进1，车二退一，将6退1，车二平五，红胜。

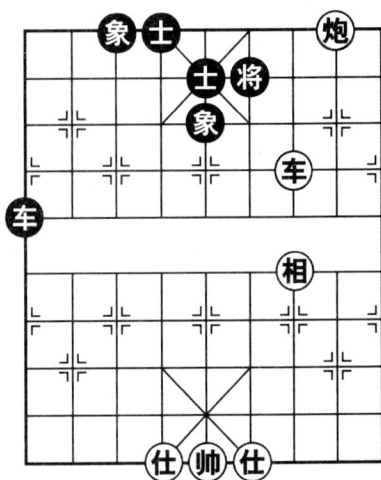

图384

6. 车四平六　车7平6　　**7. 车六进三　将6平5**

8. 车六平二　象3进1　　**9. 车二退七　象1进3**

10. 仕五进四　车6平7　　**11. 车二进五　车7平4**

12. 车二平四 ……

吃掉双士形成车炮双仕必胜车双象之势。

12. ……　　　将5退1　　**13. 车四退三　将5平4**

14. 仕六进五　将4平5

15. 车四平五　将5平4

16. 车五退二　将4平5

17. 仕五进六　车4平7

18. 仕四退五　车7平6

19. 车五进二　将5进1

20. 车五平六　车6退1

21. 帅五平六　象5退7

22. 车六进一　象3退5

23. 炮四平五（参考图）……

在车炮的组合攻势之下，车双象防御仅是螳臂当车而必败。

23. ……　　　车6进3

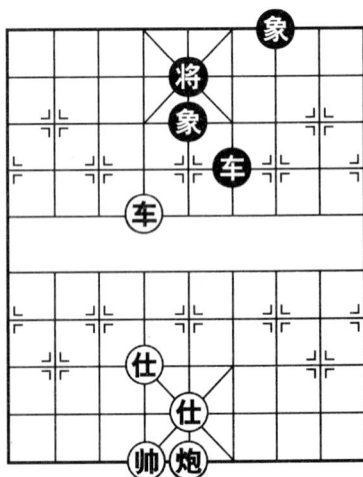

参考图

24. 仕五进四　车 6 平 5　　　　25. 仕六退五　车 5 平 3

26. 车六进三　将 5 退 1　　　　27. 车六进一　将 5 进 1

28. 仕五进六（红胜）

第 385 局　车炮胜车炮士

"车炮仕相全对车炮单士"属于高难残局。倘若棋逢对手将遇良才，取胜更难！

本局是许银川与吕钦两位顶级棋手之战。从限着开始，大战近百回合红方才获胜，可见取胜何其难也（图 385）！

1. 炮五平九　士 4 进 5

2. 车八进二　炮 4 退 2

3. 车八退四　……

无功而返！倘若炮 9 进 3，车 4 平 1，和棋之势。

3. ……　　　　车 4 平 1

4. 炮九平五　士 5 进 6

5. 车八平五　车 1 退 2　　　　6. 炮五平四　士 6 退 5

7. 炮四退三　车 1 平 6　　　　8. 炮四平五　车 6 退 2

9. 车五平四　士 5 进 6

10. 炮五平四　炮 4 进 2（参考图 1）

11. 炮四退二　……

似应炮四退三为佳。为什么不炮四进四打士呢？炮 4 平 5，黑方有一线和棋之望。

11. ……　　　　炮 4 平 5

12. 车四进一　车 6 平 3

13. 车四平五　炮 5 退 1

14. 车五进一　车 3 进 2

15. 帅五平六　车 3 平 6（参考图 2）

16. 炮四退一　……

"高！就是高！"许银川为什么见吃

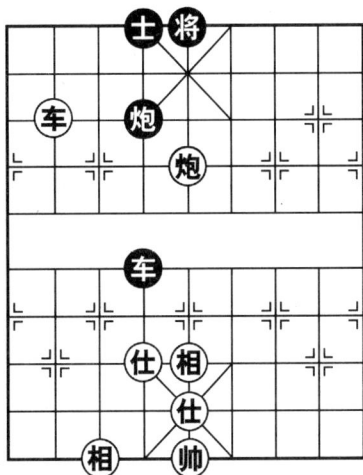

图 385

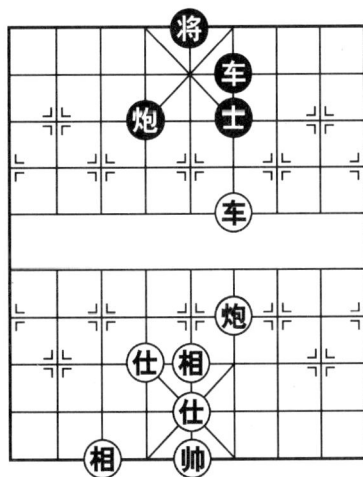

参考图 1

而不吃呢？倘若炮四进六打士，将5平6，炮四平一，车6平9，红棋很难脱链。

  16. ……   将5平4

  17. 车五平八 炮5平9

  18. 炮四进七 ……

终于出击打士。

  18. ……   炮9进8

孤车单炮很难有对杀。似应炮9平2拦挡，尚有和棋之望。

  19. 相七进九 车6进6

  20. 帅六进一 车6退6

  21. 炮四平一 车6平9

  22. 车八进二 将4进1

参考图2

23. 炮一平四 车9平6		24. 炮四平一 炮9退1
25. 帅六退一 车6平8		26. 仕五进四 车8进4
27. 车八平四 炮9平6		28. 车四平五 车8平6

  29. 炮一平七 ……

吃子之后，限着重新从这步棋开始计算。

29. …… 炮6平3	30. 帅六平五 车6退5
31. 炮七退五 车6平4	32. 仕六退五 车4进6
33. 仕五进四 车4进1	34. 帅五进一 车4退2
35. 炮七进七 炮3退6	36. 相九进七 车4进1
37. 帅五退一 车4进1	38. 帅五进一 炮3平2
39. 车五退六 车4退4	40. 炮七平三 炮2进5
41. 相五退三 炮2退5	42. 相三进一 炮2平4
43. 炮三退九 炮4平2	44. 帅五退一 炮2平1
45. 相七退九 炮1平2	46. 仕四退五 炮2平4
47. 炮三进二 车4退1	48. 炮三平七 车4进1
49. 车五退一 车4进1	50. 炮七退二 车4进2
51. 相一进三 炮4平2	52. 炮七进二 车4退3
53. 相三退一 车4进1	54. 炮七平八 炮2平3
55. 相一退三 车4退2	56. 相九进七 炮3平1

  57. 仕五进六 ……

特级大师吕钦一流防御，使"许仙"屡攻无果，经过艰难腾挪与调整，终

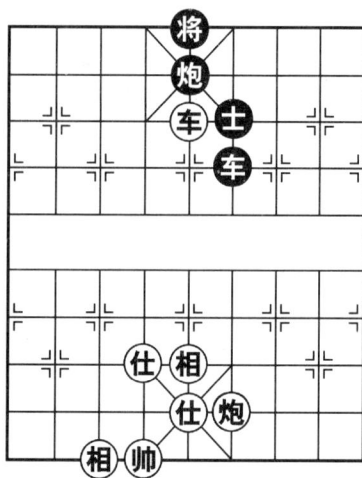

于迎来一抹胜利曙光。

57. …… 　　车 4 平 2

58. 车五进六　将 4 退 1

59. 车五退一　将 4 进 1

60. 炮八平七　炮 1 进 7

61. 车五进一　将 4 退 1（参考图 3）

62. 车五退五　……

亦可炮七退一，车 2 进 4，车五退二，炮 1 退 8，车五平六，炮 1 平 4，炮七退一，车 2 平 6，炮七平六，车 6 退 7，车六进二，车 6 平 4，帅五进一，红胜。

62. …… 　　车 2 平 4

63. 车五退一　车 4 平 2

64. 相三进一　将 4 进 1

65. 相七退九　炮 1 退 1

66. 炮七退二　炮 1 进 1

67. 炮七进九　车 2 进 3

68. 车五进一（参考图 4）　……

精妙绝伦的杀着！

68. …… 　　车 2 退 5

倘若车 2 平 4，车五进五，将 4 退 1，车五进一，将 4 进 1，炮七平六，车 4 平 2，车五退三，红胜。

69. 车五平六　车 2 平 4

70. 车六进四　将 4 进 1

71. 炮七退八（红胜）

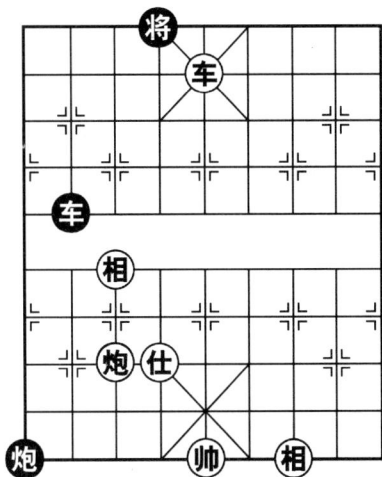

参考图 3

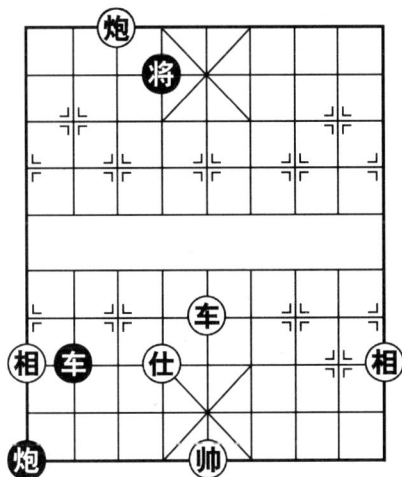

参考图 4

第 386 局　车炮胜车炮士

车炮仕相全可胜车炮士。

本局是 2005 年浙江省三环杯象棋公开赛特级大师洪智取胜之战（图 386）！

1. 车四退二　炮 2 进 5　　　　**2.** 仕五进六　……

似可帅四退一，车 7 平 9，炮一平三，车 9 进 5，炮三退八，炮 2 退 2，红棋优势。

2. …… 车7平9

3. 车四平八 炮2平1

4. 帅四平五 车9进4

5. 帅五退一 车9进1

6. 帅五进一 车9平4

吃仕必然，倘若再吃一仕则有和棋。

7. 车八平六 炮1平4

8. 车六平八 炮4平3

9. 车八平六 炮3平4

10. 车六平八 炮4平3

11. 车八平六 将4进1

12. 炮一退四 车4平9

13. 炮一平六 车9退1

14. 帅五退一 车9进1

15. 帅五进一 车9退1

16. 帅五退一 车9退3（参考图）

17. 仕六退五 ……

为什么不炮六进三打士呢？因黑可炮3平4打双和棋。

17. …… 炮3平4

18. 炮六平三 车9进4

19. 仕五退四 炮4平2

20. 炮三平六 车9退4

21. 炮六退三 炮2进1

22. 相七进九 炮2退4

23. 炮六进六（红胜）

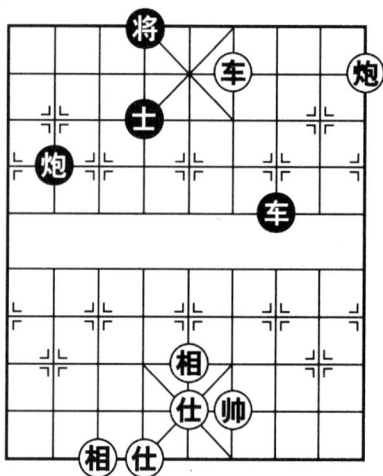

图 386

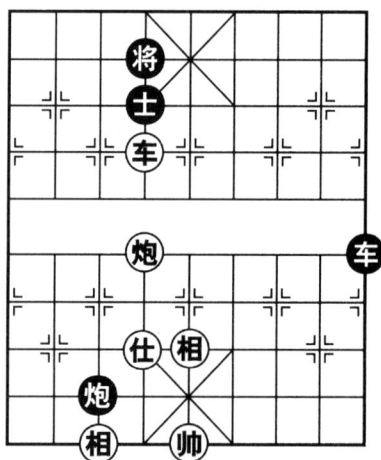

参考图

第 387 局　车炮胜车炮士

本局是 2009 年九城置业杯中国象棋年终总决赛，特级大师洪智取胜之战（图 387）！

1. 车一平五 炮8平4

2. 炮三平七 车4进2

3. 炮七退四 车4退2

4. 相五进三 车4进1

5. 相三退一　　车 4 进 1　　　　　　**6.** 车五进一　……

先调整双相再进车紧逼，细腻老练！

6. ……　　　　士 5 退 6　　　　　　**7.** 仕五退四　　车 4 退 2

8. 仕四进五　　车 4 进 2　　　　　　**9.** 车五退五　　车 4 进 2（参考图）

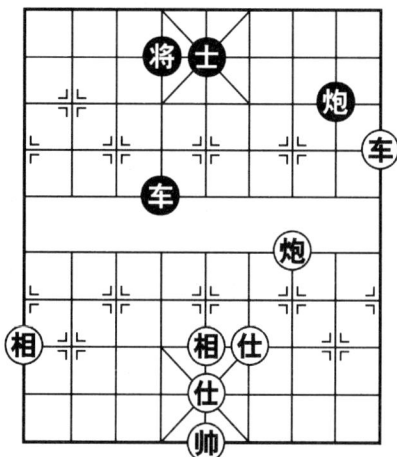

图 387

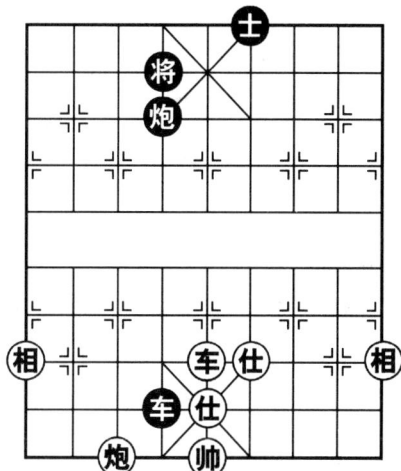

参考图

10. 相一进三　……

似可车五平八，将 4 平 5，车八进六，将 5 退 1，车八进一，炮 4 退 2，帅五平四，士 6 进 5，炮七平五，车 4 退 4，车八退一，炮 4 进 1，相一退三，车 4 进 1，仕五进六，将 5 平 6，炮五平六，车 4 进 2，炮六进八，红棋胜势。

10. ……　　　　炮 4 平 2　　　　　　**11.** 炮七平八　　炮 2 平 3

12. 仕五进六　　炮 3 平 8　　　　　　**13.** 相三退一　　车 4 平 2

速败！似应炮 8 平 9 走闲坚守为宜。

14. 炮八平六　　车 2 平 4　　　　　　**15.** 车五退一（红胜）

第 388 局　车炮和车炮士

"车炮仕相全可胜车炮士"，但要稳扎稳打循序渐进，切忌急攻快战，反而欲速则不达。

本局是 2003 年全国象棋大师冠军，黄海林与李轩两位大师之战（图 388）。

1. 车六平五　……

"贪吃与见将甜如蜜"是弈战中的大忌。似应炮八退七先压住阵脚稳步进取为佳。

1. ……　　　将 5 平 6

2. 车五进二　……

贪吃一士，反而丢双仕是造成后来和棋的主要因素。

2. ……　　　车 6 进 1

3. 帅四平五　车 6 进 1

4. 帅五退一　炮 1 进 1

佳着！倘若错走车 6 平 4，相五进七，红棋胜势。

5. 车五退二　车 6 平 4

6. 炮八平三　……

因有车杀仕的"海底捞月"，使红棋没有飞相借王助攻，平炮是无奈之策。

6. ……　　　车 4 进 1

8. 帅五平六　车 5 平 4

10. 帅五平六　车 5 平 6

11. 相七进九　车 6 退 1

12. 帅六退一　将 6 退 1

13. 帅六平五　炮 1 平 2（参考图）

赶紧撤炮加强防御是正确决策，否则红有敲相构成绝杀的风险。

14. 相五进七　车 6 进 1

15. 帅五进一　炮 2 退 5

红棋"海底捞月"的杀棋彻底失去，和棋来临。

16. 炮三退三　……

倘若车五进二，将 6 退 1，车五一，将 6 进 1，炮三平四，炮 2 平 6，和棋。

16. ……　　　车 6 退 3

18. 车五进三　将 6 退 1

20. 炮三退四　炮 2 平 7（和棋）

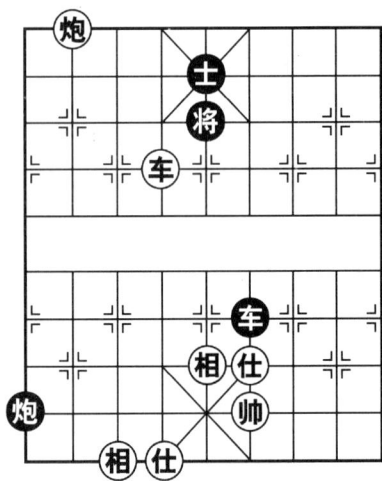

图 388

7. 帅五进一　车 4 平 5

9. 帅六平五　车 4 平 5

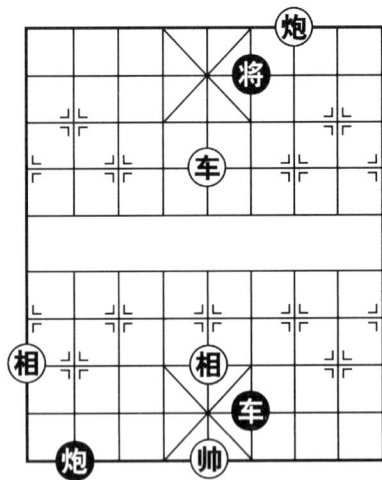

参考图

17. 车五退一　炮 2 退 2

19. 车五退一　炮 2 进 1

第389局 车炮胜车马

"车炮仕相全必胜车马"。

本局是 2008 年全国象甲联赛，郝继超大师取胜之战（图389）！

1. 炮六平七　马3进1

2. 炮七进四　……

倘若炮七进一，马1退2，炮七平六，黑棋也难抵挡。

2. ……　　　马1退2

3. 车六退二　马2进3

4. 帅五平六　车1进5

5. 相五退七　车1退3

6. 相三进五　车1平4

7. 车六平五　将5平4

8. 炮七平三　车4平7

9. 炮三平四　车7平6

10. 炮四平二　车6平8

11. 炮二平四　车8平6

12. 炮四平二　车6平4

黑车难以阻止红炮返回大本营。

13. 炮二退四　马3退2

14. 车五平七　将4进1

15. 帅六进一　将4退1

16. 炮二平六　马2退1

17. 车七平五　车4平6

无奈！倘若车4平3，车五平六，将4平5，炮六平五，车3平6，仕五进四，将5平6，炮五平四，红胜。

18. 仕五进四（红胜）

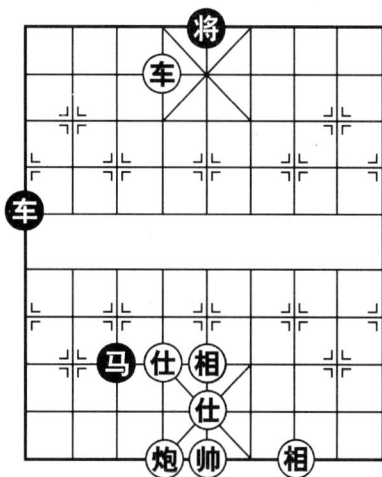

第390局 车炮胜车马

"黑棋车马难以抵挡红棋车炮的围剿"。

本局是 2011 年全国象棋团体赛，武俊强大师取胜之战（图390）！

1. 炮六平四　马5退7

2. 炮四退六　马7进6

3. 车七平四　马6进7

4. 车四退四　车4平7

5. 仕五进六　车7进2

6. 帅五平六　……

奠定胜势。否则黑方有车 7 平 6 兑车和棋。

6. ……　　车 7 平 2

7. 相五退七　车 2 平 5

8. 相七退五　车 5 平 7

9. 车四进七　将 4 进 1

10. 车四平五（红胜）

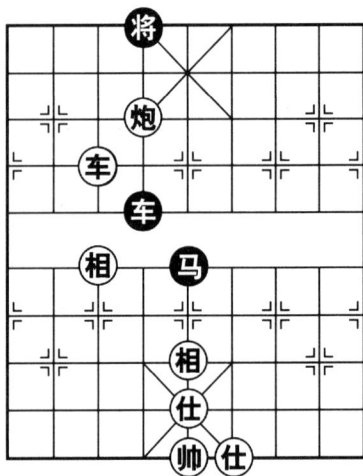

图 390

第 391 局　车炮胜车炮

"车炮仕相必胜车炮"。

本局是常见形势，似乎也是黑棋防御最佳阵形，乍看之下很难找到取胜之路。那么如何才能攻城擒王呢（图 391）?

1. 车五退四　将 4 进 1

2. 炮八退二　车 4 进 2

3. 炮八平七　车 4 进 2

倘若车 4 退 2，仕五进六，车 4 平 2，车五进六，将 4 退 1，车五退一，将 4 进 1，车五平六，将 4 进 1，炮七平六，车 2 平 4，炮六进五，红胜。

4. 仕五进六　车 4 进 1

5. 帅五进一（参考图）　车 4 平 6

另有两种选择：①炮 4 进 1，炮七进三，车 4 退 1，帅五退一，炮 4 进 3，车五进六，将 4 退 1，车五退二，红胜。

②炮 4 平 2，车五进六，将 4 退 1，车五退一，炮 2 退 1，车五平六，炮 2 平 4，炮七进一，红胜。

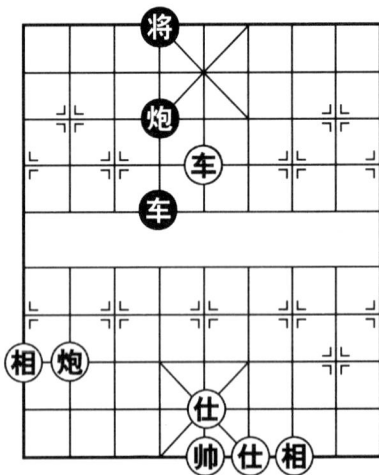

图 391

6. 车五进六　将 4 退 1　　　**7.** 车五退一　将 4 进 1

8. 炮七进三 ······

精巧顿挫！

8. ······ 车6退3

9. 炮七退二 炮4进4

10. 车五进一 将4退1

11. 车五退二 车6退5

倘若炮4退4，车五进一，将4进1，车五平六，将4进1，炮七平六，车6平4，炮六进二，红胜。

12. 车五平六 车6平4

13. 车六退三 车4进5

14. 炮七平六（红胜）

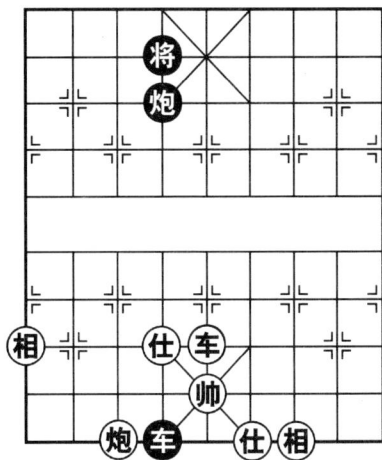

参考图

第392局 车炮胜车炮

"车炮仕相全必胜车炮"（图392）。

1. 车八进九 将6进1

2. 车八退一 将6退1

3. 车八平五 炮5退1

4. 车五退三 ······

简明、绝妙！

4. ······ 车9平5

5. 仕五进四 将6平5

6. 炮四平五 车5退3

7. 相一进三（红胜）

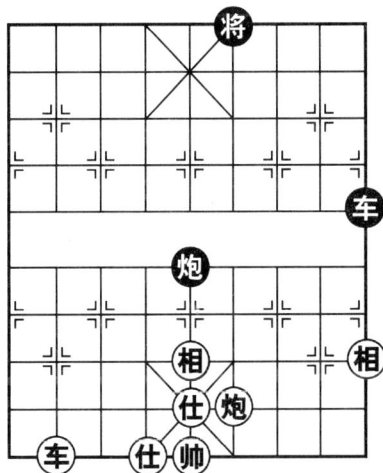

图392

第393局　车炮胜车炮

"车炮仕相全必胜车炮"。本局黑棋车炮被链死，取胜更容易（图393）。

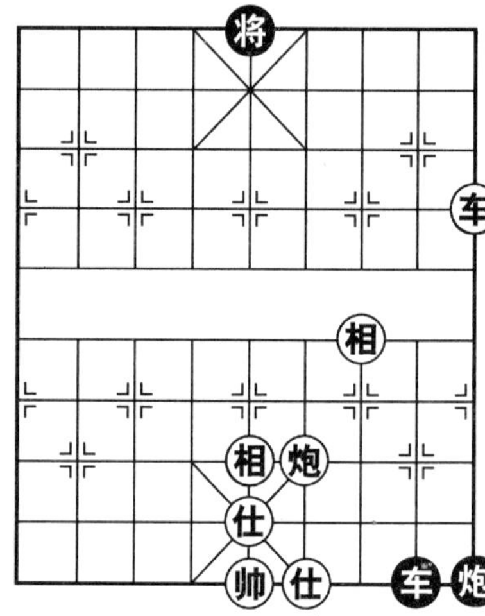

1. 炮四进二　将5平6
2. 仕五进六　将6平5
3. 车一平五　将5平4
4. 相五退三　炮9平7
5. 帅五进一　车8退1
6. 炮四退三　车8退7
7. 车五平六　车8平4
8. 车六进二　将4进1
9. 帅五进一（红胜）

图393

第394局　车炮胜车炮

"车炮单缺相巧胜车炮"。

本局是2010年象甲联赛，陈富杰大师取胜之战（图394）!

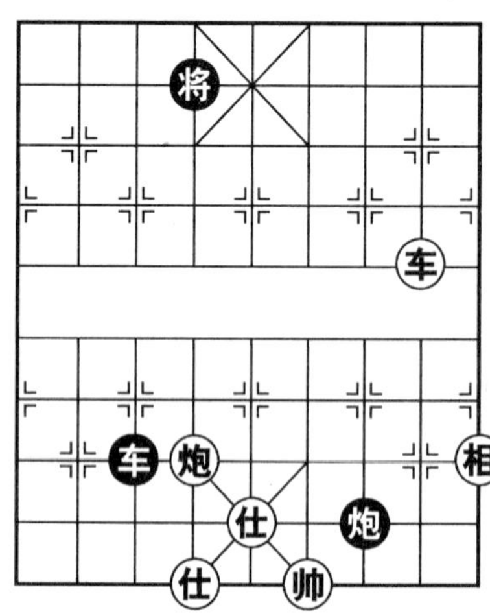

1. 相一进三　炮7平9
2. 帅四进一　车3退5
3. 车二平六　将4平5
4. 车六平五　将5平4
5. 车五平六　将4平5
6. 车六平五　将5平4
7. 仕五退四　……

似可帅四进一，炮9退6，仕五退四，炮9平8，仕六进五，炮8平5，炮六退二，车3进5，帅四退一，车3退5，仕五进六，将4平5，炮六平五，红胜。

7. ……　　　炮9退6　　　8. 车五进四　……

倘若帅四进一，将4退1，仕六进五，将4进1，炮六退二，炮9平5，仕五进六，将4平5，炮六平五，红棋胜势。

8. ……	车3平6	9. 帅四平五	车6平3
10. 车五退一	将4退1	11. 帅五进一	车3平2
12. 仕六进五	炮9平3	13. 炮六退二	炮3进6
14. 炮六进一	……		

精妙！红棋胜势。

14. ……	炮3平5	15. 仕四进五（红胜）	

第395局　车炮胜车马士

"车炮仕相全必胜车马士"。

本局是2007年全国象棋团体赛，特级大师柳大华取胜之战（图395）！

1. 仕四退五　士4退5
2. 车四退四　马5退4
3. 车四平六　马4进5
4. 帅五平六（红胜）

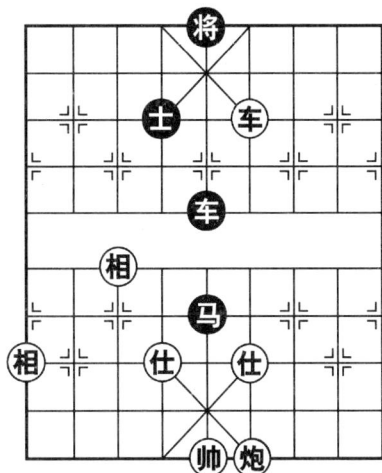

图 395

第396局　车炮胜车马士

本局是2003年象甲联赛，李鸿嘉大师取胜之战（图396）！

1. 炮三进一	将4进1	2. 相五进三	将4退1
3. 相三退五	将4进1	4. 炮三进三	车4退1
5. 车五退三	马2退3	6. 车五平七	马3进4（红胜）

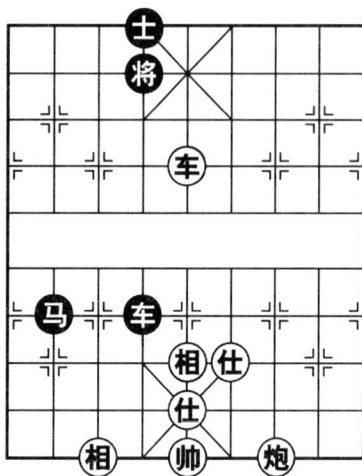

图 396

第 397 局　车炮胜车马士

本局是 1976 年全国象棋个人赛，山东著名棋手王方虎取胜之战（图 397）!

1. 仕五进六　　车 9 平 6

2. 炮一退九　……

绝妙!

2. ……　　　　车 6 进 1

3. 仕六退五（红胜）

倘若车 6 平 8，炮一平四，车 8 进 1，仕五进四，车 8 平 6，车五平四，绝杀，红胜。

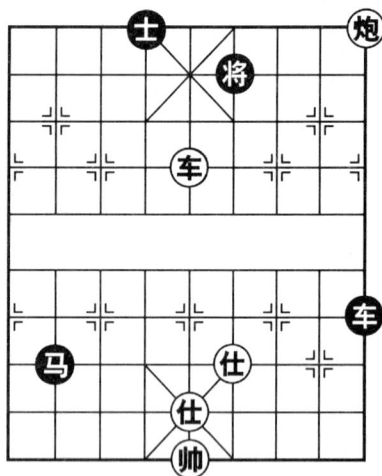

图 397

第 398 局　车炮胜车马双士

"车炮有仕相对车马双士"属于"赢棋难和棋也难"的高难残局。

本局属于巧胜，是 1955 年穗港象棋名手友谊赛，著名前辈特级大师杨官璘的取胜之战（图 398）!

1. 车三平四　　将6平5

2. 炮三退七　　车4进1

3. 仕五进四　　将5平4

4. 仕六进五　　马9进8

加快失败进程。似应马9进7为宜。

5. 仕五进六　　……

绝妙！

5. ……　　　　车4进1

倘若马8退7，车四平三，将4平5，车三进二，士5进6，炮三平五，马7退5，炮五进三，红胜。

6. 车四退二　　……

退车方显上步弃仕之妙也！

6. ……　　　　车4进2　　　　**7.** 帅五进一　　车4平9

急调右车护马实属无奈，顾此失彼难有两全之策。

8. 车四平六　　将4平5　　　　**9.** 帅五平六　　车9退3

10. 车六进三　　马8退7　　　　**11.** 炮三平五　　马7退5

12. 车六平五（红胜）

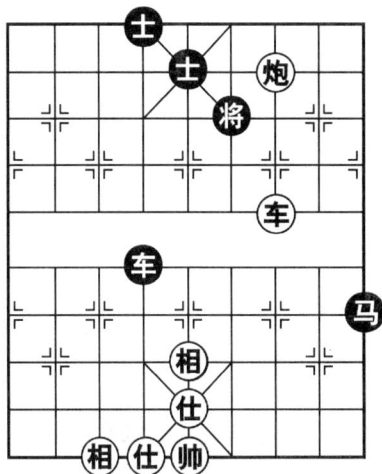

图398

第399局　车炮胜车马双士

本局是2009年五羊杯全国象棋冠军邀请赛，蒋川大师取胜之战（图399）！

1. 炮三平四　　……

看似平凡无奇，实则精巧绝妙！

1. ……　　　　马6进5

倘若马6退4，车二平六，黑棋要丢士。

2. 车二平五　　将5平4

3. 炮四平六　　士4退5

4. 炮六平五　　……

流畅的命令性棋步，精彩有力！

4. ……　　　　马5进7

5. 车五平六　　士5进4

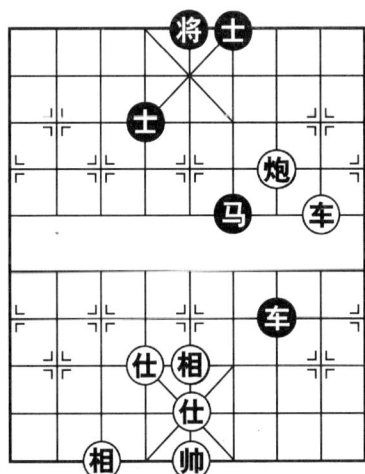

图399

6. 车六进二 ……

吃士后，红棋胜势。

6. …… 　将4平5　　　**7. 车六平五**　将5平4

8. 车五平八（红胜）

第400局　车炮胜车马双士

本局是香港冠军、国际大师梁达民相当精彩的取胜之战（图400）！

1. 相一退三 ……

飞相捉车是精雕细琢的佳着。

1. …… 　车5退1

2. 炮一进一　马5退6

3. 车二平六　将4平5

4. 炮一进四　马6退7

5. 车六平三　车5平9

6. 炮一平二 ……

细腻老练！倘若车三进四，车9退4，和棋之势。

图 400

6. …… 　车9平8

7. 炮二平一　车8平9　　　**8. 炮一平二**　车9退3

9. 车三进三 ……

围而不吃，绝妙！

9. …… 　车9平8　　　**10. 炮二平一**　车8平9

11. 炮一平二　车9退1

倘若车9平8，炮二平一，车8退1，炮一退七，车8退2，炮一平三，红胜。

12. 炮二退七　马7进9　　　**13. 车三平一（红胜）**

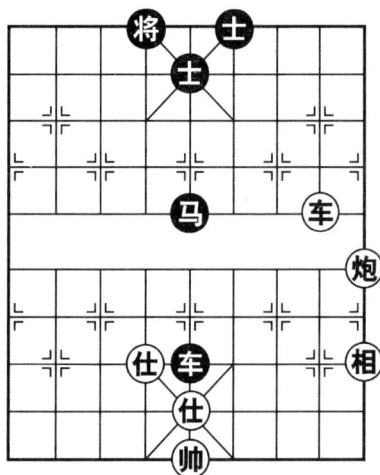

第401局　车炮胜车马双士

本局是2003年世界象棋锦标赛，马来西亚何荣耀取胜之战。

图401是黑棋最佳防御的和棋定式，后因在"马拉松"争夺战中失误而败。

1. 车一平九　车4进1　　　**2. 车九退一** ……

肋炮拴车难以取胜。要想打破僵局似可仕五退四，车4进4，仕四退五，车4退4，炮六进二，车4退1，相三退五，车4进1，相五退七，将4退1，车九进六，将4进1，车九退四，车4进2，炮六平二，车4平8，炮二平三，车8平7，炮三平二，将4退1，车九进四，将4进1，炮二进六，车7退5，炮二退二，仍形成赢棋难和棋也难的纠缠。

2. ⋯⋯　　　车4进2
3. 仕五进六　车4平2
4. 车九进四　车2平5
5. 相三退五　车5平2
6. 相五退七　车2平5
7. 相七退五　车5平2
8. 车九平六　车2平3
9. 仕六退五　车3平2（参考图）

黑棋的防御天衣无缝，红棋难以攻破黑军城堡。

10. 相五退三　车2平3

大意失荆州！应车3平5，则黑棋防御仍固若金汤。

11. 车六进一　将4进1
12. 仕五进六　车3平4
13. 炮六进三　将4退1
14. 炮六平七　将4退1
15. 炮七退二　将4平5
17. 帅五进一　将4平5
19. 炮六平四（红胜）

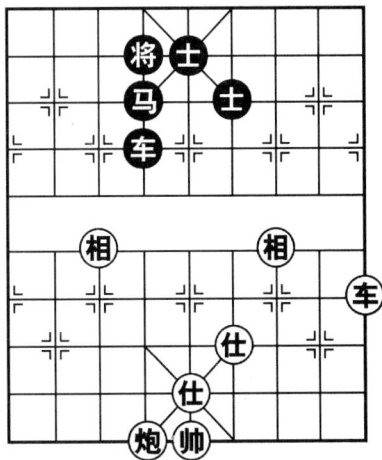

图 401

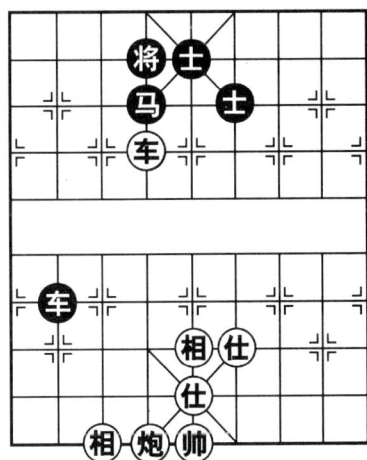

参考图

16. 帅五进一　将5平4
18. 炮七平六　将5平6

第 402 局　车炮胜马炮士象全

"车炮双仕可胜马炮士象全"。

本局是 1998 年银荔杯象棋争霸赛，特级大师胡荣华取胜之战（图 402）！

1. 炮三平八 ……

底线攻击是正确的决策！

1. ……　　　士 5 进 4

2. 炮八进六 ……

弃仕进炮，有惊无险！

2. ……　　　马 7 进 6

3. 帅五平六　炮 6 平 4

4. 仕五进六　士 4 退 5

5. 仕六退五　士 5 进 4

6. 仕五进六　士 4 退 5

7. 仕六退五　马 6 退 4

8. 帅六平五　象 5 退 7

9. 仕五进六（红胜）

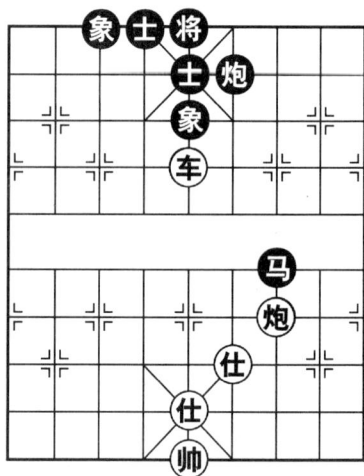

图 402

第 403 局　车炮胜马炮士象全

本局是 1994 年五羊杯全国象棋冠军邀请赛，特级大师柳大华取胜之战（图 403）！

1. 帅五平六　象 1 退 3

2. 车七进二　炮 4 退 2

3. 帅六平五　象 3 进 1

4. 炮一退六 ……

佳着！

4. ……　　　炮 4 进 6

倘若马 7 进 6，炮一平五，马 6 进 8，车七退一，马 8 进 6，炮五进二，丢象，红胜。

5. 车七平六　炮 4 平 5

6. 帅五平六　马 7 进 6

无奈！倘若象 1 退 3，炮一进三，红棋胜势。

7. 炮一进六（红胜）

倘若象 5 退 7，车六平九，象 1 退 3，车九进一，红胜。

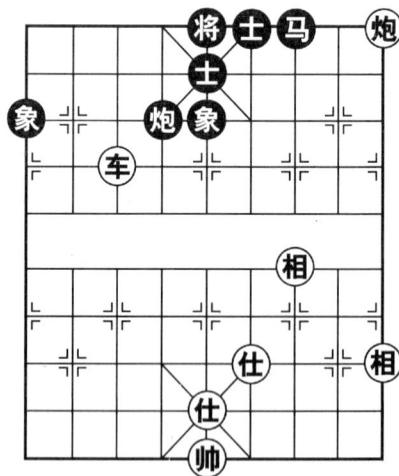

图 403

第二十一章　车炮兵残局

第 404 局　车炮兵胜车士象全

"车炮兵必胜车士象全"是常识性规律，可是在比赛中和棋也是屡见不鲜。

小兵倘若过河换士换象或与车炮组合攻击，车士象全皆难和棋。本局是2003 年全国象棋团体赛一则残局，因小兵未能过河而和棋。那么到底这个残局是胜是和呢？答曰："车炮兵必胜"（图 404）。

1. 车三平一 ⋯⋯

先逼退边象打个顿挫。

1. ⋯⋯ 象 9 退 7

2. 车一平八 将 5 平 4

倘若车 3 平 5，车八进六，士 5 退 4，车八退四，车 5 退 1，兵三进一，士 6 进5，兵三平四，小兵安然渡河，红棋胜势。

3. 车八进六 车 3 退 4

4. 车八退三 ⋯⋯

倘若车八平七，象 5 退 3，兵三进一，形成"炮兵可胜士象全"，但是取胜之路较漫长。

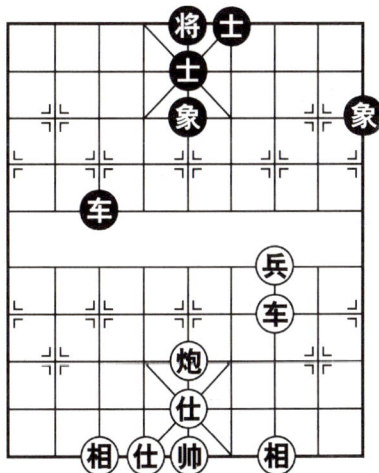

图 404

4. ⋯⋯ 车 3 进 4	**5. 车八平六 将 4 平 5**
6. 炮五进四 象 7 进 9	**7. 相三进五 车 3 退 4**
8. 仕五退四 车 3 平 4	**9. 车六平八 车 4 进 4**
10. 仕六进五 车 4 进 1	**11. 炮五退一 车 4 退 1**
12. 车八进三 车 4 退 4	**13. 车八退二 象 9 退 7**
14. 兵三进一 ⋯⋯	

小兵渡河，胜势。

14. …… 车 4 进 4　**15. 车八进二　车 4 退 4**

16. 车八退四　车 4 进 3　**17. 兵三进一（余略，红胜）**

第 405 局　车炮兵胜车士象全

车炮兵的威力极大，小兵没有过河，黑车士象全也难和棋（图 405）。

1. 兵三进一　……

小兵从容不迫地欺车渡河，精巧！

1. …… 车 6 退 2

倘若象 5 进 3，车三进三，将 6 进 1，车三平六，红胜。

2. 兵三平二　象 7 进 9

3. 兵二进一　士 4 进 5

4. 炮五退四　象 9 退 7

5. 车三退三　车 6 进 2

6. 兵二平三　将 6 平 5

7. 车三平八　车 6 平 5

8. 兵三进一　象 5 退 3　**9. 兵三进一　象 7 进 5**

10. 车八平二　士 5 退 6　**11. 兵三平四　士 4 退 5**

12. 车二平六　……

车炮兵联合攻击，黑方难抵挡！

12. …… 士 5 退 4　**13. 帅五平六　士 4 进 5**

14. 仕五进四　象 3 进 1　**15. 炮五退二　象 1 进 3**

16. 车六进三　车 5 进 2　**17. 相三进五　车 5 平 6**

18. 炮五进七　士 5 进 4　**19. 车六进一（红胜）**

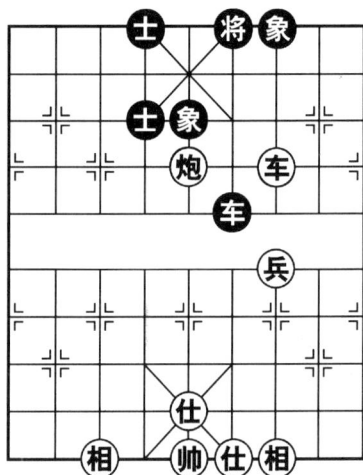

图 405

第 406 局　车炮兵胜车士象全

"有车无老兵。"尽管底兵依然可胜（图 406）。

1. 帅五平四　车 5 退 1　**2. 兵二平三　车 5 进 1**

3. 兵三平四　士 5 退 6　**4. 车四进三　将 5 进 1**

5. 车四平六　象 3 进 1　**6. 仕五进六　象 1 进 3**

7. 炮五退一　象 3 退 1
8. 车六平四　象 1 进 3
9. 车四退四　将 5 退 1
10. 相七进五　车 5 平 3
11. 相五进七　车 3 平 5
12. 相三进五　车 5 平 8
13. 车四平七（红胜）

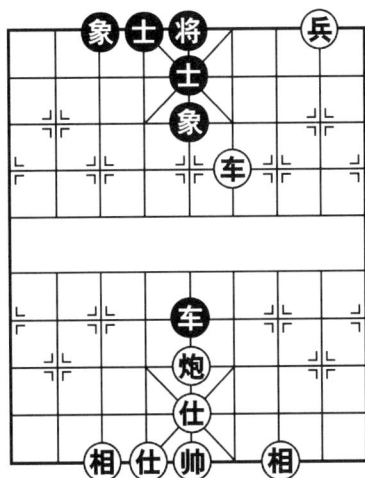

图 406

第 407 局　车炮兵胜车士象全

本局是 2005 年象棋团体赛，女子特级大师陈丽淳取胜之战（图 407）！

1. 仕五退六　士 6 进 5
2. 仕四进五　士 5 进 4
3. 兵七平六　士 4 退 5
4. 帅五平四　……
锁住黑车胜势已定。
4. ……　　　车 5 进 2
5. 炮五平八　车 5 平 2
6. 炮八平九　车 2 平 1
7. 炮九平五　车 1 平 5
8. 仕五进八　车 5 退 2
9. 炮五退一　车 5 进 2
10. 车四进二（红胜）

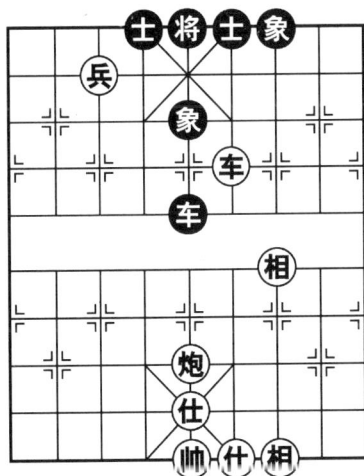

图 407

第 408 局　车炮兵胜车士象全

本局是 2004 年象甲联赛，景学义大师取胜之战（图 408）！

1. 炮八退四	士 5 退 6	2. 兵二进一	士 4 进 5
3. 兵二进一	车 6 平 7	4. 兵二进一	象 3 进 1
5. 炮八进五	车 7 平 2	6. 炮八平九	车 2 退 2
7. 兵二平三	士 5 进 6	8. 车二进四	士 6 退 5
9. 兵三平四	将 5 平 4	10. 仕六进五	车 2 平 1
11. 炮九平八	车 1 平 2	12. 炮八平九	象 5 进 3
13. 车二退二	车 2 平 1	14. 炮九平四（参考图）	……

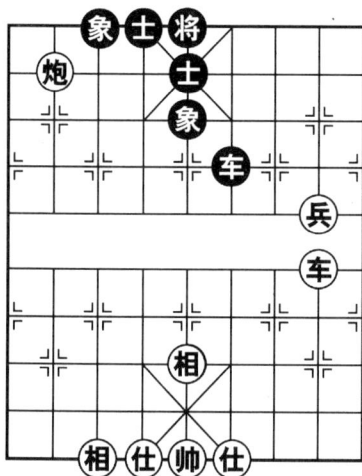

图 408

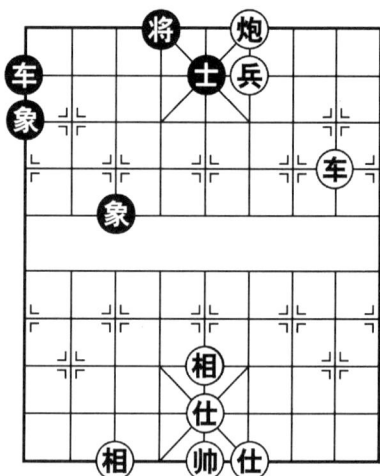

参考图

弃炮陷车，绝妙！

14. ……	士 5 退 6	15. 兵四进一（黑车必丢，红胜）	

第 409 局　车炮兵和车马士象全

"车炮兵难胜车马士象全"。

本局是 2010 年全国体育大会中赵鑫鑫与吕钦两位特级大师之战（图 409）。

1. 兵五进一　马 6 进 8

似可象 3 进 1，车七退一，马 6 退 8，也是和棋之势。

2. 车七平三	车 6 平 7	3. 车三平六	象 1 进 3
4. 兵五进一	将 5 进 1	5. 炮一平四	象 3 退 5
6. 炮四退三	车 7 退 1	7. 炮四退一	车 7 平 2
8. 相五退七	马 8 进 7	9. 帅五平六	车 2 进 6

10. 炮四平五　　象5进7

11. 车六平七　　车2退5

12. 炮五退一　　车2平4

13. 炮五平六　　象7退5

14. 车七平九　　马7退6

15. 炮六退三　　车4进2

16. 相三进五　　将5退1

17. 车九平七　　将5进1

18. 仕五进四　　车4进1（和棋）

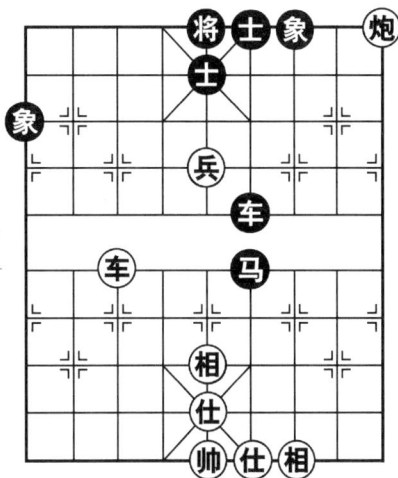

图 409

第410局　车炮兵胜车马士象全

作者根据名手对局初步统计，"车炮兵对车马士象全"的胜率是20%，和棋率是80%。其"胜与和"往往与棋手的水平也有关，许银川在三盘车炮兵残局中，取得百分百胜率。

本局是2009年象甲联赛，许银川精妙取胜之战（图410）：

1. 兵六平七　　……

为什么能白吃马而不吃呢？因倘若车八平七，车4退2，形成车炮难胜士象全。

1. ……　　　　车4平3

倘若士5进6，兵七进一，士4进5，车八退五，红棋胜势。

2. 车八退一　　……

老练！使照样求和前景暗淡。

2. ……　　　　象7进9

3. 仕五进六　　车3平1

速败！似应象9进7坚守为宜。

4. 车八退一　　……

一剑封喉！红棋胜势。

4. ……　　　　马3进1

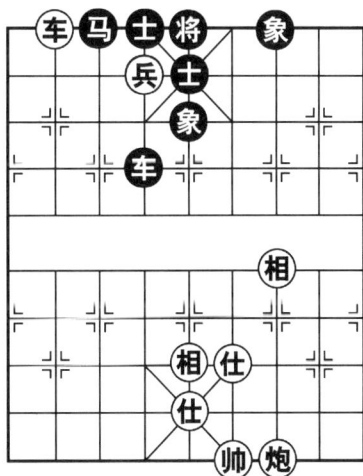

图 410

为什么不象 9 进 7 呢？仕五进六，车 3 平 1，车八退一，象 9 进 7，兵七进一，象 5 退 3，炮三进五，红棋胜势。

5. 车八平五　车 1 平 3　　　　　　**6. 兵七平八（红胜）**

为什么戛然而止呢？倘若马 1 进 2，车五平一，车炮兵必胜车马双士。

第 411 局　车炮兵胜车马士象全

本局是 2009 年象甲联赛，许银川取胜之战（图 411）!

1. 兵五进一　象 7 退 5

2. 车六退一　将 5 进 1

3. 车六平七　车 2 平 8

4. 相五退三　车 8 进 6

5. 炮九退九　……

绝妙!

5. ……　　　车 8 退 3

只好退车，倘若车 8 平 7，帅四进一，打死黑车。

6. 车七平八　车 8 平 1

7. 炮九进二　车 1 平 3

图 411

8. 相七进五　车 3 平 1　　　　　　**9. 炮九平六　车 1 平 3**

10. 车八进一　将 5 退 1　　　　　　**11. 车八进一　车 3 退 6**

倘若象 5 退 3，炮六平九，黑棋也难招架。

12. 车八退二　将 5 进 1

似应弃象而车 3 进 6，丢象后也许尚有一线和棋之望。

13. 车八退四　……

阻断黑马退路，精妙! 黑马已陷于绝境。

13. ……　　　车 3 进 4　　　　　　**14. 炮六退一　车 3 进 5**

15. 炮六退一　车 3 退 5　　　　　　**16. 车八平三　马 7 进 9**

为什么不车 3 平 7 兑车呢？相五进三，马 7 进 9，炮六平五，黑棋也难抵抗。

17. 相三进一（红胜）

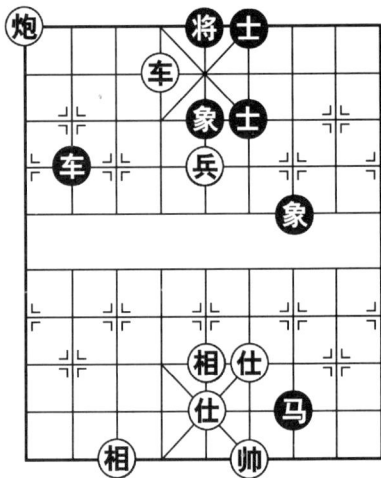

第412局　车炮兵胜车马单缺象

"车炮兵仕相全可胜车马单缺象"，在大量的对局中赢棋多，和棋少。

本局是2000年银荔杯象棋争霸赛，特级大师吕钦取胜之战（图412）！

1. 车二进二　将6退1
2. 车二进一　将6进1
3. 兵一进一　马5退7
4. 兵一进一　车6平7
5. 车二退五　将6退1
6. 车二平四　将6平5
7. 车四平三　车7平5
8. 兵一平二　……

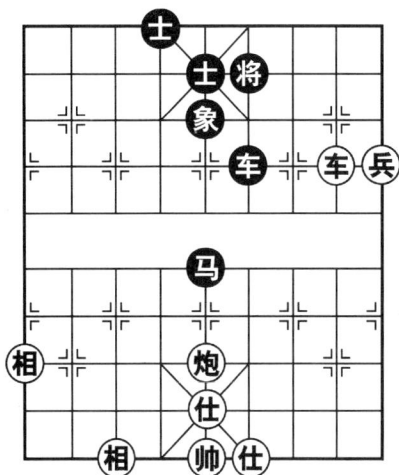

图412

小兵缓缓逼近九宫，其威力将显现。

8. ……　　　车5进2
9. 车三退一　士5进6
10. 兵二平三　士4进5
11. 车三平八　将5平4
12. 车八进六　将4进1
13. 炮五平六　车5进1
14. 炮六退一　马7进5
15. 兵三平四　马5退3
16. 相九进七　车5平3
17. 相七进九　车3平5
18. 帅五平六　象5进7
19. 车八退四　车5退2（参考图）

为什么不象7退5？若如此，则仕五进六，士5进4，车八进三，将4退1，仕六退五，士4退5，兵四平五，士6退5，车八平五，红胜。

20. 相七退五　将4退1
21. 相九进七　将4进1
22. 帅六平五　将4退1
23. 车八进四　将4进1
24. 车八平七　马3进5
25. 仕五进六　士5进4
26. 车七退一　将4退1

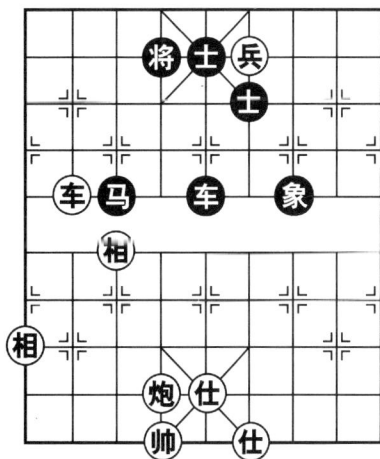

参考图

27. 车七退一　马5退3　　　**28.** 炮六平七　象7退5

29. 炮七平五（红胜）

第 413 局　车炮兵胜车马单缺象

本局是 1994 年银荔杯象棋争霸赛，特级大师吕钦精彩取胜之战（图 413）！

1. 兵一进一　车 1 平 7

2. 兵一进一　车 7 退 4

3. 兵一平二　车 7 平 6

4. 兵二进一　车 6 退 1

5. 相五进三　象 3 进 5

6. 炮一退六　……

似可帅五平六，象 5 退 3，炮一退七，红棋优势。

6. ……　　　士 5 退 4

似可车 6 进 5，炮一退一，马 7 进 6，车二退一，车 6 平 9，炮一平五，车 9 平 5，兵二平三，马 6 进 7，炮五平一，将 5 平 4，黑棋虽然也很难下，但要比实战中好点。

7. 炮一平五　士 6 进 5　　　　**8.** 车二平三　马 7 进 6

9. 兵二平三　车 6 退 1　　　　**10.** 车三平四（红胜）

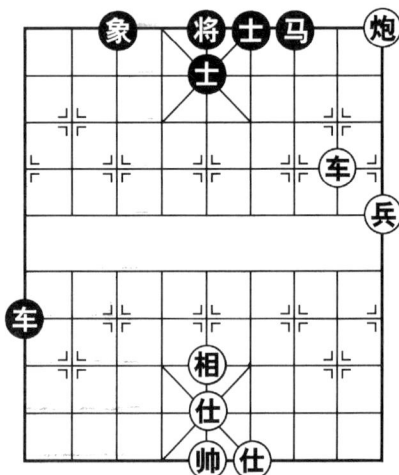

第 414 局　车炮兵胜车马单缺象

本局是 2008 年象甲联赛，特级大师赵鑫鑫取胜之战（图 414）！

1. 炮七平五　将 5 平 4

倘若马 9 退 8，车二平九，将 5 平 4，车九进二，红棋胜势。

2. 炮五平二　马 9 进 8　　　　**3.** 车二平六　将 4 平 5

4. 炮二进八　象 5 退 7　　　　**5.** 车六平五　将 5 平 4

倘若车 9 退 4，车五平九，将 5 平 4，车九进七，将 4 进 1，兵八平七，黑方难抵抗。

6. 车五进六　车 9 平 4　　　　**7.** 仕四进五　车 4 平 8

8. 炮二平四　车 8 平 6　　　　**9.** 车五平二　马 8 退 9

图 413

10. 车二退六　马 9 退 8

11. 炮四退一　将 4 平 5

12. 炮四平九　……

黑棋难以抵挡，败局已定。

12. ……　　　　车 6 平 7

13. 车二平五　将 5 平 6

14. 车五平四　将 6 平 5

15. 车四平五　将 5 平 6

16. 车五平四　将 6 平 5

17. 相七进五　车 7 进 2

18. 车四进二　马 8 进 9

19. 兵八进一　车 7 平 5

20. 帅五平四（红胜）

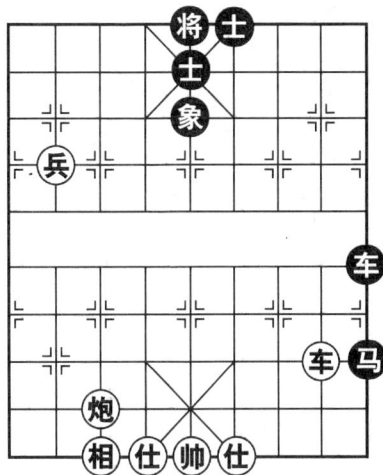

图 414

第 415 局　车炮双兵胜车马士象全

车炮双兵对车马士象全是可胜可和的残局，没有必胜与必和定式；双兵都渡河赢棋概率相当高，反之则和棋多多。

据初步测算，红方胜率接近 40%，而和棋率则超过 60%。

本局冷眼乍看黑马有换双兵之势，似乎大有和棋之望，那么红棋如何决策呢？请看 1985 年全国象棋团体赛，特级大师李来群精华之作（图 415）！

1. 车八进五　士 5 退 4

2. 兵六进一　象 5 进 3

不得已而为之！为什么不马 7 退 5 呢？兵六进一，马 5 退 3，车八平六，马 3 退 4，炮七进九，绝杀，红胜。

图 415

3. 兵六进一　士 6 进 5

4. 兵六平五　将 5 进 1

5. 车八平六　马 7 退 5

6. 车六平三　……

两个小兵换来双士一象，从而进入车炮仕相全对车马象的残局战斗。

6. ……　　　　马 5 进 4

7. 车三退一　将 5 退 1

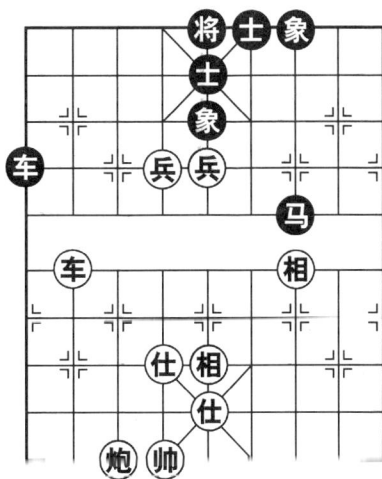

8. 帅六平五　马4进2　　　9. 车三平八　车1进3

10. 车八退四　马2进3　　　11. 帅五平六　象3退5

12. 车八进三　将5进1　　　13. 车八平七　马3退4

14. 帅六平五　马4退5　　　15. 车七平八　车1平3

16. 车八进一　将5退1　　　17. 车八退四　马5进6

18. 帅五平四　马6进7　　　19. 仕五进四　车3平6

20. 帅四进一　马7退8　　　21. 仕六退五　车6平7

22. 车八平五　将5进1　　　23. 车五进一　车7平3

24. 炮七平五　车3平6

25. 相五进七　车6退4

26. 车五退二　马8退9

27. 相三退一　马9退8

28. 仕五进六（参考图）⋯⋯

经过漫长的兵力调整，红方终于迎
来胜利的曙光。

28. ⋯⋯　　　　将5平6

29. 炮五平四　将6平5

30. 帅四平五　车6平7

只好忍让，倘若车6进5，车五进
四，绝杀。

31. 帅五平六　马8进7

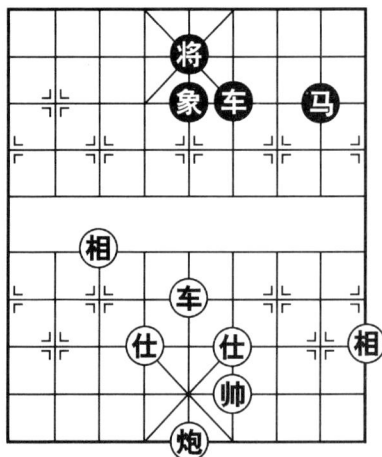

参考图

32. 炮四平五　车7进1　　　33. 车五平六　车7平5

34. 帅六退一　车5进2　　　35. 仕六退五　车5平6

36. 车六进五　将5退1　　　37. 车六退一　车6退3

38. 帅六进一　将5进1　　　39. 车六进一　将5退1

40. 车六退三　车6进3　　　41. 仕五进六　车6平5

42. 相七退五　⋯⋯

精巧！黑棋丢子。

42. ⋯⋯　　　　车5进2　　　43. 仕六退五　车5平2

44. 车六平三　车2进1　　　45. 帅六退一（红胜）

第416局　车炮双兵胜车马士象全

本局是2011年珠晖杯象棋大师邀请赛，郑惟桐大师取胜之战（图416）！

1. 车四退一　车9退4

2. 相五进三　……

佳着！倘若兑车则和棋。

2. ……　　　马5进4

3. 炮五退四　马4进3

无奈！倘若车9退2，仕四退五叫杀，黑棋丢子。

4. 仕四退五　车9退5

5. 兵七进一　马3退2

6. 兵九平八　马2退4

7. 车四进一　……

精细！这是较高的探盘艺术体现。

图 416

7. ……　　　马4进2

8. 炮五进二　马2退1

9. 车四退二　马1进2

10. 仕五进六　马2退3

赶紧撤退，否则黑马将陷于危险境地。

11. 仕六进五　马3退5

12. 车四进二　马5进3

无可奈何，旧路返回！倘若马5退4，兵七进一，黑棋也只能坐以待毙。

13. 相三退五　马3进1

14. 车四退二　马1进3

15. 兵七平六　车9平8

16. 相五进七　……

全线围剿，体现不战自胜的艺术魅力！

16. ……　　　马3进1

17. 炮五退二（红胜）

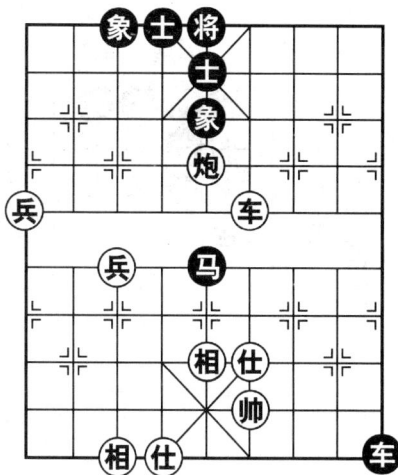

第417局　车炮双兵胜车马士象全

本局是2007年象甲联赛，特级大师卜凤波取胜之战（图417）！

1. 炮五平九　车5平1

2. 兵五平四　车1退2

3. 兵四平二　车1进2

4. 兵三进一　……

红棋左炮牵制黑车，右翼小兵直逼九宫，完美的两翼钳形攻势而胜利在望。

4. ……　　　车1退2

5. 兵三进一　车1进2

6. 兵三平四　车1退2

7. 车八进一　……

继续挤压黑马与黑象的活动空间，黑棋很难抵抗。

7. ……　　　车1平4

8. 炮九进七　……

黑棋底线漏风，红炮乘虚而入！

8. ……　　　　象5退3　　　9. 兵六平七　　车4平6

10. 车八进二（参考图）　……

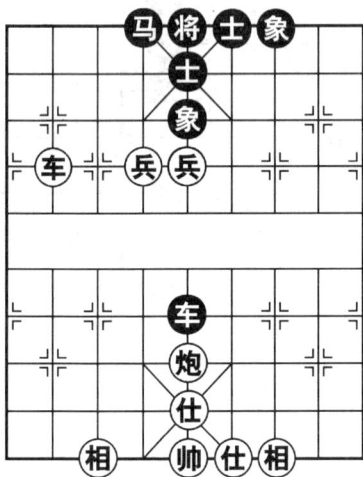

图 417

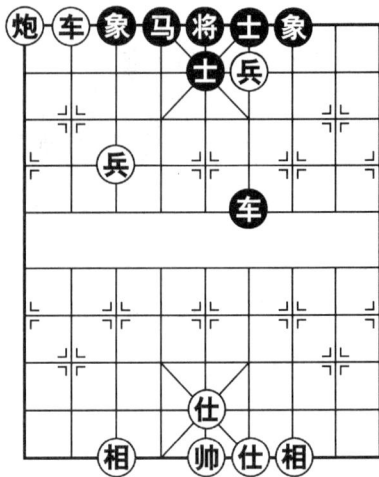

参考图

算准弃兵打象可成胜势。

10. ……　　　　车6退3　　　11. 炮九平七　　马4进5

12. 兵七平六　　车6进3　　　13. 炮七退二　　士5退4

14. 兵六进一　　车6平3　　　15. 炮七进二　　士4进5

16. 兵六平五（红胜）

第418局　车炮双兵胜车炮士象全

车炮双兵对车炮士象全，属于可胜可和的复杂型残局，其胜率是40％，和棋率是60％。

本局是2007年全国象棋个人赛，黄仕清大师取胜之战（图418）!

1. 炮九进四　　车3平2　　　2. 仕五退六　　车2进2

3. 炮九退三　　车2平6（参考图）　4. 兵五进一　　……

似可相五进七，炮1平6，炮九进八，将5平6，兵五进一，将6进1，炮九退一，将6退1，兵五进一，士4进5，车五进五，炮6平8，车五进一，将6进1，仕四进五，红棋胜势。

4. ……　　　　车6退2

倘若象3进5，兵四平五，红棋亦优势。

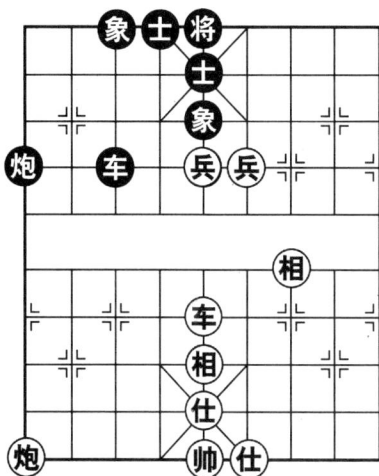

图 418

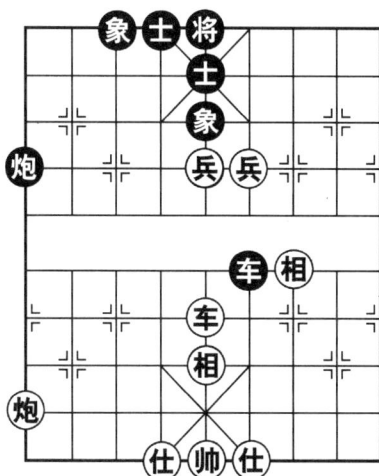

参考图

5. 兵五平六　将 5 平 6　　　　　**6.** 兵六进一　车 6 进 6

7. 帅五进一　车 6 平 4

连吃双仕增加红棋取胜难度。

8. 车五平四　将 6 平 5　　　　　**9.** 炮九平六　……

细腻、精妙！

9. ……　　　炮 1 平 5　　　　　**10.** 车四平五　炮 5 平 6

11. 相五进七　炮 6 退 2　　　　　**12.** 车五平六　……

妙着送出！

12. ……　　　车 4 平 3　　　　　**13.** 兵六进一　将 5 平 6

14. 车六平五（红胜）

第 419 局　车炮双兵胜车炮士象全

本局是 1995 年嘉丰房地产杯全国王位赛，特级大师徐天红取胜之战（图419）！

1. 炮六平九　象 3 进 1　　　　　**2.** 兵三平四　车 2 平 9

3. 炮九平八　车 9 平 2　　　　　**4.** 炮八平七　象 1 进 3

5. 炮七平九　车 2 平 9　　　　　**6.** 炮九进三　车 9 平 2

倘若炮 1 平 8，车九进二，炮 8 退 1，车九平八，将 5 平 4，车八进四，将 4 进 1，兵五平六，车 9 平 1，兵四平五，黑棋也难抵挡。

7. 兵四平五　炮 1 退 3　　　　　**8.** 车九进二（红胜）

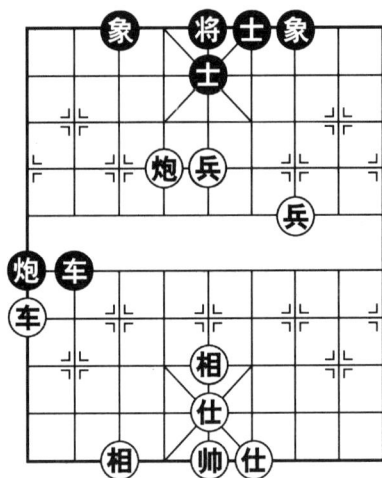

图 419

第二十二章　双炮残局

第 420 局　双炮胜双士

"双炮必胜双士"，双炮要比炮仕胜双士轻松容易（图 420）。

1. 前炮进一　士 6 进 5
2. 帅六平五　将 5 平 4
3. 后炮平六　将 4 平 5
4. 炮六进二　将 5 平 6
5. 炮六平五　将 6 进 1
6. 炮五平四（红胜）

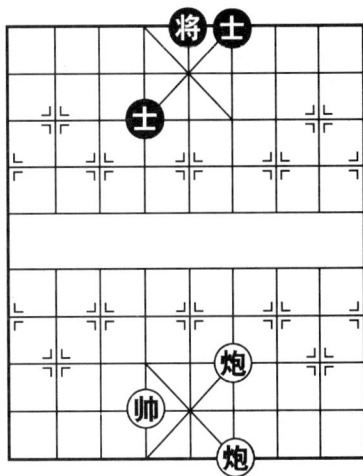

图 420

第 421 局　双炮和双象

"双炮难胜双象"（图 421）。

1. 后炮平五　将 5 平 4

倘若错走将 5 平 6，炮六平四，红胜。

2. 帅五进一　将 4 进 1	3. 炮五平六　将 4 平 5
4. 前炮平四　象 7 退 9	5. 炮四平五　将 5 平 4
6. 炮五平六　将 4 平 5	7. 前炮平二　象 9 退 7
8. 帅五平六　象 5 进 7	9. 炮六平五　将 5 退 1

349

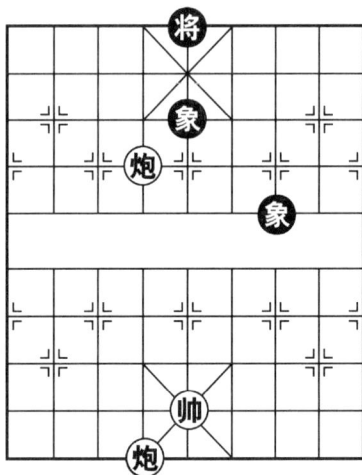

图 421

10. 炮五进一　象 7 进 9　　　　11. 炮二平五　将 5 平 6

12. 前炮平四　将 6 平 5（和棋）

第 422 局　双炮胜双象

"双炮双相必胜双象"。

本局是 2008 年第 3 届常家庄园杯全国冠军男女混合双打比赛，党国蕾、柳大华两位特级大师取胜之战（图 422）！

1. 炮五平二　将 6 进 1

2. 炮二退二　将 6 退 1

3. 帅六平五　将 6 进 1

4. 相九进七　……

似可炮二平四，象 7 退 9，炮三平五，红胜。

4. ……　　　　将 6 退 1

5. 相七退九　将 6 进 1

6. 炮二平四　象 7 退 9

7. 炮三平五（红胜）

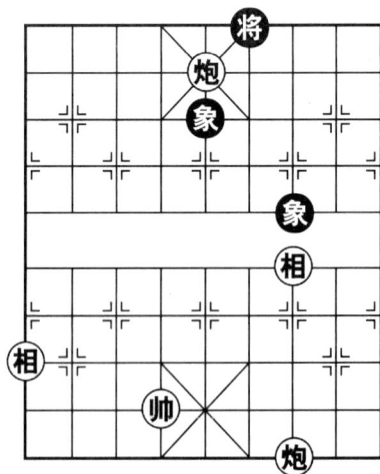

图 422

第 423 局　双炮胜单缺象

"双炮必胜单缺象"（图 423）。

1. 炮五平四　将 6 平 5
2. 后炮退二　象 7 退 5
3. 前炮退二　象 5 进 3
4. 帅五进一　象 3 退 5
5. 帅五平四　象 5 进 3
6. 后炮平五　象 3 退 5
7. 炮四平五（红胜）

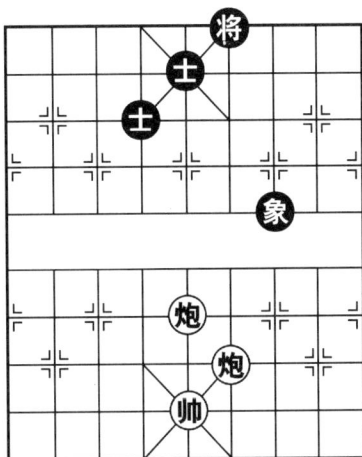

图 423

第 424 局　双炮仕胜士象全

"双炮单仕必胜士象全"（图 424）。

1. 炮六退一　将 4 平 5
2. 炮五平二　士 5 进 6
3. 炮二进六　象 5 进 7
4. 炮六进一　象 7 退 5
5. 炮六平五　象 5 进 3
6. 帅五平六　象 3 退 1
7. 炮五平一　象 1 进 3
8. 炮一进七　象 3 退 5
9. 炮一平四　象 5 进 3
10. 炮四退一　将 5 进 1
11. 炮四平二　象 7 进 5
12. 炮一退九　将 5 退 1
13. 炮一平五　将 5 进 1

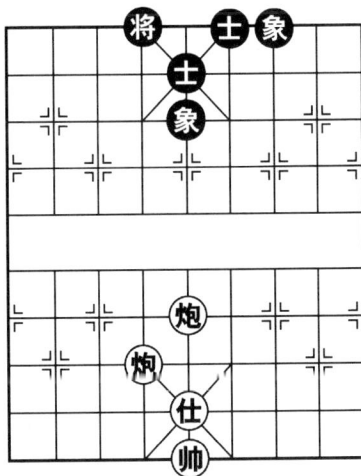

图 424

14. 炮二退七　将 5 退 1
15. 仕五进四　将 5 平 6
16. 炮二平四　将 6 进 1
17. 炮四进六（红胜）

第425局　双炮双相胜士象全

"双炮双相必胜士象全"（图425）。

1. 炮三平六　　将4平5
2. 帅五进一　　将5平4
3. 炮六退一　　士5进6
4. 炮五平六　　将4平5
5. 帅五进一　　士6进5
6. 前炮退一　　士5退4

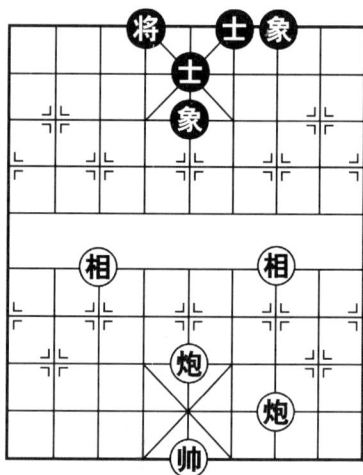

图 425

倘若士5退6，帅五平六，士6进5，前炮平五，将5平6，炮六平四，将6平5，炮四进三，象7进9，炮四平三，将5平6，帅六平五，象5进7，帅五平四，士5进4，相七退五，将6进1，炮三退三，将6退1，炮三平四，象9退7，炮四进七，红棋胜势。

7. 前炮平三　　士4进5

倘若士6退5，炮六平九，将5平6，炮九进九，将6进1，炮九平三，红胜。

8. 帅五平六　　……

"前帅后炮"是炮类残局的撒手锏。

8. ……　　　　将5平6
9. 炮六平四　　将6平5
10. 炮四平五　　将5平6
11. 炮三平四　　将6平5
12. 炮四进二　　象7进9
13. 炮四平三　　将5平6
14. 帅六平五（参考图）　　……

借捉象之机红王右移，是杀敌制胜的诀窍。

14. ……　　　　象9进7

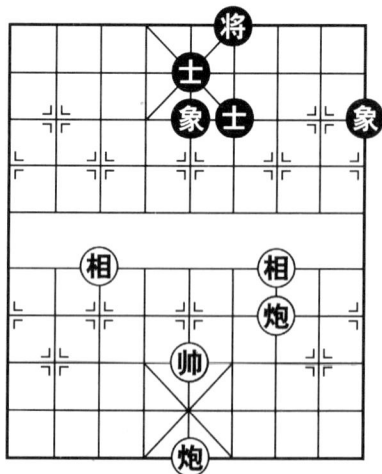

参考图

另有两种选择：①象9退7，帅五平四，士5进4，炮三退二，象7进9，炮三平四，将6进1，炮四进六，红棋胜势。②象5退7，炮三平五，士5进4，帅五平四，象9进7，后炮平四，象7

退 5，炮四进七，红棋胜势。

15. 帅五平四　士 5 进 4	16. 炮三退二　象 7 退 9
17. 炮三平四　象 9 退 7	18. 炮四进六　将 6 进 1
19. 炮四退一　将 6 退 1	20. 帅四平五　将 6 平 5

21. 炮四平二　将 5 平 4

倘若将 5 平 6，炮二进三，黑棋丢象。

22. 帅五平六　象 5 进 3	23. 炮五平六　象 7 进 5

24. 炮六进七（红胜）

第 426 局　双炮仕胜马双士

"双炮单仕必胜马双士"，倘若红棋双仕赢棋更容易。

本局是两位大师终局结束的和棋形势（图 426）。这个残局到底是和棋还是赢棋？以下棋解是作者所拟。

1. 帅四退一　马 2 进 3

倘若马 2 进 4，炮五平四，将 6 平 5，炮六平五，士 5 退 4，炮四平五，将 5 平 6，前炮平六，马 4 进 3，炮六进八，将 6 平 5，炮五平六，红胜。

2. 炮六进二　马 3 退 4

3. 炮五平六　马 4 进 2

倘若马 4 进 5，帅四平五，将 6 平 5，后炮平四，马 5 退 4，炮六进五，红胜。

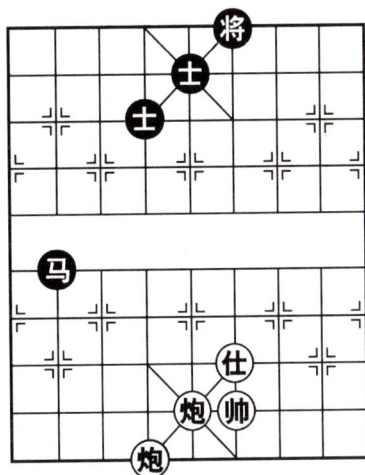

图 426

4. 前炮平五　士 5 进 6	5. 炮六平四　将 6 进 1
6. 炮五退二　马 2 退 1	

倘若马 2 退 4，炮五进二，马 4 进 3，炮五平七，马 3 退 5，炮七进四，马 5 退 7，炮七平四，马 7 进 6，帅四平五，士 4 退 5，帅五进一，士 5 进 6，帅五进一，红胜。

7. 炮五平九　马 1 退 3	8. 帅四平五　马 3 进 5
9. 炮九进七　士 4 退 5	10. 仕四退五　马 5 进 6
11. 炮九退五　将 6 退 1	12. 炮九平四（红胜）

第427局　双炮仕胜炮双士

双炮单仕必胜炮双士，双仕赢棋更容易（图427）。

1. 炮六退二　将4平5

2. 炮四平五　士5退4

倘若士5退6，仕五进四，炮3进5，炮五进一，将5进1，帅五平六，将5平4，炮五平六，将4平5，前炮平四，将5退1，炮六平五，炮3平2，炮四平五，炮2平5，帅六进一，将5进1，帅六进一，红胜。

3. 仕五进六　炮3退1

4. 炮六平五　将5平6

5. 帅五平四　炮3平7

6. 前炮平四　士6退5

倘若炮7平6兑炮，炮四进六，黑棋无疑等于自杀，因炮单仕必胜双士。

7. 炮五平四　将6平5　　　**8.** 帅四平五　炮7进1

9. 前炮进五　炮7平8　　　**10.** 前炮平七　将5平6

11. 仕六退五　炮8进1

倘若将6进1，仕五进四，炮8平6，炮四进六，红胜。

12. 仕五进四　士5进6　　　**13.** 炮四进六（红胜）

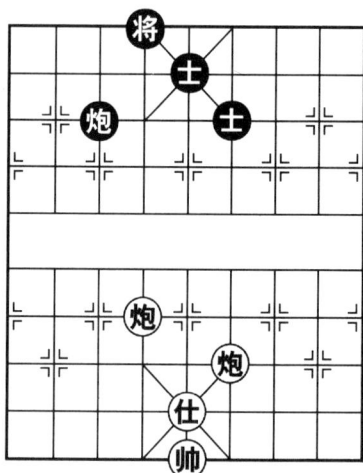

图427

第428局　双炮胜马双象

双炮有仕相必胜马双象（图428）。

1. 相七进五　将6平5　　　**2.** 炮五平八　象5进7

3. 仕五进六　象3进5

倘若将5平6，炮八平二，马4退3，炮二退五，马3进2，炮二平四，将6平5，前炮平七，将5平6，相五进七，象3进5，相三退五，将6平5，仕六进五，马2退3，仕五进四，将5进1，炮七平五，象5退3，相五进三，马3进1，炮四平三，象7退9，炮五退三，马1进2，炮三平五，将5平6，前炮平四，将6平5，相三退五，象3进5，炮四平五，象9进7，相五进三，将5平4，后

炮平六，马2进4，帅四平五，象5进3，
炮五平三，象7退5，帅五进一，红胜。

4. 炮四平五　　马4退6

5. 炮八退七　　马6进7

6. 炮五平三　　马7退6

7. 炮八平五　　马6进7

8. 炮五平六　　马7退6

9. 相五进七　　马6进7

10. 仕六进五　　马7退5

11. 相七退五　　马5进7

12. 仕五进四　　象5退3

13. 帅四平五　　象7退5

14. 相五进七　　马7退9

15. 炮三平五　　象5进7

16. 炮六平七　　象3进1

17. 相七退五　　将5平6

18. 炮五平三　　……

先后打象是良好的顿挫战术。

18. ……　　象7退5

19. 炮七平五　　象1退3

20. 相五进七　　马9退8

21. 炮三平四（红胜）

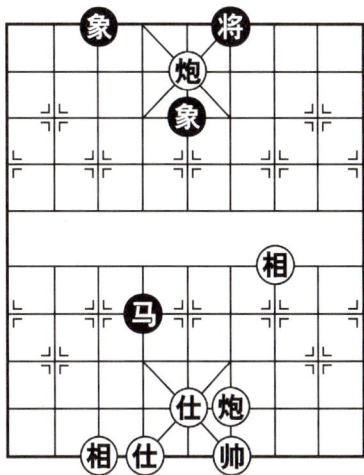

图 428

第 429 局　双炮和炮双象

"双炮单缺仕难胜炮双象"。

本局是 2011 年象甲联赛，黄竹风大师与特级大师郑一泓之战（图429）。

1. 前炮平六　　将5平4

2. 炮六退二　　炮6退6

退回二路线护王是和棋的关键。

3. 帅五平四　　象3退1

4. 相三退五　　象1退3

5. 炮六平八　　象5进7

红棋分炮偷袭，黑棋扬象势在必行。

6. 炮五平六　　炮6平4

7. 炮六平九　　炮4平6

8. 帅四平五　　象3进5

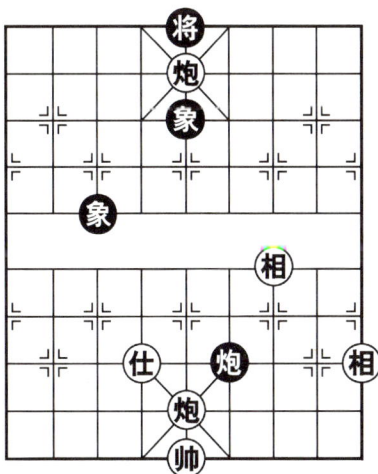

图 429

9. 炮八平四　象5进3　　　　10. 相一进三　炮6平5

11. 帅五平四　炮5平6　　　　12. 帅四平五　炮6平5

13. 帅五平四　象3退5　　　　14. 炮九平三　炮5平6

15. 帅四平五　象7退9　　　　16. 相五进七　炮6平5

17. 帅五平四　炮5平6　　　　18. 帅四平五　炮6平5

19. 帅五平四　炮5平2　　　　20. 炮四进二　炮2平4

21. 帅四进一　象9进7　　　　22. 帅四进一　象7退9

23. 炮四退二　象9退7　　　　24. 炮四平五　象7进9

25. 炮五退六　象9进7　　　　26. 仕六退五　炮4平6

27. 炮五平六　炮6平5　　　　28. 仕五退四　炮5平6

29. 炮三平六　将4平5　　　　30. 帅四平五　将5平6

31. 后炮平七　炮6平7　　　　32. 炮六平四　炮7平8

33. 帅五平六　炮8平5　　　　34. 帅六退一　炮5平8

35. 炮四进五　炮8平4　　　　36. 仕四进五　象7退9

37. 帅六进一　象9退7　　　　38. 炮七平四　将6平5

39. 前炮进二　炮4平5　　　　40. 前炮平二　……

郑特大防守严密，使小黄消耗40回合没任何进展，现在弃仕可吃一象，准备再继续战斗。

40. ……　炮5进7　　　　41. 炮四平五　炮5退5

42. 炮二退七　将5平6

丢象已势在难免，红棋没仕基本和棋。

43. 炮二进八　象7进9　　　　44. 炮五进七　象9进7

45. 炮五平四　炮5平8　　　　46. 炮四退一　炮8退2

47. 炮二平三　将6进1　　　　48. 炮三退三　炮8退1

49. 炮四退六　象7退5　　　　50. 炮三平四　将6平5

51. 前炮退五　炮8平2　　　　52. 前炮平五　将5平6

53. 炮四平五　象5进3　　　　54. 帅六平五　炮2平6

"将底藏炮"，在没仕形势之下和棋。

55. 相三退一　将6进1　　　　56. 前炮平七　象3退5

57. 炮五进七　将6退1（和棋）

第430局　双炮双兵胜双炮士象全

双炮双兵对双炮士象全，属于高难残局，赢棋多和棋少。双兵过河胜率较大，但是取胜之路十分漫长，要有毅力与信心。

本局是 2009 年象甲联赛，特级大师蒋川取胜之战（图 430）！

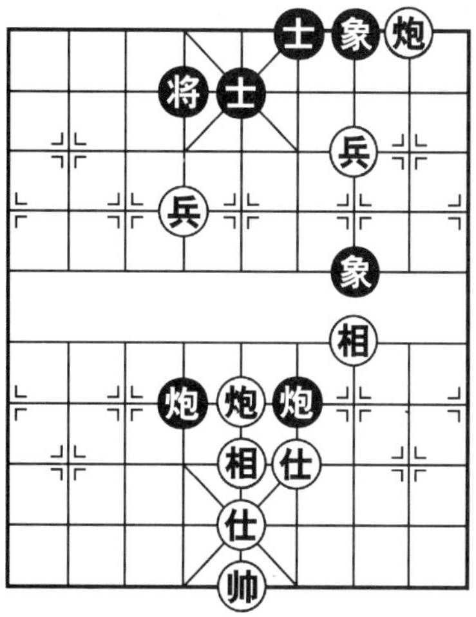

1. 兵六平七　　象7退5
2. 炮二退一　　将4退1
3. 兵七进一　　炮6退2
4. 炮二进一　　将4进1
5. 兵三进一　　炮4平3
6. 炮五平六　　象5进3
7. 兵七平八　　象7进5
8. 炮六退二　　士5进6
9. 仕五进六　　将4平5
10. 炮六平一　　炮6平9
11. 炮一平四　　炮3平7
12. 兵三平二　　炮9退2
13. 相五进七　　炮7平5
14. 炮四进六（参考图1）　……

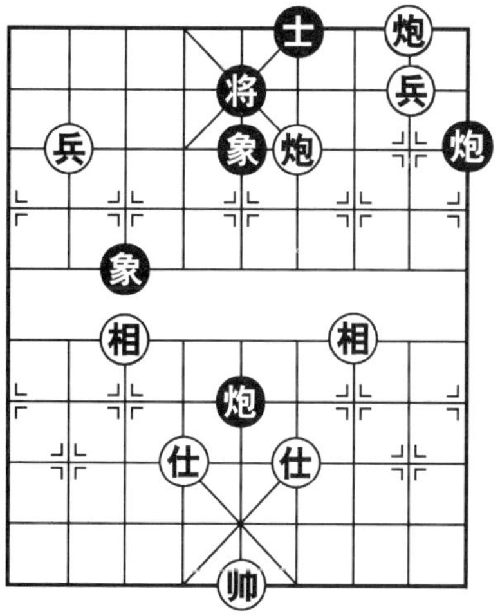

双炮双兵倾力进攻，终于劫吃一士，从而切断黑棋防御链。

14. ……　　　　象5退7
15. 炮四退一　　将5进1
16. 兵八进一　　士6进5
17. 炮四平一　　将5平4
18. 炮一退五　　炮9平5
19. 帅五平六　　后炮平6
20. 兵二平三　　象7进9

图 430

参考图1

21. 炮一平六　　将4平5
23. 帅六平五　　士5退4

22. 炮六平五　　炮5平4
24. 炮二退六　　……

双炮全部从前线调回，加强攻击力度。

24. ……　　　　炮6进1
26. 后炮平七　　象3退5
28. 炮五平九　　炮6平5
30. 兵八平七　　炮4退2

25. 炮二平五　　将5平4
27. 炮五进三　　象5退7
29. 炮七平八　　炮5退1
31. 炮九进三　　炮4退1

32. 帅五平四　炮5平6

33. 仕四退五　将4平5

34. 炮八进八（参考图2）　……

伸炮是神来之着！

34. ……　　　士4进5

35. 兵七平六　炮4平1

36. 炮九退一　士5退4

37. 兵三平二　将5平4

38. 兵六平七　炮1平6

39. 帅四平五　前炮平5

40. 仕五进四　炮6平5

41. 帅五平六　士4进5

42. 炮八退八　前炮平4

43. 仕六退五　士5退4

退而复进，精妙！

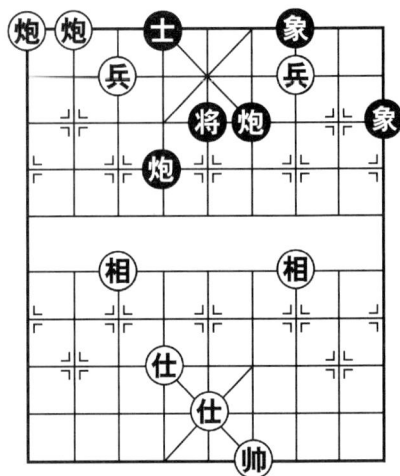

参考图2

44. 炮八进八　……

44. ……　　　炮5进4

45. 炮八平三　炮5平4

46. 帅六平五　前炮平3

47. 相七退五　炮4平3

48. 兵七平八　后炮平5

49. 炮九退一　象9进7

50. 炮三退三　象7退5

51. 炮九退六　象5进3

52. 炮三平一　将4平5

53. 炮一退一　炮5进3

54. 炮九平六　炮5平6

55. 仕五进六　炮3平5

56. 相五进七　士4进5

57. 兵二平三　将5平6

58. 炮六平二　炮6平7

59. 相三退一（红胜）

第431局　双炮双兵胜双炮士象全

本局是2011年全国象棋个人赛，特级大师蒋川取胜之战（图431）！

1. 相七退五　炮9平5

2. 兵九进一　炮1平8

3. 兵九进一　士6进5

4. 兵九平八　炮8进2

5. 兵四进一　炮8平9

6. 兵四平五　……

小兵捉象，黑防线崩溃。

6. ……　　　象5退7

7. 炮一平七（红胜）

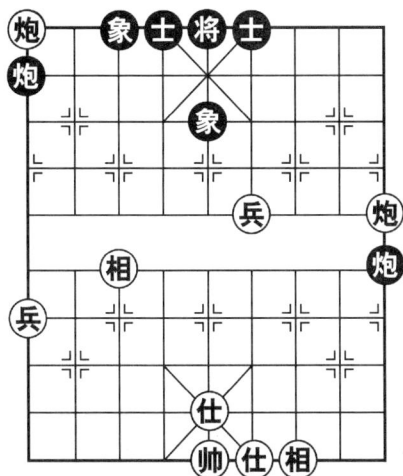

图 431

第 432 局　双炮双兵胜双炮士象全

子力位置较优，红棋更易取胜。

本局是 1999 年全国象棋个人赛，尚威大师取胜之战（图 432）！

1. 炮二进二　……

精妙！一炮点穴满盘崩溃。

1. ……　　　　象 7 进 5

无奈送吃！

2. 兵五进一　士 5 退 4

3. 炮二进一　士 6 进 5

4. 炮三平七　将 5 平 6

5. 炮七进八　将 6 进 1

6. 炮七退一　将 6 退 1

7. 炮二退八　炮 6 退 1

8. 炮二平九　炮 5 平 1

10. 炮七退五　炮 1 进 1

12. 炮九平七　……

双炮的攻势畅通无阻！

12. ……　　　　炮 1 平 6

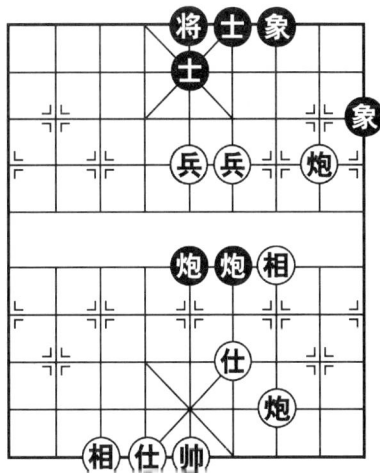

图 432

9. 炮七进一　将 6 进 1

11. 炮七退一　炮 1 退 1

13. 前炮进五　士 5 进 4

14. 兵四平三　　将 6 退 1

再吃一士，红棋胜势。

15. ……　　　　士 4 进 5

17. 兵三进一　　后炮平 4

19. 后炮平六　　将 6 平 5

21. 兵四进一　　炮 4 平 5

无可奈何！难解绝杀。

23. 兵四平五（红胜）

15. 兵五平六　　……

16. 兵六进一　　士 5 进 4

18. 兵三平四　　炮 6 平 5

20. 炮七进一　　象 9 进 7

22. 帅五平四　　前炮平 4

第 433 局　　双炮双兵胜双炮士象全

本局是 2009 年全国象棋团体赛特级大师苗永鹏取胜之战（图 433）！

1. 炮六平五　　炮 4 平 5

3. 炮五平三　　象 3 进 1

5. 炮三退二　　炮 8 进 2

7. 兵八进一　　象 1 进 3

2. 炮一进三　　将 5 平 4

4. 炮三进六　　炮 8 退 6

6. 兵八进一　　炮 8 进 1

8. 炮三平二（参考图）　　……

看似平淡无奇，实则是攻城擒王的佳着！

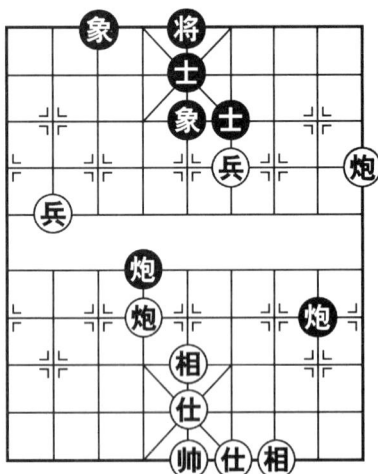

图 433

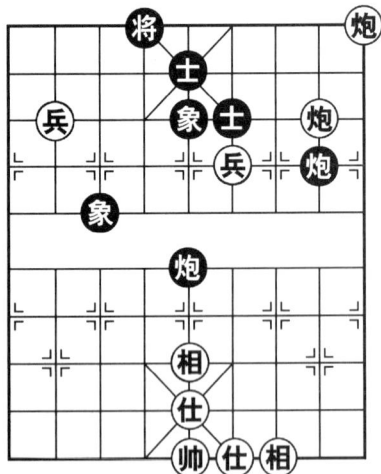

参考图

8. ……　　　　炮 8 进 3

10. 炮二退一　　将 4 退 1

9. 炮二进二　　将 4 进 1

11. 兵八进一（红胜）

第434局 双炮双兵胜双马士象全

"双炮双兵对双马士象全的胜率大约在50%，都属于巧胜。"

本局是2005年象甲联赛，景学义大师取胜之战（图434）！

1. 炮八平五　马5退7

倘若士6进5，兵七平六，丢马红胜。

2. 炮二进二　……

精巧！倘若炮二进三，将5进1，炮二平六打士，也是红棋胜势，但是有点拖泥带水。

2. ……　　　马7进8

3. 兵三进一　……

亦可兵七平六，将5进1，兵三进一，马8进9，兵三进一，马9退7，兵三进一，将5退1，炮五退三，马7退6，兵六进一，马6退4，兵三平四，红胜。

3. ……　　　马8进9　　　**4. 兵七平六　马9退7**

5. 炮五退三　将5进1

否则兵六进一绝杀！

6. 相五进三　……

细腻老练！

6. ……　　　炮6进1　　　**7. 炮二退六　……**

似可兵三进一，将5平6，兵三进一，将6进1，炮二退八，马7进5，炮二平四，红棋胜势。

7. ……　　　炮6平7　　　**8. 帅五平四　炮7进1**

9. 炮一进三　炮7退1　　　**10. 兵二进一　……**

兵临城下大功告成！

10. ……　　　炮7平6　　　**11. 兵三进一（红胜）**

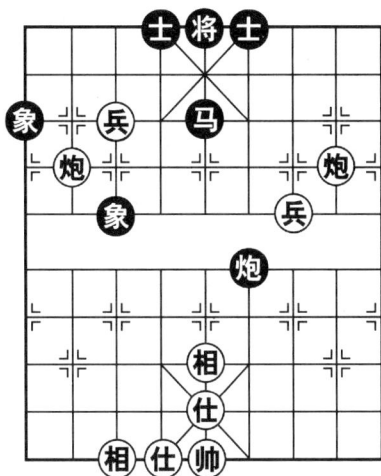

第435局 双炮双兵胜马炮士象全

本局是2006年全国象棋个人赛，女子象棋大师刘欢取胜之战（图435）！

1. 兵三进一　　马5退7

2. 炮五平六　　将4平5

似应炮4平6坚守为佳。

3. 兵七平六　　士6退5

4. 炮六平五　　……

亦可炮六平三，象7退5，相五进三，马7进6，兵三平四，炮4平5，仕五进四，红胜。

4. ……　　　　士5进4

5. 炮一退一　　炮4退2

6. 相五进三　　象7退9

7. 仕五进四　　炮4进1

8. 炮五退二　　……

先调整仕相再退炮窝心，弈得井然有序！

8. ……　　　　炮4平7

9. 兵三平四（参考图）……

精妙！

9. ……　　　　马7退6

无可奈何，难解丢子败局！

10. 兵六平五　　将5平4

11. 兵五平四　　士4退5

12. 炮一进一　　炮7平5

13. 炮五进七　　炮5退2

14. 炮五平八　　将4平5

15. 炮八退七　　……

残局"马上炮还家"千百年来的象棋古训。

15. ……　　　　象9进7　　　16. 帅五进一（红胜）

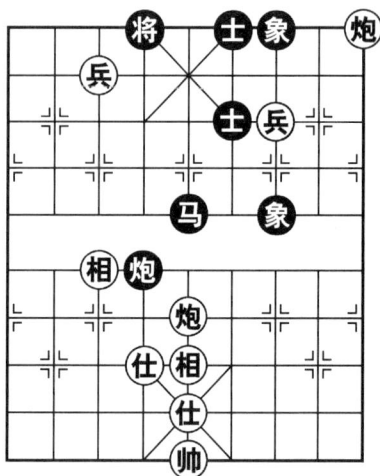

图 435

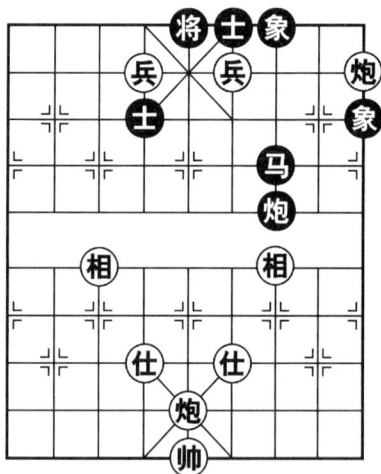

参考图

第 436 局　双炮双兵胜马炮士象全

本局是2008年世界智力运动会，特级大师孙勇征取胜之战（图436）。

1. 仕六进五　　炮4退6

倘若马9退7，炮三平六，黑炮困死，红胜。

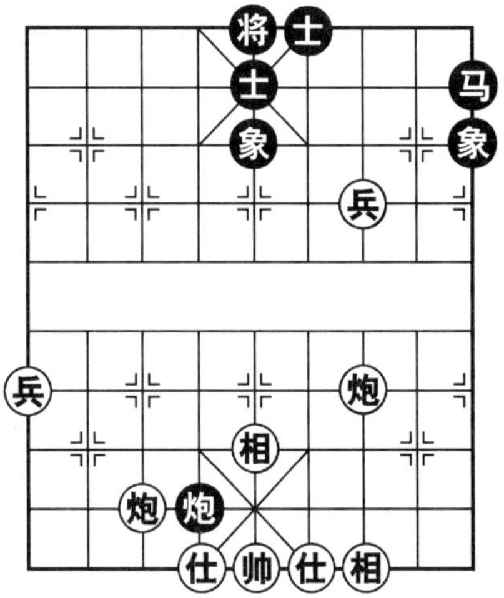

2. 炮三平二　士5退4

倘若马 9 退 7，炮二进六，红棋胜势。

3. 炮二进五　……

精巧！

3. ……　　　　炮4退1

4. 炮七进七　象9进7

5. 兵九进一　象5进3

6. 兵九进一　象3退5

7. 兵九平八　象5退7

8. 兵八平七　象7退5

9. 兵七平六　……

畅通无阻，兵临城下！

9. ……　　　　象5进7

10. 兵六进一　象7退5

11. 炮七进一（参考图）　……

怪！这不是给黑棋兑炮机会吗？原来自有锦囊妙计！

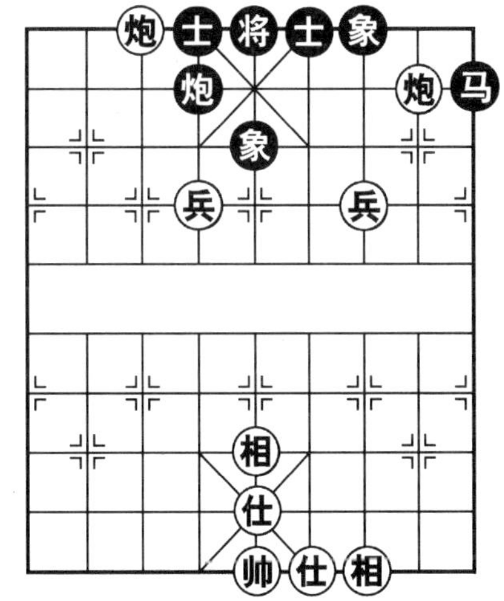

11. ……　　　　将5进1

12. 炮二平六　将5平4

13. 炮七平四　……

打士成必胜之势！

13. ……　　　　象7进9

14. 炮四退一　马9退7

15. 兵三进一　马7进9

16. 炮四平二　象9进7

17. 兵三进一　士4进5

绝杀，无解。

18. ……　　　　马9进8

图 436

参考图

18. 兵三平四　……

19. 帅五平六（红胜）

第 437 局　双炮双兵胜马炮士象全

本局是 2010 年象甲联赛，特级大师孙勇征取胜之战（图 437）！

1. 炮九进七　……

精巧！使黑炮威力倍减。

1. ……　　将4平5

2. 炮九进一　将5进1

3. 炮九平四　马3退4

4. 仕六退五　……

稳健！倘若炮四退二，马4进6，炮四退四，红棋胜势。

4. ……　　马4退5

5. 炮四平六　将5平4

6. 炮六平二　马5进4

7. 炮二退八　马4进5

8. 炮二平四　马5退3

9. 炮四进六　……

再打一士，红棋大优。

9. ……　　马3退4

10. 炮八平二　马4退5

11. 炮二退二　象9退7

12. 兵七平六　将4退1

13. 帅四平五（参考图）　马5进4

倘若炮6进6，炮二进二，象7进9，炮四进二，象9退7，炮四退三，象7进9，相五退七，炮6退1，炮二退三，红胜。

14. 仕四退五　马4退5

15. 炮四退一　象7进9

16. 炮二退一　马5进6

17. 兵三进一　……

再渡一兵，如虎生翼！

17. ……　　炮6平1

19. 炮四平三　炮1平8

21. 帅五平六　将4平5

23. 炮五退二　炮8进8

25. 仕五进四　象9退7

27. 炮三进一（红胜）

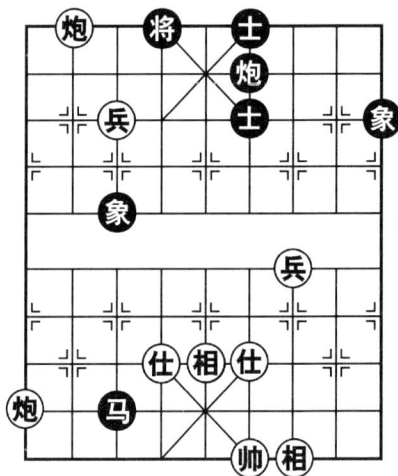

图437

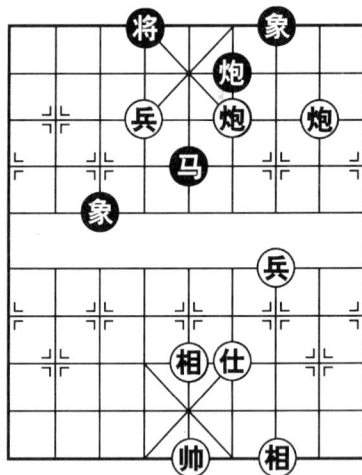

参考图

18. 兵三平四　马6进4

20. 炮三退三　马4退6

22. 炮二平五　将5进1

24. 帅六进一　炮8退1

26. 兵四进一　炮8退6

第二十三章 双马残局

第 438 局 双马胜士象全

本局是古谱《橘中秘》中名曰"双马饮泉"的精华残局。其一气呵成的连珠妙杀，堪称经典（图 438）！

1. 前马进八　将 4 平 5

倘若将 4 进 1，马六进八，绝杀。

2. 马六进七　将 5 平 4
3. 马七退五　将 4 平 5
4. 马五进三（红胜）

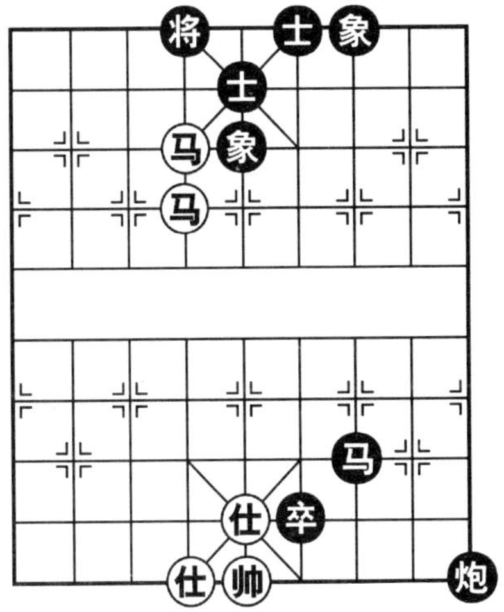

图 438

第 439 局 双马胜士象全

"双马必胜士象全"（图 439）。

1. 马四进三　将 5 平 4	2. 马三退二　将 4 平 5
3. 马七进八　士 5 退 6	4. 马二进四　将 5 进 1
5. 马四进二　象 9 进 7	6. 马二进四　象 7 退 5
7. 马八退六　象 5 进 7	8. 马四退三　将 5 平 4
9. 马六进八　象 7 进 5	10. 帅四平五　象 7 退 9
11. 马八退七　将 4 退 1	12. 马七进五　将 4 平 5

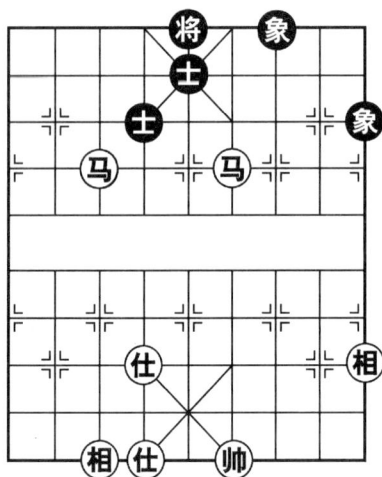

图 439

13. 帅五平四　象 9 进 7　　**14.** 马五进三　将 5 平 4

15. 后马退五　象 7 退 5　　**16.** 马三退五　将 4 平 5

17. 后马进七（红胜）

第 440 局　双马胜马双士

"双马必胜单马双士"（图 440）。

1. 马五退六　马 2 退 4

2. 马八进六　将 5 平 4

3. 前马进八　将 4 进 1

4. 马六退七　士 5 进 6

倘若马 4 进 3，马七进五，马 3 进 5，帅五进一，士 5 进 4，马五进六，马 5 退 4，马六进四，马 4 退 5，马八退七，将 4 平 5，马七进五，红胜。

5. 马八退七　将 4 退 1

6. 后马进八　马 4 进 5

7. 马七进八　将 4 进 1

8. 后马进七　马 5 进 6

9. 帅五进一　马 6 退 5

11. 马五退三（红胜）

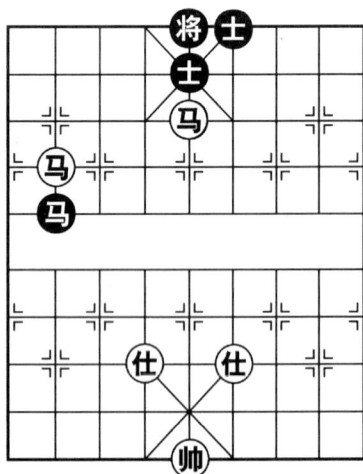

图 440

10. 马七退五　将 4 平 5

第 441 局　双马胜马双士

"双马必胜马双士"（图 441）。

1. 马八进七　将 5 平 6

倘若将 5 平 4，帅五平六，将 4 进 1，马五退七，将 4 退 1，后马退五，红胜。

2. 马五退四　马 4 退 6

3. 帅五退一　将 6 进 1

4. 马七退六　马 6 进 4

5. 帅五进一　士 5 进 4

倘若马 4 退 3，马四退二，将 6 退 1，马二进三，马 3 退 5，帅五平六，士 5 退 4，马三进二，将 6 进 1，马六退五，士 6 退 5，帅六平五，马 5 进 6，帅五退一，马 6 退 8，帅五退一，马 8 进 6，马五进

图 441

四，马 6 退 5，马四退二，士 5 进 6，帅五进一，士 6 退 5，后马进一，马 5 退 7，马一退三，士 5 进 4，马二退一，红胜。

6. 马四进三　马 4 退 5　　　　7. 仕六进五　士 4 退 5

8. 马六退五　马 5 退 7　　　　9. 马五进三　士 5 退 4

10. 仕五进六　马 7 进 5　　　11. 后马进五　将 6 平 5

12. 马五退七　将 5 平 6　　　13. 马三退一　士 4 进 5

14. 马一进二　士 5 进 4　　　15. 马七进五　将 6 平 5

16. 马五退三　将 5 平 6　　　17. 帅五退一　将 6 平 5

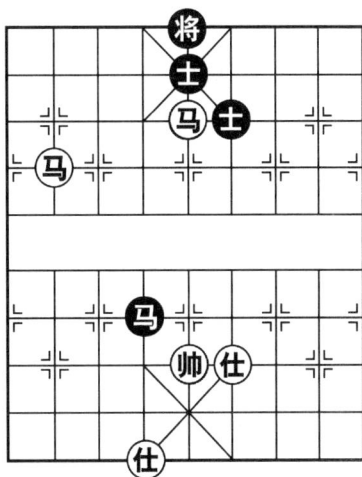

18. 马三进四（红胜）

第 442 局　双马胜马双士

"双马必胜马双士"。

本局是 2003～2004 年椰树杯象棋超级排位赛，蒋川大师取胜之战（图 442）。

1. 马九进七　马 1 退 2　　　　2. 马七退五　马 2 退 4

3. 马五进三　将 6 退 1　　　　4. 马三进二　将 6 平 5

5. 马六进八　马 4 退 2　　　　6. 相五退七　马 2 进 4

7. 仕五进六　士 5 进 6

倘若马4退2，帅四平五，绝杀，红胜。

8. 马八进六　将5进1　　　　**9.** 马二退三　将5平4

10. 马六进八　士4进5　　　　**11.** 马三退五　士5退6

12. 马五进三　将4平5（参考图）

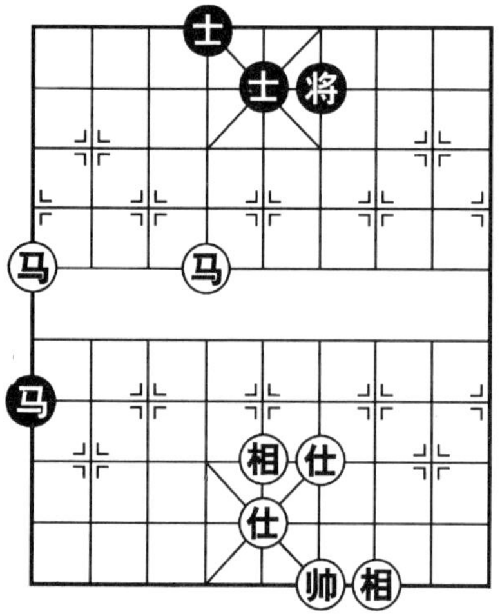

图 442

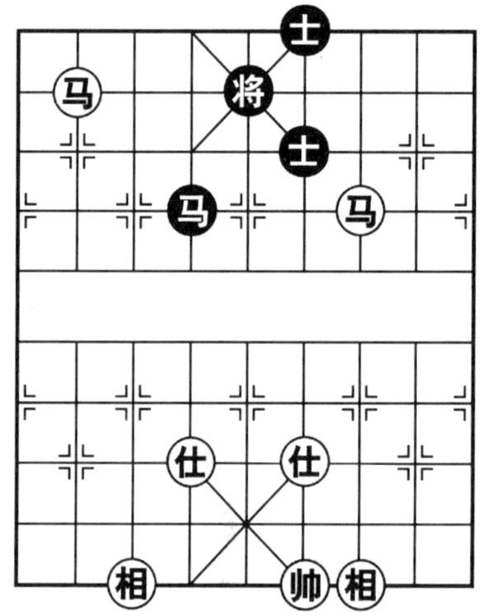

参考图

倘若士6进5，帅四平五，士5退6，马三退二，士6退5，马二退四，马4退3，马四进六，将4退1，相七进九，将4平5，马六进四，马3进2，马四进六，红胜。

13. 马三进二　将5退1　　　　**14.** 马八退六　将5平4

15. 马二进四　……

劫吃一士，胜势已定。

15. ……　　　　士6退5　　　**16.** 马六进八　将4平5

17. 马四退五　将5平6　　　　**18.** 马五退三　马4进5

19. 马三进二　将6平5　　　　**20.** 仕四退五　马5退7

21. 马八退七　马7退8　　　　**22.** 马七进五　将5平4

23. 仕五退六　将4进1　　　　**24.** 帅四平五　将4退1

25. 马五退七　马8进7　　　　**26.** 马二退三　马7进6

27. 马三进五　马6进4　　　　**28.** 帅五平四　马4退5

29. 马七进八　将4进1　　　　**30.** 马五退七（红胜）

第 443 局　双马胜炮双士

"双马必胜炮双士"（图 443）。

1. 后马进五　炮 5 平 2
2. 马五进七　炮 2 退 3
3. 马七进八　将 4 进 1
4. 马三退五　炮 2 平 3
5. 相五进三　炮 3 进 1
6. 马五退六　炮 3 进 3
7. 马六进七　炮 3 进 2
8. 马七进八　炮 3 退 6
9. 仕五进四　士 5 进 6
10. 后马退七　将 4 退 1
11. 马八退七　炮 3 进 1
12. 后马进九（红胜）

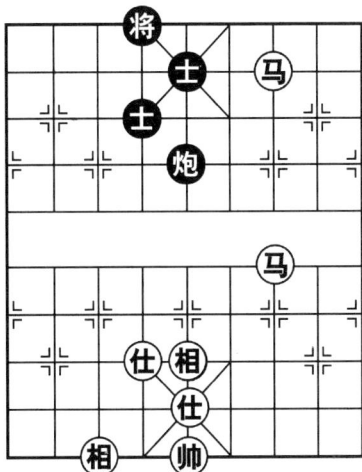

图 443

第 444 局　双马胜炮双士

双马轻松可胜炮双士，黑难抵抗
（图 444）。

1. 马三进二　将 6 进 1
2. 马七进五　炮 3 退 2
3. 马五退三　炮 3 平 7
4. 马三退四　炮 7 平 5
5. 帅五平六　炮 5 平 8
6. 马二退三　将 6 退 1
7. 帅六平五　炮 8 平 7
8. 马三进二　将 6 进 1
9. 马四进二　炮 7 进 2
10. 后马退一　士 5 进 6
11. 马一进三　士 4 退 5
12. 马二退一（红胜）

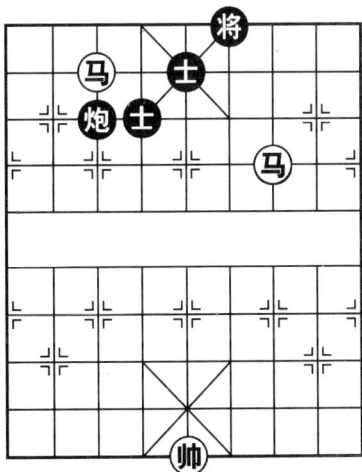

图 444

第445局　双马和马双象

这个残局是高难残局，在实战中红方赢棋多而和棋少。倘若掌握防御诀窍，和棋还是不难。

本局是2004年全国象棋个人赛，王斌与吕钦两位特级大师之战。吕特大以高深残局功夫大战56个回合平分秋色。细细赏析此局攻守必获益良多（图445）。

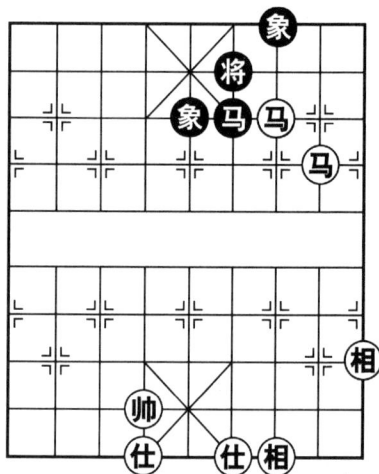

图 445

1. 帅六平五　马6进5
2. 马二退四　马5退3
3. 马三进一　象7进9
4. 马一退三　象9进7
5. 马三退五　马3退4
6. 马五进三　马4进3
7. 马四进六　马3退4

8. 马六退五　马4退3
9. 马五进四　马3进5
10. 马四退六　象5退3
11. 马六进七　……

上下腾挪、左右移动，终于形成敌前"屏风马"。只要再马吊士角，黑王要上三楼，形成"崇祯吊死煤山"之势。

11. ……　马5退4

吕特大深谙其道，退马使"崇祯吊死煤山"之计付之东流。

12. 马七进六　马4退5（参考图）

马吊大角，几乎是双马战胜单马双象的"自古华山一条路"。现在被黑马阻击，马吊大角光彩倍减。

13. 马六退七　……

只好无功而返，重新组织攻击。

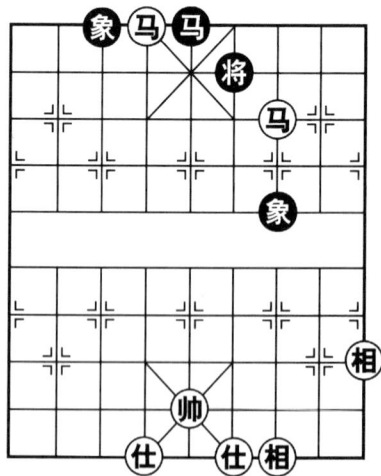

参考图

13. ……　马5进4

14. 马七退六　马4进5

15. 马六进八　马5进4

16. 帅五进一　马4进3

17. 帅五平六　马3退2

18. 帅六平五　马2退4

19. 帅五退一	马 4 退 3	**20.** 马八退七	象 7 退 5
21. 马七进六	马 3 进 4	**22.** 马六退五	马 4 退 3
23. 马五进四	马 3 进 5		

追随红马加强防御。

24. 马四退二	象 5 进 7	**25.** 马三退五	象 3 进 5
26. 马二进三	马 5 进 4	**27.** 帅五进一	马 4 退 5
28. 相一进三	将 6 进 1	**29.** 马三退一	象 7 退 9
30. 马五进七	马 5 退 7	**31.** 马七进六	……

经 50 个回合，红马终于吊上士角，离限着和棋仅 10 个回合。

31. ……	象 5 退 7	**32.** 马一进三	马 7 进 5

跟踪防御，否则红有马三进四绝杀。

33. 马三退四	象 9 进 7	**34.** 马四退三	象 7 进 5
35. 马三进一	马 5 退 7	**36.** 马一进二	象 5 退 3

还有四步棋就到 60 个回合限着，无论如何红棋没有赢棋的可能，只有化干戈为玉帛。

37. 马二进三（和棋）

第 446 局　双马胜马双象

双马要战胜单马双象虽然有难度，但是黑方若防御出错则可赢棋。

本局是 2008 年象甲联赛李雪松大师取胜之战（图 446）。

1. 前马进三	马 9 退 8
2. 马四进六	马 8 退 6
3. 马六进七	将 4 进 1
4. 马三退四	马 6 进 4
5. 帅五平六	马 4 进 5
6. 马四退六	将 4 进 1
7. 马七退九	马 5 退 7
8. 帅六平五	将 4 退 1
9. 马九进七	象 3 进 1
10. 马六退五	马 7 进 5
11. 马五进四	象 1 进 3
12. 马四进三	马 5 退 6
13. 马三进四	马 6 退 5

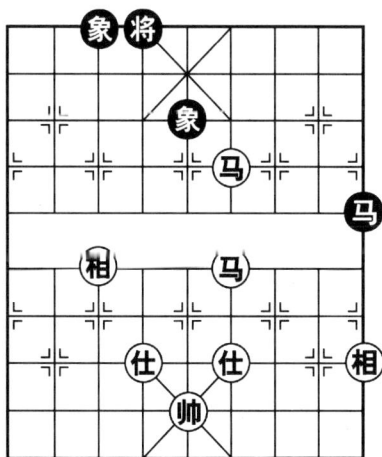

图 446

14. 帅五退一　象5退7

15. 马七退九（参考图1）　象7进5

似可象 3 退 5，限制红马活动范围为宜。

16. 马九进八　将4平5

17. 马四退三　将5平6

18. 马八进六　象5退3

19. 马六退七　马5进4

20. 马七退六　马4进5

21. 马六退五　马5退7

22. 马五进三　象3退5

23. 后马进四　象3进1

24. 马四进六（参考图2）　象1退3

前功尽弃，锦绣棋局毁于一着！似应将 6 进 1，马六进八，象 5 退 7，马八进六，马 7 退 5，马六退七，象 1 退 3，黑棋尚无大碍。

25. 马六进八　将6进1

26. 马八进六　……

马吊士角几乎是唯一取胜之路！

26. ……　　象5退7

27. 马三进四（红胜）

倘若马 7 进 5，马四退六，将 6 平 5，后马退七，将 5 退 1，马七退五，红胜。

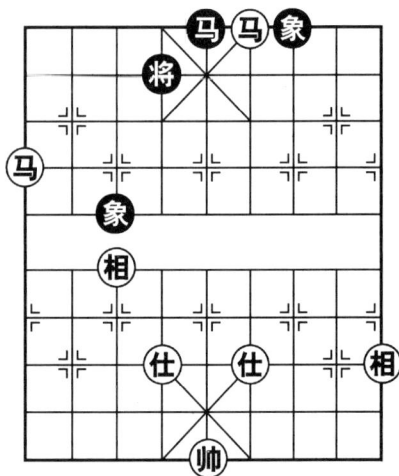

参考图 1

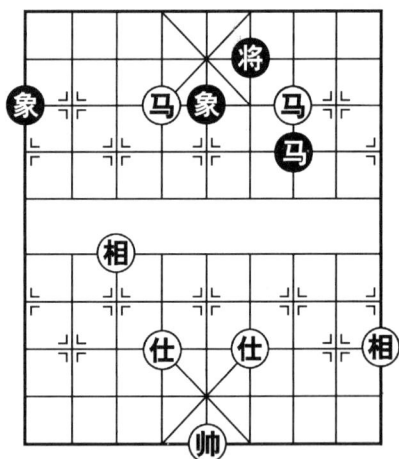

参考图 2

第 447 局　双马胜马双象

在防御中应"象与将同侧"是最佳形势，红棋较难做出双杀之棋。倘若"右象左将"风险较大。

本局是 2011 年象甲联赛特级大师许银川取胜之战（图 447）。

1. 前马退五　象3进5	2. 马七进九　将5退1
3. 马九进八　将5平6	4. 马八进七　马6进8

5. 马五进三　马8退6

6. 帅六平五　马6进5

7. 帅五平四　象5退3

8. 马三进二　将6进1

9. 马二退一　象3退5

似应将6平5，马一进三，将5平4，黑棋尚可抗衡。

10. 马一进三　象5进3

11. 仕五进六　象3退5

12. 马七退八（参考图）　马5退7.

似应马5退3，相五进七，将6进1，马八退六，马3退1，马三退四，马1退2，马六进七，将6退1，黑棋尚可支撑。

13. 马八退六　象5退3

无可奈何！倘若马7退6，马六进七，象5进7，仕四退五，象3进5，马三退一，象7退9，马一退二，将6退1，马二进三，红胜。

14. 马六进七　……

形成敌前屏风马是取胜的唯一手段。

14. ……　　将6进1

倘若马7退6，仕四退五，红胜。

15. 马七进六　马7退5

16. 马三进四（红胜）

倘若此时左翼有象，黑棋仍有解杀之策而安然无恙。所以在防守中要注意"象与将在一侧"为佳。

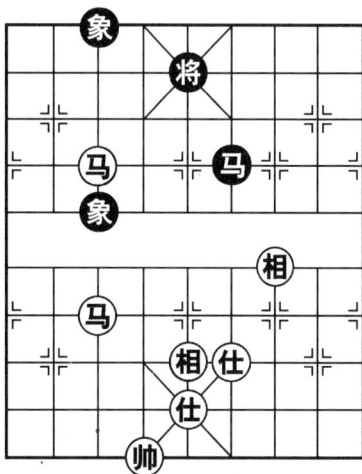

图 447

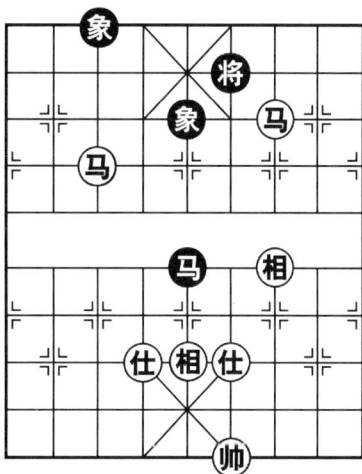

参考图

第 448 局　双马和炮双象

"双马难胜炮双象"。

1997年10月9日在漳州举行全国象棋个人赛，岭南双雄吕钦与许银川相遇。在残局争斗中，小许为了化解风险，果断地以马换兵，形成双马对炮双象的残局。经8个多小时153个回合艰苦奋战，终于以和棋告终。

作者亲眼目睹这盘棋的全程，至今仍历历在目。由于是吕、许两位顶尖级棋手的演绎，这盘棋的实战指导价值及含金量极高！

请读者朋友细细体会赏析，必将获益匪浅（图448）。

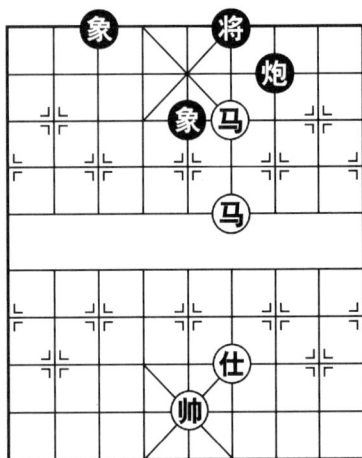

图 448

1. 帅五平六　炮7平1
2. 前马退五　炮1平7
3. 马五进七　将6进1
4. 帅六退一　将6平5
5. 马七退八　将5退1
6. 马八进六　将5平6
7. 马四进三　将6平5
8. 马六进四　炮7平6
9. 仕四退五　炮6进1
10. 马四退三　炮6退1
11. 后马进五　炮6平7
12. 帅六平五　将5平6
13. 仕五退六　将6进1
14. 马三退二　将6退1
15. 马二进四　炮7进1
16. 马五进七　炮7进1
17. 马七进六　将6进1
18. 马四退六　炮7退2
19. 前马退八　将6退1
20. 马六进四　炮7进2（参考图）

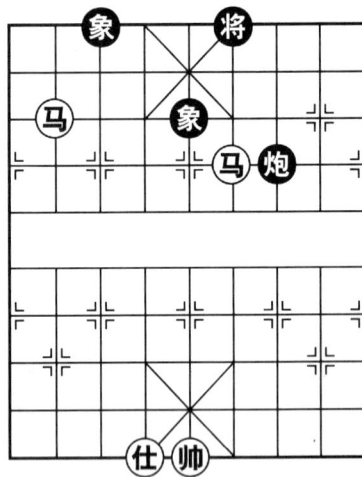

参考图

在这盘棋之前，作者对这个残局没有研究，经验主义的认为是必胜残局。可是临场见吕特大屡攻不入，更是激起作者对这个残局的兴趣而一直在枰旁观战。

21. 马八进六　将6进1　　22. 帅五进一　炮7退1
23. 马四退二　炮7退1　　24. 马六退七　将6退1
25. 马二进一　炮7进1　　26. 马七进六　将6进1
27. 马一进二　炮7退2　　28. 马六退五　将6退1
29. 马五进三　将6平5　　30. 马二退一　炮7平6
31. 马一进三　炮6进1　　32. 帅五平四　将5平4

33. 后马退五　炮 6 进 1　　　　**34.** 马三退二　炮 6 退 1

35. 马五进七　将 4 平 5　　　　**36.** 马二进三　象 3 进 1

37. 马七退六　象 1 退 3　　　　**38.** 马六进八　将 5 进 1

39. 帅四平五　炮 6 进 1

许银川完美防御，使吕钦迟迟不能取胜，离终局越来越近了。

赛后，作者曾对这个残局做过粗浅研究，遗憾的是因限于水平，仍然没有找到取胜定式。

40. 马八进七　炮 6 退 1　　　　**41.** 马三退四　将 5 平 4

42. 马七退六　将 4 退 1（和棋）

一场"马拉松"大战终于在晚上近九点结束。从表情上看，吕特大有点儿失望与疲惫，站起来说了一句："走，到外面吃去。"因比赛规定不管时间多长，中间是不能离开场地休息、吃饭的。

第 449 局　双马和炮双象

本局是 2012 年 2 月 20 日蔡伦竹海杯象棋精英邀请赛，特级大师蒋川与李少庚大师之战（图 449）。

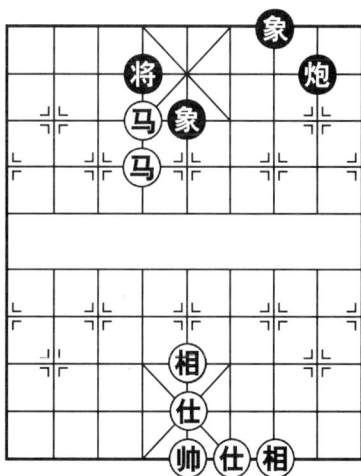

图 449

1. 前马退八　将 4 退 1

2. 马八退六　炮 8 平 9

3. 前马退四　炮 9 平 4

4. 马六进四　炮 4 平 1

5. 前马退六　炮 1 平 4

6. 马六进七　将 4 平 5

7. 帅五平六　炮 4 进 1

8. 马四进二　炮 4 退 1

9. 马七退五　炮 4 进 1

10. 马二进二　将 5 平 6

11. 马五退四　炮 4 退 1　　　　**12.** 马四进二　炮 4 进 1

13. 马三退四　炮 4 平 1　　　　**14.** 帅六进一　炮 1 平 2

15. 仕五退六　炮 2 平 1　　　　**16.** 相五进七　炮 1 平 2

17. 马二退四　炮 2 退 1　　　　**18.** 后马进五　炮 2 平 4

19. 帅六平五　炮 4 平 2　　　　**20.** 马四进五　将 6 进 1（和棋）

第450局　双马和炮双象

本局是 2007 年全国象棋个人赛，湖南名手范思远与李智屏大师之战！大战 46 个回合终成和棋。其攻守虽然平淡，但也有可圈可点之处（图 450）。

1. 马四进二　将 6 进 1
2. 帅六平五　炮 7 进 1
3. 马六退五　将 6 平 5
4. 马五退七　炮 7 退 1
5. 帅五进一　将 5 退 1
6. 仕四进五　炮 7 平 2
7. 帅五平四　炮 2 平 7
8. 马七进八　炮 7 平 6
9. 马八进六　将 5 进 1
10. 马二进四　象 3 进 1
11. 帅四平五　象 1 进 3
12. 仕五退六　象 3 退 1
13. 马四退二　炮 6 平 7
14. 马二退一　将 5 平 4
15. 马六退八　象 1 退 3
16. 马一进三　将 4 退 1
17. 马八退六　炮 7 平 6
18. 马六进七　将 4 平 5
19. 马三进一　炮 6 进 1
20. 马七退九　炮 6 退 1
21. 马一退二　炮 6 平 5
22. 帅五平四（参考图）　……

大战 20 多个回合仍没有实质性突破。

22. ……　　　炮 5 平 6
23. 马二进三　象 3 进 1
24. 马九退八　将 5 平 4
25. 马八退六　象 1 退 3
26. 马六进五　炮 6 平 3
27. 马三退四　象 5 退 7
28. 马四进二　象 3 进 5
29. 马二进四　将 4 进 1

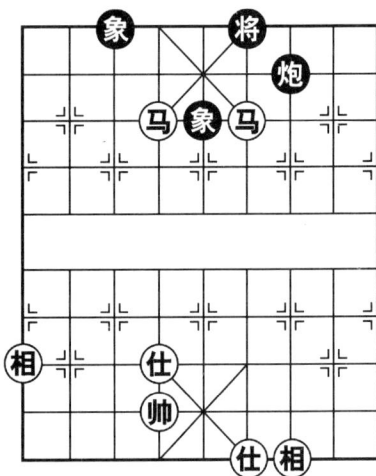

图 450

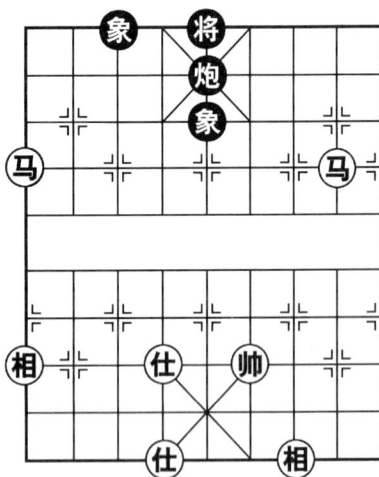

参考图

30. 马五进七	将4平5	**31.** 马四退二	炮3进1
32. 马二退四	将5退1	**33.** 马四进三	将5平4
34. 帅四平五	将4进1	**35.** 帅五退一	将4退1
36. 相三进一	将4进1	**37.** 马七进九	将4退1
38. 马九进八	炮3退1	**39.** 马八退七	将4进1
40. 马三退二	将4退1	**41.** 马二进四	象7进9
42. 马七退九	炮3平5	**43.** 帅五平四	炮5平6
44. 马四进二	炮6平3	**45.** 马九进八	象9进7
46. 马二退四	象7退9	**47.** 马四退五	将4平5（和棋）

第二十四章　双马兵残局

第 451 局　双马兵胜马士象全

"双马兵必胜马士象全"，但要注意避免兑马。

本局是 1984 年避暑山庄杯象棋邀请赛，特级大师李来群取胜之战（图 451）。

1. 兵三进一　　马 3 进 2

2. 马四进三　　马 2 退 1

无可奈何！否则红有兵三进一绝杀。

3. 马七退九　　象 3 进 1

4. 马三进五　　……

形成马兵必胜单缺象。

4. ……　　　　象 1 进 3

5. 马五退三　　士 5 退 4

6. 兵三进一　　士 4 进 5

7. 兵三平四　　……

"左帅右兵"，红棋胜势。

7. ……　　　　将 6 平 5

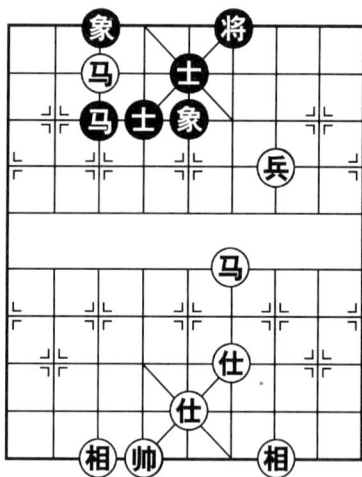

图 451

8. 仕五退四　　士 5 退 6

9. 马三退五　　士 6 进 5

10. 马五退六　　象 3 退 5

11. 马六进五　　象 5 进 3

12. 帅六进一　　象 3 退 5

13. 马五进七　　象 5 进 7

14. 马七进八（红胜）

第 452 局　双马兵胜马士象全

马士象全难以抵抗双马兵的攻势，红棋可轻松取胜。

本局是 2008 年全国象棋明星赛，才溢大师取胜之战（图 452）。

1. 兵一平二　马7退6
2. 马三退四　……

倘若马五进四兑马，和棋之势。

2. ……　　　马6进4
3. 兵二进一　将4平5
4. 兵二平三　马4进6
5. 仕五进四　象3退5
6. 兵三进一　将5平6
7. 兵三进一　象7进9
8. 帅六平五　马6退8
9. 马四进二　马8进6
10. 兵三平四　将6平5
11. 马二退四（红胜）

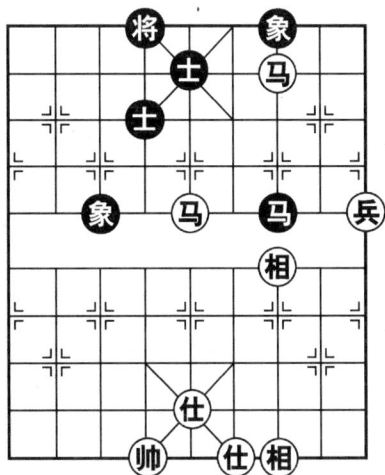

图 452

第453局　双马兵胜马士象全

本局是1986年全国象棋个人赛，王秉国大师取胜之战（图453）。

1. 马四退三　士5进6
2. 兵一进一　将6平5
3. 兵一平二　将5退1
4. 后马进二　马7进5
5. 马二进三　将5进1
6. 后马退四　将5平6
7. 马三退一　马5退3
8. 马一退三　将6退1
9. 马三进二　将6进1
10. 兵二进一　象5进7
11. 兵二平三　士6退5
12. 马四进三　士5进4
14. 兵四平五　……

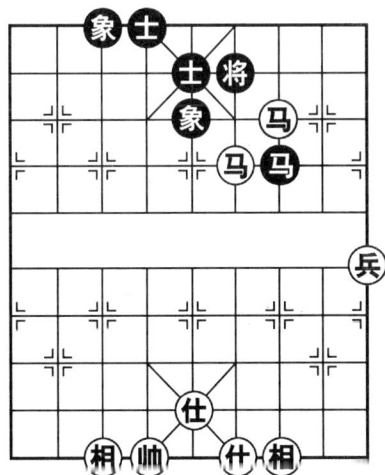

图 453

13. 兵三平四　马3进5

似可帅六平五，象3进5，仕五进四，象7退9，兵四进一，马5退6，马三进二，将6平5，后马退四，红胜。

14. ……　　　象7退5
15. 兵五平六　象5进7

16. 仕五进四　象 3 进 5　　　17. 马三退四　马 5 退 6

18. 马二退三　将 6 退 1　　　19. 兵六进一　象 5 退 7（红胜）

第 454 局　双马兵胜马士象全

本局是 2008 年惠州象甲联赛，金波大师取胜之战（图 454）。

1. 帅五平六　马 4 退 3

2. 马四退六　象 5 退 3

3. 马三退五　象 7 退 5

4. 帅六平五　将 5 平 4

5. 马五进七　将 4 平 5

6. 马七进八　马 3 进 5

7. 马六进八　马 5 退 3

8. 后马进九　象 5 进 7

9. 马九进七　……

"二马饮泉"的攻杀，黑难招架。

9. ……　　　将 5 平 4

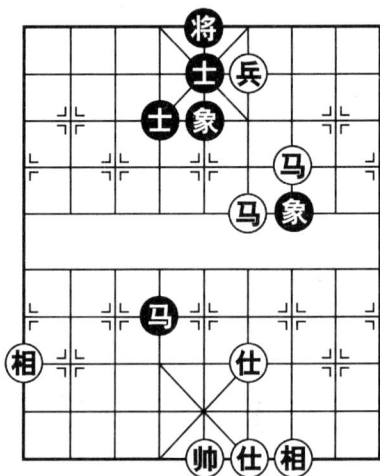

图 454

10. 帅五平六　马 3 进 4　　　11. 马七退八　将 4 进 1

倘若将 4 平 5，后马进六，士 5 进 4，马八退六，将 5 平 4，马四退五，红胜。

12. 前马退七　将 4 退 1　　　13. 兵四平五（红胜）

第二十五章　马炮残局

第 455 局　马炮胜马双士

"马炮必胜马双士"（图 455）。

1. 炮一进七　将 4 进 1

2. 马八进七　将 4 进 1

3. 炮一退一　士 5 退 4

4. 炮一平九（红胜）

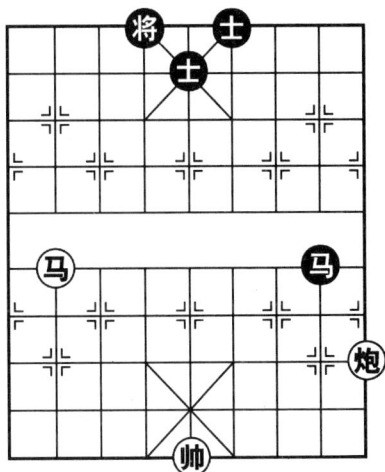

图 455

第 456 局　马炮胜马双士

图 450

1. 帅六平五　马 5 进 7　　**2.** 炮五平四　马 7 退 6

3. 炮四进二　将 6 平 5

倘若将 6 进 1，马五退四，马 6 进 5，马四进二，马 5 退 6，马二进四，红胜。

4. 马五进四　将 5 平 4　　**5.** 马四退五　马 6 进 8

6. 帅五退一　马 8 进 9　　**7.** 炮四平二　将 4 平 5

8. 马五进三　将 5 平 6

9. 帅五进一　将 6 平 5

10. 炮二平五　将 5 平 4

11. 马三进五　将 4 平 5

12. 马五进七　将 5 平 6

13. 马七退六　马 9 退 7

倘若将 6 进 1，炮五平四，红棋亦胜。

14. 马六进五　马 7 退 8

15. 马五退六（红胜）

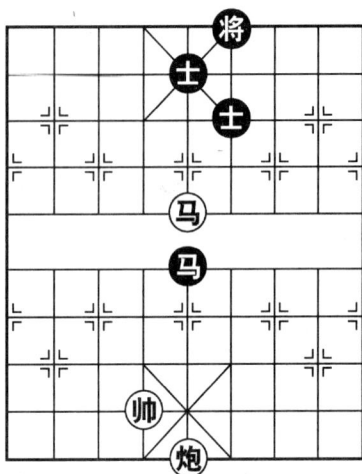

图 456

第 457 局　马炮胜马双士

图 457

1. 马三进二　将 6 进 1

2. 炮七退一　马 3 进 5

倘若士 5 退 6，炮七平一，红胜。

3. 炮七平八　士 5 退 6

4. 炮八平一　将 6 平 5

5. 马二退三（红胜）

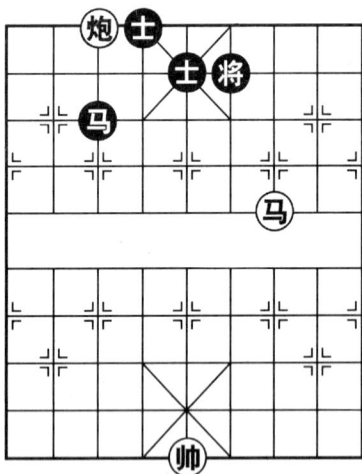

图 457

第 458 局　马炮胜炮双士

"马炮必胜炮双士"（图 458）。

1. 炮五平四　将 6 进 1　　　　2. 马三进五　将 6 进 1

3. 马五退六　炮 7 退 6　　　　**4.** 马六进四　炮 7 平 6

5. 炮四进二　将 6 退 1（红胜）

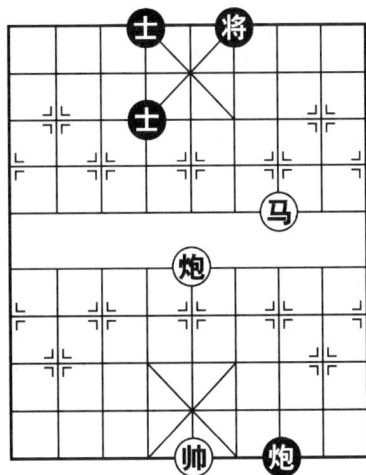

图 458

第 459 局　马炮胜炮双士

马炮无士象必胜炮双士，倘若有仕相，炮双士更是有输没和（图 459）。

1. 帅四平五　将 6 退 1

2. 炮五平四　将 6 平 5

3. 马四进三　炮 2 退 2

4. 炮四平七　炮 2 平 3

5. 马三进二　炮 3 进 7

6. 帅五退一　炮 3 退 1

7. 炮七进一　炮 3 退 1

8. 炮七进一　炮 3 退 1

9. 炮七进一　炮 3 退 1

10. 炮七进一　炮 3 退 1

11. 炮七进一　炮 3 退 1

12. 马二退四　将 5 平 6

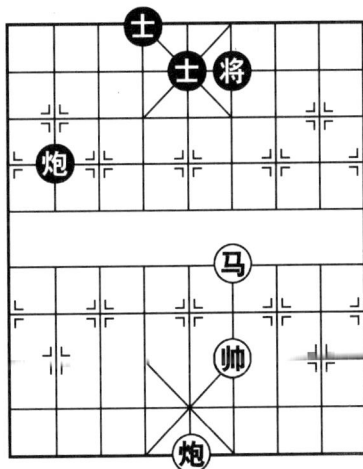

图 459

13. 炮七平四（红胜）

第460局　马炮胜马双象

"马炮对马双象"属于可胜可和高难残局。其胜与和，往往取决于棋手的临场水平发挥。

由于马双象防御空间较大，马炮无仕相取胜有相当难度。

本局是 2004～2005 年奇声电子杯象棋超级排位赛，特级大师许银川的巧胜之战（图460）。

1. 马三进四　　马 3 进 5
2. 炮六进一　　马 5 退 3
3. 炮六平四　　将 6 平 5
4. 帅五进一　　马 3 进 5
5. 炮四退二　　马 5 进 7
6. 炮四进二　　将 5 平 4
8. 帅五退一　　象 1 退 3
10. 炮四平八　　……

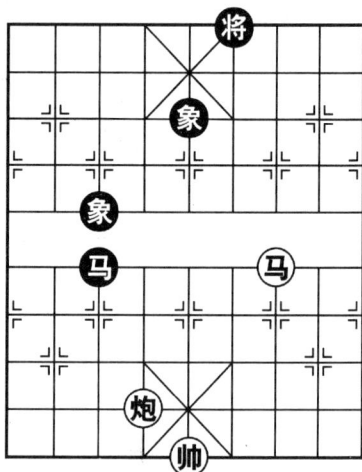

图 460

7. 马四退五　　象 3 退 1
9. 马五进六　　马 7 退 6

因为没有仕相，红炮的威力黯然失色，尽管前马后炮，仍难组成有效的战术组合，显示马炮战胜孤马双象难度较大。

10. ……　　　马 6 进 4
11. 炮八退一　　马 4 进 3
12. 帅五进一　　马 3 退 2
13. 炮八退一　　马 2 退 4
14. 炮八进九　　象 3 进 1
15. 马六进七（参考图）　　象 1 进 3

随手大意铸成速败！似应马 4 进 6，帅五退一，象 1 进 3，炮八退八，象 5 进 7，马七退六，象 7 退 5，黑棋仍安然无恙。

16. 帅五平六　　……

出王远程助攻，精妙！黑马必丢。

16. ……　　　将 4 进 1
17. 炮八退一　　将 4 退 1

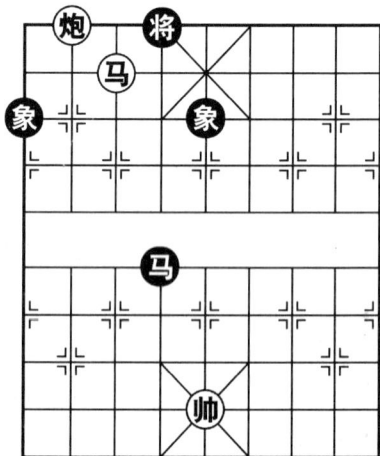

参考图

18. 炮八退八（红胜）

第461局　马炮胜马双象

"马炮有仕必胜马双象"。

请看 2005 年象甲联赛，谢岿大师演绎的取胜之战（图 461）。

1. 炮五退二　　马 7 进 6

2. 炮五平四　　象 5 退 3

3. 炮四退一　　象 7 退 5

4. 帅六平五　　……

似可帅六进一，马 6 进 8，马三退四，将 6 平 5，炮四平五，将 5 平 6，仕五进四，象 5 进 7，帅六平五，将 6 平 5，马四退五，将 5 平 4，马五进六，将 4 平 5，马六进四，将 5 退 1，马四进六，将 5 平 6，马六进七，红胜。

4. ……　　　　象 3 进 1

5. 马三退四　　将 6 平 5

6. 炮四平五　　象 5 进 3

7. 马四进六　　将 5 退 1（参考图）

8. 马六退四　　……

似可马六退五，将 5 平 4，马五退四，马 6 进 8，帅五平四，象 1 退 3，马四退二，象 3 进 5，炮五平二，红胜。

8. ……　　　　将 5 进 1

9. 帅五平四　　马 6 退 8

10. 马四进六　　将 5 退 1

11. 仕五进四　　马 8 退 7

12. 仕四退五　　马 7 进 9

13. 马六进七　　将 5 进 1（红胜）

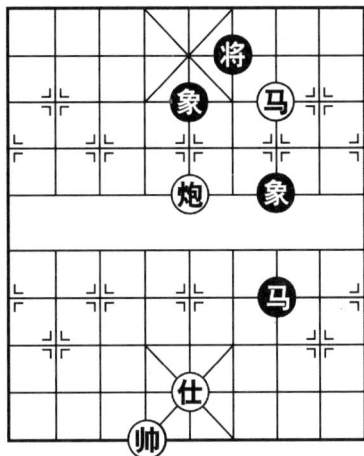

图 461

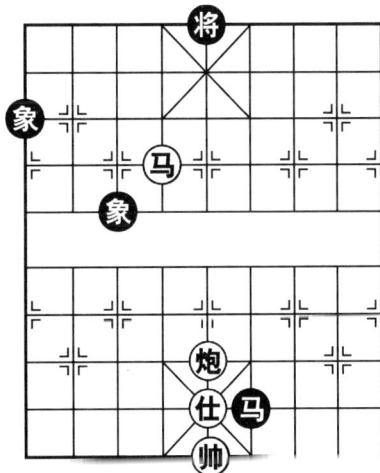

参考图

为什么放弃续战认输呢？因如炮五平八，将 5 平 4，仕五进六，象 1 退 3，炮八进六，将 4 退 1，炮八退八，将 4 进 1，马七退六，马 9 进 7，帅四平五，将 4 退 1，炮八平六，马 7 退 5，马六退四，马 5 进 4，帅五进一，红胜。

第 462 局　马炮胜马双象

马炮有仕相更容易控制局势而取胜。

本局是 2006 年深圳西乡象棋擂台赛，广州名手黎德志取胜之战（图 462）。

1. 仕五进四　将 5 平 4

2. 炮四平三　将 4 退 1

似应象 7 进 9，尚不至于速败。

3. 帅五进一　将 4 进 1

丢象速败！似应象 7 进 9 为宜。

4. 炮三进八　马 3 退 5

5. 炮三平四　将 4 平 5

6. 马四退二　马 5 进 4

7. 炮四平一　马 4 退 3

8. 马二进三　将 5 平 6

9. 炮一退一　将 6 退 1

10. 相三退五　马 3 退 5

11. 马三退五　将 6 平 5

12. 马五进七　将 5 平 4

13. 炮一退八（红胜）

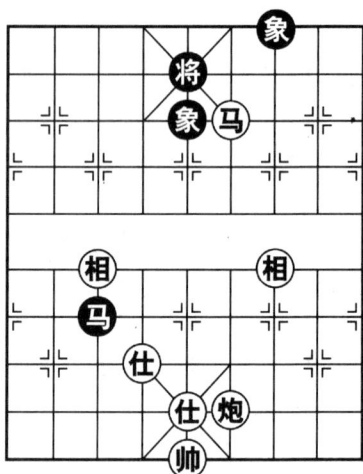

图 462

第 463 局　马炮胜炮双象

"马炮必胜炮双象"。

本局是黄海林大师在 2003 年第 11 届亚洲象棋名手邀请赛之战（图 463）。

1. 炮五退二　炮 6 平 7

2. 马三退五　将 4 平 5

3. 马五进七　将 5 平 6

4. 相七退五　象 5 退 3

倘若炮 7 平 4，马七退六，炮 4 进 6，马六进四，象 5 退 3，马四进六，炮 4 平 6，马六进七，红胜。

5. 炮五平三　象 3 进 5

6. 马七退六　炮 7 平 6

7. 马六进四　象 7 退 9

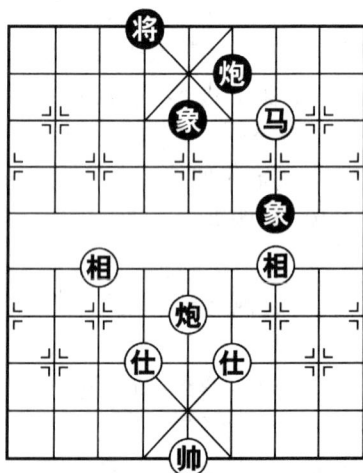

图 463

8. 炮三平五　象 5 进 3　　　　**9.** 马四进六　……

精妙！逼象双飞燕。

9. ……　　　象 3 退 1　　　　**10.** 相五进七　炮 6 进 1

11. 炮五平三（红胜）

第 464 局　马炮胜炮双象

本局是 2008 年第 15 届亚洲象棋锦标赛，马来西亚詹国武快速以马炮战胜炮双象之战（图 464）。

1. 马四退五　炮 6 平 4

2. 马五进七　炮 4 进 2

3. 炮六退一　将 5 平 6

4. 炮六平八（红胜）

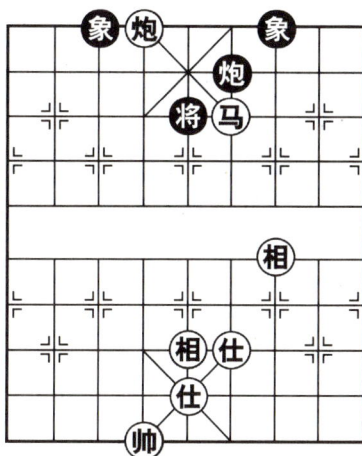

图 464

第 465 局　马炮胜马单缺象

"马炮必胜马单缺象"。

本局是 2008 年全国象棋个人赛，女子象棋大师刘君取胜之战（图 465）。

1. 炮八退七　马 5 进 3

2. 相五进七　将 4 进 1

3. 仕五进四　将 4 退 1

倘若马 3 进 5，炮八平六，士 5 进 4，仕六退五，将 4 平 5，仕五退四，象 7 退 5，炮六平五，将 5 平 4，炮五进六，马 5 进 6，帅五平六，马 6 退 7，炮五退六，红棋胜势。

4. 炮八平三　马 3 退 5

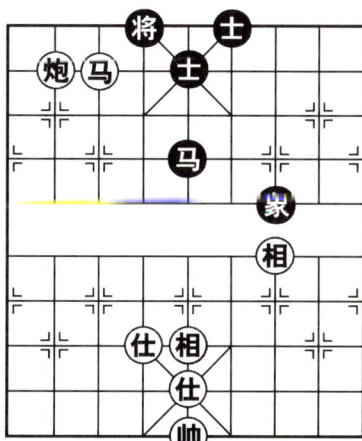

图 465

顾此失彼！倘若象 7 退 9，马七退五，将 4 平 5，马五退三，象 9 退 7，相三退一，红胜。

5. 炮三平六　士 5 进 4　　　　**6.** 炮六进六　马 5 进 3

7. 炮六退二（红胜）

第 466 局　马炮胜马单缺象

本局是 1999 年世界棋王赛，马来西亚著名棋手何荣耀取胜之战（图 466）。

1. 仕五进六　象 5 进 7

2. 相五进三　马 4 退 5

3. 马四进三　象 7 退 9

4. 马三退二（红胜）

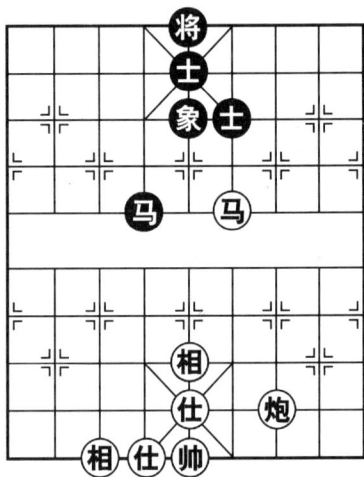

图 466

第 467 局　马炮胜炮单缺象

"马炮必胜炮单缺象"。

本局是特级大师柳大华于 1990 年全国象棋团体赛的取胜之战（图 467）。

1. 马四进二　……

简明！先吃象可形成马炮必胜炮双士之势。

1. ……　　　　炮 2 进 1　　　　**2.** 马二进三　将 4 进 1

3. 马三退二　炮 2 平 5　　　　**4.** 马二退四　炮 5 平 9

5. 炮一平二　炮 9 平 7　　　　**6.** 炮二退八　炮 7 进 6

7. 炮二进三　炮 7 退 6　　　　**8.** 炮二平六　炮 7 平 5

9. 马四退六　炮 5 平 4（红胜）

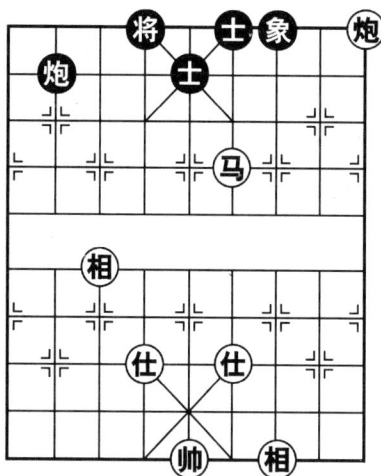

图 467

第 468 局　马炮胜炮单缺象

本局是 2011 年中游中象职业高手电视挑战赛，女子特级大师陈丽淳取胜之战（图 468）。

1. 炮五平七　炮 4 退 1
2. 相三退五　炮 4 进 1
3. 相五进七　将 6 平 5
4. 马八进七　象 1 退 3
5. 相七退五　……

马炮与相的完美组合，巧妙劫吃一象。

5. ……　　　士 5 进 6
6. 炮七进八（红胜）

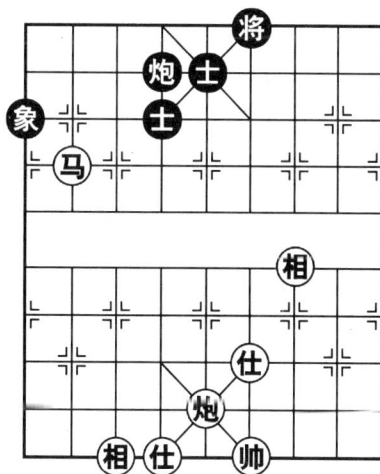

图 468

第469局　马炮胜马单缺士

"马炮有仕相必胜马单缺士"。取胜的策略是先谋单士再战双象。

本局是1988年五羊杯全国象棋冠军邀请赛，特级大师吕钦取胜之战（图469）。

1. 马四退五　马2退3
2. 炮一平六（黑士必丢认负，红胜）

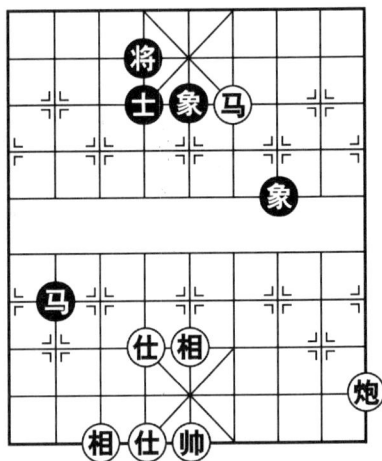

图 469

第470局　马炮胜马单缺士

本局是2008年象甲联赛，张强大师取胜之战（图470）。

1. 马五进六　马8进6

等价将交换，也可仕四退五。

2. 炮六平五　马6退4
3. 炮五进七　……

吃士后形成马炮与马双象漫长的"马拉松"争斗。

3. ……　　　马4进6
4. 炮五平八　马6进4
5. 仕六进五　马4退2
6. 炮八平二　马2退4
7. 炮二进一　象7进9
8. 马六进七　将5进1
9. 炮二平八　将5平4
10. 炮八退一　将4进1

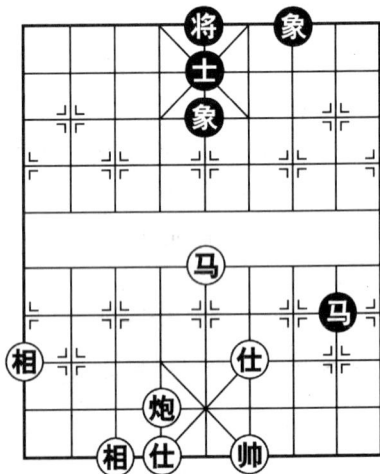

图 470

将上三楼势在必行，否则丢象必败。

11. 仕五进六　马4进6	**12.** 马七退六　将4退1
13. 炮八退七　马6进4	**14.** 帅四平五　……

似可帅四进一为宜。

14. ……　　　　马4退2
15. 相七进五　象9进7
16. 马六退五　将4退1
17. 马五进四　象7退9
18. 炮八平五　象9退7
19. 相五进三　马2退1
20. 马四退六　将4进1（参考图1）
21. 帅五平四　　……

错失良机！似应炮五平九，马1进2，马六进七，马2进4，帅五进一，马4退2，炮九平八，象5进3，炮八退一，红胜。

21. ……　　　　象5进3

似应象5进7比象5进3安全一些。

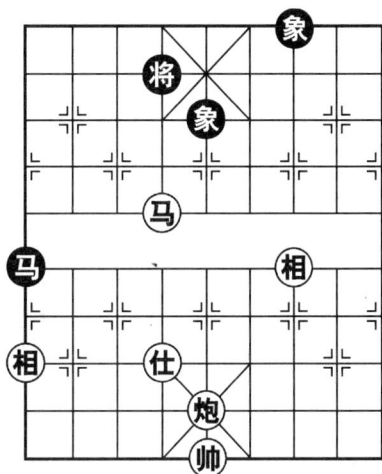

参考图1

22. 炮五退一　将4退1	**23.** 帅四进一　马1退2
24. 马六进七　将4平5	**25.** 帅四进一　马2退3

当前最佳的防守。

26. 帅四退一　将5平4	**27.** 马七退五　象3退5
28. 马五退六　马3进4	**29.** 仕六退五　马4退2
30. 马六进四　　……	

亦可马六进八，黑棋也难下。

30. ……　　　　马2进3	**31.** 仕五进六　马3退5
32. 马四进二　马5进7	**33.** 马二进三　将4进1
34. 马三退四　将4退1	**35.** 马四退六　马7退5
36. 相九退七　将4进1	

无奈！倘若象5进3，帅四平五，马5退6，马六进七，将4进1，帅五平六，红胜。

37. 相七进五　马5进4	**38.** 马六进七（参考图2）　……

一步定乾坤！终于中止黑棋顽强防御。

38. ……　　　　马4进3	**39.** 炮五进一（红胜）

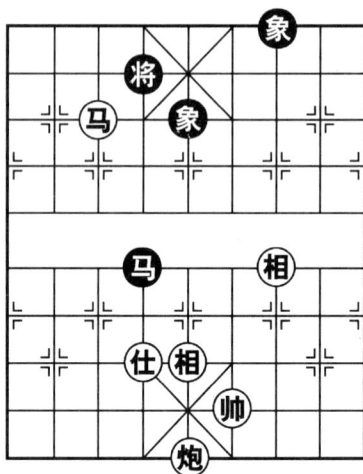

参考图 2

第 471 局　马炮胜马单缺士

本局是 2002 年全国象棋个人赛，董旭彬大师取胜之战（图 471）。

1. 马四进三　将 4 退 1

2. 相三进五　象 3 退 5

3. 相七进九　象 5 进 3

4. 相五进七　象 3 退 5

5. 帅六进一　……

调整仕相为红炮回家作战做准备。

5. ……　　象 5 进 3

6. 马三进二　将 4 进 1

似可马 5 退 7 比较顽强。

7. 马二退四　象 7 退 5

8. 马四退二　将 4 退 1

9. 马二退四　将 4 进 1

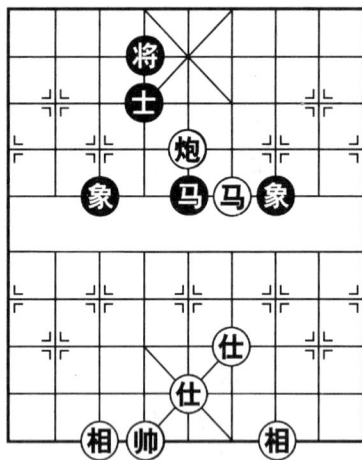

图 471

10. 炮五平八　将 4 退 1

11. 炮八退六　……

残局"马上，炮回家"是取胜的基本战略。

11. ……　　将 4 进 1

12. 炮八平五　马 5 进 4

13. 帅六进一　将 4 退 1

14. 马四退三（黑必丢士，红胜）

第 472 局　马炮胜士象全

"马炮必胜士象全"。这种残局在名手对局中是不能见到的，因为太简单了，只有网上才有这种战局（图 472）。

1. 帅六退一　将 5 平 6

2. 炮八平四　将 6 平 5

3. 马九进七　象 5 进 3

4. 马七进五　象 3 退 5

5. 炮四平五　将 5 平 6

6. 帅六平五　士 5 退 4

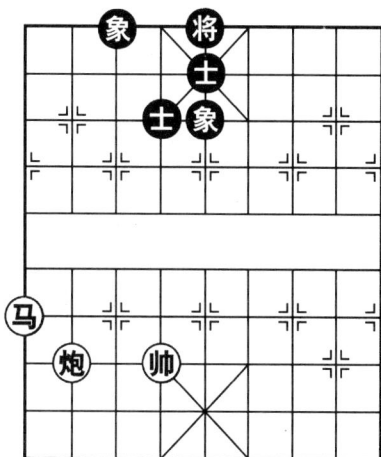

图 472

无奈丢士！另有两种选择：①象 5 进 7，炮五平四，将 6 进 1，马五退四，士 5 进 6，马四进三，士 6 退 5，马三退四，士 5 进 6，马四进二，士 6 退 5，马二进三，将 6 退 1，马三进二，将 6 平 5，马二退四，将 5 平 4，炮四平六，红胜。②将 6 进 1，马五进三，将 6 退 1，马三进二，将 6 进 1，炮五平一，红胜。

7. 马五进六　将 6 进 1	8. 马六进八　士 4 进 5
9. 马八退九　士 5 进 4	10. 马九进七　将 6 退 1
11. 炮五平八　象 3 进 1	12. 炮八进五　士 4 退 5
13. 马七进五　将 6 进 1	14. 马五退七　象 1 进 3
15. 马七退五　将 6 平 5	16. 马五退七　将 5 平 4
17. 马七进五　将 4 平 5	18. 炮八退四　将 5 退 1
19. 炮八平五　将 5 进 1	20. 炮五进四　将 5 进 1
21. 帅五平六　将 5 退 1	22. 马五进三　将 5 进 1
23. 帅六进一　将 5 平 6	24. 帅六平五　将 6 退 1
25. 马二进二　将 6 退 1	26. 帅五退一（红胜）

第 473 局　马炮胜士象全

本局先吃双士，再炮换双象绝杀（图 473）。

1. 马五进三　将 6 平 5　　　　2. 马三进二　……

控盘佳着！

2. ……　　　象 7 退 9

3. 炮六平五　士 5 进 4

4. 马二退四　将 5 平 4

5. 炮五平六　象 3 退 5

6. 炮六进七　……

先吃双士后，再谋双象。

6. ……　　　象 5 进 7

7. 帅六平五　象 7 退 5

8. 马四退二　象 9 退 7

9. 炮六退五　将 4 平 5

10. 马二进三　将 5 平 4

11. 马三退四　将 4 进 1

12. 炮六退二　象 7 进 9

13. 马四退六　将 4 平 5

14. 炮六平五　象 9 退 7

15. 炮五进七　象 7 进 5

16. 马六进五（红胜）

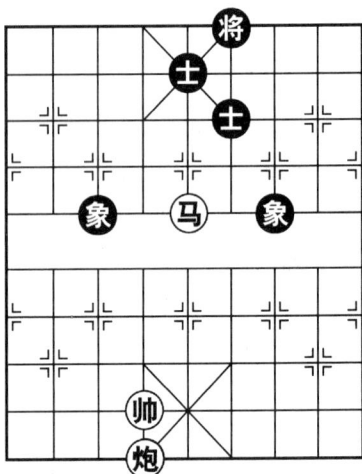

图 473

第 474 局　马炮胜马士象全

"马炮仕相全必胜单马士象全"（图 474）。

1. 炮六平四　马 8 进 6

2. 炮四进一　象 3 退 1

倘若将 6 进 1，马六退四，马 6 退 7，马四退六，马 7 进 6，马六退四，红胜。

3. 帅五进一　象 1 进 3

4. 帅五进一　象 3 进 1

5. 仕六退五　象 1 退 3

6. 仕五退四　象 3 进 1

倘若象 3 进 5，马六进五，红棋胜势。

7. 帅五退一　象 1 退 3

8. 马六退五　将 6 平 5

无奈！否则有马五退六捉死黑马。

9. 马五进七　（红棋吃象，胜势）

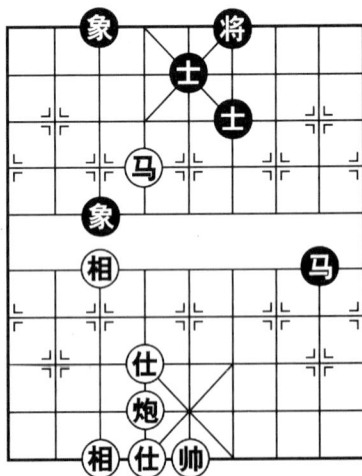

图 474

第 475 局　马炮胜马士象全

本局似曾相识，因是上局的姊妹篇，但位置稍有不同，攻击方向也有所不同（图 475）。

1. 马四进三　将 5 平 4
2. 炮五平六　马 3 进 4
3. 相五进七　象 5 进 3

倘若士 5 退 6 或士 5 进 6，马三退四，黑棋丢士。

4. 马三退二　……

精妙！逼黑进将丢士。

4. ……　　　将 4 平 5
5. 炮六进六（红棋吃士，胜势）

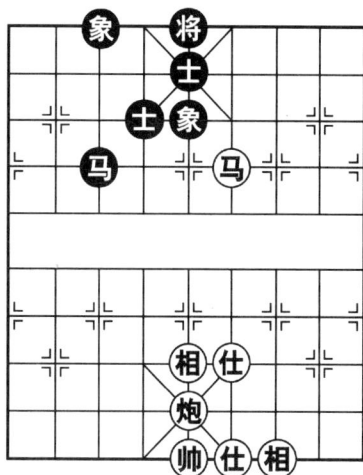

图 475

第 476 局　马炮胜马士象全

最常见形势，黑马在"象尖"居高临下保护肋士，似乎是最佳防御之势而无懈可击，然红有绝招可胜（图 476）。

1. 马八进七　将 5 平 6
2. 炮四退一　象 5 进 3
3. 仕五进四　士 5 进 6
4. 相五进三　象 3 退 5
5. 相七进五　象 5 退 7
6. 仕四退五　士 6 退 5
7. 相五进七　……

调整仕相为后来的攻势做准备。

7. ……　　　象 7 进 5
8. 帅五平四（参考图）　……

看似平凡无奇，实则是取胜的佳着！

8. ……　　　象 5 进 3

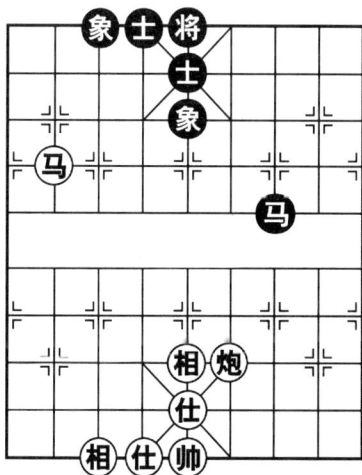

图 476

倘若将 6 进 1，马七退六，以下黑棋有两种选择：①士 5 进 4，仕五进四，将 6 平 5，炮四平六，将 5 平 4，仕四退五，马 7 退 5，炮六进一，马 5 进 6，马六退五，将 4 平 5，马五进四，将 5 退 1，马四进六，将 5 进 1，相三退五，红棋胜势。②马 7 退 5，帅四平五，象 3 进 1，马六退五，马 5 进 7，马五进四，士 5 进 6，仕五进六，将 6 平 5，炮四平五，将 5 平 6，炮五平六，士 4 进 5，炮六平四，士 5 退 4，马四进二，将 6 平 5，马二退三，红胜。

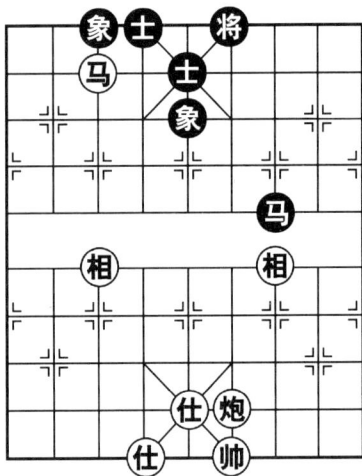

9. 马七退六　　将 6 平 5

10. 仕五进六　　士 5 进 4

11. 炮四平七　　象 3 退 1

12. 炮七平五　　象 1 进 3

倘若将 5 进 1，马六退五，象 3 进 5，马五进四，将 5 平 4，马四进六，马 7 进 5，马六进八，象 1 进 3，炮五平六，将 4 平 5，仕六进五，红胜。

13. 马六退五　　象 3 退 5

14. 马五进四　　将 5 平 6

15. 炮五平四　　将 6 平 5

16. 马四进六　　……

吃士红棋胜势。

16. ……　　　　将 5 平 6

17. 仕六进五　　士 4 进 5

18. 仕五进四　　士 5 进 6

19. 帅四平五（红棋胜势）

参考图

第 477 局　马炮胜马士象全

黑棋的防御似乎固若金汤，那么怎样找到突破口呢（图 477）？

1. 帅五平四　　……

看似平凡，实则是非常奥妙的取胜诀窍！

1. ……　　　　象 5 进 7

2. 炮四平八　　……

绝妙的顿挫战术！

2. ……　　　　象 7 进 5

倘若士 5 进 4，炮八平三，士 4 退 5，仕四退五，象 7 退 5，相三退一，象 5 进 7，相七进五，象 7 进 9，相一进三，将 6 进 1，炮三平四，马 6 退 4，仕五进四，士 5 进 6，马三退二，象 7 退 5，炮四平六，马 4 进 5，炮六进八，红棋胜势。

3. 仕四退五　象5退3

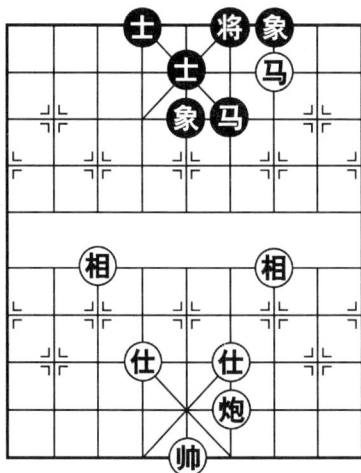

图 477

4. 炮八进五　象7退5（参考图）

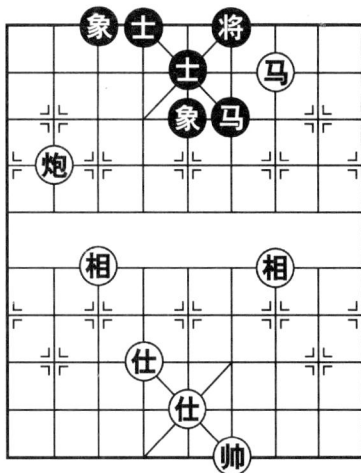

参考图

倘若士5进4，炮八平一，士4进5，相七退五，象3进1，炮一平四，马6进4，炮四退五，象1退3，马三退四，将6平5，炮四平三，象7退9，马四进三，将5平4，马三退一，红棋胜势。

5. 炮八平四　马6退8　　　　　**6.** 炮四退五　将6进1

7. 马三退四　士5进6　　　　　**8.** 马四退五　将6平5

倘若士6退5，马五进六，马8进7，马六退四，士5进6，马四退二，红胜。

9. 马五进六　将5退1　　　　　**10.** 仕五退六　士4进5

倘若士6退5，炮四平五，红胜。

11. 马六进七　将5平4　　　　　**12.** 炮四平六　士5进4

13. 炮六进六（红棋胜势）

第478局　马炮胜马士象全

黑马踏炮必将红炮驱逐六路肋道，那么红棋怎样实施突破呢？试演如下（图478）：

1. 炮六退一　马3进2　　　　　**2.** 炮六进一　马2退3

3. 炮六平四　……

不变则和棋，分炮限制黑棋退士是佳着。

3. ⋯⋯　　　　马3退5

4. 帅五平六　　⋯⋯

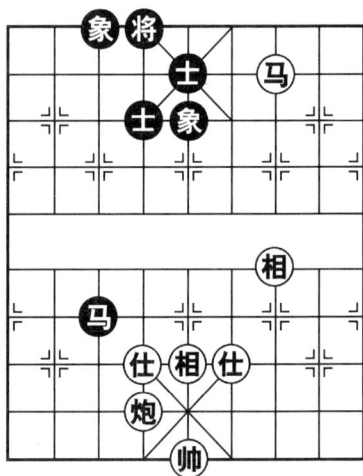

图 478

倘若马5进6，炮四平六，马6退5，仕六退五，马5退4，相五退三，象5退7，帅六平五，象3进5，仕五退六，象5退3，马三退四，将4平5，炮六进六，马4进5，马四进三，将5平4，炮六退三，马5进6，帅五平四，马6退7，仕六进五，红胜。

4. ⋯⋯　　　　象5退7

5. 仕六退五　　⋯⋯

发挥红王远程助攻是取胜不可或缺的好棋。

5. ⋯⋯　　　　象7进5

6. 仕五退四　　马5进3　　　7. 炮四平一　　⋯⋯

肋道不能实施攻击，只好寻找曲线攻击之策！

7. ⋯⋯　　　　马3进2　　　8. 帅六平五　　马2退3

9. 马三退四　　将4平5　　　10. 帅五平六　　象5退7

倘若将5平6，马四进三，士5进6，炮一平四，将6进1，马三退四，士4退5，仕四退五，士5退4，马四退六，红胜。

11. 马四进三　　将5平4

12. 炮一进二（参考图）　马3退2

倘若马3退5，炮一平六，马5退4，帅六平五，象3进5，相五退三，象5退3，马三退四，将4平5，马四进六，将5平6，马六进七，红胜。

13. 相五进七　　马2进4

如士5退6，炮一进六，马2进1，炮一平四，红胜。

14. 炮一平六　　象7进5　　15. 帅六平五　　象5进7

16. 马三退二　　将4平5　　17. 炮六进四（红胜）

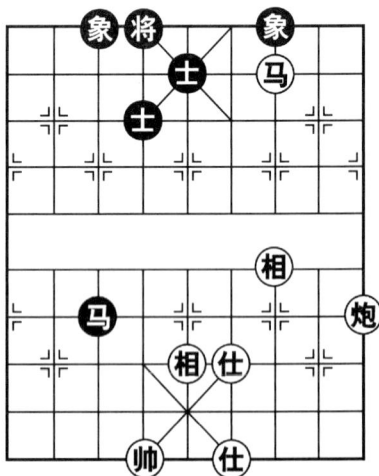

参考图

第 479 局　马炮胜马士象全

黑马护住肋道，看似红棋难以构成有杀伤力的战术组合，其实红棋有突破口（图 479）。

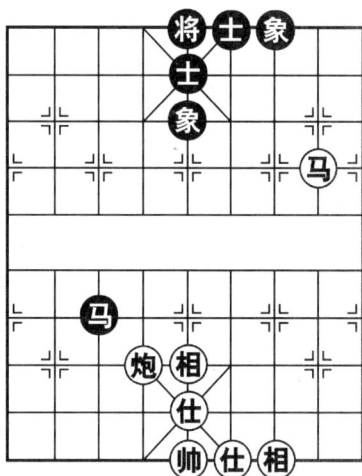

图 479

1. 马二进三　将 5 平 4

2. 马三退四　将 4 平 5

倘若马 3 进 2，炮六平八，红胜。

3. 相五进七　象 5 进 3

倘若象 5 退 3，炮六平七，象 7 进 5，帅五平六，士 5 进 6，马四进六，将 5 进 1，马六退五，将 5 平 6，炮七平四，将 6 平 5，马五进四，红胜。

4. 炮六进四　马 3 进 2

5. 相三进五　马 2 退 3

6. 帅五平六　马 3 进 2

7. 帅六进一　士 5 进 6

倘若士 5 退 4，炮六平八，马 2 退 3，帅六退一，象 3 退 5，炮八进三，象 5 退 3，马四进三，将 5 进 1，炮八平六，红胜。

8. 马四进六　将 5 进 1

9. 炮六退三　象 3 退 1

10. 马六退五　将 5 平 6

11. 炮六平四　士 6 退 5

12. 马五进三　将 6 进 1

13. 炮四退二　马 2 退 3

14. 帅六退一　马 3 退 5

15. 仕五进四（红胜）

第 480 局　马炮胜马士象全

本局是 1998 年全国象棋大师冠军赛，陈富杰大师取胜之战（图 480）。

1. 炮九平八　马 3 退 5

2. 仕五进四　马 5 进 6

3. 帅四平五　象 5 进 7

4. 帅五平六　象 7 进 5

5. 仕六退五　马 6 进 4

6. 炮六平九　士 5 进 6

7. 炮九进五　象 5 退 7

8. 炮九退一　象 7 退 5

9. 炮九平六　士 4 退 5

10. 马七退六　将 4 平 5

11. 炮六平四　象 5 退 3

12. 马六进七　将 5 平 4

13. 马七退八　象 3 进 5

14. 帅六进一　将 4 平 5

15. 炮四进一　将5平4

进王吊住黑马，佳着！

16. 帅六进一（参考图）　......

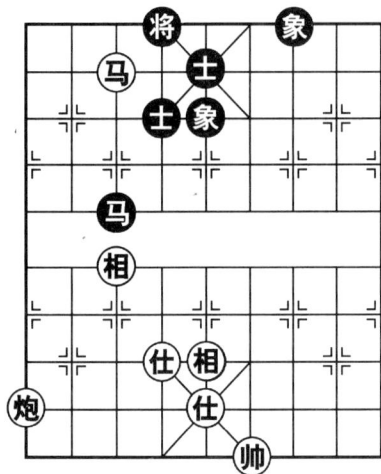

图 480

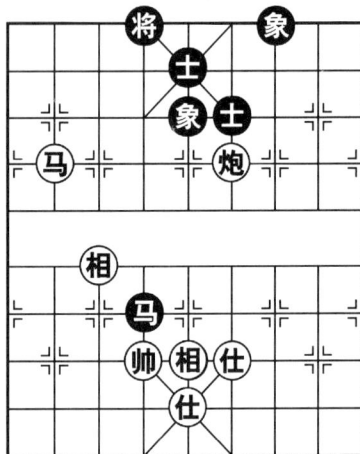

参考图

16.	象5退3	**17. 仕五退六**	象3进5
18. 仕四退五	象5退3	**19. 仕五退四**	象3进5
20. 相五退七	将4进1	**21. 相七进九**	将4退1
22. 炮四退二	将4进1		

倘若将4平5，炮四退三，马4退6，马八进七，将5平6，帅六退一，象5进7，仕四进五，象7进5，仕五进六，象5退7，帅六平五，象7退5，帅五退一，象5进7，马七退八，将6平5，炮四进六，红胜。

23. 炮四平六	士5退6	**24. 马八进七**	士6退5
25. 马七退六	士5进4	**26. 仕六进五**	马4进2
27. 帅六平五	马2退4	**28. 马六进八**	将4平5
29. 马八进七	将5平6	**30. 马七退六**	马4进3
31. 炮六退三（红胜）			

第 481 局　马炮胜马士象全

本局是2007年象甲联赛，特级大师蒋川取胜之战（图481）。

1. 相五进三	士5进4	**2. 相七退五**	士4退5
3. 炮五平六	将4平5	**4. 马四进六**	马6退5

5. 马六进七　将5平6

6. 炮六退一　马5进4

7. 炮六平二　马4进6

8. 炮二退二　马6进8

9. 炮二平三　象5进3

10. 炮三进一　……

红炮前进一步使黑马跟踪防御戛然而止！

10. ……　　　象3进5

11. 炮三平四　马8退6

12. 帅四平五　象5退3（参考图）

13. 炮四退二　……

似可仕五退四，象3退5，相五退三，象5进7，仕六退五，象3进5，仕五退六，象5退7，马七退六，象7退9，马六退八，将6平5，炮四进五，红棋胜势。

13. ……　　　象3进5

14. 帅五平六　象5退3

15. 帅六进一　象3退5

16. 相五进七　象5退7

17. 仕五进四　马6退5

18. 相三退五　象3进5

19. 相七退九　马5退7

20. 仕四退五　马7进6

21. 仕五退六　象5退3

22. 帅六平五　象3进5

23. 相五进三　象5进7

25. 炮四进一　象9退7

27. 马六进七　象9退7

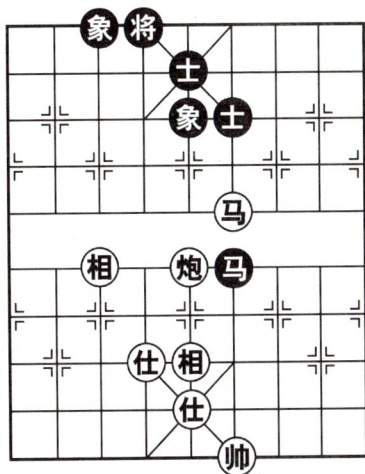

图 481

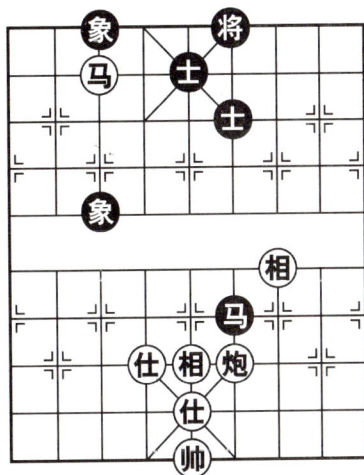

参考图

24. 马七退六　象7进9

26. 帅五退一　象7进9

28. 马七退八（红胜）

第 482 局　马炮胜马士象全

本局是 2006 年全国象棋冠军男女混合双打邀请赛，胡明、于幼华两位特级大师取胜之战（图 482）。

1. 马三进二　士4进5

2. 炮四平一　将5平4

3. 炮一进九　马5退6

4. 马二退四　马6退8

5. 炮一退八　马8进6

6. 仕五退四　将4平5

7. 帅五平六　马6退4

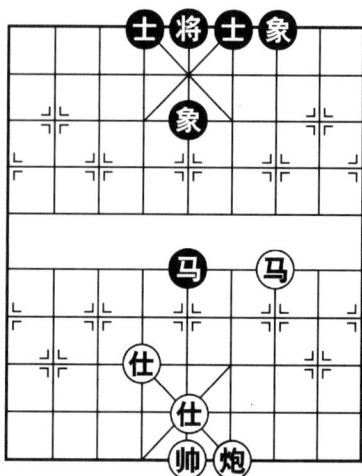

图482

似应士5进4，仕六退五，士6进5，马四进二，象5退3，仕五进四，象7进5，帅六平五，马6退8，炮一平二，马8进6，炮二平四，马6退8，黑棋尚可支撑一时。

8. 马四进六　马4进2

9. 炮一平五　将5平4

10. 马六退五　士5进4

11. 炮五平六　将4平5

12. 马五进四　士6进5

13. 炮六平一　将5平4

14. 仕六退五　士5进6

倘若将4进1，仕五进四，士5进6，炮一平四，马2进3，炮四平六，将4平5，马四进六，红棋胜势。

15. 炮一平四（红胜）

第483局　马炮和炮士象全

"马炮和单炮士象全"是黑棋在劣势下求和的常见残局，只要注意不丢士象，和棋不难。

本局是2001年华亚防水杯象棋赛，特级大师许银川与廖二平大师的和棋之战（图483）。

1. 马四退六　炮3平4

2. 马六进八　将5平4

3. 马八进七　将4平5

4. 炮二进六　士5进6

5. 仕六进五　士6退5

6. 相七进五　象5进7

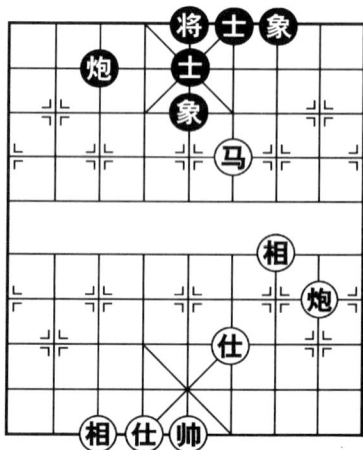

图483

7. 相五进七　象7退5

8. 仕五退四　象5进7

9. 马七退六　象7退5

10. 马六退五　将5平4

11. 马五进四　将4平5

12. 相七退九　士5进6

13. 炮二退一　将5平4

14. 帅五平六　将4平5

15. 相三退五　将5平4

16. 马四退三　炮4进1

17. 炮二进一　士6退5

18. 马三进四　将4进1

19. 帅六进一　象5进3

20. 相五进三　象7进5

21. 帅六进一　士5进6

22. 炮二退八　将4退1

23. 炮二平六　士6进5（参考图）

廖二平大师精确防御，使特级大师许银川难以攻破九宫城堡。

24. 帅六平五　将4平5

25. 炮六进五　炮4退1

26. 帅五退一　将5平6

27. 相三退五　炮4进1

28. 马四退三　象5进7

29. 马三退二　象7退5

30. 马二进一　将6平5

31. 马一进二　炮4退1

32. 帅五退一　炮4平3

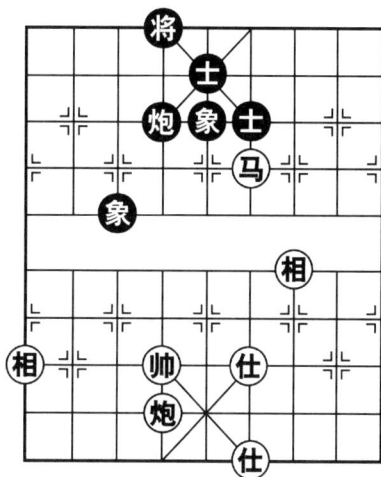

参考图

33. 马二退四　象5进7

34. 马四退三　象7退5

35. 马三进四　象5进7

36. 相九进七　炮3平4

37. 相五进三　炮4进1

38. 炮六退五　象3退5

39. 炮六平五　将5平4

40. 马四进六　象7退9

41. 马六退五　象9退7

42. 炮五平二　将4平5

43. 马五进四　炮4退1（和棋）

第484局　马炮和炮士象全

攻击炮士象全主要有两种战略：一是中路攻击；二是侧翼攻击。本局是2006年象甲联赛，许银川与蒋凤山展开侧翼攻防之战（图484）。

1. 马四进二　炮4退1

2. 马二进三　将6进1

3. 马三退一　将6退1

4. 马一退三　将6平5

5. 炮一退八　……

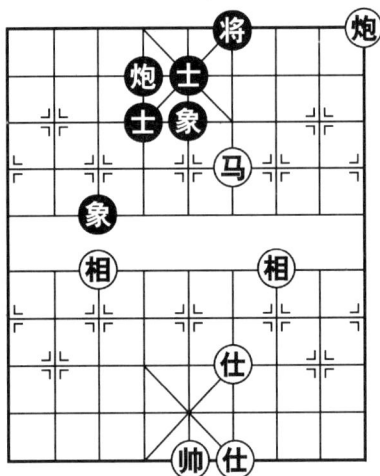

图 484

为什么许银川退炮呢？倘若马三进二，象 5 退 7，黑棋也安然无恙！

5. …… 炮 4 进 1	**6.** 马三进二 炮 4 退 1	
7. 马二退四 炮 4 进 1	**8.** 马四退二 将 5 平 6（和棋）	

第 485 局　马炮和炮士象全

本局是 2008 年全国象棋明星赛，蒋川与谢靖两位特级大师，大战 144 个回合而平分秋色（图 485）。

1. 炮一进四　象 5 进 7
2. 马四进六　象 7 退 5
3. 马六退五　炮 4 退 1
4. 马五进四　象 5 进 3
5. 马四退六　炮 4 进 1
6. 炮一退一　将 5 平 4
7. 炮一退三　象 3 退 5
8. 炮一进四　象 5 进 3
9. 马六进四　炮 4 退 1
10. 仕四进五　将 4 平 5
11. 帅五平六　士 5 进 4
12. 仕五进六　士 4 退 5
13. 仕六退五　士 5 进 4

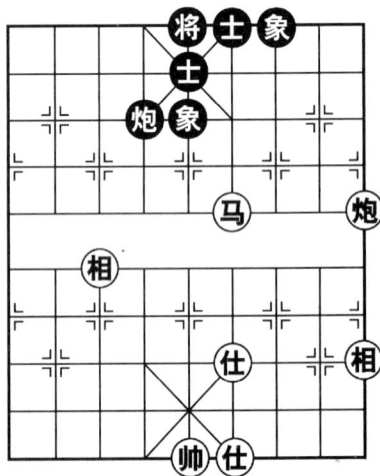

图 485

14. 仕五进六　士 4 退 5

15. 仕六退五	象 3 退 5	**16.** 炮一退一	士 5 进 6
17. 马四退三	炮 4 进 1	**18.** 马三进二	士 6 退 5
19. 帅六进一	将 5 平 4	**20.** 马二进三	象 5 进 3
21. 相一进三	象 3 退 5	**22.** 炮一退八	炮 4 退 1
23. 炮一平六	……		

侧翼屡攻不入，又转向肋道攻击。

23. ……	士 5 进 4	**24.** 仕五进六	士 4 退 5
25. 仕六退五	士 5 进 4	**26.** 仕五进六	士 4 退 5
27. 仕六退五	士 5 进 4	**28.** 仕五进六	象 5 进 3
29. 马三退四	士 4 退 5	**30.** 仕六退五	士 5 进 4
31. 仕五进六	士 4 退 5	**32.** 仕六退五	士 5 进 4
33. 仕五进六	将 4 平 5	**34.** 炮六平五	将 5 平 4（余略，和棋）

第二十六章　马炮兵残局

第486局　马炮兵胜马士象全

马炮兵必胜单马士象全，黑棋很难抵挡。

本局是 2007 年沧州棋院杯第二届河北省象棋名人战，杜宁与武震两位河北名手之战（图486）。

1. 马五进三　　将 6 平 5
2. 马三进二　　马 4 退 6
3. 帅五平六　　马 6 进 4
4. 马二退四　　将 5 平 6
5. 马四退二　　将 6 进 1
6. 炮五平四　　士 5 进 6
7. 仕四退五　　士 6 退 5
8. 马二退四　　马 4 进 6
9. 马四进五（红胜）

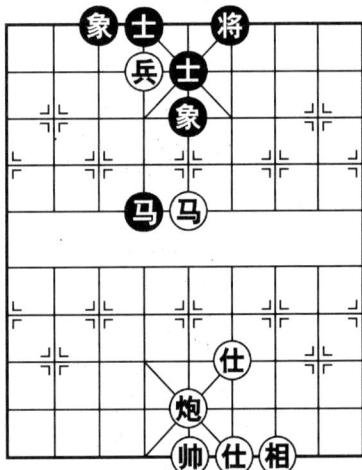

图 486

第487局　马炮兵胜马士象全

单马士象全仅有微弱抵抗力，马炮兵可轻松取胜。

本局是 2003 年全国象棋团体赛，湖南名手周剑武取胜之战（图487）。

| 1. 马三退四　　将 4 平 5 | 2. 马四进六　　将 5 进 1 |
| 3. 马六退五　　马 6 退 8 | 4. 炮六进三　　…… |

构思奇特！倘若马五进四，马 8 退 7，兵四平五，将 5 平 6，炮六平四，将 6 平 5，炮四平五，将·5 平 6，炮五进三，红棋亦胜。

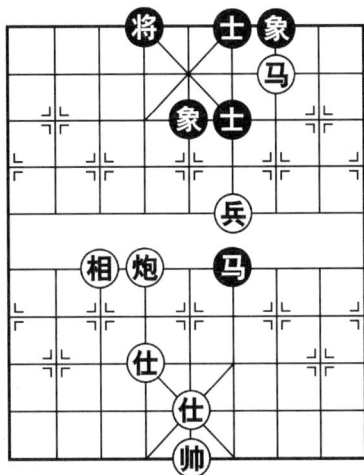

图 487

4. …… 将 5 平 6	5. 炮六进一 将 6 平 5
6. 炮六平八 象 7 进 9	7. 炮八退三 象 9 退 7
8. 马五进四 马 8 退 7	9. 马四退五（红胜）

第 488 局   马炮兵胜炮士象全

"马炮兵必胜单炮士象全"。

本局是 2009 年第六届威凯房地产杯全国象棋一级棋士赛，上海青年棋手刘奕达取胜之战（图 488）。

1. 马五进四   炮 9 平 6

2. 马四退三   炮 6 平 5

3. 马三进四   炮 5 平 6

4. 马四进二   将 6 平 5

5. 炮四平九   炮 6 平 1

6. 兵八平七   象 9 进 7

无奈！防线崩溃，欠行状态下再丢一象。

7. 马二退四   将 5 平 6

8. 炮九平四   炮 1 平 6

10. 马三进四（红胜）

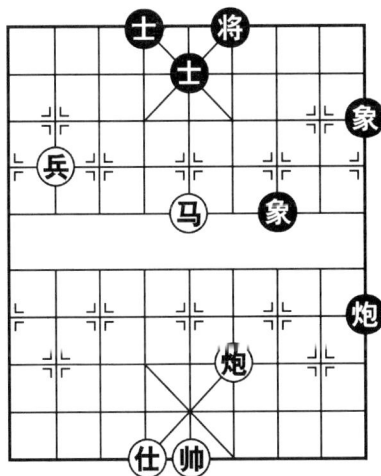

图 488

9. 马四退三   炮 6 平 5

第 489 局　马炮兵胜炮士象全

马炮兵战术组合攻击力强大，单炮士象全毫无抵抗力。

本局是 2011 年世界象棋锦标赛，菲律宾庄宏明取胜之战（图 489）。

1. 兵一进一　　炮 7 退 1

2. 炮一进三　　象 5 退 7

3. 马三退五　　士 6 退 5

4. 炮一退三　　炮 7 进 1

5. 炮一平五　　士 5 进 4

6. 兵一平二　　……

小兵过河如生双翼，黑难抵抗。

6. ……　　　　炮 7 退 1

7. 马五进七　　将 5 平 4

8. 马七进八　　炮 7 平 3

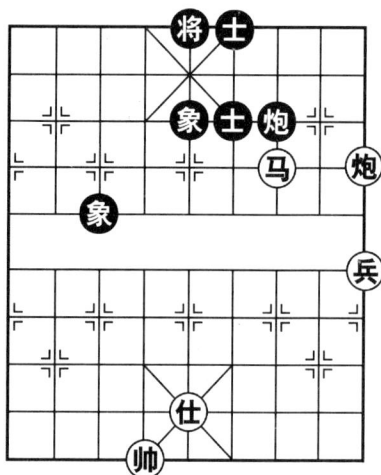

图 489

9. 兵二进一　　象 7 进 5

10. 兵二平三　　象 5 进 7

11. 兵三平四　　士 6 进 5

12. 炮五退三　　象 7 退 9

13. 帅六平五　　象 3 退 5

14. 兵四平五（红胜）

第 490 局　马炮兵和马炮士象全

"马炮兵难胜马炮士象全"。倘若用马换兵也是和棋，但是要坚持 60 个回合苦守。以下是著名棋手实战攻守，细细体会必获益匪浅！

本局是 2010 年后肖杯象棋大师精英赛，赵鑫鑫与洪智两位特级大师之战（图 490）。

1. 马二进一　　马 3 退 2

2. 兵六平五　　马 2 退 4

3. 兵五平六　　马 4 进 2

4. 兵六平五　　马 2 退 4

5. 兵五平六　　马 4 进 2

6. 兵六平五　　马 2 进 3

7. 炮五平六　　马 3 退 2

8. 马一进二　　将 5 平 4

9. 炮六退三　　马 2 进 3

10. 炮六进三　　……

比赛中，现在已达到 60 个回合不吃子判和棋的规定，但是洪智大师仍然不提和继续顽强防守。

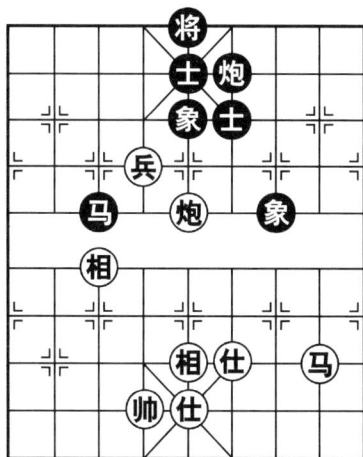

图 490

10. ……　　　马 3 退 2	11. 马二进三　将 4 平 5
12. 兵五平四　将 5 平 6	13. 炮六退二　马 2 进 4
14. 炮六平一　马 4 进 5（和棋）	

第 491 局　马炮兵和马炮士象全

本局是 2010 年杨官璘杯全国象棋公开赛，谢靖与吕钦两位特级大师之战（图 491）。

1. 马五进四　马 9 退 8

2. 兵五平六　炮 7 进 3

3. 炮一进三　马 8 退 6

4. 兵六平五　炮 7 进 1

5. 兵五进一　马 6 退 7

6. 炮一退四　马 7 进 9

7. 炮一进一　马 9 进 7

8. 炮一进三　象 3 退 1

9. 炮一退五　象 1 退 3

10. 炮一平八　象 5 进 3

11. 炮八进五　象 3 进 1

12. 兵五平四　马 7 进 9

13. 马四进六　炮 7 退 2

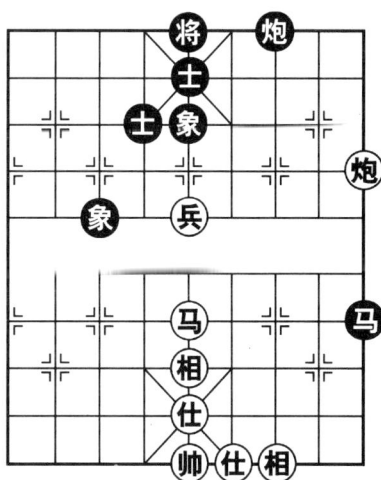

图 491

14. 兵四平五　马9进8
15. 马六退五　马8退6
16. 兵五平六　炮7进1（和棋）

第492局　马炮兵和马炮士象全

本局是1999年世界象棋锦标赛，许银川与台北棋王吴贵临之战。因黑马陷于边线一隅，红棋似乎迎来优势曙光。在漫长的"马拉松"战斗中，岭南"许仙"棋艺高超，劫吃双象，但是台北棋王吴贵临以精湛残局功夫，把许银川的小兵诱于不能移动的尴尬之地，双方大战167个回合奇迹般的和了，可谓是马炮兵对马炮士象全的经典战例（图492）。

1. 炮一平四　炮9平6
2. 炮四平一　炮6平9
3. 炮一平五　炮9平5
4. 帅五平四　将6平5
5. 炮五平八　炮5退2

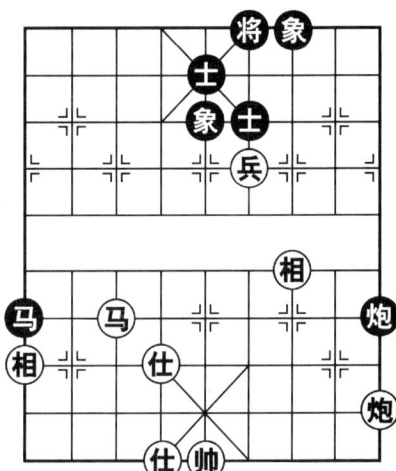

图492

6. 炮八平二　炮5平8
7. 炮二进二　马1进3
8. 炮二平五　炮8平5
9. 仕六进五　将5平4
10. 相三退五　将4平5

11. 炮五进一　马3退1
12. 帅四平五　将5平4
13. 炮五退一　马1进3
14. 马七进八　将4平5
15. 马八进六　将5平6
16. 炮五平七　炮5平9
17. 马六退四　将6平5
18. 马四退六　马3退1
19. 炮七平五（参考图1）……
"许仙"就是高！黑马被因边线难以动弹。
19. ……　　　将5平4
20. 相五退七　炮9平3
21. 仕五退六　炮3退3

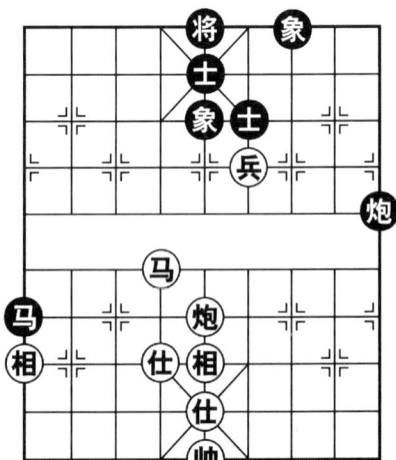

参考图1

22. 炮五平二　象7进9

似应将4平5，炮二退二，炮3进7，尚无大碍。

23. 炮二退二　……

佳着！退炮暗瞄边线黑马。

23. ……　炮3进7

倘若象5进3，兵四进一，马1进3，马六进八，将4平5，炮二平六，将5平6，兵四平三，红棋优势。

24. 马六进七（参考图2）　……

在漫长攻击中终于劫吃一象，切断黑棋防御链条的一环！

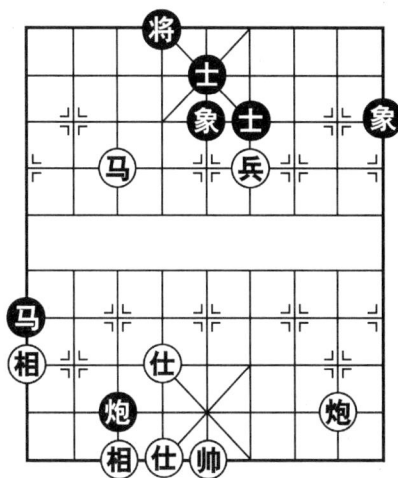

参考图2

24. ……　马1退2

只好丢象。倘若象5进3，马七进八，将4平5，兵四进一，马1退2，兵四进一，马2退3，炮二平五，象3退5，炮五进二，马3进5，马八退七，象9进7，兵四平五，将5进1，马七退六，红胜。

25. 马七进五　马2进3　　　　**26. 炮二平四　象9进7**

27. 马五退四　……

为什么不炮四进六打士呢？马3退5，红棋要丢兵。

27. ……　炮3平2　　　　**28. 相九进七　炮2退4**

29. 马四进六　炮2平5　　　　**30. 帅五平四　炮5平4**

31. 炮四进四　……

似应马六退四，马3退5，仕六进五，红棋不能丢士，可再谋宏图大业。

31. ……　马3退5

一马踏双，红棋丢仕。

32. 炮四平五　马5进4

33. 相七退五（参考图3）　马4退5

为什么不炮4进5打仕呢？马六退八，将4进1，马八进九，将4退1，马九进八，马4退2，马八退七，将4进1，炮五退二，炮4退2，炮五平六，马2退3，炮六进二，马3进2，兵四平五，炮4退2，兵五平六，士5进4，红棋有攻势。

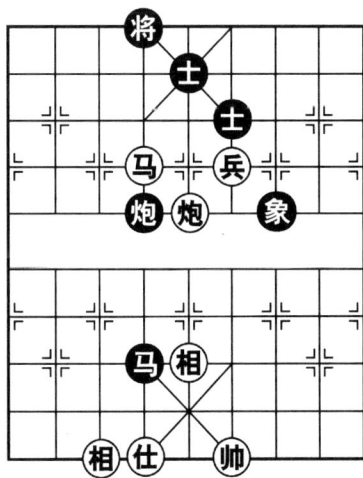

参考图3

34. 仕六进五　象7退9　　35. 马六退八　炮4退3

36. 马八进七　炮4平3　　37. 兵四平五　象9进7

38. 兵五平六　象7退5　　39. 马七退九　马5进3

40. 相五进七　马3退5　　41. 相七进五　马5退7

42. 相五进三　马7进5　　43. 马九进八　马5退3

44. 兵六平七　将4平5　　45. 兵七进一　炮3退1

46. 相三退五　炮3平4

倘若马3退5，兵七进一，炮3平1，兵七平六，红棋胜势。

47. 兵七平六　马3退2

48. 兵六平七　马2进3（参考图4）

49. 兵七平六　……

倘若马八退七，马3退5，马七进五，炮4进6，马五退七，将5平6，兵七进一，炮4平5，兵七平六，士5进4，红棋优势。

49. ……　　　　马3退2

50. 兵六平五　……

虽然小兵白吃一象，但是横向移动受到限制。

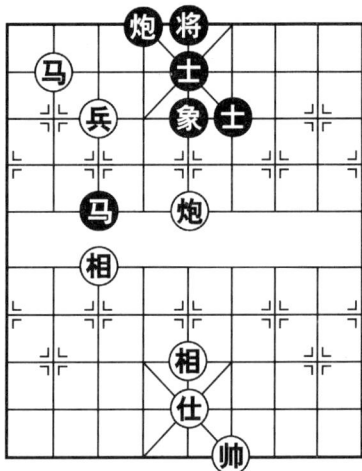

参考图4

50. ……　　　　炮4进3　　51. 马八退六　将5平4

52. 马六退八　炮4平7　　53. 马八退六　马2进4

54. 炮五退二　将4平5　　55. 炮五平二　炮7平8

56. 炮二平六　马4退3　　57. 炮六平七　马3进4

58. 炮七平六　马4退3　　59. 炮六平七　马3进4

60. 马六进四　炮8平7　　61. 炮七平二　炮7退1

62. 炮二进四　马4进6　　63. 相五进三　将5平4

64. 帅四平五　将4进1　　65. 马四退六　将4退1

66. 仕五退四　马6退4　　67. 马六退八　炮7进1

68. 相七退九　马4进5　　69. 仕四进五　炮7平5

70. 炮二退五　马5退6　　71. 帅五平四　马6进5

吴贵临的防守堪称一流，击退了许银川一次又一次的攻击。

72. 马八进六　炮5平4（余略，和棋）

第 493 局 马炮兵胜马炮士象全

马炮兵的形势较好，有机会巧胜马炮士象全。

本局是 2006 年全国体育大会，张国凤与唐丹两位女子特级大师之战（图 493）。

1. 马五进六　士 5 进 4

丢士无奈！倘若炮 3 平 2，马六进七，将 5 平 4，兵五平六，士 5 进 4，兵六进一，绝杀，红胜。

2. 炮六进二　……

至此进入马炮兵对马炮单缺士的争斗。

2. ……　　士 6 进 5

似可炮 3 进 1，炮六进一，炮 3 平 4，坚守为宜。

3. 炮六平九　士 5 进 4

倘若炮 3 平 4，兵五平四，马 7 进 9，炮九退四，红棋优势。

4. 马六进八　炮 3 平 9（参考图）

5. 炮九进二　……

为什么不炮九平六打士呢？炮 9 进 1，炮六平一，象 7 退 9，兵五进一，象 9 进 7，兵五平六，将 5 进 1，黑棋大有和棋之望。

5. ……　　士 4 退 5

6. 马八进七　士 5 退 4

7. 马七退六　将 5 进 1

8. 炮九退六　马 7 进 8

9. 炮九平五　将 5 平 6

11. 马六退五　炮 9 平 5

似应将 6 平 5 加强防守为宜。

12. 兵五平四　将 6 平 5

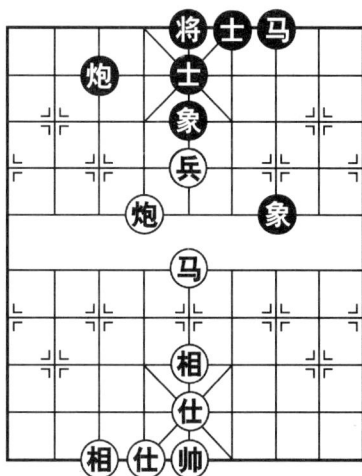

图 493

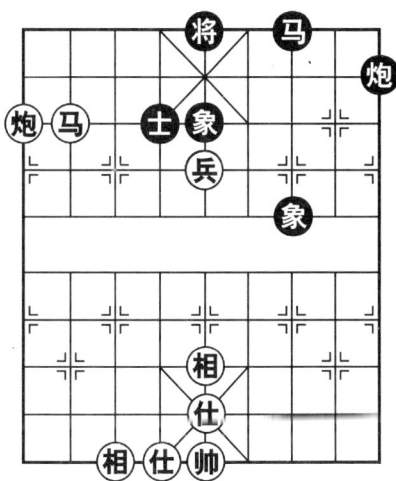

参考图

10. 炮五平四　将 6 退 1

13. 马五进六　炮 5 平 4

14. 兵四平三　士 4 进 5 　　　　**15.** 炮四平五　将 5 平 6

16. 马六退八　……

倘若炮五进五打士，马 8 退 6，兵三平四，将 6 平 5，和棋之势。

16. ……　　士 5 退 4 　　　　**17.** 马八退六　象 5 进 3

18. 马六进七　马 8 进 9 　　　　**19.** 兵三平四　象 3 退 1

20. 马七退五　……

倘若兵四进一，马 9 退 7，马七退五，炮 4 进 1，马五退三，红棋优势。

20. ……　　炮 4 平 5 　　　　**21.** 炮五平四　将 6 平 5

22. 兵四进一　炮 5 平 8 　　　　**23.** 兵四进一　……

兵临城下，黑棋崩盘。

23. ……　　士 4 进 5 　　　　**24.** 炮四平五（红胜）

第 494 局　马炮兵胜马炮士象全

红棋子力位置较好，有巧胜之机。

本局是 1988 全国象棋团体赛，特级大师卜凤波取胜之战（图 494）。

1. 马四进六　士 5 进 4

2. 兵五进一　炮 1 退 1

似应将 4 退 1，兵五平六，炮 1 退 1，马六退四，马 3 退 2，马四进二，坚守为宜。

3. 马六退四　将 4 平 5

4. 兵五平六　马 3 进 2

还是应马 3 退 2 为佳。

5. 马四进二　马 2 退 3

6. 马二进三　炮 1 退 2

7. 马三退四　将 5 退 1

图 494

8. 兵六进一　马 3 退 2

9. 帅五平四（参考图）　……

细腻深远，黑棋陷于困境！

9. ……　　马 2 退 4 　　　　**10.** 炮六平五　士 6 进 5

11. 兵六进一　将 5 平 6 　　　　**12.** 兵六进一　马 4 进 2

13. 兵六平五　炮 1 平 5 　　　　**14.** 炮五进五　……

至此，形成"马炮必胜马双象"之势。

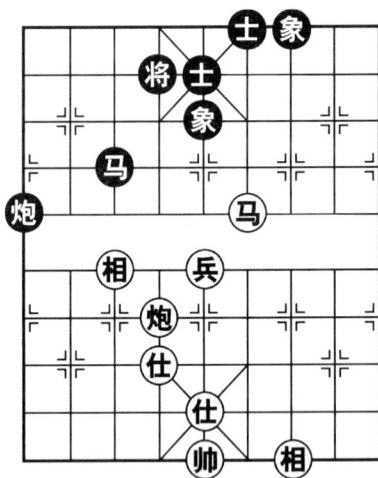

14. ……	将6进1
15. 炮五平六	马2进3
16. 炮六退三	马3进4
17. 仕五进四	象7进9
18. 炮六平八	象9进7
19. 炮八退四	马4进6
20. 炮八平五	马6退4
21. 相三进五	马4退3
22. 相五进三	马3进4
23. 相七退五	马4退3（红胜）

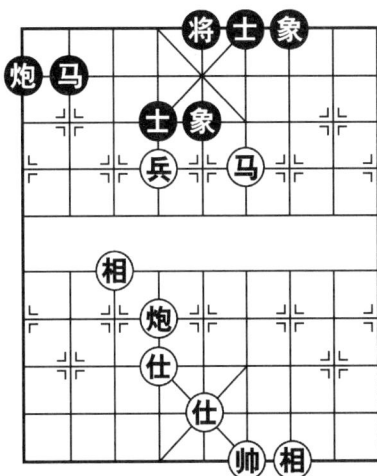

参考图

第495局　马炮兵和马炮单缺象

马炮兵对马炮单缺象是"红棋难赢与黑棋难和"的高难残局。据作者初步测算，红棋大约胜率是 46%，和棋率是 54%。

多年前作者在比赛中执马炮兵与一位名手过着，眼看下一步吃子就要赢了，但限着的最后一步到了，所以作者对"想赢不好赢，想和又难和"这则残局还是深有感触。

本局是 2005 年全国象甲联赛，张晓平大师与孙勇征大师之战（图495）。

1. 兵六进一　炮3平2

2. 兵六进一　马4退3

3. 相五进七　士5进4

倘若象7退5，炮五进四，将5平6，马七退六，炮2进1，马八进五，马3退4，炮五平四，将6平5，马五退六，红棋优势。

4. 马七退六　炮2进5

5. 马六进四　炮2平6

6. 帅四平五　炮6平4

7. 兵六平七　将5平4

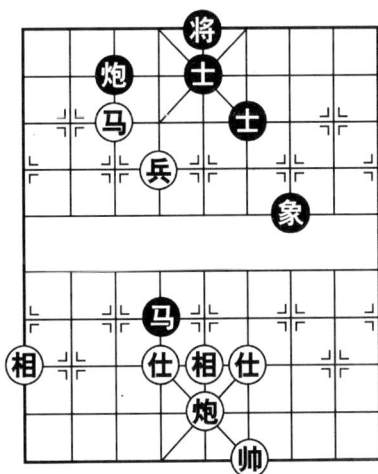

图495

8. 马四退六　士 4 退 5　　　　　**9.** 马六进七　炮 4 平 5

10. 炮五平八　马 3 退 2　　　　**11.** 马七退六　炮 5 退 3

上段看似红棋有点攻势，可是很难扩大优势，还有 10 个回合就到达到 60 个回合不吃子判和棋的限着，红棋已很难取胜。

12. 马六退四　炮 5 平 4　　　　**13.** 马四进五　象 7 退 5

14. 炮八平一　炮 4 进 3　　　　**15.** 炮一进八　马 2 进 4

16. 兵七平八　炮 4 平 8　　　　**17.** 炮一退三　马 4 进 2

18. 炮一平二　炮 8 平 2　　　　**19.** 炮二进二　士 5 进 4

20. 兵八平九　士 4 退 5（60 个回合没吃子而和棋）

第 496 局　马炮兵胜马炮单缺象

"马炮兵战胜马炮单缺象真是有点难"。即便是"全国象棋第一人"许银川要取胜依然要有幸运之神眷顾，而绝不轻松。

本局是 2010 年杨官璘杯全国象棋公开赛，特级大师许银川取胜之战（图 496）。

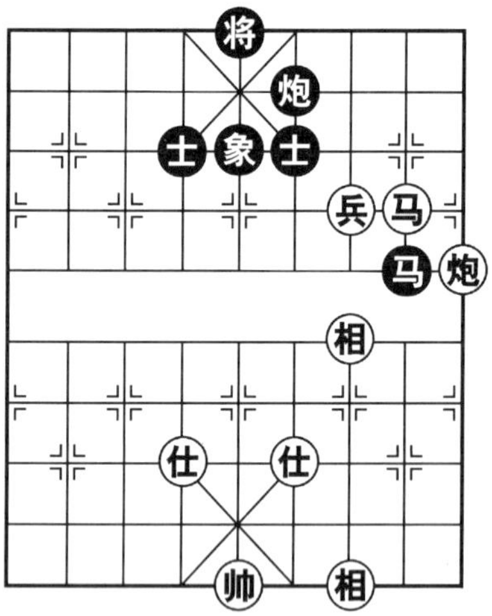

1. 兵三进一　士 4 退 5

2. 仕四退五　炮 6 平 8

倘若马 8 进 6，炮一进四，炮 6 平 8，马二进三，将 5 平 4，马三退五，马 6 退 7，马五退四，红棋优势。

3. 马二进三　将 5 平 4

4. 兵三平二　炮 8 平 9

5. 马三退五　炮 9 进 2

6. 相三进五　炮 9 平 4

7. 炮一进四　炮 4 退 1

8. 炮一平二　……

图 496

煞费苦心驱赶黑马进兵。

8. ……　　　　　　马 8 进 6　　　　**9.** 兵二平三　马 6 退 5

10. 兵三进一　将 4 平 5　　　　**11.** 炮二退八　炮 4 退 1

12. 马五进七　将 5 平 4　　　　**13.** 炮二平三　士 5 进 4

14. 马七退九　马 5 退 4　　　　**15.** 仕五进四　将 4 平 5

16. 马九进八　炮 4 平 2　　　　**17.** 马八退六　士 6 退 5

18. 马六退八　马 4 退 6　　　　**19.** 相五退三　马 6 退 8

20. 兵三进一（参考图1）　……

红兵被驱赶到底线，似乎老兵难成大事。可是许银川如有神助，演绎老兵不老的神话！

20. ……　　　　马8进7

不吃白不吃，白吃可要付出代价。似应马8退6为宜。

21. 炮三进二　炮2退1

不很明显的软着，似可炮2平3，黑棋尚无大碍。

22. 马八进七　炮2进1

23. 马七退六　炮2平4

本来拥有双士可轻松和棋，丢掉一士后使黑棋麻烦陡增。

24. 相三进一　马7进5　　**25. 马六退四**　士5进6

26. 炮三平四　炮4平5　　**27. 帅五平四**　炮5平6

28. 马四进六　炮6平4　　**29. 炮四平二**　马5进7

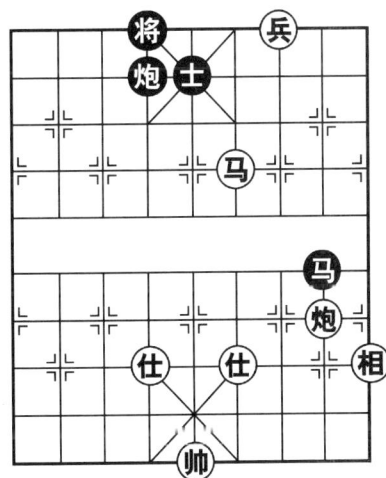

似可马5退3，仕四退五，将5进1，相一退三，马3退4，加强防守尚无大碍。

30. 帅四进一　马7退8

31. 帅四退一　士6退5

32. 帅四平五　将5平4

33. 马六退四（参考图2）　士5进6

速败！似应炮4进5，以下红棋有两种选择：①马四进五，将4平5，兵三平四，将5平6，马五退三，将6进1，黑棋尚可坚守。②相□退二，士5进6，黑棋尚无大碍。

34. 炮二平六　炮4平5

35. 马四进六　炮5平4　　**36. 马六退八**　炮4平5

37. 兵三平四（绝杀，红胜）

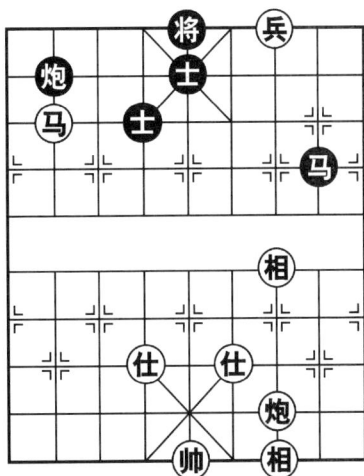

参考图1

参考图2

第 497 局　马炮兵胜马炮单缺象

　　"马炮士象全"的防御性能不容小觑，但是稍有闪失也会造成速败。

　　本局是 2007 年全国象棋大师冠军赛，聂铁文大师取胜之战（图 497）。

　　1. 炮八平四　马 5 退 7

　　2. 相五进三　将 6 平 5

　　3. 仕五进四　炮 9 退 5

　　4. 兵五平六　象 3 进 5

　　5. 马二进三　炮 9 平 6

　　不明显的败着。似应马 7 退 6，炮四进一，将 5 平 4，黑棋足可抗衡。

　　6. 炮四平五　马 7 退 6

　　7. 炮五退四　将 5 平 4

　　8. 兵六进一（红胜）

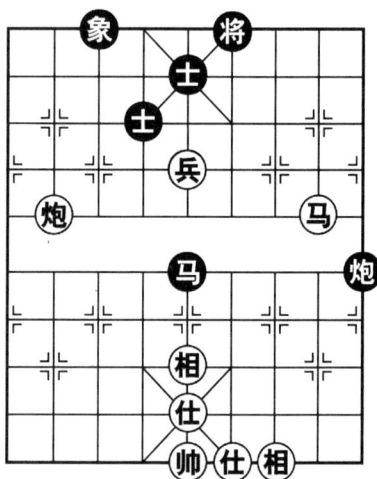

图 497

第 498 局　马炮兵胜马炮单缺象

　　小兵过河要赢棋都很难，可是本局小兵未过河就赢棋了，真是神奇。

　　本局是 1993 年全国象棋团体赛，李艾东大师取胜之战（图 498）。

　　1. 马一进三　将 5 平 6

　　2. 马三退四　马 7 退 9

　　阻击小兵渡河势在必行。

　　3. 炮一退四　炮 1 退 1

　　4. 马四退六　象 5 退 7

　　5. 炮一进四　将 6 进 1

　　进王加大风险实属无奈，倘若象 7 进 5，马六进五，红亦胜势。

　　6. 马六退四　炮 1 进 5

　　7. 马四进三　将 6 进 1

　　8. 炮一退四　炮 1 平 7

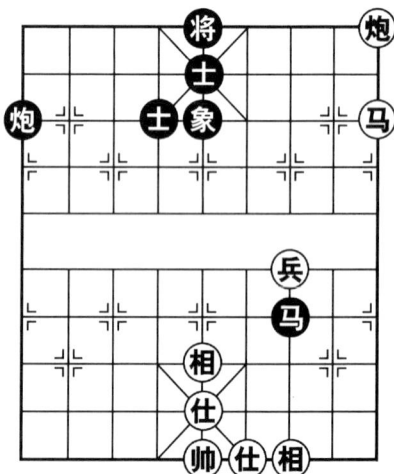

图 498

9. 马三退五　将6退1

控盘佳着！

10. ……　　　象7进9

12. 相三进一　……

未雨绸缪！先为小兵生根有备无患。

12. ……　　　将6退1

14. 炮四平八　炮7平3

16. 炮七平五　将5平6

18. 马三进二　将6进1

20. 相一退三　……

四川著名大师李艾东颇有当年诸葛武侯遗风，用兵历来谨慎，双相连环无懈可击。

20. ……　　　炮2平3

22. 仕五进四　马6退4

24. 炮四退一　马3退5

26. 炮一退二　将6平5

倘若马5进4，兵三进一，将6平5，兵三平四，小兵安然渡河。

27. 仕五退四　炮1退1

28. 马二退四　炮1进1

29. 马四退五（参考图）　马5进6

倘若炮1进1，马五进七，马5进4，炮一平五，将5平6，马七退五，马4退2，炮五平六，红棋优势。

30. 炮一平五　炮1平3

31. 马五进七　马6退5

32. 帅六平五　炮3平2

33. 马七退五　将5平4

34. 炮五平六（红胜）

黑如将4平5，马五进四，红胜势。

10. 炮一平四　……

11. 炮四退三　马9进8

13. 炮四进二　将6平5

15. 炮八平七　炮3平2

17. 马五进三　炮2退4

19. 炮五平四　马8退6

21. 帅五平六　炮3平1

23. 仕四进五　马4退3

25. 炮四平一　士5退4

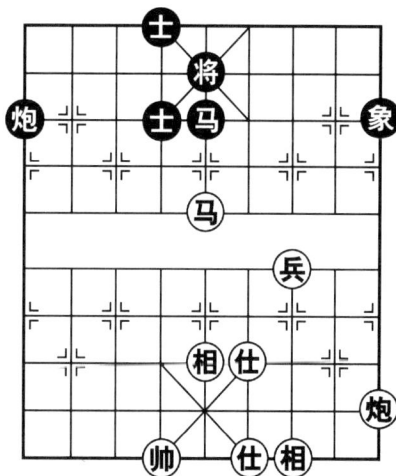

参考图

第499局　马炮兵胜马炮单缺士

"马炮兵对马炮单缺士"属于高难残局，在大量名手对局中，这则残局

"赢棋多而和棋少"，但是取胜并非探囊取物，从以下可以看到，"许仙"获胜亦难，何况一般凡夫俗子？

请看 2010 年全国甲级联赛，特级大师许银川取胜之战（图 499）。

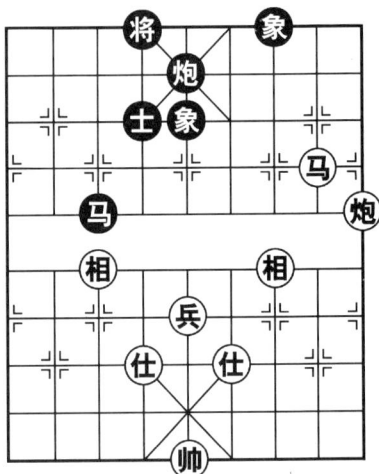

图 499

1. 马二退四　象 5 进 7
2. 相三退五　象 7 进 5
3. 炮一退四　将 4 平 5
4. 炮一平五　将 5 平 4
5. 马四进六　将 4 平 5
6. 马六进四　将 5 平 4
7. 马四退二　将 4 平 5
8. 马二进三　将 5 平 4
9. 马三退四　将 4 平 5
10. 马四进三　将 5 平 4
11. 帅五平六　炮 5 平 4
12. 马三退四　炮 4 平 5
13. 马四退六（参考图 1）　……

在马炮联合阻击下小兵迟迟不能渡河参战，现在经红马上上下下的腾挪，终于露出小兵要渡河的曙光。

13. ……　　　炮 5 平 4
14. 马六进七　将 4 平 5
15. 兵五进一　……

小兵将长驱直入投入战斗。

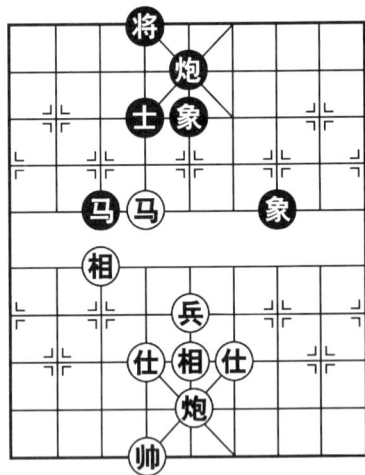

参考图 1

15. ……　　　马 3 退 5
16. 马七进九　马 5 进 6
17. 相五进三　炮 4 平 5
18. 相七退五　炮 5 平 4

倘若马 6 退 7，马九退八，黑要丢士。

19. 马九退八　士 4 退 5
20. 帅六平五　马 6 退 5
21. 兵五进一　马 5 进 3
22. 兵五平四　炮 4 进 4
23. 相五进七　象 7 退 9

似可马 3 进 5，炮五进二，将 5 平 6，炮五平四，将 6 平 5，马八进七，炮 4 退 4，限着已近半数，再坚持 30 多个回合就要和棋。

24. 马八进七　炮4退4
25. 马七退六　炮4进1
26. 兵四进一　象9退7
27. 兵四进一（参考图2）　……

小兵直捣九宫，似有急躁之嫌，似可先炮五进四，再伺机进取。

27. ……　　　炮4退1

也许是神助"许仙"！似应将5平6，以下红有两种选择：①兵四平五，象7进5，炮五进七，虽然红优但也是和棋之势。②炮五进七，炮4平6，马六进四，将4进1，捉双和棋。

28. 马六进五　将5平4
29. 炮五平二　炮4平3

倘若将4平5，马五进三，炮4平5，马三退五，将5进1，兵四平五，将5退1，兵五进一，将5平6，炮二平四，红胜。

30. 马五退七（红胜）

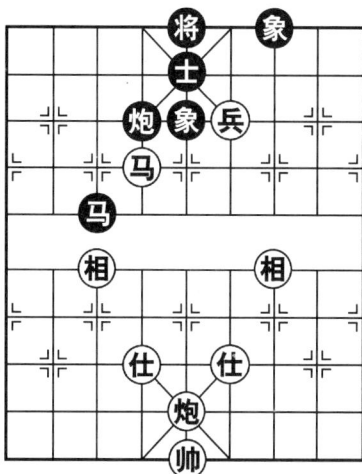

第500局　马炮兵胜马炮单缺士

本局是2005年浙江省三环杯象棋公开赛，特级大师谢靖取胜之战（图500）。

1. 马七退八　炮6平5
2. 仕四进五　象3进1
3. 马八退六　炮5平4

似应炮5平8，马六进四，象5进7，炮九平六，象1退3，坚守为宜。

4. 马六进四　象5退7
5. 马四进二　将5平4
6. 兵八进一　炮4平8

似可炮4平6，兵八平七，士4退5，坚守为宜。

7. 马二进三　士4退5
8. 炮九平六　士5进6

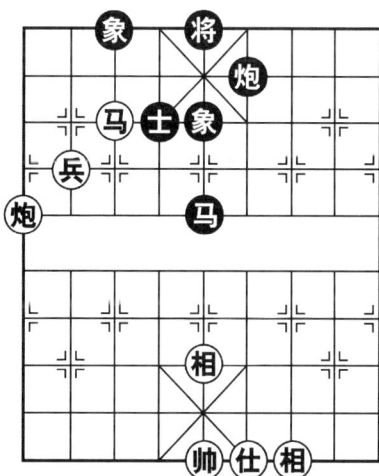

9. 炮六退四　炮8进8

参考图2

图500

10. 相三进一　炮 8 退 3

小兵吃象后，黑棋的防线崩溃。

11. ……　　　　炮 8 平 5

13. 兵八平七　将 4 平 5

15. 仕五进六　……

佳着！威胁中路黑马。

15. ……　　　　马 5 退 7

17. 兵六进一　将 5 平 6

11. 兵八平九　……

12. 兵九平八　将 4 进 1

14. 马三退二　炮 5 平 9

16. 兵七平六　炮 9 退 4

18. 相五进七　马 7 进 5

倘若炮 9 进 2，炮六平四，炮 9 平 6，兵六平五，将 6 退 1，炮四进六，象 7 进 5，马二退三，炮 6 平 5，红棋胜势。

19. 炮六平四　士 6 退 5

20. 兵六平五（红胜）

第 501 局　马炮兵和马炮双士

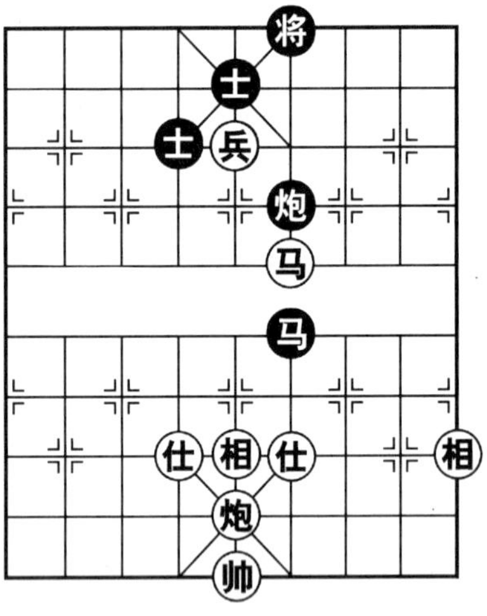

"马炮兵未必胜马炮双士"，倘若低兵黑棋有和棋之望。

本局是 2011 年珠晖杯象棋大师邀请赛，蒋川与汪洋两位大师之战（图 501）。

1. 相一退三　马 6 进 8

倘若马 6 退 4，马四退二，炮 6 平 1，马二进一，将 6 平 5，马一进三，炮 1 退 1，马三退四，将 5 平 6，相三进一，炮 1 平 2，中兵被锁定，尚有和棋之望。

2. 马四进六　马 8 进 7

倘若马 8 进 6 吃士，限着又要从零开始。

3. 帅五平六　炮 6 进 3

4. 炮五平六　马 7 退 8

5. 马六退四　马 8 退 6

7. 炮六平五　将 5 平 4

9. 帅六平五　马 6 退 7

6. 马四进三　将 6 平 5

8. 相五退七　炮 6 平 4

10. 相七进五　炮 4 退 2

图 501

11. 兵五进一　……

赛后蒋川自评："以上阶段，汪大师体现了扎实的基本功，至此，黑方可炮 4 平 5 换炮，我无奈选择用兵换双士。"

11. ……　　　　士 4 退 5

12. 炮五进七（参考图）　……

至此形成"马炮对马炮",虽然是和棋,但是要遭受 60 个回合防守之苦。

12. ……　　　炮 4 平 5

13. 仕四退五　　马 7 进 6

14. 炮五平八　　将 4 平 5

15. 炮八退五　　马 6 进 4

16. 帅五平四　　炮 5 进 1

17. 马三退五　　炮 5 退 1

18. 马五退三　　将 5 退 1

19. 炮八退二　　炮 5 平 6

20. 帅四平五　　炮 6 平 5

21. 马三退四　　炮 5 退 1

22. 帅五平六　　炮 5 退 1

参考图

23. 仕五退四　　马 4 退 6　　　**24.** 马四进二　　炮 5 平 4

25. 帅六平五　　炮 4 平 5　　　**26.** 帅五平六　　炮 5 平 4

27. 帅六平五　　炮 4 平 5　　　**28.** 帅五平六　　炮 5 进 2

29. 马二进四　　将 5 退 1　　　**30.** 马四进五　　炮 5 进 2

31. 马五进三　　将 5 进 1　　　**32.** 马三退四　　将 5 退 1

33. 马四退五　　马 6 退 5　　　**34.** 炮八平六　　马 5 进 6

35. 相五进三　　马 6 退 5　　　**36.** 仕四进五　　马 5 进 6

37. 仕五进四　　马 6 退 5　　　**38.** 马五进四　　马 5 进 6

39. 马四进六　　将 5 进 1　　　**40.** 马六退五　　将 5 退 1

41. 炮六平四　　马 6 退 4　　　**42.** 炮四平五　　将 5 平 6

43. 炮五平六　　马 4 进 3　　　**44.** 炮六平四　　将 6 平 5

汪洋大师天衣无缝的一流防御,值得学习与借鉴,细细赏析必获益匪浅!

45. 马五进四　　将 5 进 1　　　**46.** 马四退六　　将 5 退 1(和棋)

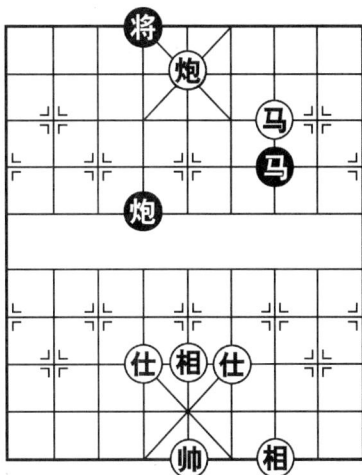

第 502 局　马炮兵胜马炮双士

本局是 1986 年全国象棋团体赛,赵庆阁大师取胜之战(图 502)。

1. 相七退五　　马 5 进 3　　　**2.** 帅五平四　　马 3 进 4

3. 帅四进一　　炮 5 平 6　　　**4.** 炮八退一　　……

机警!防止黑炮 6 退 3 杀棋。

4. ……　　　士 5 进 4

倘若炮 6 进 5，兵七进一，马 4 退 3，兵七进一，红棋有攻势。

5. 仕四进五　马 4 退 3

6. 马九退七　马 3 退 5

7. 马七进五　炮 6 退 3

不很明显的败着！似应炮 6 退 2 坚守为宜。

8. 兵七平六　将 4 平 5

9. 兵六进一　马 5 进 7

10. 兵六进一　……

绝妙！解杀还杀。

10. ……　　　炮 6 平 2

另有两种选择：①士 6 进 5，兵六平五，将 5 进 1，炮八平四，红胜。②炮 6 进 4，马五进六，红胜。

11. 马五进六（红胜）

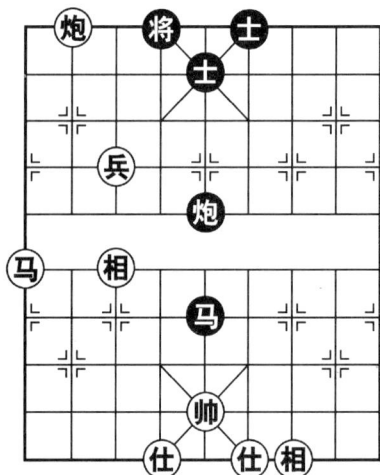

图 502

第 503 局　马炮兵胜马炮双士

本局是 2009 年全国智力运动会，云南名手刘克非取胜之战（图 503）。

1. 兵四平五　炮 5 退 2

2. 兵五进一　……

颇有力度的攻击佳着！

2. ……　　　马 1 退 2

3. 马八进七　将 5 平 6

4. 炮六退二　炮 5 进 2

5. 炮六平七　炮 5 平 6

6. 仕四退五　将 6 进 1

7. 炮七退二　将 6 退 1

8. 仕五退六　炮 6 进 2

9. 炮七进一　炮 6 退 2

10. 仕六退五　马 2 进 1

11. 仕五退四　炮 6 进 1

12. 马七退六　马 1 进 2

13. 炮七退一　炮 6 进 1

14. 马六退四　将 6 平 5

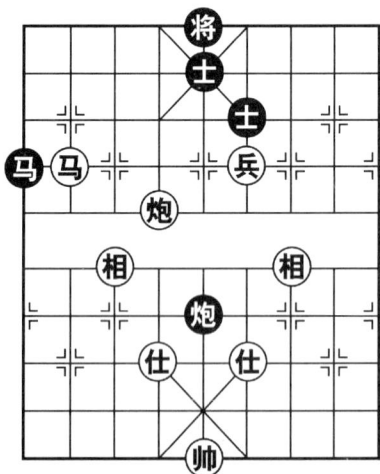

15. 马四退三（参考图）　炮 6 退 4

图 503

16. 兵五平四 ……

通过细腻的马炮腾挪，终于劫吃一士而奠定胜局。

16. ……　炮 6 平 5

17. 兵四进一　马 2 进 3

18. 相三退一　马 3 退 4

19. 帅五进一　马 4 退 5

20. 兵四平三　炮 5 平 2

21. 马三进四　炮 2 退 3

22. 马四进五　炮 2 平 4

23. 帅五退一（红胜）

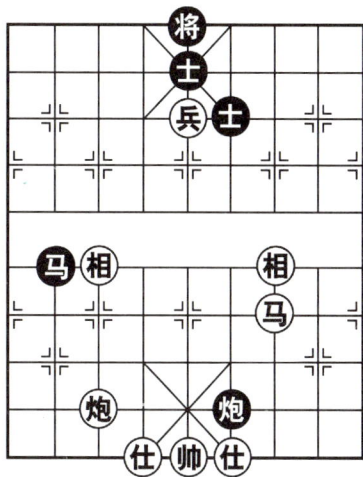

参考图

第 504 局　马炮兵和双炮双士

"马炮兵必胜双炮双士"的观点已久，但在实战中和棋也屡见不鲜。取胜没有标准定式，但要注意的是红炮要退回二路线与仕相组合攻为宜。

本局是 2002 年全国象棋个人赛，特级大师胡荣华与张强大师之战（图 504）。

1. 炮九平五　将 5 平 4

2. 兵一进一　炮 5 平 6

3. 兵一进一　前炮进 4

4. 兵一平二　前炮平 2

5. 兵二平三　炮 2 退 5

张强大师紧急调炮回防，形成"担子炮"的最佳防御阵形。

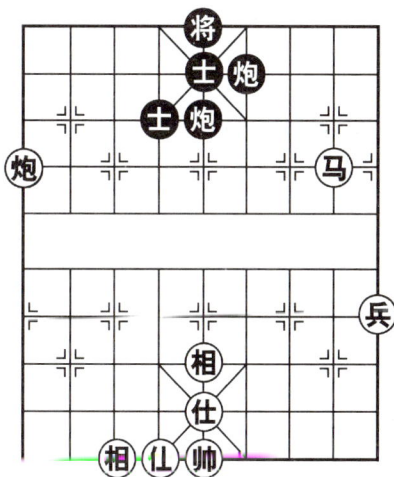

图 504

6. 马二退四　炮 2 平 4　　**7. 马四退五　炮 6 退 1**

8. 马五进七　士 5 进 6　　**9. 兵三进一　士 6 退 5**

10. 兵三平四　炮 6 平 8　　**11. 炮五退三　炮 8 平 5**

黑棋双炮不再坚持担子炮的消极防御，双炮一高一低更加灵活。

12. 炮五平三　炮 5 平 7　　**13. 马七进五　炮 7 平 8**

14. 马五进七	炮 8 进 1	15. 炮三平五	士 5 退 6
16. 相七进九	炮 8 平 9	17. 马七退九	炮 9 进 1
18. 马九退八	士 6 进 5	19. 马八进七	炮 9 平 5
20. 相九进七	炮 4 平 3	21. 师五平四	炮 3 平 4
22. 马七进九	炮 4 平 3	23. 马九进八	炮 5 平 8
24. 仕五进六	炮 8 退 1	25. 马八退九	炮 8 进 1
26. 兵四平五	士 5 进 6	27. 师四平五	炮 8 平 9
28. 兵五平六	士 4 退 5		
29. 仕六进五	炮 9 平 8		
30. 仕五进四	士 5 退 6（参考图）		

张强大师一低一高的双炮阵形堪称一流防御，使一代宗师胡荣华屡攻不入。

31. 兵六平五	炮 8 平 9
32. 兵五平四	士 6 退 5
33. 马九进八	炮 9 平 5
34. 帅五平四	炮 5 平 8
35. 相五进三	炮 8 退 1
36. 帅四平五	士 5 进 4
37. 马八退九	士 6 进 5
38. 炮五退二	……

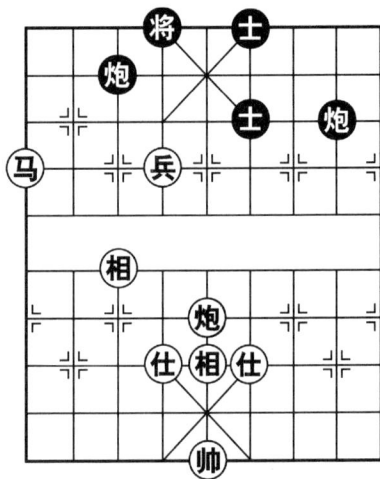

参考图

退炮是最佳攻击形态，但是因很快要到限着，只能是心有余而着儿不多了。

38. ……	炮 8 进 2	39. 马九退七	炮 8 进 3
40. 相三退五	炮 3 平 4	41. 兵四平五	炮 8 平 3
42. 相七退九	炮 3 平 6	43. 兵五进一	炮 4 平 3

快到限着，小兵换双士不得已而为之。

44. 兵五平六	士 5 进 4	45. 马七进六	炮 6 退 4（和棋）

第505局　马炮兵胜双炮双士

本局是2002年全国象棋团体赛，金松大师取胜之战（图505）。

1. 马一进二　炮 9 平 8

慌不择路！似应炮 9 进 3，相七进五，炮 9 平 8，兵三进一，炮 5 平 8，马二进四，后炮平 6，帅四平五，炮 6 退 1，兵三进一，炮 8 退 3，坚守为宜。

2. 马二退三　炮 5 平 6

3. 帅四平五　炮 8 退 5

4. 马三退五　炮 6 退 1

5. 马五进四　……

进马叫杀，黑难招架。

5. ……　将 4 进 1

6. 炮六退三　炮 6 平 5

7. 马四退六　炮 5 平 4

8. 马六进五　炮 4 平 3

9. 兵三进一（红胜）

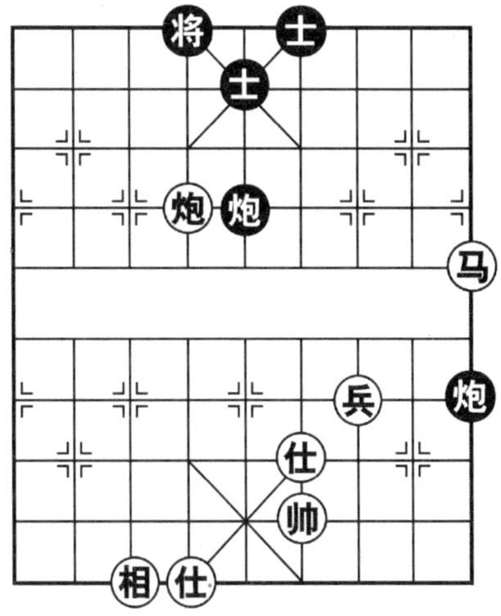

图 505

第 506 局　马炮兵和双炮士象全

"马炮兵难胜双炮士象全"，倘若以炮换兵也是和棋。

这则残局的重点是双炮士象全如何在下风中防御而求得和棋。以下是著名棋手的实战攻守，仔细赏析必获益良多。

本局是 2000 年银荔杯象棋争霸赛，陶汉明与柳大华两位特级大师之战（图 506）。

1. 马八进七　炮 6 退 3

2. 帅四平五　炮 8 退 2

3. 兵三平四　炮 8 平 3

4. 马七进五　炮 6 平 7

5. 炮二进三　炮 3 退 2

6. 炮一平五　将 5 平 6

7. 相七进五　炮 3 平 2

8. 相九退七　炮 2 平 3

9. 兵四平五　炮 3 平 2

10. 马五进三　炮 2 退 1

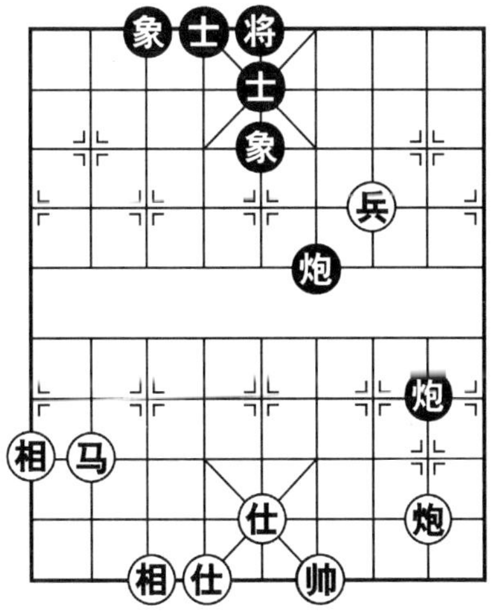

柳特大双炮连环形成担子炮，无懈可击！

图 506

11. 炮五平九	炮2平1	12. 仕五进四	炮7平9
13. 炮九退三	炮9平7	14. 马三退四	炮7平9
15. 马四进六	炮9平8	16. 马六进八	炮8平9
17. 兵五平四	炮9平8	18. 兵四平三	炮8平9
19. 兵三进一	炮9平8	20. 炮九平四	将6平5
21. 兵三平四	炮1平2	22. 兵四进一	炮2平6

以炮换兵减少变化！但是前提是必会"孤炮士象全守和马炮"的残局。

23. 炮四进七（和棋）

第 507 局　马炮兵和双炮士象全

本局是 2003 年世界象棋锦标赛，许银川与台北吴贵临两位特级大师之战（图 507）。

1. 炮五进二	炮2平1	2. 炮五平四	将6平5
3. 兵三进一	炮1平2	4. 相一进三	炮2平1
5. 炮四平七	将5平6	6. 炮七平三	炮1平2
7. 兵三进一	炮2平7	8. 炮三进五（参考图）	……

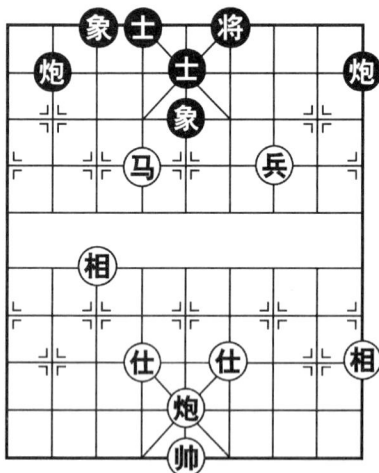

图 507

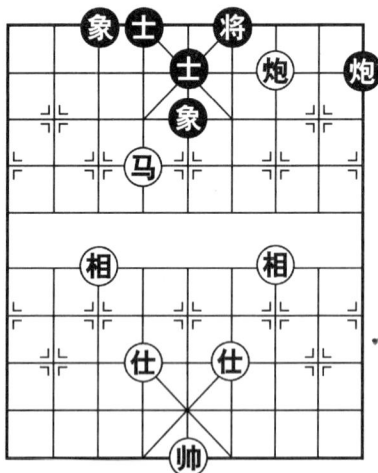

参考图

台北棋王吴贵临也是选择"以炮换兵"来求和棋。从此进入孤炮士象全对马炮的争斗。

8. ……	炮9平8	9. 相三退五	将6平5
10. 仕四退五	将5平6	11. 马六退四	将6平5

12. 马四退五　炮 8 退 1		13. 炮三平一　将 5 平 6	
14. 马五进四　炮 8 进 1		15. 炮一退五　将 6 平 5	
16. 炮一平八　象 5 进 7		17. 炮八进六　炮 8 平 6	
18. 相五进三　炮 6 平 8		19. 仕五进四　炮 8 平 6	
20. 马四退五　象 7 退 5		21. 马五进六　象 5 进 3	
22. 仕四退五　炮 6 进 1（和棋）			

第 508 局　马炮兵和双炮士象全

本局是 2009 年象甲联赛，蒋川与卜
凤波两位大师之战（图 508）。

1. 炮五进三　炮 6 进 6

一般来说，黑炮轰士也不能赢棋，
反而限着要重新开始，但是并不会造成
局势恶化，所以打士也无可非议。

2. 相五进七　炮 6 平 8

3. 兵三进一　……

小兵在高位很难取胜，冲兵也势在
必行。

3. ……　　　炮 8 退 6

4. 炮五退五　炮 8 平 9

5. 相七退九　炮 9 平 8

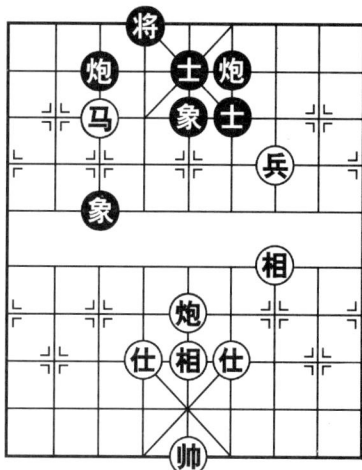

图 508

6. 马七退五　士 5 进 4		7. 兵三进一　炮 8 平 9	
8. 兵三平四　炮 9 退 1		9. 炮五平六　炮 9 进 4	
10. 马五进三　炮 9 平 5		11. 帅五平四　将 4 进 1	
12. 马三进二　炮 5 平 6（和棋）			

第 509 局　马炮兵和双炮士象全

本局是 2009 年象甲联赛，孙勇征与汪洋两位大师之战（图 509）。

1. 炮六平一　将 5 平 4	2. 兵三进一　象 7 进 9
3. 兵三平二　象 9 退 7	4. 炮一进八　士 5 退 6

艺高胆大，关键性决策！倘若炮 6 退 1 也可。

5. 炮一退六 ······

为什么不马二进四吃士呢？炮 4 进 1，兵二平三，炮 6 平 5，仕六退五，象 5 退 3，相三进五，炮 4 平 7，和棋。

5. ······ 士 6 退 5

6. 兵二平三 象 7 进 9

7. 炮一平九 炮 6 进 2

8. 炮九进五 炮 4 平 2

9. 马二退四 象 9 进 7

10. 马四退六 将 4 平 5

11. 马六进七 炮 2 进 1

12. 兵三进一 炮 2 平 3

13. 马七进九 炮 6 平 2

14. 马九退七 象 5 进 3（和棋）

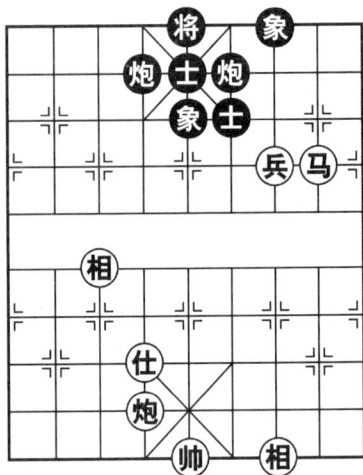

图 509

第 510 局　马炮兵胜双炮士象全

"马炮兵很难战胜双炮士象全"，在大量实战中"和棋多而赢棋少"。

倘若应付不慎或子力位置较差，红棋仍有巧胜之机。

本局是 2011 年常州市象棋公开赛，湖北著名棋手刘宗泽取胜之战（图 510）。

1. 马八进七 象 3 进 5

2. 马七退五 炮 9 平 6

似可炮 9 退 2，仕五进四，象 5 退 7，炮二进一，象 7 退 9，坚守为宜。

3. 马五退七 炮 6 平 9

4. 马七进六 象 5 退 7

5. 炮二退二 炮 8 进 1

6. 炮二平三 ······

细腻，佳着！

6. ······ 象 7 退 9

8. 马六进七 将 4 平 5

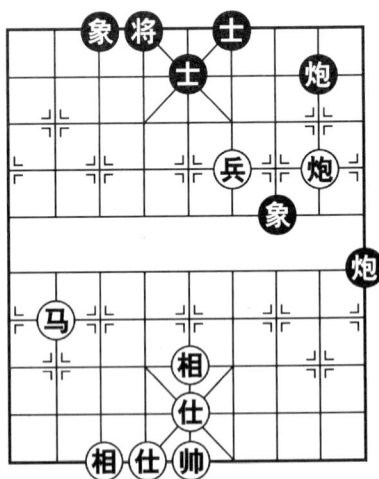

图 510

7. 炮三平五 炮 8 平 5

倘若将 4 进 1，炮五平六，炮 5 进 2，兵四平五，红棋胜势。

9. 马七退九　炮 9 退 1　　　　**10.** 炮五进一　炮 9 平 8

似应将 5 平 4，马九进八，将 4 进 1，炮五平六，炮 5 平 2，兵四平五，士 5 进 6，炮六平九，将 4 平 5，兵五平四，象 7 进 5，炮九进三，将 5 退 1，马八退六，将 5 进 1，兵四进一，炮 9 平 2，帅五平四，后炮平 3，虽然红棋仍优，但黑棋局势比实战要好。

11. 马九进八　炮 8 退 2　　　　**12.** 炮五进一（红胜）

第 511 局　马炮兵和双马士象全

"马炮兵难胜双马士象全"。

本局是 2007 年象甲联赛，王跃飞大师与特级大师吕钦之战（图 511）。

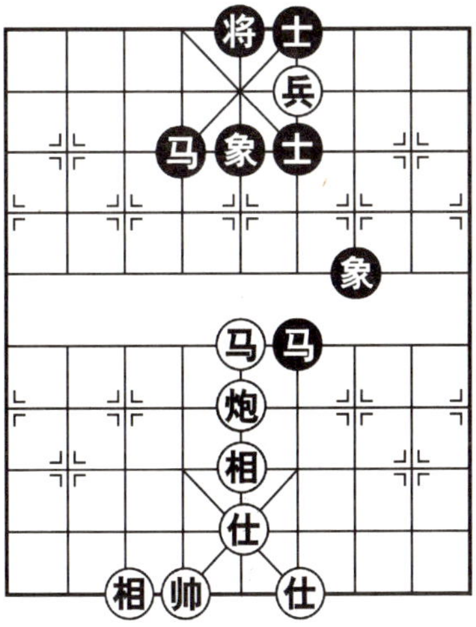

1. 仕五进四　士 6 进 5

2. 兵四平三　将 5 平 4

3. 相五进三　象 5 退 3

4. 炮五退二　象 7 退 5

5. 相七进五　马 6 退 7

6. 马五进四　将 4 平 5

7. 炮五平六　马 7 退 9

8. 马四进二　马 9 进 8

9. 炮六平一　马 8 退 9

10. 炮一平五　马 4 进 3

11. 兵三平四　马 3 进 4

13. 炮八进八　象 3 进 1

15. 仕四进五　马 7 退 6

图 511

12. 炮五平八　马 4 退 5

14. 炮八退三　马 5 退 7

16. 马二进四　马 9 退 7（和棋）

第 512 局　马炮兵和双马士象全

本局是 2005 年广东队内部训练赛，黎德志与许银川之战（图 512）。

1. 马七进八　马 4 进 3　　　　**2.** 马八进九　马 3 退 2

3. 炮六平三　象 7 进 9　　　　**4.** 仕六进五　马 6 进 8

5. 兵三进一（和棋）

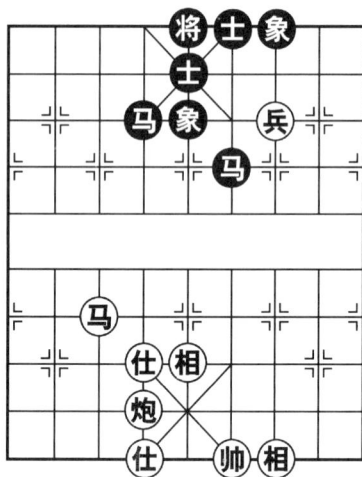

图 512

第 513 局　马炮兵胜双马士象全

在大量实战中，马炮兵极少战胜双马士象全。

本局是 2008 年松业杯全国象棋个人赛，女子大师玉思源取胜之战（图 513）。

1. 炮六平五　将 5 平 4

似应马 2 退 3，兵五平六，象 7 退 5，兵六平七，马 3 进 5，马五进六，马 5 进 3，相五进七，马 7 进 6，炮五进一，马 6 进 5，黑棋尚无大碍。

2. 马五进六　马 2 退 1

3. 马六进七　将 4 平 5

4. 兵五平六　象 7 退 5

5. 炮五进一　马 1 退 3

6. 兵六进一　将 5 平 4

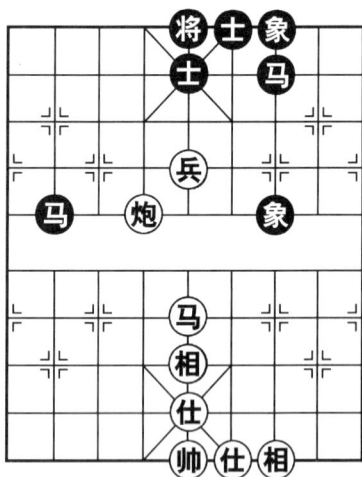

图 513

7. 炮五平六（红胜）

第 514 局　马炮兵胜马炮双象

"马炮兵必胜马炮双象"。

本局是 2011 年全国象棋个人赛，特级大师赵国荣取胜之战（图 514）。

1. 炮二进八　　将 4 进 1

2. 马三进二　　象 5 进 7

3. 炮二退一　　将 4 退 1

4. 炮二平一　　象 7 进 9

5. 兵三进一　　……

徐超大师的防御堪称一流，逼迫赵特大高兵变低兵。

5. ……　　　　炮 1 退 2

6. 炮一平二　　象 7 退 5

7. 兵三平四　　炮 1 进 2

8. 仕五进四　　马 4 进 6

9. 炮二平八　　……

倘若兵四平五，马 6 退 7 踏双。

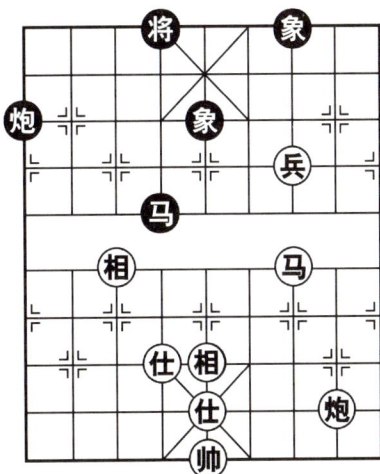

图 514

9. ……　　　　象 9 退 7　　　10. 炮八退七　　炮 1 平 4

11. 兵四进一　　将 4 进 1　　　12. 马二退四　　马 6 退 4

13. 炮八平六　　马 4 退 6　　　14. 马四进六　　……

亦可仕六退五，马 6 进 4，帅五平六，炮 4 进 6，帅六进一，将 4 进 1，马四退五，红胜。

14. ……　　　　马 6 进 4　　　15. 仕六退五　　将 4 退 1

16. 兵四平五　　马 4 退 2　　　17. 马六退四（红胜）

第 515 局　马炮兵胜马炮双象

"高兵必胜而低兵则有和棋之机。"

本局是 2003 年亚洲象棋名手邀请赛，黄海林大师与香港赵汝权特级大师之战。现在小兵遭到马炮双重打击，倘若小兵再前进一步则必和无疑。就在这看似和棋之下，岭南黄大师演绎瞒天过海弃兵之计，幸运而胜（图 515）。

1. 马三退四　　将 6 平 5　　　2. 马四进五　　炮 7 退 1

3. 马五进三　　将 5 平 6　　　4. 马三退四　　将 6 平 5

5. 马四进三　　将 5 平 6　　　6. 炮四平二　　……

无奈之下黄大师瞒天过海虚晃一枪！倘若兵七进一，立成和棋。

6. ……　　　　马 5 进 3

错失良机！似应炮 7 平 3，炮二退二，炮 3 平 4，帅六平五，炮 4 进 3，炮二平四，炮 4 平 6，和棋之势。

7. 炮二进五　将6退1

8. 帅六平五　象7进5

9. 兵七平六　马3退4

弃马换兵争取和棋。但是炮双象的"和棋之望"太渺茫了。

10. 炮二平六　将6平5

11. 相三进五　象5进7

12. 炮六退五　象3退5

13. 炮六平五　将5平4

14. 相五进七　炮7平6

15. 炮五退二　炮6平7

16. 马三退五　将4平5

17. 马五进七　将5平6

18. 相七退五　象5退3

以下请看黄海林大师如何轻取炮双象精彩之战！

19. 炮五平三　象3进5　　20. 马七退六　炮7平6

21. 马六进四　象7退9　　22. 炮三平五　象5进3

23. 马四进六　象3退1　　24. 相五进七　炮6进1

25. 炮五平三（红胜）

倘若炮6进3，马六退四，将6进1，马四退二，红胜。

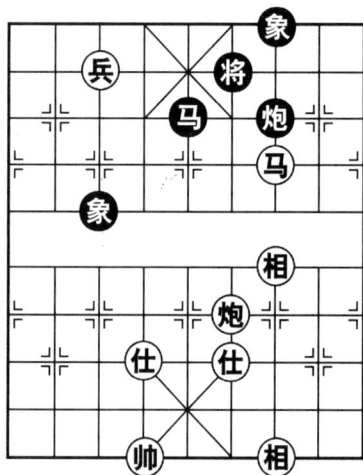

图515

第516局　马炮兵胜双炮双象

"马炮兵必胜双炮双象"。

本局是1996年全国象棋个人赛，特级大师吕钦取胜之战（图516）。

1. 马六退四　前炮平6　　2. 兵五平六　炮4平5

3. 马四进二　象3进5　　4. 炮九平四　炮6平8

5. 兵六进一　炮5进1

无奈！只好尽力抵抗。

6. 炮四进二　……

精妙！一箭双雕。

6. ……　　象5退7　　7. 马二退三　……

红棋胜势。

7. ……　　炮5进5　　8. 炮四退三　炮8平7

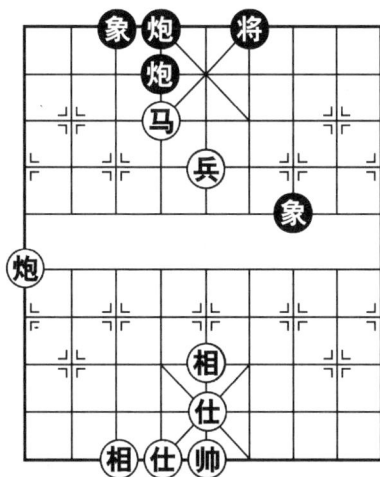

图 516

9. 马三进二　炮 7 平 8　　**10.** 马二退四　将 6 平 5

11. 兵六进一（红胜）

第 517 局　马炮兵胜马炮单士象

马炮兵必胜马炮单士象，只要稳步进取，赢棋不难。

请看 2011 年全国象棋甲级联赛，著名象棋大师张申宏取胜之战（图 517）。

1. 马六退五　将 6 退 1

2. 帅五平六　将 6 平 5

3. 相五进三　……

老练！飞相限制黑马的活动范围。

3. ……　　将 5 平 6

4. 仕五进四　将 6 平 5

5. 仕六退五　将 5 平 6

6. 仕五退四　象 3 进 5

7. 炮六退二　马 6 进 7

8. 炮六平五　马 7 退 9

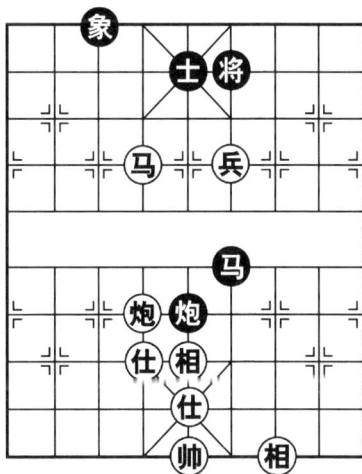

图 517

9. 相三进一　马 9 退 8

10. 兵四平五　象 5 退 7

11. 马五进六　士 5 进 4

12. 炮五平三　马 8 进 7

13. 仕四进五　炮 5 平 4

14. 炮三进一　炮4退2　　**15. 马六退八　士4退5**

黑棋防御相当严密，红棋迟迟不能攻城擒王。

16. 马八进七　炮4退2　　**17. 帅六平五　将6平5**

18. 马七退六　炮4平7　　**19. 马六进四　炮7进1**

20. 马四进三　将5平4　　**21. 仕五进六　炮7进1**

22. 炮三退一　炮7平4　　**23. 马三退四　炮4平7**

24. 帅五平六　将4平5　　**25. 仕六退五　炮5平3**

26. 炮三退一　炮3平6　　**27. 马四进三　将5平6**

28. 马三退二　……

佳着！机会终于来临！

28. ……　　炮6进1

倘若炮6退3，兵五进一，士5退4，兵五平四，炮6平4，马二退四，马7退5，马四进三，炮4平7，炮三平四，将6平5，兵四进一，红棋胜势。

29. 马二进一（参考图）　……

一石三鸟！黑棋必然丢子。

29. ……　　炮6平4

倘若象7进9，马一退三，将6平5，马三退二，红棋胜势。

30. 马一退三　……

稳健！倘若马一进三，马7退5，帅六平五，炮4进1，炮三平四，将6平5，兵五进一，炮4平5，帅五平六，炮5退4，炮四平五，红棋胜势。

30. ……　　将6平5　　**31. 马三退四　炮4平6**

32. 炮三平五　马7退9　　**33. 马四进三（红胜）**

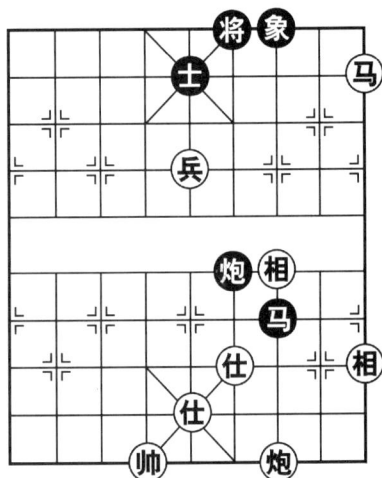

参考图

第518局　马炮兵胜马炮单士象

中兵渡过楚河是取胜的第一要素，那么如何突破黑棋的防线呢？请看1998年全国象棋个人赛，特级大师徐天红取胜之佳作（图518）。

1. 马六进四　将6进1　　**2. 马四退二　将6退1**

3. 马二进三　象3进5　　**4. 马三退四　将6平5**

5. 马四进六　……

红马腾挪数步，终于压住马头，为红兵渡河打开通道。

5. …… 炮 6 退 2

6. 兵五进一 炮 6 进 3

7. 马六退七 马 4 退 2

8. 炮五平八 炮 6 平 9

9. 兵五进一 马 2 退 4

10. 炮八平四 ……

阻止黑棋扬象打卒。

10. …… 象 5 退 7

11. 马七进五 马 4 进 3

12. 兵五平六 炮 9 退 3

13. 炮四退三 马 3 进 5

14. 马五进四 马 5 进 7

15. 炮四平五 士 5 进 6

16. 马四退五 马 7 退 5

图 518

倘若将 5 平 4，马五进六，马 7 进 6，炮五进一，马 6 退 5，兵六平五，马 5 进 7，炮五平六，将 4 平 5，炮六进一，红棋胜势。

17. 兵六平五 炮 9 平 5　　　18. 马五进三（红胜）

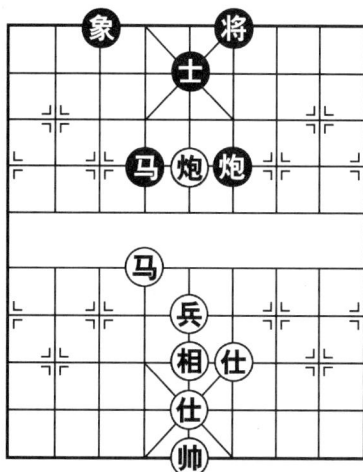

第二十七章　马炮双兵残局

第519局　马炮双兵和马炮士象全

"马炮双兵对马炮士象全"是高难残局。似乎马炮双兵必胜，实则并不尽然，经作者初步测算，和棋率约45%。以下可以看到"全国象棋第一高人"许银川取胜尚有难度，其他者倘若不努力学习研究，恐怕取胜更加不易。

本局是1997年世界象棋锦标赛，中国特级大师许银川与越南名将郑亚生之战（图519）。

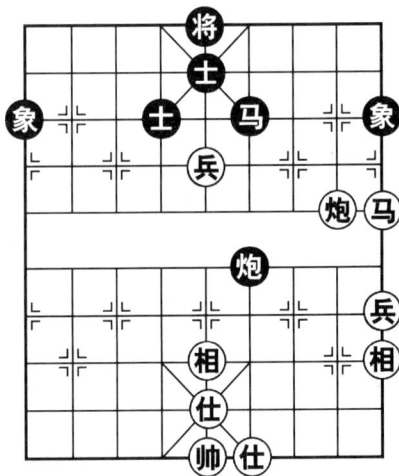

1. 兵五平四　　马6进4
2. 炮二平五　　将5平4
3. 炮五平六　　将4平5
4. 马一进二　　炮6平2
5. 兵四平五　　马4进2

图519

6. 马二进一　　将5平6
7. 马一退三　　象9退7
8. 相一退三　　……

似可炮六平一，马2进4，兵五平四，炮2退4，炮一进四，将6进1，相一退三，象1进3，仕五进六，红棋优势。

8. ……　　　　马2进4
9. 兵五平四　　象1进3
10. 炮六平一　　象7进5
11. 炮一进四　　马4进2
12. 相五进七　　马2进3
13. 帅五平六　　炮2退4
14. 马三退一　　将6平5
15. 兵一进一（参考图）　……

似可仕五进六先巩固后院，再伺机进兵为宜。

15. ……　　　　马3退2

16. 相三进五 炮2平4

17. 仕五进六 马2进4

仕相在残局中的作用不可低估，黑马踏仕势在必行。

18. 兵四平五 士5进6

19. 马一进二 将5进1

20. 兵一进一 ……

这盘棋似乎小许随手大意，过度放松，这种残局能从小许手中逃掉实属幸运。

20. …… 马4退5

21. 帅六平五 马5退7（和棋）

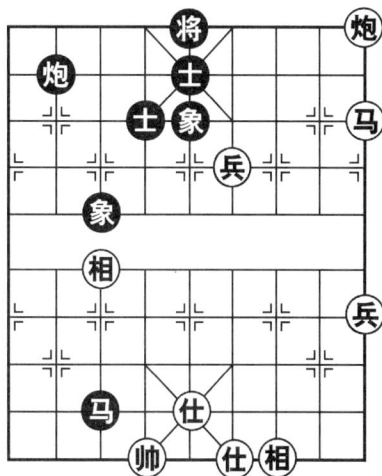

参考图

第520局 马炮双兵胜马炮士象全

"马炮双兵对马炮士象全"的胜率大约是55％。取胜战略有三：①一兵换双象；②一兵换双士；③在攻击中白吃士象。

本局是特级大师许银川在2005年五羊杯全国象棋冠军邀请赛，实施两翼展开、双兵围城擒王佳作（图520）。

1. 兵七进一 ……

吹响攻击的号角，小兵直逼九宫。

1. …… 炮4平1

2. 马七进九 炮1进2

3. 兵二进一 ……

图520

不惧双高变双低，真乃高人也！大约在1983年全国个人赛，作者也是执马炮双兵，因双兵变低兵，被著名象棋大师戴荣光战平，从此作者有一种"恐低症"，后来凡是马炮兵，总是保持一高一低。为什么许银川双低兵能赢而作者的双低兵却不能赢棋呢？实则是水平的差距使然，并不在兵的高低。

3. …… 炮1平9 **4.** 兵二平三 炮9进3

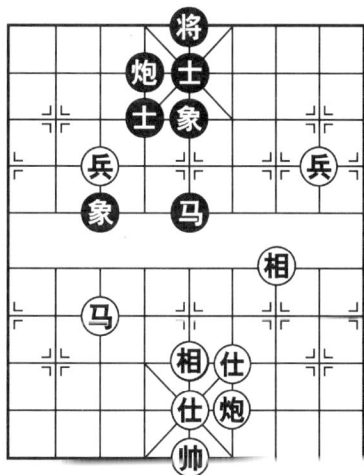

5. 相三退一　炮9平6

6. 炮四平二　马5退7

7. 马九进八　马7进5

8. 兵三进一　将5平6

9. 马八退六　炮6退4

10. 相一进三　……

从长计议，安定后院。

10. ……　　象5进7

11. 兵七进一　象7退5

12. 兵七平六　炮6进1

13. 马六退五　炮6平4

14. 兵六平七　将6平5

15. 马五进四　炮4平1

16. 兵三平四　马5退6

似可炮1平6，炮二进四，马5退6，兵四平三，将5平6，炮二退二，炮6平8，炮二平四，象5进7，帅五平六，将6平5，坚守为佳。

17. 马四进六　象5进7

18. 马六退五　象7退5

19. 马五进四　马6进8

20. 兵七平六（参考图1）　……

二鬼拍门气势雄壮！

20. ……　　炮1平5

21. 炮二平四　士5进6

为什么不马8退6呢？炮四平一，炮5平4，兵六平七，炮4平5，炮一进八，炮5进3，马四进二，马6退8，兵四平三，红胜。

22. 马四退五　炮5进1

23. 炮四平二　士4退5

24. 炮二进二　炮5平6

25. 马五进四　炮6进2

26. 兵四平五　将5平6（参考图2）

逆势思维！使一兵换双士落空。倘若士6退5，兵六平五，将5平6，炮二平三，马8进6，马四退二，马6退8，帅五平六，炮6平5，马二进四，炮5平6，仕五退四，马8进6，马四退二，马6退8，炮三退二，炮6退2，马二进四，

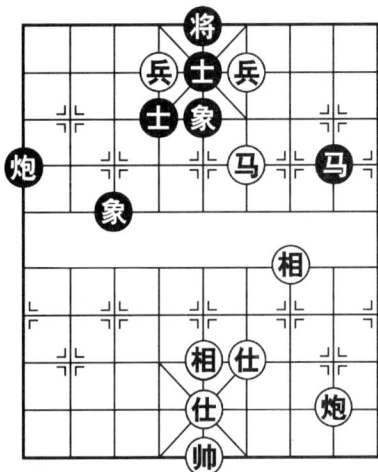

参考图1

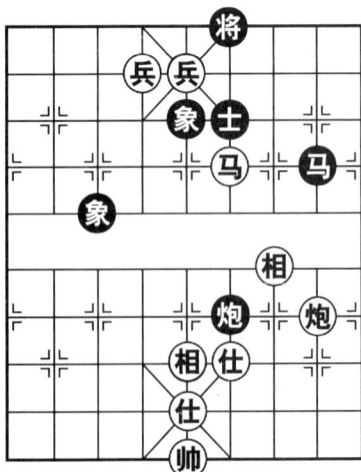

参考图2

黑棋也很难抵抗。

27. 马四退二　马8进6　　　　　**28.** 炮二退二　象5进7

29. 炮二平一　象3退5　　　　　**30.** 帅五平六　炮6退1

31. 仕五退四　炮6进1　　　　　**32.** 仕四退五　炮6进2

33. 炮一进一　……

一炮定乾坤！

33. ……　　士6退5　　　　　**34.** 兵六平五　象7退9

35. 炮一平四　马6退8　　　　　**36.** 马二退三　炮6平9

37. 炮四退一　炮9进1　　　　　**38.** 帅六进一　炮9退1

39. 相三退一（红胜）

第521局　马炮双兵胜马炮士象全

作者曾因双高兵变双底兵和棋而产生"恐低症"。可是许银川却对双低兵格外青睐。

请看2004年象甲联赛特级大师许银川演绎双低兵围城佳作，细细赏析必获益匪浅（图521）。

1. 炮三进二　炮4退3

2. 帅六平五　马6进4

打马踩兵看似一箭双雕，实则是不明显软着。似应炮4进4坚守为宜。

3. 炮三平六　象3退1

4. 马六进五　象1退3

5. 兵七进一　炮4进1

6. 兵三进一　炮4平1

双兵与马炮的战术组合十分强大！

7. ……　　炮1进1

9. 马三进二　马4进6

防范红炮平中绝杀，势在必行！

10. 兵七平六　……

"二鬼拍门"，使黑棋面临绝杀。

10. ……　　马6退7

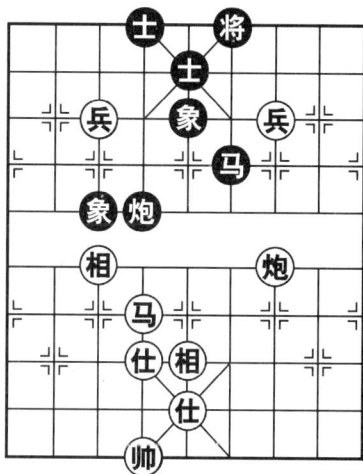

图 521

7. 马五进三（参考图1）　……

8. 兵三平四　将6平5

暂解燃眉之急！

11. 马二退三　炮 1 平 7　　　**12. 炮六平五（参考图 2）**　……

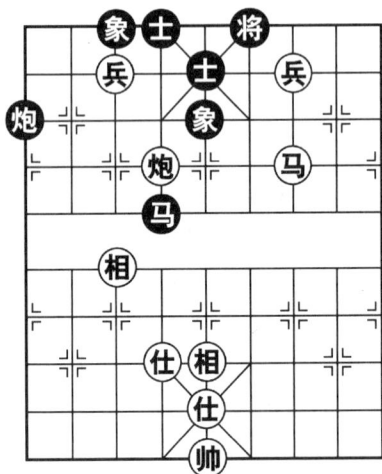

参考图 1

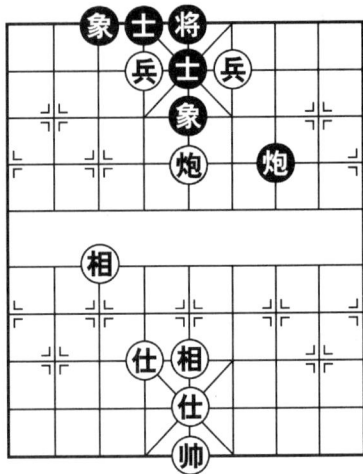

参考图 2

至此，形成炮双兵巧胜孤炮士象全的残局，以下攻城擒王将十分精彩！

12. ……	炮 7 平 6	**13. 相五进三**	象 3 进 1
14. 仕五进四	象 1 进 3	**15. 帅五平六**	炮 6 进 1
16. 仕六退五	炮 6 平 4	**17. 帅六进一**	炮 4 进 2
18. 仕五退四	炮 4 退 2	**19. 兵六进一**	……

绝佳杀王，"仙着"妙不可言！

19. ……	将 5 平 4	**20. 兵四平五（红胜）**	

第 522 局　马炮双兵胜马炮士象全

本局是 2005 年象甲联赛，著名象棋大师蒋川演绎侧翼沉底炮攻势而攻城擒王的杰作（图 522）。

1. 炮一平七	象 3 进 1	**2. 炮七平八**	马 6 退 4
3. 兵四平五	象 1 退 3	**4. 炮八进四**	……

沉底炮展开侧翼攻势。

4. ……	象 9 进 7	**5. 马六退八**	……

退马剑指底象，与沉底炮相配合。

5. ……　　　炮 6 进 3

升炮阻击封锁河口，势在必行！

6. 兵七平六　　象 7 退 9

7. 马八进六　　炮 6 退 3

8. 马六进八　　象 9 进 7

9. 马八进七　　马 4 退 2

10. 兵六平七　　……

佳着！逼迫黑马只有前进不能后退。

10. ……　　　　马 2 进 1

倘若马 2 退 1，马七退九，炮 6 平 9，马九退八，红棋优势。

11. 炮八平九　　炮 6 进 5

倘若士 5 进 6，相七进九，马 1 退 3，相九进七，马 3 进 5，马七进八，象 7 退 5，兵七平六，红棋亦优。

12. 马七进八　　炮 6 平 3

13. 相五进七　　将 5 平 6（参考图）

14. 炮九平七　　……

劫吃一象，胜利在望。

14. ……　　　　将 6 进 1

15. 兵五平六　　马 1 进 2

16. 相七进五　　马 2 退 4

17. 马八退七　　马 4 退 5

18. 马七退五　　象 7 退 5

19. 炮七平九　　炮 3 平 5

20. 马五进三　　马 5 进 3

苦守无益破釜沉舟，吃相对攻。

21. 马三进二　　将 6 进 1

22. 帅五平四　　马 3 退 5

倘若象 5 退 7，兵七进一，将 6 退 1，炮九进二，黑棋也难招架。

24. 炮九平八　　炮 5 平 7

26. 兵六平五（红胜）

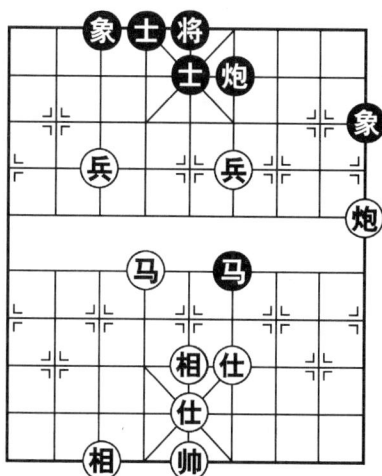

图 522

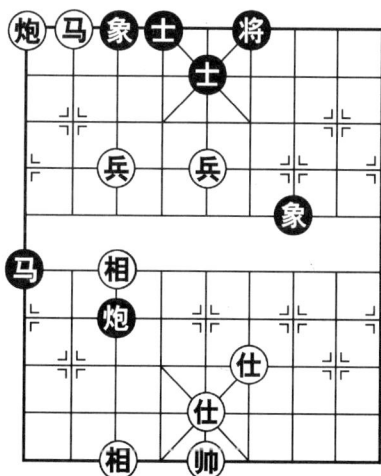

参考图

23. 炮九退二　　象 5 退 3

25. 兵七进一　　象 3 进 5

第 523 局　马炮双兵胜马炮士象全

弃子争先诱敌介入在残局里不多见。请看全国冠军杨官璘在 1956 年全国象棋个人赛，上演弃相诱敌之计而快速制胜（图523）。

1. 兵七平六　炮7进5

仕相在残局里防御与助攻的作用不可小觑，但在当前形势炮轰一相，并非明智之举。

2. 马三退四　炮7平3

一不做二不休，再吃一相。

3. 炮九平六　将4平5

4. 仕五进四　······

细腻精妙！不急于进攻而安定后院。

4. ······　马7退6

5. 马四进二　······

图穷匕见！卧槽马八面威风。

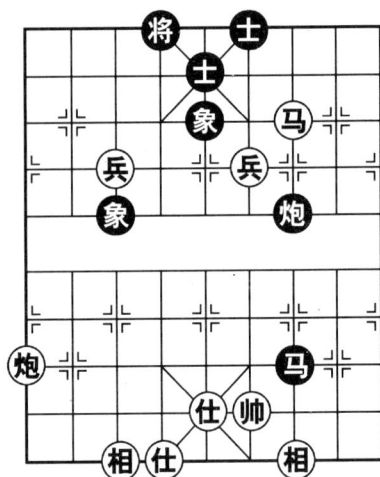

图 523

5. ······　士5退4

6. 马二进三　将5进1

7. 兵四进一　象5退7

8. 炮六平七　炮3平2

9. 炮七进一　马6退8

10. 炮七平五　马8进7

11. 帅四平五　马7退6

12. 炮五进二　炮2退5

绝杀之下，弃炮解杀别无良策。

13. 兵四平五　将5平6

14. 炮五平八　马6退4

15. 马三退四（红胜）

第524局　马炮双兵胜马炮士象全

上局，前辈杨官璘演绎弃相诱敌的辉煌。而此局乃后辈蒋川大师在2004年全国象棋团体赛，也巧施诱敌之计，效果颇佳（图524）。

1. 马一退三　······

诱敌介入不怕丢相。倘若帅五平四，炮6平3，相七进九，马3退1，炮六进二，红优。所以黑棋不一定敢吃相。

1. ······　炮6平3

先手叫杀还是颇有吸引力的。

2. 帅五平四　炮3进3

3. 帅四进一　象5进7

4. 马三进五　······

小兵不渡河却飞马控盘，是超凡脱俗的思维。

4. …… 象3进5 　　**5. 相五进三（参考图）** ……

为什么飞相而使七路兵失根呢？因为以后倘若走炮要丢相。

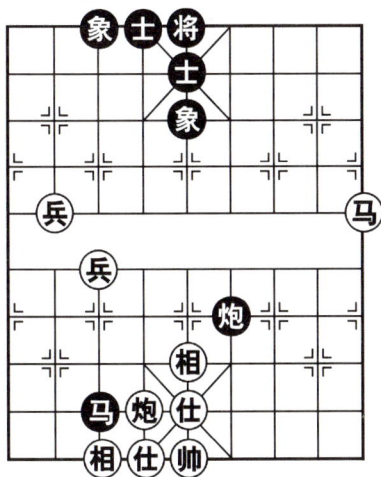

图 524

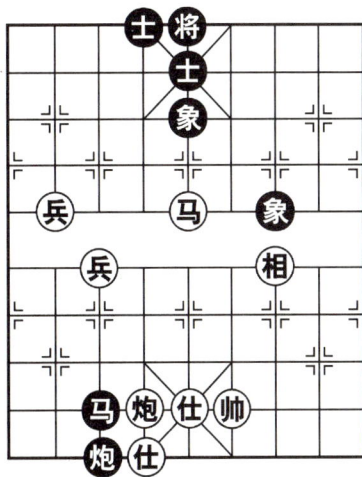

参考图

5. …… 马3退2 　　**6. 炮六进二** 马2退4

倘若炮3退1，帅四退一，象5退3，炮六平五，炮3进1，帅四进一，马2进1，兵七进一，红棋亦胜势。

7. 炮六平五（红胜）

第 525 局 马炮双兵胜马炮士象全

一兵换双象或双士是常见，但是一兵换一象双士则很少见。

本局是特级大师吕钦于 2004 年全国象棋冠军邀请赛上的杰作（图 525）。

1. 兵四平三 炮8退5

2. 炮八进四 马5退3

倘若马5进4，炮八进五，象3进1，马九退八，象1进3，马八进七，士5退4，马七退六，士4进5，马六进七，士5退4，马七退八，士4进5，马八退六，红棋胜势。

3. 炮八进五 象3进1

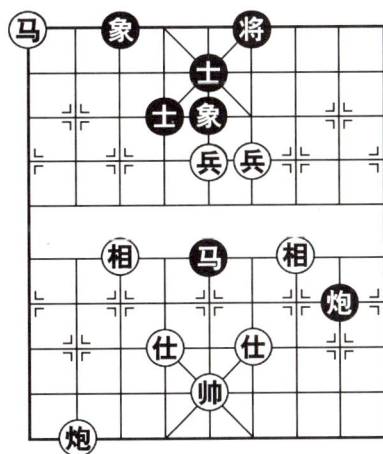

图 525

4. 兵五进一　炮 8 进 5　　　　　**5.** 炮八退九　炮 8 平 6

6. 炮八平五　象 1 退 3　　　　　**7.** 兵五进一　士 4 退 5

8. 炮五进八　……

兵换双士，必胜之势。

8. ……　　　炮 6 退 4　　　　　**9.** 兵三平四　炮 6 平 5

10. 帅五平四　将 6 进 1　　　　**11.** 炮五平九　将 6 退 1

12. 马九退七（红胜）

第 526 局　马炮双兵胜马炮士象全

在防御马炮双兵的攻势中，有的棋手采取放兵渡河后发动攻击的策略，结果加速失败。请看特级大师阎文清在 2002 年全国体育大会的利刀快马之杰作（图 526）。

1. 炮三平五　炮 8 进 1

有意采取诱兵渡河"放进来打"的目的。

2. 兵七进一　……

将计就计，乘机而入！

2. ……　　　炮 8 退 1

3. 兵七进一　炮 8 退 1

4. 马四进五　……

飞马反击，中止黑棋连续打击。

4. ……　　　炮 8 进 1

无心恋战！加速失败进程。似应将 5 平 6 坚守为佳。

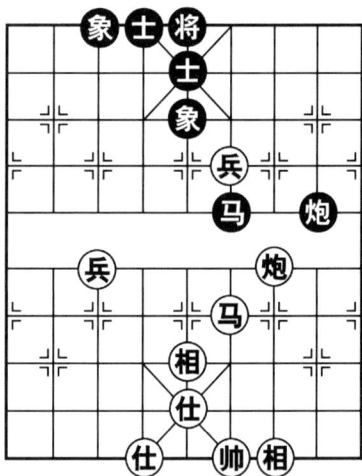

图 526

5. 马五进四　将 5 平 6　　　　　**6.** 马四进二　将 6 平 5

7. 马二退四　将 5 平 6　　　　　**8.** 马四进二　将 6 平 5

9. 兵四进一（红胜）

第 527 局　马炮双兵胜马炮士象全

在一兵没有过河参战形势下，争斗焦点必然是"渡与阻"。请看特级大师吕钦于 2001 年华亚防水杯特级大师赛，如何突破阻击（图 527）。

1. 仕五进六　将 5 平 6　　　　　**2.** 相五退七　马 2 退 3

为什么不炮6进6打仕呢？因为打仕黑棋没赢棋之望，而且60回合不吃子自动和棋的限着重新开始，所以一般是不会打仕的。

　　3. 马二退三　　将6平5

　　4. 炮八进三　　马3进4

　　5. 兵五平六　　象3进5

　　6. 兵七进一　　……

看似小兵轻松渡河，其实之前已走了35回合。

　　6. ……　　　　马4进6

　　7. 兵七平六　　象5进7

　　8. 马三进一　　炮6平8

　　9. 马一进二　　象7退5

　　10. 炮八退一　　马6退4

　　11. 相九进七　　马4进6

　　12. 前兵平五　　士5退6

尽管黑马可吃仕踏相，可是不能吃。因为只要再坚持19回合就完成限着而和棋。

　　13. 仕六退五　　象5退7

　　14. 炮八进三（参考图）　……

精妙！丢子已成必然。

　　14. ……　　　　将5平4

　　15. 相七进五　　……

尽管限着快到，吕钦仍处之泰然飞相，因为黑棋丢子已成必然。

　　16. ……　　　　将4平5

　　17. 兵四进一　　……

吃士胜势！

　　17. ……　　　　马6退7

　　19. 炮八平三（红胜）

炮双兵必胜孤炮单缺士。

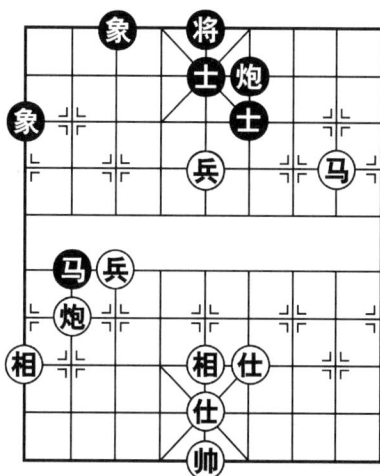

图 527

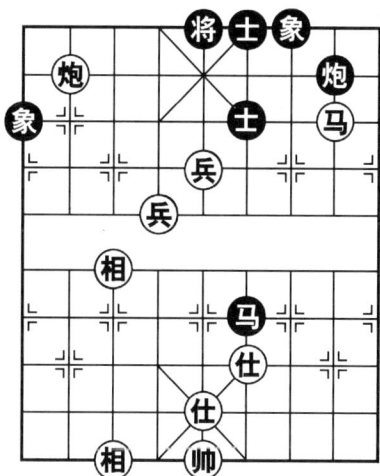

参考图

　　16. 兵五平四　　象7进5

　　18. 马二退三　　象5进7

第528局　马炮双兵胜马炮士象全

一个低兵一个兵没渡河，似乎颇难取胜，可是特级大师柳大华在2007年象棋个人赛，完美完成小兵渡河再以兵换双士的取胜之路（图528）。

1. 兵二平三　　马5退7

似应马5进4防止小兵偷渡，加强防御为宜。

2. 马七退六　　将6平5

3. 兵七进一　　……

安全渡河，如虎添翼！

3. ……　　　　将5平4

4. 兵七平六　　炮6平1

5. 仕五进四　　……

撑仕为兵换双士作准备，并封锁黑马通道。

5. ……　　　　炮1退4

退炮护士，势在必行。

6. 马六退八　　炮1平4

倘若将4平5，马八进七，也很难阻止小兵换双士。

8. 兵三平四　　……

兵换双士，奠定胜利。

8. ……　　　　士5进6

9. 炮四进六　　将4平5

10. 兵六进一　　马7进5

11. 炮四退二　　炮4平5（参考图1）

至此，形成马炮兵必胜马炮双象残局。

12. 兵六平五　　炮5平4

13. 马八进六　　象7进5

14. 仕四退五　　马5进4

15. 炮四退四　　马4退6

16. 兵五平四　　马6退4

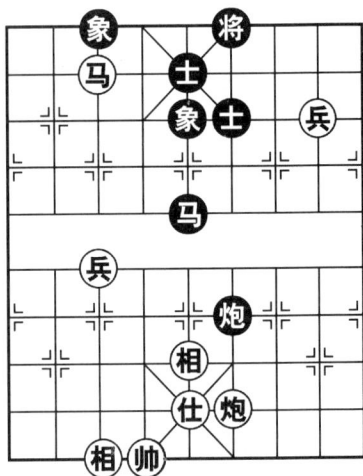

图 528

7. 帅六平五　　象5退7

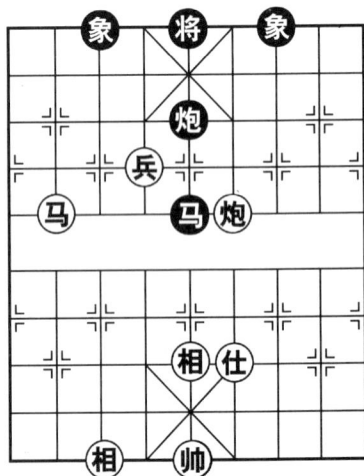

参考图1

17. 仕五进四 马4退6

18. 炮四进五（参考图2）……

黑棋以马换兵后，形成马炮必胜孤炮双象残局。

18. …… 将5平4

19. 炮四平五 象5进7

20. 相五进三 炮4平5

21. 炮五平二 炮5平4

22. 马六进四 ……

简捷精妙！

22. …… 象3进5

23. 帅五平六（红胜）

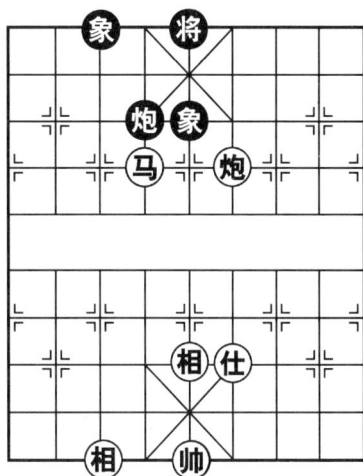

参考图2

第529局 马炮双兵胜马炮士象全

本局是 2006 年全国象棋个人赛，特级大师徐天红演绎另类"兵换双士"取胜佳作（图529）。

1. 马八进七 将5平4

2. 炮四平六 士5进4

3. 兵一平二 士6退5

4. 兵二平三 马4进2

5. 兵六平五 马2退4

6. 兵三平四 象5退3

黑炮不能实施右炮左移驱赶卧槽马来解除被围困之困境，只好调整上象。

7. 仕五进四 象7退9

8. 仕四进五 象9退7

图 529

9. 兵五平六 象3进5 | **10.** 兵四平三 马4进2

11. 兵六平五 马2退4

倘若炮1平4，兵三进一，黑棋仍难挽败局。

12. 兵三进一 将4进1 | **13.** 兵三进一 炮1退2

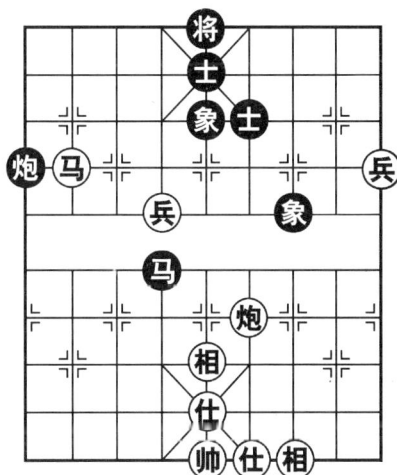

14. 兵五进一　将4退1　　15. 兵三平四　象5进3

16. 兵五平六　象7进9　　17. 相五进三　象9进7

18. 仕五退四　象7退5　　19. 炮六退二　炮1平2

20. 相三进五　炮2平1　　21. 仕四进五　炮1平2

22. 兵四平五（参考图）　……

小兵换士撞开九宫城堡的大门，是绝妙的突破口。

22. ……　　　炮2平5

为什么不士4退5呢？仕五进六，马4进6，兵六平七，士5进4，仕六退五，马6退4，兵七进一，将4进1，兵七平六，将4平5，仕五进六，马4进6，马七退六，红棋亦胜势。

23. 兵六进一　……

再吃一士，胜定。

23. ……　　　炮5平8

24. 兵六平五（红胜）

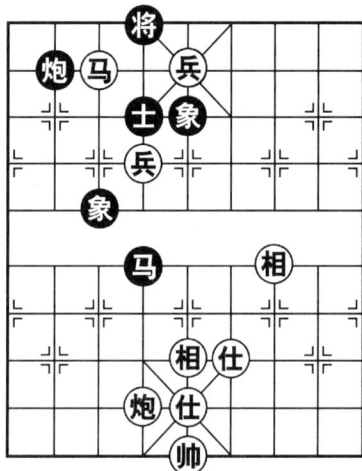

参考图

第530局　马炮双兵胜马炮士象全

红有小兵换双士，是不可多得的取胜良机。可是李雪松大师在2002年全国象棋个人赛却分兵攻击，轻松简捷，赢得更快（图530）。

1. 兵六平七　……

本来兵六进一必胜，可是李大师高瞻远瞩，另辟蹊径。

1. ……　　　马6退8

2. 兵七进一　炮4平1

3. 兵七进一　马8退6

4. 马四进三　将5平6

5. 兵五平四　士5进6

6. 马三退二（红胜）

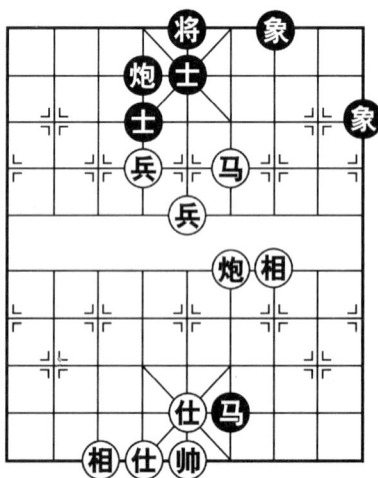

图530

第531局　马炮双兵胜马炮士象全

"羊角士"是黑棋软肋，往往会成为小兵换双士的攻击目标。请看2007年全国象棋个人赛李雪松大师取胜杰作（图531）。

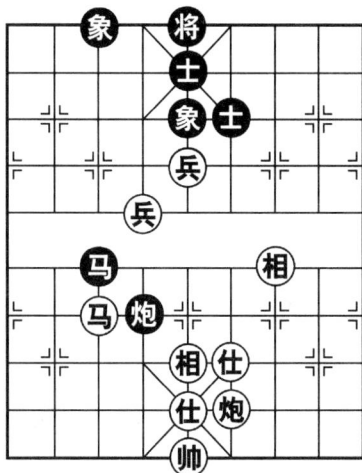

1. 兵五平四　炮4平5

2. 兵四进一　士5进6

3. 炮四进六　……

兵换双士简捷，至此，形成必胜之势。

3. ……　　　炮5平4

4. 炮四平一　将5平6

5. 炮一退三　马3退2

6. 兵六进一　马2进4

7. 马七进八　将6进1

8. 马八退六　将6退1

图531

9. 马六进四　将6平5

10. 炮一进二　将5平6

11. 炮一平五　将6进1

12. 炮五退二　象5进7

13. 仕五进六　象3进5

14. 仕四退五　炮4平6

15. 炮五平六　炮6平4

16. 兵六平五　将6退1

17. 炮六平五　将6进1

18. 马四进三（形成马炮兵必胜马炮双象，余略）

第532局　马炮双兵胜马炮士象全

李鸿嘉大师在2012年重庆贺岁杯象棋公开赛，以马炮双兵向黑军空城全线围攻，双兵两翼展开，形成"诺曼底登陆战"之势，直捣九宫（图532）。

1. 马六进七　将5平4

2. 炮九进二　马2进3

3. 帅五平四　马3退4

4. 帅四平五　炮6平8

5. 马七退九　炮8平5

似应将4平5为宜。

6. 马九进八　象5退3

7. 帅五平四　炮5平6

8. 帅四平五　象7进5

9. 马八退七　将4进1

10. 兵八进一　士5进4

11. 兵四进一　……

451

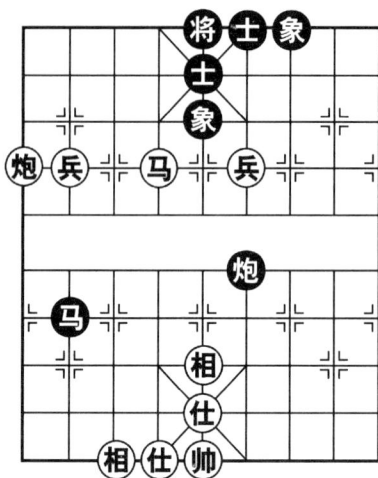

图 532

双兵两翼展开，黑王处境危险。

11. …… 将 4 平 5　　　　　**12. 兵八进一** 马 4 退 5

鞭长莫及，单骑难以救主！

13. 炮九退一 将 5 退 1　　　　**14. 兵四进一**（红胜）

第 533 局　马炮双兵胜马炮士象全

1998 年全国象棋大师冠军赛，江苏廖二平大师集中全部兵力向黑军侧翼发起强大攻势，马炮底线逞威，双兵前仆后继，一举攻城擒王（图 533）。

1. 仕五进六 ……

老练细腻的困马佳着！

1. …… 士 5 退 4

2. 炮一退一 炮 9 进 2

3. 马八退七 炮 9 退 2

4. 兵六平七 士 6 进 5

5. 炮一平九 ……

调动全部兵力向黑棋右翼展开攻势。

5. …… 炮 9 退 1

6. 后兵平六 士 5 退 6　　　　**7. 炮九进五** 士 4 进 5

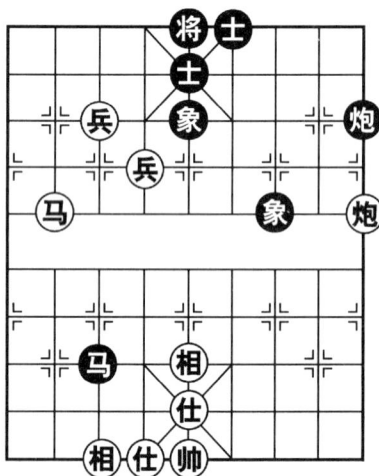

图 533

倘若象5退3，马七进五，象7退9，马五进四，士6进5，相五进七，将5平6，兵六平五，象9退7，马四进五，红棋胜势。

8. 马七进八　炮9进1　　　9. 兵七进一　将5平4

倘若马3退2，相五进七，炮9平8，兵七平六，炮8退1，后兵进一，士5进4，马八进七，红胜。

10. 相五进七　……

颇有力度的顿挫战术！

10. ……　　炮9平8　　　11. 相七进九　炮8平9

12. 兵六平七　……

小兵前仆后继！

12. ……　　炮9平8　　　13. 后兵进一　象5进3

飞象绊马无奈之策！倘若炮8平9，以不变应万变，则马八进九，红棋胜势。

14. 后兵平八　……

庞大兵团的攻势，黑难抵挡。

14. ……　　象7退5　　　15. 兵八进一（红胜）

第534局　马炮双兵胜马炮士象全

攻击"羊角士"几乎是马炮兵战胜马炮士象全的捷径。请看李雪松大师以兵换双士的杰作（图534）。

1. 炮五平六　……

分炮肋道为小兵换双士做准备。

1. ……　　将4平5

2. 仕四退五　将5平6

3. 兵六进一　……

兵换双士是取胜的捷径。

3. ……　　士5进4

4. 炮六进六　马6进7

5. 帅五平六　将6平5

6. 马七进五　将5进1

7. 仕五退四　象5进3

8. 炮六退一　炮4退1

9. 仕四进五　象7进5

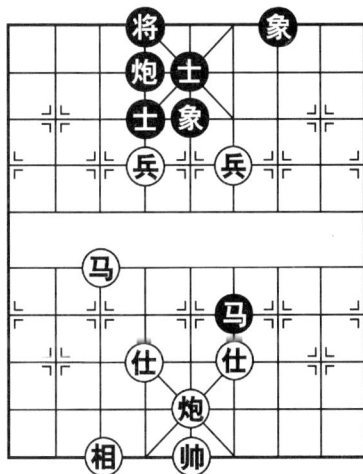

10. 马五退三　象5退3

图 534

11. 兵四平五　　将 5 平 6　　　　**12.** 马三进四　　将 6 退 1

13. 马四退五　　……

受到黑炮的牵连，"马炮兵"迟迟不能形成有效的战术组合。现在退马踏象是好棋。

13. ……　　　　象 3 退 1

倘若象 3 进 1，兵五进一，黑亦难招架。

14. 炮六进二　　马 7 退 6　　　　**15.** 兵五进一　　马 6 退 4

16. 兵五进一　　……

小兵坐上大堂，红棋胜势在望。

16. ……　　　　马 4 退 5　　　　**17.** 炮六退一　　马 5 退 7

18. 马五进四　　象 1 进 3　　　　**19.** 帅六平五　　马 7 退 5

倘若象 3 进 1，炮六退三，马 7 退 5，红棋胜势。

20. 马四进五　　炮 4 平 5　　　　**21.** 帅五平六（余略，红胜）

第二十八章　双车残局

第535局　双车和车士象全

"双车难胜车士象全"。本局是最佳守和形势（图535）。

1. 车八进一　　车6平7
2. 车二退一　　车7平6
3. 车八退一　　车6进2
4. 车八平三　　车6退2（和棋）

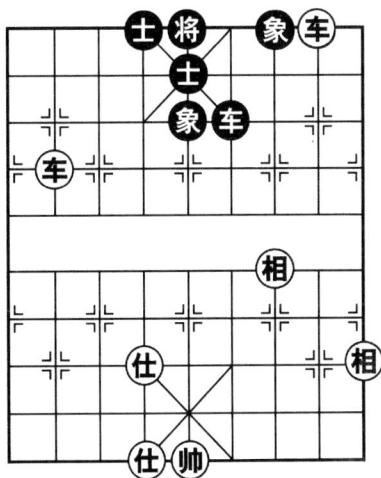

图535

第536局　双车和车士象全

双车欲击车士象全的着眼点是吃象，否则易成和棋。

本局是2007年世界象棋锦标赛，中国洪智与新加坡黄俊铭之战（图536）。

1. 车二平四　　象9进7　　　　2. 车四退二　……

倘若车一进四，象7退5，车一平二，士5进4，车二退一，士4退5，和棋。

2. ……　　　　象7退9　　　　3. 车一平二　　车7平5

4. 仕四退五　　车 5 平 7

5. 相三进一　　象 7 进 5

6. 车二进三　　象 5 退 7

似可士 5 退 6 为宜。

7. 车四平二　　……

似应车二平四，尚有机会。

7. ……　　　　象 7 进 5

8. 仕五退六　　车 7 平 6

9. 帅五进一　　士 5 退 6

10. 前车进一　　车 6 平 7（和棋）

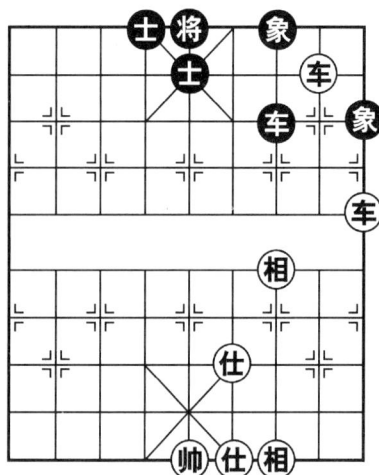

图 536

第 537 局　双车胜车士象全

本局是 1994 年全国象棋团体赛，著名南开学生棋手胡玉山巧胜特级大师之战（图 537）。

1. 车九进六　　车 4 退 5

2. 车九退二　　象 5 进 7

无奈！倘若象 9 进 7，车四退二，象 5 退 7，车九退二，象 7 退 9，车九平五，绝杀，红胜。

3. 车四退二　　车 4 进 6

4. 车九平三　　……

一车管双象，黑难抵抗。

4. ……　　　　车 4 平 8

5. 仕五进六　　车 8 退 6

6. 车三平五（红胜）

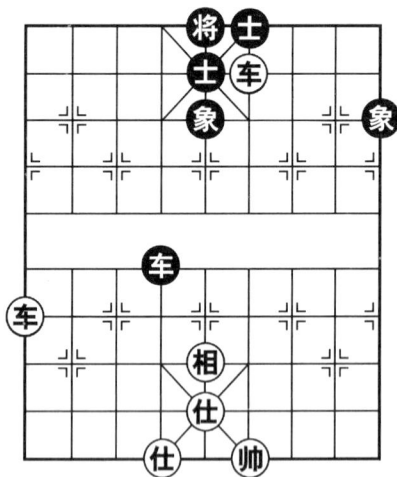

图 537

倘若将 5 平 4，车五平九，将 4 平 5，车四平五，将 5 平 4，车九进二，将 4 进 1，车五平八，红胜。

第 538 局　双车胜双马士象全

　　双车对双马士象全是十分少见的残局。在近半个多世纪的大型比赛中，几乎没有出现，在庞大的、千千万万数不清的网上对局中也是寥若晨星。

　　如此子力价值相差巨大的残局，取胜也并非简单轻松。

　　仅将原版网络残局展示如下（图538）。

　　1. 车七平六　马 3 退 2

　　倘若将 5 平 4，车三平七，马 3 退 2，车七进三，马 2 退 3，车七进一，象 7 进9，车六退二，象 9 进 7，车六平八，象 7退 9，帅五平六，将 4 平 5，车七平六，

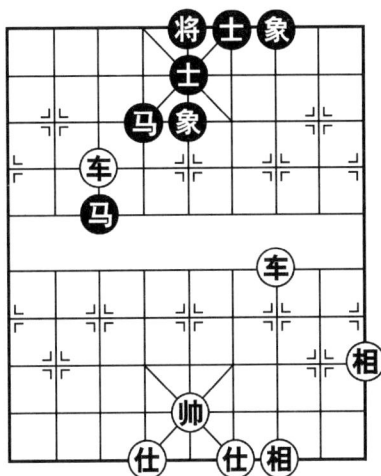

图 538

马 4 进 3，车八进五，前马退 2，车六平七，马 2 进 4，车七退二，马 4 进 6，车七进三，象 5 退 3，车八平七，士 5 退 4，车七平六，红胜。

　　2. 车六进一　……

　　佳着！一车换一马一象必胜。

　　2. ……　　　士 5 进 4　　　3. 车三进五（红胜）

第 539 局　双车和马炮士象全

古谱《橘中秘》残局。"双车难胜马炮士象全"（图539）。

1. 车五退二　炮 6 平 7（和棋）

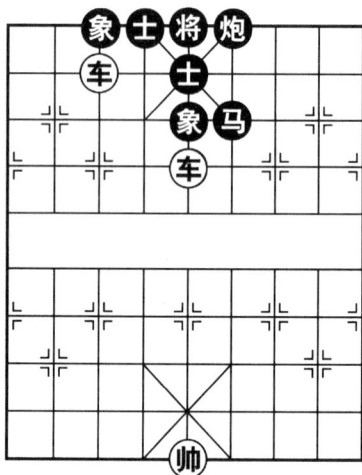

图 539

第 540 局　双车和马炮士象全

"双车对马炮士象全"是劣势下求和的常见残局。尽管子力价值相差极大，双车仍难攻城擒王。

本局是五羊杯全国象棋冠军邀请赛，两位顶级棋手柳大华与陶汉明之战（图 540）。

1. 车三平八　马 8 进 7

2. 车四进二　马 7 进 5

3. 车八进四　炮 4 退 2

4. 车八退二　炮 4 进 1

黑炮护守"象眼"是求和棋的不二法则。懂得这个诀窍，和棋就很简单。

5. 车四退二　马 5 进 3

6. 车八进一　炮 4 退 1

7. 车八平六　马 3 退 4

9. 帅五进一　象 9 退 7

11. 后车平三　象 9 退 7（和棋）

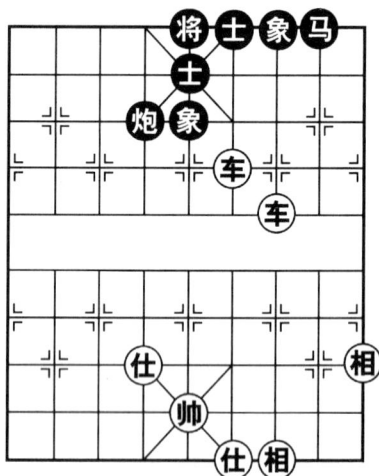

图 540

8. 车四平六　象 7 进 9

10. 仕六退五　象 7 进 9

第 541 局 双车胜马炮士象全

双车虽然难胜马炮士象全，但仍有机会巧胜。

本局是 1999 年全国象棋团体赛，谢岿大师短小精悍的巧胜杰作（图 541）。

1. 车六进四 ……

虚晃一枪，试黑应手！

1. ……　炮 6 退 1

倘若象 5 退 7，车五退一，炮 6 平 5，车五平七，马 3 进 5，相三进五，象 3 进 1，车七平三，象 7 进 9，车三平八，象 1 退 3，车六退二，马 5 进 7，仕六进五，士 5 退 4，车八进五，士 6 进 5，车八平七，红棋胜势。

2. 车五进二（红胜）

倘若炮 6 平 4，车五平七，红胜。

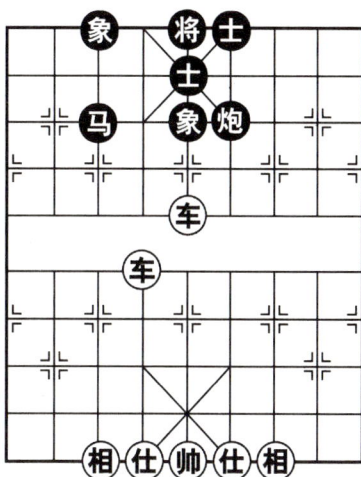

图 541

第 542 局 双车和双炮士象全

"双车难胜双炮士象全"。

本局是 2011 年全国象棋团体赛，新疆王磊与火车头崔峻两位名手之战（图 542）。

1. 车五平七　炮 4 平 3

2. 车二平六　炮 3 平 4

双炮"长拦"可轻松战和双车。

3. 相一退三　炮 8 平 6（和棋）

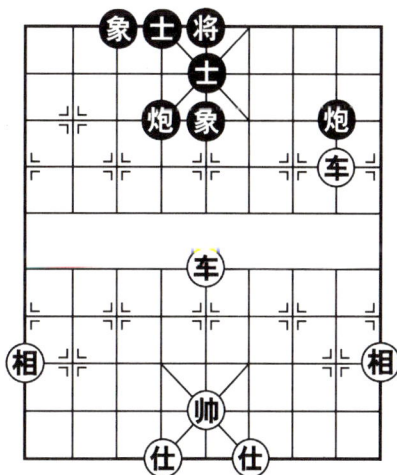

图 542

第543局　双车和车炮双士

古谱《橘中秘》残局。双车难胜车炮双士（图543）。

　1. 车二进一　　车4平6

　2. 帅四平五　　车6进2（和棋）

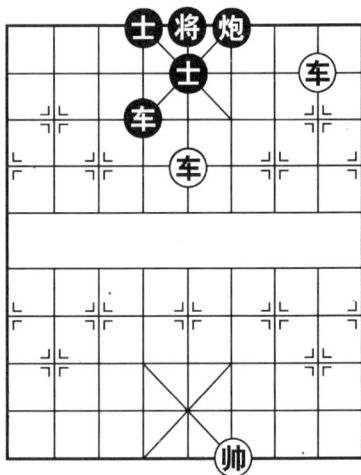

图 543

第544局　双车和车炮双士

本局是1987年全国象棋团体赛，两位全国象棋冠军胡荣华与杨官璘演绎的攻守大战（图544）。

　1. 相五退三　　车6进3

　2. 仕五退四　　车6退3

　3. 车七平三　　车6进3

亦可车6平4，车三进四，车4退2，也是和棋。

　4. 车三进四　　车6退5

　5. 车三平二　　车6平7

　6. 相七进五　　车7平6

　7. 相五进三　　车6平7

　8. 相三进一　　车7平6

　9. 车五退一　　车6平9

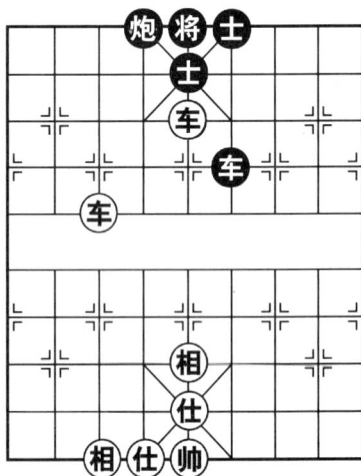

图 544

　10. 相一退三　　车9平6

　11. 相三退五　　车6平9

　12. 相五进七　　车9平6

13. 相三进五　车6平9
14. 相五退七　车9平6
15. 相七进九（和棋）

第 545 局　双车和车炮双士

本局是 2010 年伊泰杯全国象棋精英赛，谢靖与汪洋两位大师之战（图 545）。

1. 车七进二　车 4 进 1
2. 车五进三　车 4 退 1
3. 车七平六　车 4 平 2（和棋）

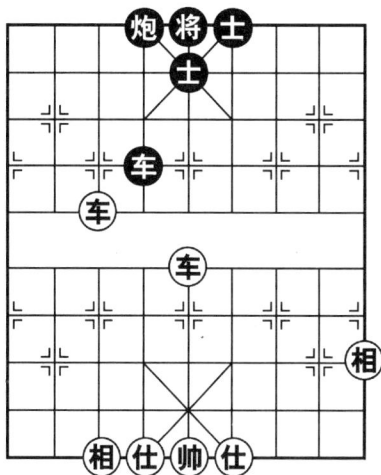

图 545

第 546 局　双车和车炮双士

本局是 1964 年全国象棋个人赛，特级大师李义庭与季本涵大师之战（图 546）。

1. 车七平四　车 5 退 1
2. 车四进三　车 5 进 1
3. 帅五平六　车 5 平 4
4. 仕五进八　车 4 进 4
5. 帅六平五　车 4 平 5
6. 帅五平六　车 5 平 1（和棋）

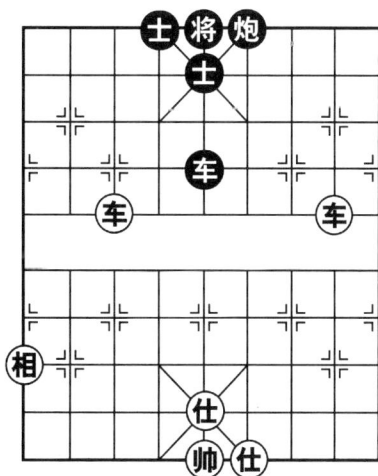

图 546

第 547 局　双车胜车炮双士

网络版残局。子力位置较好，双车有巧胜之机（图 547）。

1. 仕五进六　车 2 退 3
2. 车五平二　车 2 进 8
3. 帅五进一　炮 1 平 6
4. 车二进六　车 2 退 8
5. 帅五平四（红胜）

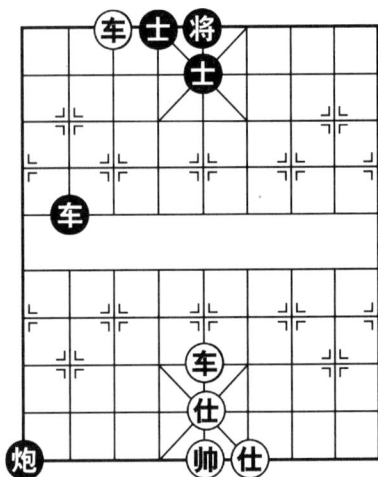

图 547

第 548 局　双车胜车马双士

"双车必胜车马双士。"

肋马双士是最佳防守，其他形势则更不堪一击（图 548）。

1. 车六进二　车 5 退 3
2. 相五进七　车 5 进 2
3. 相七退九　车 5 平 2
4. 车七退七　车 2 退 2

黑棋最怕兑车！倘若车 2 平 5，车七平五，兑死车后形成"孤车必胜马双士"。

5. 车七平五　车 2 退 2
6. 车五进三　车 2 平 3
7. 帅六进一　车 3 平 2
8. 仕五退六　车 2 进 8
9. 帅六进一　车 2 退 8

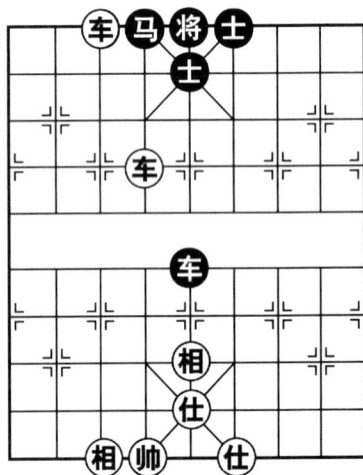

图 548

10. 帅六平五　　车2进6

11. 车六退一　　……

准备左车右移展开攻击。

11. ……　　　　车2退3

12. 车六平三　　车2平6

13. 车三进二　　车6退2

14. 帅五退一（参考图1）　马4进2

另有两种选择：①车6平8，车五平四，马4进5，车四平八，车8进2，车三退七，车8平5，车三平五，车5进4，帅五进一，红棋胜势。②马4进3，车三退二，马3退4，车三平六，车6进5，帅五平六，马4进2，车六进一，车6平2，车六平七，车2平4，帅六平五，车4平2，车五平六，车2平5，帅五平六，车5平2，车六进三，红胜。

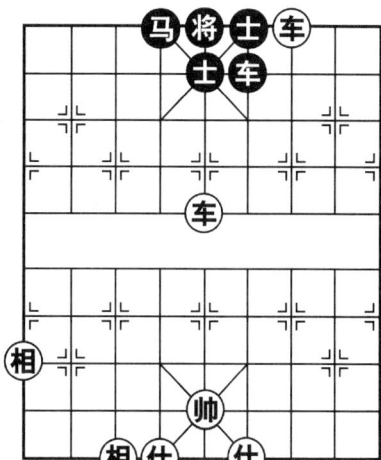

参考图1

15. 车五平七（参考图2）　车6进2

无可奈何！倘若马2退4，车七进三，以下有两种选择：①车6平8，车七平六，车8平6，帅五退一，车6平8，车三退七，车8平6，车三平六，红胜。②马4进5，车七退一，车6进1，车三退七，车6平8，车三平五，红胜。

16. 车七进三　　车6平5

17. 帅五平四　　车5平2

18. 车三退六　　车2平5

19. 帅四进一　　车2退5

20. 帅四平五　　车2平5

21. 帅五平八　　车5平2

22. 车三平六　　车2进4

23. 帅六退一　　车2进1

24. 帅六进一　　车2退5

25. 车六进五（红胜）

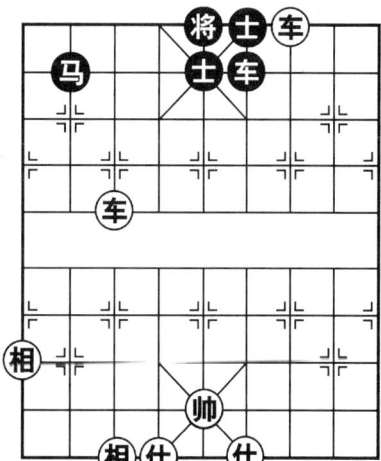

参考图2

第549局　双车胜车马双士

强行兑车是取胜的捷径（图549）。

1. 车一退二　　将4平5

2. 车一平五　　将5平4

3. 车五平八　　车1退6

4. 车四平八　　将4平5

5. 前车进四　……

"兑车"是战胜车马双士的高效、简捷战术。

5. ……　　　　车1平2

6. 车八进五　　士5退4

7. 车八退四（红棋胜势）

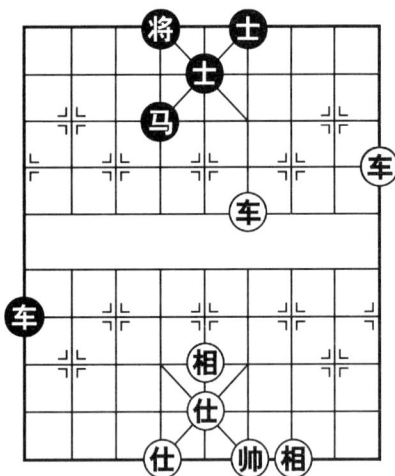

图 549

第550局　双车胜车炮双象

"双车必胜车炮双象"（图550）。

1. 车四平六　　车4退3

2. 车二平四　　象3进1

3. 帅五平六　　象5进7

4. 仕五进四　　炮5进2

5. 车四进五　　炮5退2

6. 车六进四　　将4进1

7. 车四平五（红胜）

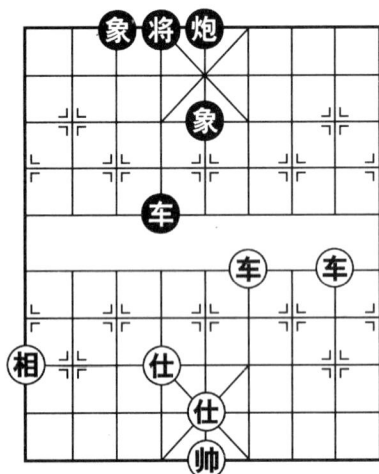

图 550

金牌教练
教象棋
丛书

梁大师
讲残局

【上册】

梁文斌◎著

经济管理出版社
ECONOMY & MANAGEMENT PUBLISHING HOUSE

图书在版编目（CIP）数据

梁大师讲残局（上、下册）/梁文斌著 . —北京：经济管理出版社，2012.12
（金牌教练教象棋丛书）
ISBN 978－7－5096－2144－8

Ⅰ.①梁…　Ⅱ.①梁…　Ⅲ.①中国象棋－残局（棋类运动）　Ⅳ.①G891.2

中国版本图书馆 CIP 数据核字（2012）第 250700 号

组稿编辑：王　琼　郝光明
责任编辑：王　琼　郑学文
责任印制：黄　铄
责任校对：陈　颖

出版发行：经济管理出版社
　　　　　（北京市海淀区北蜂窝 8 号中雅大厦 A 座 11 层　100038）
网　　　址：www. E-mp. com. cn
电　　　话：（010）51915602
印　　　刷：三河市沟河印刷厂
经　　　销：新华书店
开　　　本：720mm×1000mm/16
印　　　张：31
字　　　数：573 千字
版　　　次：2013 年 4 月第 1 版　2013 年 4 月第 1 次印刷
书　　　号：ISBN 978－7－5096－2144－8
定　　　价：56.00 元（含上、下册）

总　序

在大师的指引下

象棋金牌教练梁文斌大师与经济管理出版社倾力合作，将金牌教练教象棋丛书奉献给广大象棋爱好者。首部作品《梁大师讲中局》（第一辑）已问世，受到了广大读者的由衷喜爱。

我们能看到的出版时间最早的象棋书是明朝的象棋谱。如果将当今的一般象棋书与600余年前的象棋书相比较，会得出这样的分析结果：今天的象棋书在内容上要丰富得多，历史上的象棋书与其不可同日而语，但在棋书的形式上却没有多大变化。今天，象棋已有了极大的发展，广大象棋爱好者对象棋书早已有更高的要求，但象棋书的出版无论内容还是形式都远远未能反映出时代的变化和读者的需求，这真是极大的缺失和遗憾。

我们向梁大师请教，进行思想交流，便有了我们和梁大师的真诚合作，有了金牌教练教象棋丛书。

人间要好诗

1200年前，唐朝诗人白居易拜读前辈大诗人李白和杜甫的诗集后，从心灵深处发出一声呐喊："天意君须会，人间要好诗！"（白居易《读李杜诗集因题卷后》）这一声呐喊化为时代的呼唤。

1200年前，大唐帝国从开元盛世陷入"安史之乱"的灾祸，盛世的繁荣和乱世的流离成就了历史上两位最伟大的诗人。

唐朝的开元时期（713～741年）是中国封建社会的鼎盛时期，也是造就李白和杜甫的时代。历史告诉我们，只有国运昌盛，才有文学的兴旺发达，才有文化的繁荣，才有象棋运动的蓬勃发展。今天，人民的物质生活水平空前提高，因此人们对包括象棋在内的文化需求也有了极大提高，喜爱象棋的人越来越多，数以千万计的象棋爱好者需要更多更好的棋书，借助读棋书提高棋艺水平。"人间要好诗"，时代需要好书，需要好棋书。

然而，现有的棋书显然不能满足人们的需求。虽然读者可以看到很多棋书，但它们内容与形式大多雷同，是不同作者对象棋竞技的个人认识，是对棋局胜负得失的见解和分析。各种象棋书均独立存在，彼此缺乏统一性和联系性，更缺乏循序渐进的特性，而这一特性恰恰是学习象棋的规律性的根本体现，是广大象棋爱好者最需要的。很多读者都有这样的体会：买回一本棋书，照书打谱，认识大有提高，但很难在实战中提高成绩。究其原因，本质上是读者的水平与弈战的象棋大师以及作者的水平相去甚远，实际上不能真正理解棋书中的大部分内容。没有理解就无法记忆，没有记忆就没有真正的提高，就不能和大师以及作者产生共鸣。广大象棋爱好者需要的是这样的棋书：它由浅入深、循序渐进，引领读者一步步地在提高棋艺水平的道路上探索着不断前进，使读者的实战水平不断提高，对象棋的认识不断升华，最终能与象棋大师对话。

广大象棋爱好者迫切需要更适合他们学习和使用的一整套自学象棋工具书。金牌教练教象棋丛书正是在这种新形势、新时代的呼唤下应运而生的。它的规模和结构如下：《象棋布局系列》、《梁大师讲中局》、《梁大师讲残局》和《梁大师讲排局》。布局、中局、残局、排局各由多辑组成，选材务求精要，从而构成一整套自成体系、独具特色的象棋自学工具书。我们坚信，读者只要认真学习，刻苦研练，并把学到的新知识在实践中大胆运用，就一定能获得意想不到的成功。

我们坚信，有了金牌教练教象棋这首"好诗"，广大读者一定能依据它优美的旋律，演绎出成功人生的美好华章。

寂寞壮心惊

今天的象棋成型于宋朝。千年以来，中华民族承受了世界史上罕有的灾祸，象棋却不仅没有被湮灭，反而不断地发扬光大。这是因为，它具有为人民群众所喜爱的极其深厚的基础，不仅是历代智者和勇者共同喜爱的高水平的竞技游戏，更是中华民族在苦难与辉煌交替发展的历史中演变出的走向成功的思维武器。它不仅已经成为中华民族文化的重要组成部分，而且已经成为世界文化的一部分。唯其如此，在物质生活极其丰富的今天，象棋运动才得到前所未有的大发展。有统计资料显示，我国的象棋爱好者数以亿计，全世界的象棋爱好者也越来越多。

喜爱象棋是一回事，学好象棋是另一回事，两者之间没有那种很多人幻想的因果关系。象棋已经发展成为独立的思想体系和知识体系。它犹如一座规模宏大、结构复杂的宫殿。它的大门虽然永远向一切访问者敞开，但访问者须有行千里路、读万卷书的深厚功力，否则不能登堂入室。细数当代象棋大师的名字，竟然寥寥不过百人，足见象棋的难度和深度。

多数喜爱象棋的人之所以不能达到学好象棋的目的，是因为大多数人不能忍受寂寞。然而，任何事业的成功无一例外地是寂寞人生的高回报，学好象棋自然也是如此。

金牌教练教象棋丛书是帮助读者成为象棋大师的书。读者须志存高远，摒弃虚荣和浮躁，保持淡泊和宁静，在纯净的心灵光芒的照耀下探寻象棋的真理，在读书和研习中追求理想，实现精神的升华。

志存高远的人总是与寂寞为伴。究其实质，寂寞是人类的高尚品质和操守，是人生的至高境界，是世俗不能理解、更不能企及的思想，是人类精神的核心要素之一。读者若能接受这样的认识，在难得的寂寞中学习象棋，学好象棋就不再是难事。

要想达到目的，就要耐得寂寞。其实，耐得寂寞是要人被动接受，处于精神升华的初级阶段，只有选择寂寞、追求寂寞才是高境界，才能获得成功。如果谁能使自己的人生与寂寞不再分离，那他就距成功不远了。

梁文斌大师是一个与寂寞相伴的人。因此，他拒绝灯红酒绿、五光十色的世俗生活，潜心于象棋的研究和教学。正是由于这种选择，梁大师有令人惊叹的健康体魄。他年近古稀，每天睡眠时间不过 5 小时，大量的时间用于著述和教学，因而能够不断地为广大读者提供好书。

因为寂寞，梁大师成为享誉棋界的金牌教练，把那些在寂寞中生活的男孩和女孩培养成为象棋大师。读者若能选择寂寞，梁大师会用双手扶着你，帮助你站在象棋巨人的肩上。

你当然熟悉这些名字：胡荣华、柳大华、吕钦、许银川……

"济时敢爱死？寂寞壮心惊！"（杜甫：《岁暮》）当年，国难当头，以天下为己任的杜甫本想投身政治却报国无门，于是选择了寂寞与诗歌。历史成就了杜甫。

"语不惊人死不休！"（杜甫：《江上值水如海势，聊短述》）这是杜甫的名句，是梁大师最喜爱的格言。梁大师喜爱杜甫，把"语"变成了"棋"。生逢盛世，梁大师选择了寂寞与象棋。历史成就了梁文斌。

亲爱的读者，如果你选择了象棋且矢志不渝，那么只要同时选择寂寞，在大师的指引下学习，沿着大师的足迹前进，历史也一定会公平而慷慨地成就你的事业和人生。

郝光明

2011 年 10 月 28 日

序

残局，顾名思义，是指子力残缺不全的最后局面。残局作为全局的尾声，一局棋的胜、负、和往往要在此阶段决出结果。在这最后决战的残局盘面中，双方凭借着子力数量的多寡、攻守力量的强弱，"优则图胜；劣则谋和；均势则立足不败，创造战机"。

那么，在残局的较量中，形势占优方或是多子方就一定会取胜吗？客观严谨地说，未必能胜。举个简单的例子，具有一定残局基础的读者会知道，单车对士象全的局面，优势方虽然比对方净多一枚车，但只要劣势方防守正常，其结果就是和棋。在各兵种子力的残局对抗中，这样以弱势守和的情况不胜枚举。而像炮兵单缺仕对士象全、马炮仕相全对马士象全等有一定取胜难度的局面，优势方如果不得要领，不明其法，则只有望洋兴叹，接受和棋。

读者朋友可以想象，这样把应该和的棋走输了，把应该赢的棋却走和了，是多么令人懊恼与沮丧。所以，只有熟练掌握残局中各兵种子力的胜、和技巧与定式规律，才能在残局的较量中从容不迫，成竹在胸。

此外，学习与掌握例胜、例和的实用残局知识，也有助于读者在中局向残局转换之际做出正确的决策。劣势局面，可以运用兑子或弃子等技巧演成例和之势，挽救迫在眉睫的危局；优势局面，则可以通过子力简化形成必胜残局，完成无风险的赢棋。

十百牛来，古今棋人对残局胜和课题的研究都十分重视，且一直在不断的探索中前行。早在明朝朱自帧所著的著名古谱《橘中秘》中，就有近140局有关实用残局的介绍，详加剖析各种胜和棋势。当代以来，又陆续有谢侠逊、罗君筹、贾题韬、屠景明等棋坛名家的残局专著问世，这极大地丰富了实用残局的理论与技巧，使各兵种子力的胜、和局型愈加系统全面，颇具规模。

　　《梁大师讲残局》是梁文斌大师的最新力作，分为上下两册，共计二十八章，550 则局例。全书从单子马、炮、兵、车讲起，至双车为止，其中所归纳总结的各兵种子力对抗中的实用残局，是千百年来前人的经验积累及作者多年实践与研究的心得。学习与掌握这些例胜、例和的实用残局知识，是初学象棋的少年儿童及广大象棋爱好者提高棋艺水平不可或缺的基本功训练。此外，为了激发读者朋友的学习兴趣与"真枪实弹"的对弈感受，书中还特别精选了形成实用残局棋势的大量现代棋坛名人的经典实战片段。若能将这些古典实用残局技巧与现代名人的实战残局对比研习，心摹手追，必将获益匪浅，效果显著。

　　最后，祝读者朋友的残局水平百尺竿头，更进一步！

郝光明

2013 年 2 月

目 录

第一章　孤马残局

第1局　孤马擒单士

本局是著名古谱《橘中秘》中的经典残局（图1）。要取胜则必须先擒士，才能再擒王。曾有一位省级棋王与大师"彩弈"时，尽管棋王左将右踩，两翼环形攻击，大战40多回合依然屡攻难擒，其主要原因是平日对"擒士"的研究不屑一顾。

所以，只有掌握"擒士"的规律，才能在任何形势下攻无不克、战无不胜！

1. 马四退五　将4进1

倘若将4退1，马五进七，将4平5，马七进五，红胜。

2. 马五进三　士5进6

倘若士5退4，马三退二，将4退1，马二进四，士4进5，马四进五，红胜。

3. 马三退四　……

"擒士"关键之步！

3. ……　士6退5　4. 马四进六　……

精妙！立即使黑王呈现"崇祯"吊死煤山之势。

4. ……　士5退6　5. 马六进八　……

即将完成著名"七步擒士"的大业。

5. ……　士6进5　6. 马八进七　将4退1

7. 马七退五（红胜）

图1

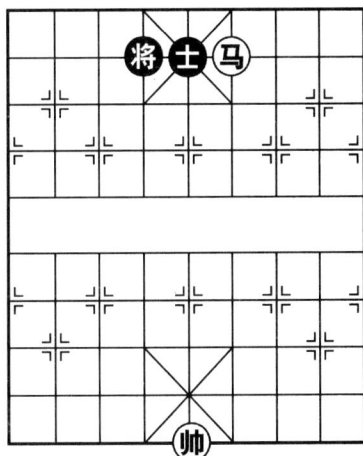

第2局　孤马擒单士

残局中"将、帅"远程助攻不可小觑。孤马擒士，帅必须占中，当前驱逐将离开中路是取胜关键，然后才能攻而胜之（图2）。

1. 马九进七　将5进1

2. 帅四进一　……

良好的顿挫战术！逼将自动离开中路。

2. ……　　将5平4

3. 帅四平五　……

"占中"缩小将活动范围，是擒士的关键。

3. ……　　士6进5

4. 马七退六　士5退6

暂解燃眉之急。另有两种选择：①士5进4，马六进四，将5退1，帅五平六，红胜。②将4进1，马六进八，士5退6，帅五退一，士6进5，马八进七，将4退1，马七退五，红胜。

5. 马六进四　将4退1

6. 马四进二　士6进5

7. 马二退三　……

黑棋原始3、5、7路卒的点位加上黑棋九宫左右两个象眼的点位，是红马占领攻击的关键位置。

7. ……　　将4平5

倘若将4进1，马三进四，以下黑棋有两种选择：①士5进6，帅五退一，形成第1局七步擒士过程。②将4退1，马四退五，士5进6，马五进七，将4进1，帅五退一，将4进1，马七退八，士6退5，马八进六，士5退6，马六进八，士6进5，马八进七，将4退1，马七退五，红胜。

8. 马三退四　将5平6

倘若将5平4，马四进五，士5进6，马五进七，将4进1，帅五退一，将4进1，马七退八，士6退5，马八进六，士5退6，马六进八，红胜。

9. 马四进五　士5进4

倘若士5进6，马五进三，将6进1，帅五退一，士6退5，马三进五，红胜。

10. 马五进三　将6进1　　**11.** 帅五退一　将6进1

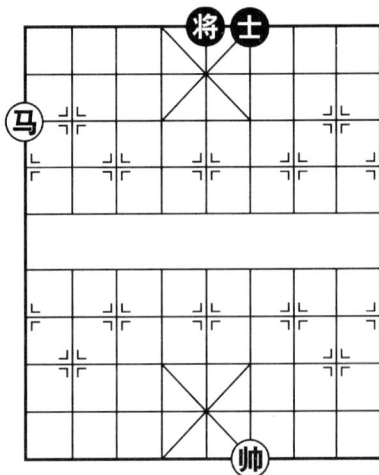

12. 马三退二 ……

进攻方向正确！倘若马三退四，将6退1，还要重返马四进三。

12. …… 士4退5

倘若将6退1，马二进四，红胜。

13. 马二进四 士5退4		**14. 马四进二 士4进5**		
15. 马二进三 将6退1		**16. 马三退五 ……**		

大功告成，红胜。

16. …… 将6退1		**17. 马五退三 将6进1**		
18. 马三进二 将6进1		**19. 帅五进一（红胜）**		

第3局 孤马擒单士

孤马擒单士在大型比赛中出现不多，请看2009年广州市象棋甲组联赛，广东著名棋手周嘉鸿之战（图3）。

1. 帅六平五 ……

占领中路，势在必行！

1. …… 将4平5

倘若士5退6，仕四退五，士6进5，马六进四，士5退6，仕五退四，将4进1，马四进三，士6进5，马三进四，将4退1，马四退五，士5进6，马五进七，将4进1，帅五退一，将4进1，马七退八，士6退5，马八进六，士5退6，马六进八，士6进5，马八进七，将4退1，马七退五，红胜。

2. 马六进七 将5平6

3. 马七进五 ……

"擒王"进入定式射程之内。

3. …… 士5进4 4. 马五进七 ……

方向性弯路！似可马五进三，将6进1，仕四退五，将6进1，马三退二，士4退5，马二进四，士5退4，马四进二，士4进5，马二进三，将6退1，马三退五，红胜。

4. …… 将6进1 5. 马七退六 士4退5

6. 马六进四 将6进1

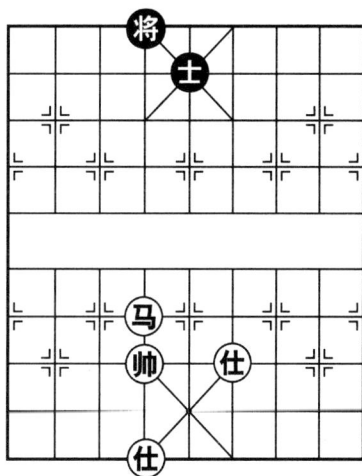

图3

加速失败！倘若士 5 退 4，马四进六，将 6 退 1，马六进八，士 4 进 5，马八退七，将 6 进 1，马七进六，将 6 退 1，马六退五，士 5 进 4，马五进三，将 6 进 1，帅五退一，将 6 进 1，马三退二，士 4 退 5，马二进四，士 5 退 4，马四进二，士 4 进 5，马二进三，将 6 退 1，马三退五，亦是红胜。

7. 马四进二　士 5 进 4　　　　**8.** 仕四退五　士 4 退 5

9. 马二进三　将 6 退 1（红胜）

第 4 局　孤马难擒单象

单象"守和"孤马，并没有什么奥妙的秘笈，只要记住"门东户西"则足可抗御孤马的铁蹄。也就是："将在左则象在右，将在右则象必在左"（图 4）。

1. 马二退四　象 5 进 7

倘若象 5 退 3 则形成"将与象"在同一侧，容易遭到毁灭性打击。以下帅五进一，将 4 进 1，马四退六，将 4 退 1，马六进七，象 3 进 5，马七进五，红胜。

2. 马四进六　象 7 退 5

3. 马六进四　将 4 进 1

4. 马四进二　象 5 进 7

5. 帅五进一　将 4 退 1

倘若做出另外三种决策，将面临丢象失败：①象 7 退 5，马二进四，将 4 进 1，马四退五，红胜。②象 7 退 9，马二退四，将 4 退 1，帅五退一，象 9 退 7，马四进三，红胜。③将 4 进 1，马二退四，象 7 退 5，马四退五，将 4 退 1，马五进七，将 4 平 5，马七进五，红胜。

6. 马二退四　象 7 退 5（和棋）

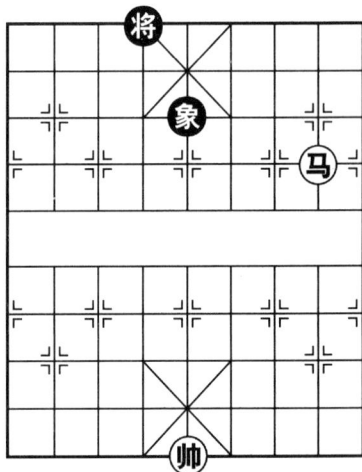

图 4

第 5 局　孤马巧擒单象

"将与象"一旦同在一翼，则容易遭到攻击而败局（图 5）。

1. 马九退八　……

自古华山一条路。可是孤马擒象还有取胜之路：马九进七，象 9 进 7，马七退六，象 7 退 9，马六进四，象 9 退 7，马四进三，将 6 进 1，马三退二，象

7进9，马二退三，象9进7，马三进一，象7退5，马一进三，将6平5，马三进五，红胜。

1. ……　　象9进7

2. 马八进六　……

简捷！倘若马八进七，将6进1，马七进八，将6退1，马八进六，象7退9，马六退七，象9进7，马七退六，象7退9，马六退四，象9进7，马四进三，象7退5，马三进五，道路曲折，红棋也能取胜。

2. ……　　象7退9

3. 马六退四　象9退7

4. 马四进三　象7进5

别无良策只好送吃。

5. 马三进五（红胜）

第6局　孤马巧擒单卒

古谱经典残局。

通常孤马难擒单卒，但在小卒没过河之前孤马有机会擒卒。

本局是千古难遇之局，仅有艺术观赏价值而没有实战参考价值，因在实战中兑光大量子力，仅剩"红马与黑卒"的概率几乎为零（图6）。

1. 马二进三　……

进马管住小卒是取胜关键！倘若马二进四，卒5进1，马四进三，卒5进1，马三进五，将6进1，马五退六，卒5平4，小卒过河后尽管是低速龟爬，快马也难擒拿。

1. ……　　卒5进1

2. 帅五平六　……

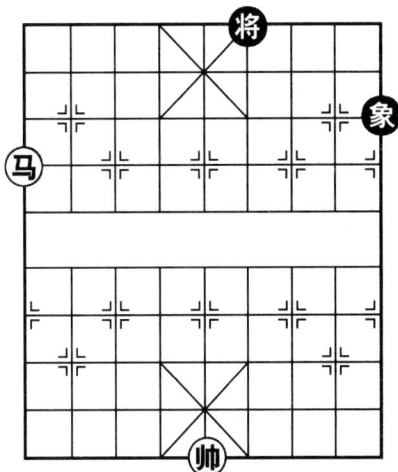

图5

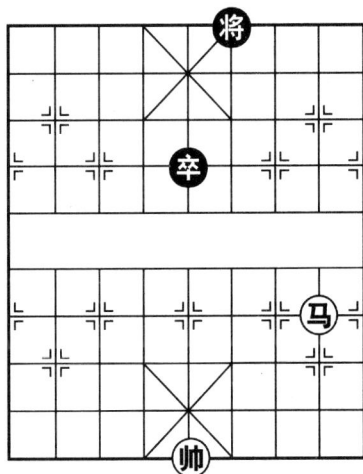

图6

顿挫等待！

2. …… 将6进1 **3. 马三进二** 将6平5

倘若将6退1，马二退四，将5平6，帅六进一，将5平6，帅六平五，将6进1，马四进六，将6平5，马六退五，红胜。

4. 马二退四 将5进1

倘若将5退1，帅六进一，将5平6，帅六平五，将6平5，马四进六，将5平4，马六退五，红胜。

5. 帅六进一 ……

进帅是取胜的顿挫妙着！

5. …… 将5平6 **6. 帅六平五** 将6平5

7. 马四退三 ……

先纵后擒，将要一气呵成演绎擒卒大戏！

7. …… 卒5进1 **8. 马三进四** 卒5进1

9. 马四退六 将5退1 **10. 马六退五**（红胜）

第7局　孤马巧和炮士象全

图7为古谱精华残局定式。在劣势下红马跟住黑炮进退的杀棋，就可确保帅安然无恙。简单高效易于把握，颇具实战中劣势下求和的参考价值。倘若此局黑棋没有双象，其攻防没有区别。

1. 帅四退一 ……

退帅走闲，马防炮杀，必成"铁和"之势。

1. …… 将5进1

2. 帅四进一 炮7退1

3. 马三进二 ……

守护肋道炮杀的两个点位，黑炮无计可施。

3. …… 炮7进1

4. 马二退三（和棋）

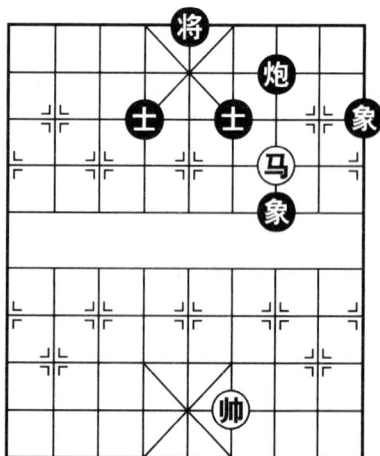

图7

第二章 孤炮残局

第8局 孤炮单仕擒双士

"孤炮单仕必胜双士"几乎是人人皆知的残局，看似简单而实则也有快速取胜的诀窍，否则也会走弯路（图8）。倘若双仕取胜更加容易。

1. 炮一平四 士4退5

为什么不士6退5呢？炮四平五，将5平4，炮五平六，将4平5，仕五进六，将5平4，帅四平五，将4平5，炮六进七，红胜。

2. 帅四平五 将5平4

3. 炮四平六 将4平5

4. 帅五平六 ……

"出王"控制士不能退到4路线是快速取胜的诀窍！

4. …… 士5退6

5. 炮六平四 ……

优良顿挫！使黑棋只能走士而不能进将。

5. …… 士6进5

倘若士6退5，炮四平五，绝杀，红胜。

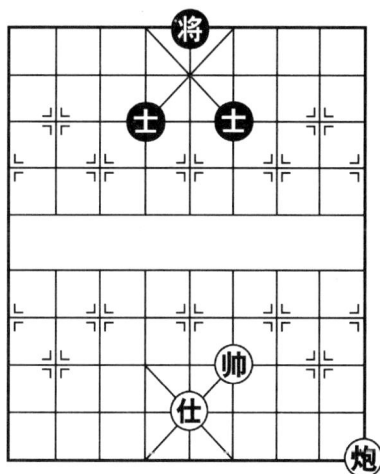

图8

6. 仕五进四 将5平6 **7. 帅六平五 将6平5**

丢士，无可奈何之举！倘若将6进1，仕四退五，闷杀。

8. 炮四进七 将5平4 **9. 炮四平八 将4进1**

10. 炮八退七 将4退1 **11. 炮八平五 士5进6**

12. 仕四退五 士6退5 **13. 仕五进六 士5进4**

14. 炮五平六　将 4 进 1　　　**15.** 炮六进一　将 4 退 1

16. 炮六进六（红胜）

第 9 局　孤炮巧和单炮士象全

孤炮巧和单炮士象全（图 9）。

1. 炮七平六　士 4 退 5

2. 炮六平二　士 5 退 6

3. 炮二退四 ……

时刻准备护头兑炮可确保帅安全。

3. ……　　　士 6 退 5

4. 炮二平五　炮 3 平 4

5. 炮五平二　士 5 进 4

6. 炮二平六　士 4 退 5

7. 炮六平五（和棋）

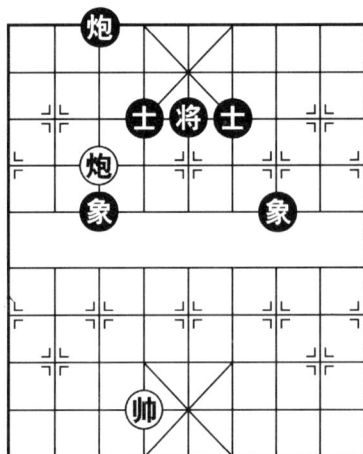

图 9

第 10 局　孤炮巧和双炮

孤炮巧和双炮比较简单，只要把炮放在"帅后"形成太公坐椅之势，黑棋多子也难胜（图 10）。

1. 炮八平四　将 5 退 1

2. 帅四进一（和棋）

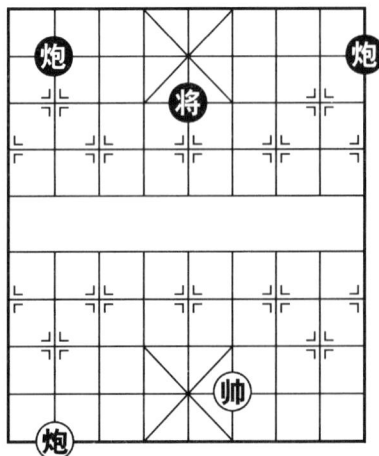

图 10

第 11 局　孤炮巧禁和三卒

古谱《橘中秘》经典残局。

孤炮和双卒都难，怎么能和三卒呢（图 11）？

1. 炮三平四　　卒 7 进 1

2. 炮四退七　　……

古谱《橘中秘》到此戛然而止而和棋。为了帮助读者朋友对这一残局有更清晰的理解，以下为作者所拟。

2. ……　　　前卒平 7

3. 帅五进一　卒 8 平 7

4. 帅五进一　中卒进 1

5. 帅五退一　后卒进 1

6. 帅五进一　将 6 进 1

7. 帅五退一　前卒进 1

8. 炮四进一　中卒进 1

一炮挡关形成三卒莫入之势，冲卒捉炮别无良策。

图 11

9. 炮四进一　前卒平 6　　　10. 帅五进一　　……

亦可炮四平九，前卒平 6，帅五平六，卒 7 平 6，炮九退一，后卒进 1，帅六进一，中卒平 5，炮九进一，和棋。

10. ……　　　前卒平 6　　　11. 炮四进二　前卒平 5

12. 炮四进一　卒 6 平 7　　　13. 炮四退三（和棋）

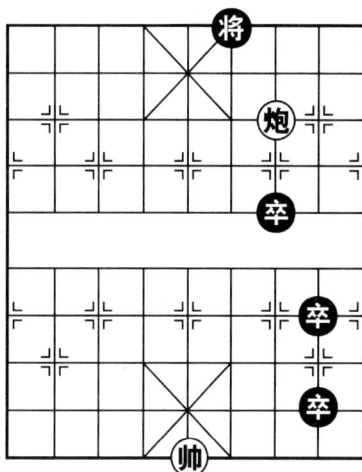

第三章　孤兵残局

第12局　孤兵和单士

孤兵与其他兵种进行战术组合，会有相当大的威力。可是孤兵作战却威力甚小。一般情况下，孤兵很难擒士取胜（图12）。

1. 兵五进一　　士5退6

2. 帅五平六　　士6进5

3. 帅六进一　　士5退4

4. 兵五平四　　将5平6

倘若士4进5，兵四进一，士5进4，帅六退一，士4退5，帅六平五，将5平4，兵四平五，红胜。

5. 帅六平五　　士4进5

6. 兵四平五　　士5退4（和棋）

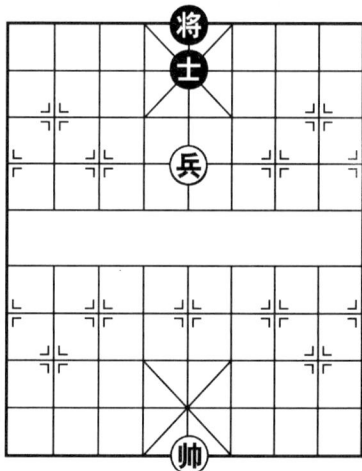

图12

第13局　孤兵胜单士

孤兵战斗力最弱，但仍有巧胜之机（图13）。

1. 兵四进一　　将5进1

另有两种选择：①将5平6，兵四平五，将6进1，帅六平五，将6退1，兵五平六，将6进1，兵六平五，将6退1，兵五进一，红胜。②将5平4，兵四进一，将4平5，帅六进一，士4退5，帅六平五，红胜。

2. 帅六进一　　将5退1　　　　　**3.** 兵四进一　　士4退5

4. 帅六平五（红胜）

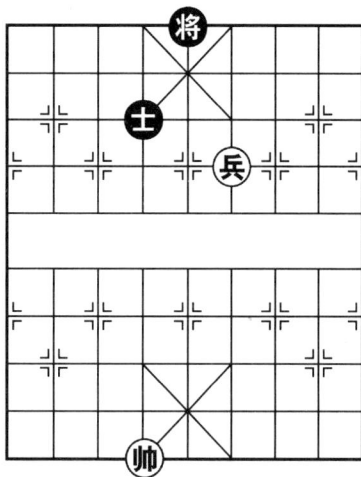

图 13

第 14 局　孤兵单仕巧胜单士

通常孤兵难胜单士，因本局有仕遮脸，从而达到"兵与帅"的完美战术组合（图 14）。

1. 兵五进一　士 5 退 4

2. 兵五平四　将 5 平 6

倘若将 5 进 1，帅五平六，将 5 退 1，兵四进一，红棋胜势。

3. 帅五平四　……

御驾亲征远程助攻，是孤兵擒士的关键！

3. ……　　　　士 4 进 5

4. 兵四进一　将 6 平 5

5. 帅四平五　……

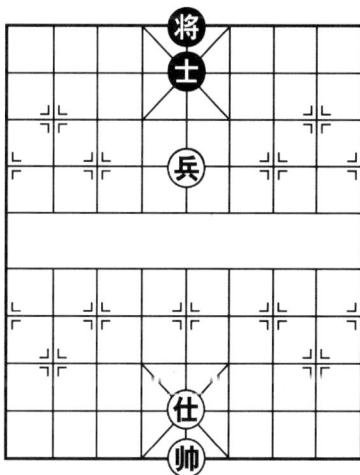

图 14

"红王"紧急撤离，为封锁左翼肋道而擒士。

5. ……　　　　士 5 进 4

6. 帅五平六　……

封锁左翼肋道，形成"左帅右兵"，攻城擒王近在咫尺。

6. ……　　　　士 4 退 5　　　　**7.** 帅六进一　士 5 进 4

8. 帅六进一　士 4 退 5　　　　**9.** 帅六平五　将 5 平 4

10. 兵四平五（红胜）

第 15 局　孤兵巧和炮单士

古谱《橘中秘》经典残局。

孤兵与帅密切配合，可以抵御黑炮的攻击（图 15）。因单士要防范孤兵舍身换士，所以难胜，倘若双士则轻松可胜。

1. 兵六进一　……

离"将与卒"近一点，伺机以兵换士。

1. ……　　　士 5 进 6

2. 帅四平五　……

倘若急于兵六平五，将 4 平 5，兵五平四，炮 5 平 6，黑胜。

2. ……　　　士 6 退 5

3. 帅五平四　炮 5 平 4

4. 兵六平五　将 4 进 1

5. 帅四进一　炮 4 平 6

7. 兵五平四　将 4 平 5

9. 兵五平四（和棋）

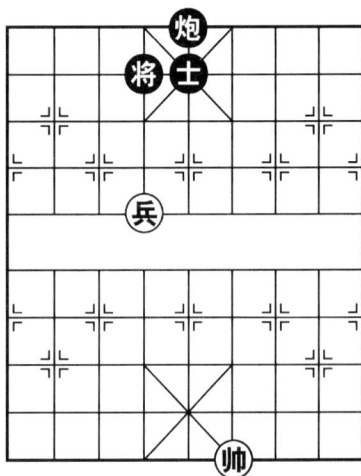

图 15

6. 帅四退一　炮 6 平 5

8. 兵四平五　将 5 平 4

第四章 孤车残局

第16局 孤车胜单缺象

"单缺象"乃象棋术语，指"有双士（仕）而缺一象（相）"。

孤车必胜单缺象！可先捉象后吃士，简单取胜（图16）。

1. 车六平五　象5进3

2. 车五平七　象3退5

3. 车七进一　象5进7

4. 车七平三　……

俗称"十字花拿大象"，单象必丢。

4. ……　　　将5平6

5. 车三退二　将6进1

6. 车三平四　……

形成孤车必胜双士之势。

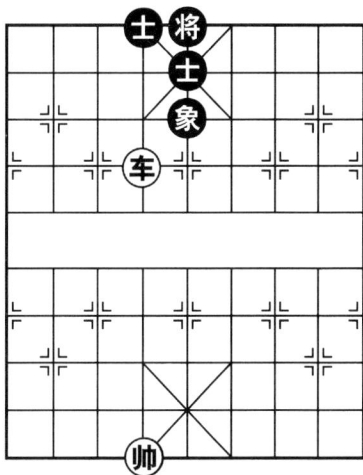

图16

6. ……　　　士5进6

7. 帅六平五　士4进5

8. 车四平三　将6退1

9. 车三进四　将6进1

10. 帅五平四　士5进4

11. 车三退一　将6退1

12. 车三退一　士4退5

13. 车三进二　将6进1

14. 车三退一　将6退1

15. 车三平五（红胜）

第17局 孤车胜单缺士

"单缺士"是象棋术语，指有双象（相）而缺一士（仕）。

孤车可简单轻松战胜单缺士（图17）。

1. 车五平三　　将5平4

2. 车三平六　　将4平5

3. 车六进二　　象7进9

4. 车六平八　　士5退4

5. 车八进一　　象9进7

6. 帅五平六　　将5进1

7. 车八平六　　象7退9

8. 帅六平五　　象9进7

9. 车六退四　　象7退9

10. 车六平一　　象9退7

11. 车一进三　　将5退1

12. 帅五进一　　将5平4

13. 车一平五　　象5进7

14. 车五进一　　将4进1

16. 车三平五　　象5进3

18. 车五进二　　将4退1

15. 车五平三　　象7退5

17. 车五退四　　象3退5

19. 车五平六（红胜）

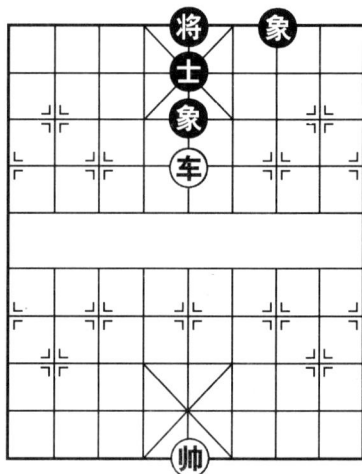

图 17

第18局　孤车和士象全

《橘中秘》古典残局。孤车难胜士象全。

双象与双士是守护王城的防御兵种，四子俱全被称为"士象全"。

士象全足可抵御孤车的攻击。本局其攻守天衣无缝，化干戈为玉帛，颇有实战参考价值（图18）。

1. 车七退三　　……

退车河口管制边象高飞。

1. ……　　　　将6退1

2. 车七平五　　……

静候黑棋出错。

2. ……　　　　将6进1

倘若将6平5，帅五平四，黑棋必丢象而败。

3. 车五平四　　士5进6

4. 帅五平四　　士4进5

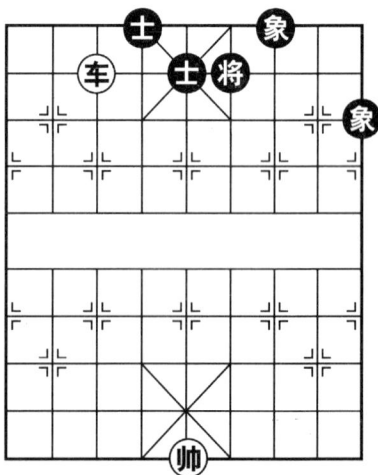

图 18

5. 车四平八　将6退1　　**6.** 车八进四　将6进1

7. 车八平五　……

车夺将位看似凶悍，实则因单兵种作战收效甚微。

7. ……　　　　士5进4　　**8.** 车五退二　士4退5

9. 帅四进一　象9进7　　**10.** 车五退二　象7退9

11. 车五平二　将6退1　　**12.** 车二平八　将6平5

13. 帅四平五　象7进5（和棋）

第19局　孤车胜士象全

"士象全"倘若位置较差，孤车可乘机而入，攻城擒王（图19）。

1. 车七退一　……

取胜诀窍！

1. ……　　　　将6进1

倘若将6平5，车七平二，与主变殊途同归。

2. 车七平二　将6退1

3. 车二进二　将6进1

4. 车二退四　将6退1

5. 车二平四　将6平5

6. 车四平五　将5平6

7. 帅五进一　……

平凡而又致命一击！

7. ……　　　　将6进1　　**8.** 车五平四　士5进6

9. 帅五平四　……

先用车照将，再出王助攻，是取胜关键。

9. ……　　　　士4进5　　**10.** 车四平二　象3进5

倘若士5进4，车二进二，士4退5，车二进一，将6退1，车二平五，红胜。

11. 车二进三　将6退1　　**12.** 车二平五　象1退3

13. 车五平二　将6平5　　**14.** 车二进一　将5进1

15. 车二退二　将5退1　　**16.** 车二平四　将5平6

17. 车四进一　将5退1　　**18.** 车四进一　将5进1

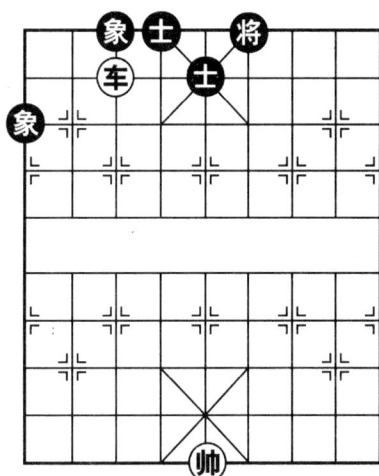

图19

19. 帅四平五　象3进1　　**20.** 车四平九　象1进3
21. 车九退三　将5退1　　**22.** 车九平五　将5进1
23. 车五退一　将5平6　　**24.** 车五平四　将6平5
25. 车四平七　将5退1　　**26.** 车七平五　将5进1
27. 车五进二　将5平6　　**28.** 车五退一（红胜）

第20局　孤车和马双象

流传已久的经典与唯一"马双象和孤车"古典残局定式，亦称"马三象"（图20）。

1. 车五平一　将5进1
2. 车一进二　将5退1
3. 车一进一　将5进1
4. 车一平四　将5平4
5. 车四平五　马5进6

倘若马5进4，帅五平六，象3退5，车五退二，红胜。

6. 车五退一　将4退1
7. 车五退六　马6退5（和棋）

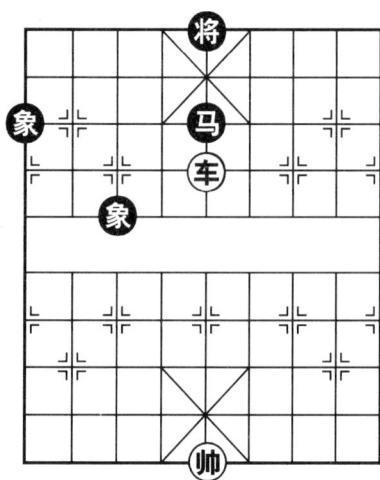

图20

第21局　孤车胜马双象

与上局仅差3路象（一高一低），倘若黑棋先行，则飞高象立即成和；红棋先行则可胜之（图21）!

1. 车五平二　将5平6　　**2.** 帅五进一　将6平5

倘若将6进1，车二平四，将6平5，车四进三，与主变殊途同归。

3. 车二进三　将5进1　　**4.** 车二平四　将5平4
5. 车四平五　……

车夺将位，黑棋崩溃!

5. ……　　马5进7　　**6.** 车五退三　马7退6
7. 车五平六　马6进4　　**8.** 帅五平六（红胜）

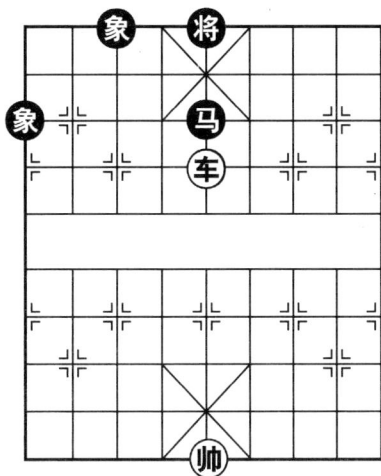

图 21

第 22 局　孤车胜马双象

孤车战胜马双象并非轻松，其仕相助攻与牵制的功能不可小觑。

本局是 1999 年全国象棋个人赛，著名象棋大师杨德琪取胜之战（图 22）。

1. 车七退二　马 4 进 5

2. 车七平五　马 5 进 6

3. 仕五进四　马 6 退 7

4. 车五退一　马 7 进 8

5. 帅四进一　马 8 退 7

6. 帅四平五　……

帅占中势在必行，发挥远程助攻的功能。

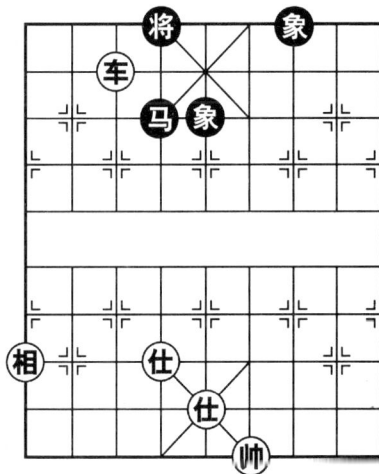

图 22

6. ……　　　　马 7 进 8

7. 车五平四　将 4 平 5

8. 相九进七　将 5 平 4

9. 相七退五　将 4 平 5

飞相为阻挡黑马，细腻老练！

10. 相五进三　……

10. ……　　　　将 5 平 4

11. 车四进四　将 4 进 1

12. 车四退六　马 8 退 9

13. 车四进二（参考图）　……

13. ……　　马 9 退 8

为什么不马 9 进 7 呢？车四平六，将 4 平 5，车六平三，马 7 进 5，车三退二，马 5 退 6，车三进五，将 5 退 1，车三进一，红胜。

14. 车四平六　将 4 平 5

15. 车六进四　象 7 进 9

16. 车六平二　马 8 进 6

17. 车二退三　马 6 进 4

18. 车二进二　将 5 退 1

19. 车二退三　马 4 进 6

20. 车二平四　马 6 进 4

21. 车四平一　象 9 退 7

22. 车一平三　……

精妙！

22. ……　　将 5 平 6（红胜）

放弃续战。以下车三平六捉马，马 4 退 3，车六进四，将 6 进 1，车六平三，红胜。

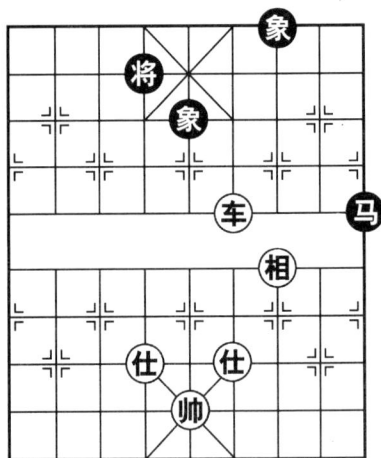

参考图

第 23 局　孤车和马双相

"孤车与马双相"的争斗看似简单，实则高深莫测。特级大师许银川是弈林第一高手，经 60 回合浴血奋战，才迎来胜利曙光，可见这一残局是多么复杂与深奥。

读者多加研究探讨，才能掌握胜与和的规律。

本局是郑惟桐大师与特级大师许银川之战（图 23）。

（黑先）

1. 车 1 平 6　帅四平五

2. 车 6 进 2　帅五退一

3. 将 5 进 1　帅五进一

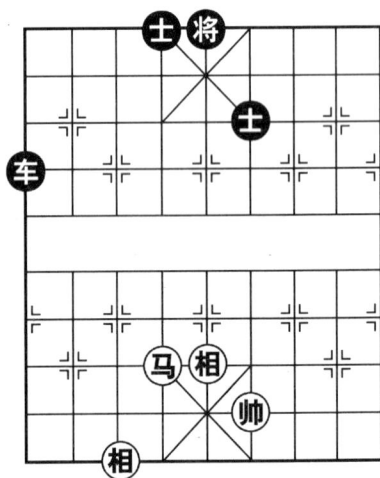

图 23

4. 车 6 平 4　　马六进八（参考图 1）

5. 车 4 退 1　……

似应车 4 平 3，马八退六，车 3 平 4，马六进八，车 4 平 3，帅五平四，（红马长捉不变判负）车 3 进 1，马八进九，车 3 平 6，帅四平五，车 6 进 3，相七进九，车 6 平 1，马九进七，车 1 退 2，黑胜。

5. ……　　　帅五退一

6. 将 5 平 6　　帅五进一

7. 士 6 退 5　　帅五退一

8. 士 5 退 6　　帅五进一

9. 车 4 平 6　　……

似可士 4 进 5，帅五退一，士 5 进 6，帅五进一，将 6 平 5，把后院安定再进攻为宜。

参考图 1

9. ……　　　马八退六	10. 车 6 进 4　　帅五退一
11. 车 6 进 1　　帅五进一	12. 将 6 平 5　　马六进五
13. 将 5 退 1　　马五退六	14. 车 6 平 4　　马六进五
15. 车 4 退 4　　马五进四	16. 车 4 平 3　　马四进六

只能前进不能后退。倘若相七进九，车 3 进 3，帅五退一，车 3 退 1，黑胜。

17. 将 5 进 1　　帅五平四	18. 车 3 平 6　　帅四平五
19. 车 6 退 1　　马六退八	
20. 车 6 平 2　　马八进七	
21. 将 5 平 4　　帅五退一	
22. 士 4 进 5　　帅五进一	
23. 将 4 退 1　　帅五退一	
24. 士 5 进 4　　马七退六	
25. 车 2 平 4　　马六进八	
26. 将 4 平 5　　帅五进一	
27. 车 4 进 1　　帅五平四	
28. 车 4 平 6　　帅四平五	
29. 车 6 平 3　　帅五平四（参考图 2）	
30. 车 3 平 6　　……	

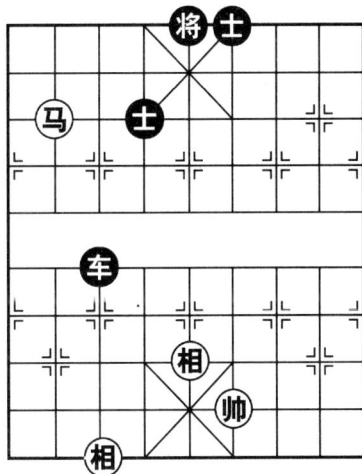

参考图 2

似应车 3 退 2，以下红棋有两种选择：

①马八退九，车 3 平 6，帅四平五，车 6 进 6，相七进九，车 6 平 1，黑胜。②帅

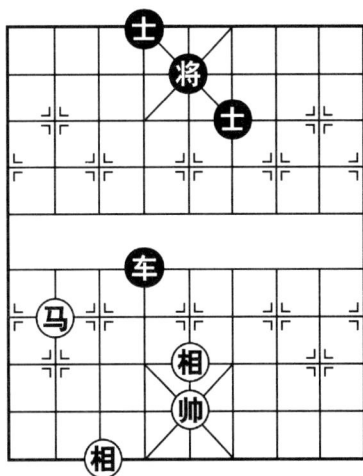

四退一，车3平2，马八进七，士6进5，帅四平五，车2退3，黑胜。

30. ……	帅四平五	**31.** 车6退1	帅五退一
32. 将5进1	帅五进一	**33.** 将5平6	……

又重新回到第9回合大致相同的起点，只是把红马赶向前沿。

33. ……	马八退六	**34.** 车6平4	马六进八
35. 士6进5	帅五退一	**36.** 士5退4	帅五进一
37. 车4进5	马八退七	**38.** 将6平5	马七退五
39. 将5退1	相七进九	**40.** 车4退4	马五进四
41. 车4平6	马四退六		

倘若马四进六踏士，60回合不吃子判和的限着又要重新开始计算，所以退马而不吃士。

42. 车6退1	马六进八	**43.** 车6平2	……

追逼红马踏士，为了缓解60回合限着的到来。

43. ……	马八进七	

只能卧槽不能挂角，否则又要重新计算60回合限着。

44. 将5进1	马七退六	**45.** 车2平4	马六进八
46. 车4平6	相九进七	**47.** 车6进5	相七退九
48. 车6平1	相九进七	**49.** 车1退3	马八退六
50. 车1平4	马六退八	**51.** 车4退2	马八退九
52. 车4进1	帅五退一	**53.** 车4平6	帅五进一
54. 将5平6	帅五退一		
55. 车6进4	……		

多次用这条通道实施攻击。

55. ……	帅五进一
56. 车6平2	马九退七
57. 车2退3	马七进六
58. 将6平5	马六进四
59. 车2平4	马四进三
60. 将5退1	马三退四

还有三个回合就到了60回合不吃子判和的规定。

61. 车4退2（参考图3）　马四退五

似可马四进二，将5进1，马二进三，足可完成60回合不吃子和棋。

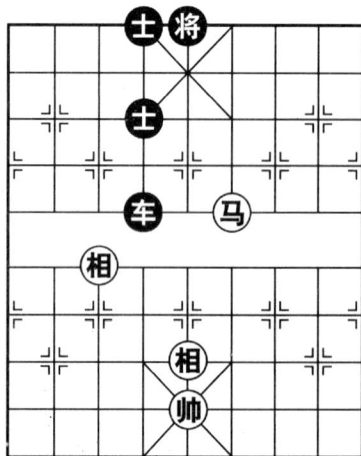

参考图3

62. 车4进1 ……

扣人心弦！胜利即将来临与限着完成的节点相交融。

62. …… 帅五平四　　**63. 车4平6** 帅四平五

64. 车6平5（和棋）

红棋逃马丢相，逃相则丢马。可是恰恰在输棋在所难免的关键时刻，郑惟桐大师利用60回合没吃子判和的棋规，戏剧性地迫和对手。

第24局　孤车胜马双士

孤车必胜马双士。其诀窍是逼马于高位或无士一侧，然后伺机劫士。吃一士后，孤车胜马单士则简单容易（图24）。

1. 车五平八 将5平4

2. 车八平六 将4平5

3. 车六进三 ……

逼黑马表态走向，然后追击。

3. …… 马6进8

倘若马6退7，车六平三，马7进9，车三平二，马9退7，车二平三，马7进9，车三平二，黑马长捉红车不变则违规判负，变则黑马必丢。

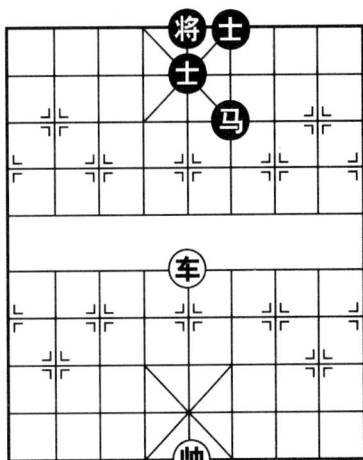

图24

4. 车六平二 马8进7　　**5. 车二平八** 将5平4

6. 车八进二 将4进1　　**7. 车八退五** ……

借机捉马抢占肋道是取胜关键。

7. …… 马7退5

倘若马7进6，帅五进一，将4退1，车八进五，将4进1，车八退七，马6退5，车八平五，马5退7，车五平八，卒5进4，帅五平八，士6进5，车六平八，士5进6，车八进六，将4退1，车八退一，红胜。

8. 车八平五（参考图） 马5退4

倘若马5退6，车五平六，士5进4，帅五平六，士6进5，车六平七，马6进4，车七进二，马4进5，车七进二，将4退1，车七平五，马5进4，车五退一，将4进1，帅六进一，红胜。

9. 帅五平六 将4退1　　**10. 车五平八** 将4平5

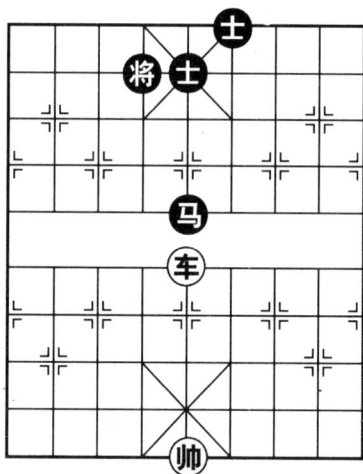

参考图

11. 帅六平五　将5平4　　　**12.** 车八进五　将4进1

13. 帅五平六　士5进6　　　**14.** 车八平四（红胜）

第25局　孤车胜马双士

本局是黑马最佳防御之势，俗称"山后马"。

山后马属于高难残局，倘若不知取胜诀窍，要想捉马擒士颇费神思。细细体会局中技巧，孤车战胜马双士犹如探囊取物（图25）。

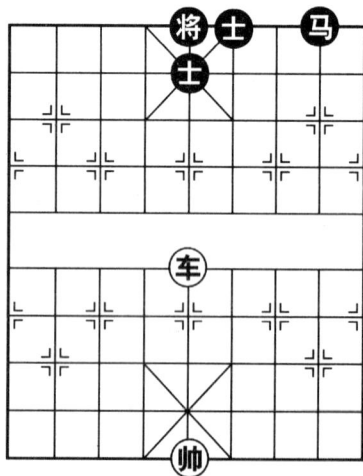

1. 车五平八　将5平4

2. 车八进五　将4进1

3. 车八退三　将4退1

4. 车八平六　将4平5

5. 帅五平六　马8进6

6. 车六平四　马6退8

图25

倘若马6进8，车四平八，士5退4，车八进三，士6进5，帅六平五，马8进6，车八退五，马6退4，车八平二，将5平6，车二平四，将6平5，车四进三，马4进2，车四平八，马2进3，车八平二，将5平6，车二进二，将6进1，车二退五，马3进4，帅五进一，将6退1，车二进五，将6进1，车二退七，马4退5，车二进二，马5退4，车二平四，马4退6，帅五平四，将6退1，车四平一，将6平5，帅四平五，将5平6，车一进五，将6进1，帅五平四，红胜。

7. 车四平八　　士5退4

倘若马8进6，车八进二点穴，马6进5，车八进一，士5退4，车八平六，将5进1，红胜。

8. 车八进二（参考图）　……

击破"山后马"防御链条关键战术。

8. ……　　　　马8进7

倘若马8进9，车八进一，士6进5，帅六平五，马9进7，车八退二，马7进5，车八平二，将5平6，车二进二，将6进1，车二退四，马5退4，车二平四，士5进6，帅五平四，士4进5，车四平三，马4进6，车三进一，马6进5，车三进二，将6退1，车三平五，红胜。

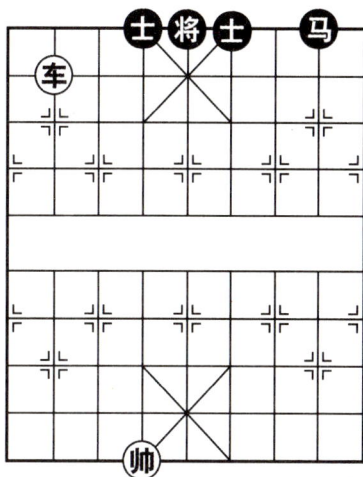

参考图

9. 车八进一　　士6进5　　　　**10. 车八退二　　马7进5**

11. 车八平五　　……

倘若帅六平五，马5退4，回到"山后马"的起点，又要重头再来。

11. ……　　　　马5进3　　　　**12. 帅六平五　　将5平6**

13. 车五平三　　马3退4　　　　**14. 车三进二　　将6进1**

15. 车三退四　　将6退1　　　　**16. 车三平四　　将6平5**

17. 车四进二　　……

驱逐黑马逼向高位。

17. ……　　　　马4进5　　　　**18. 车四平二　　将5平6**

19. 车二进二　　将6进1　　　　**20. 车二退四　　马5进4**

21. 车二平四　　士5进6　　　　**22. 帅五平四　　士4进5**

23. 车四平三　　马4进6　　　　**24. 帅四进一　　马6退5**

25. 车三进三　　将6退1　　　　**26. 车三平五（红胜）**

第 26 局　孤车和只马当士

古谱残局，"孤车难胜马单缺士。"

"只马当士"是古谱象棋术语，指用一马担当一士的防御功能，孤车难以击破（图26）。

1. 帅五进一　象7进9（和棋）

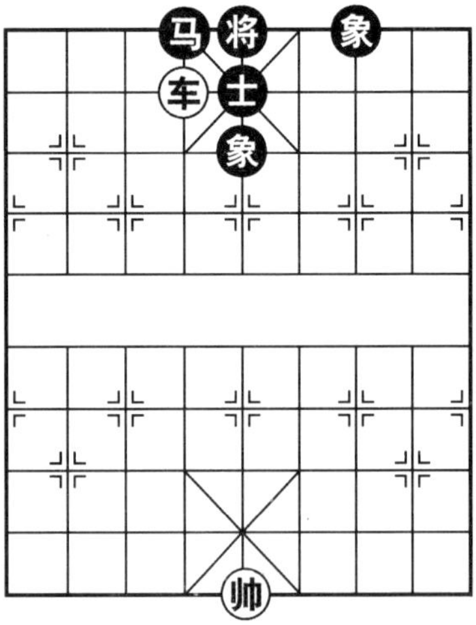

图 26

第 27 局　孤车和只马当士

两位著名女子大师文静与刚秋英演绎"孤车与只马当士"之战，依然是平分秋色（图27）。

1. 仕五进四　马7退6

2. 车五平四　象5退3（和棋）

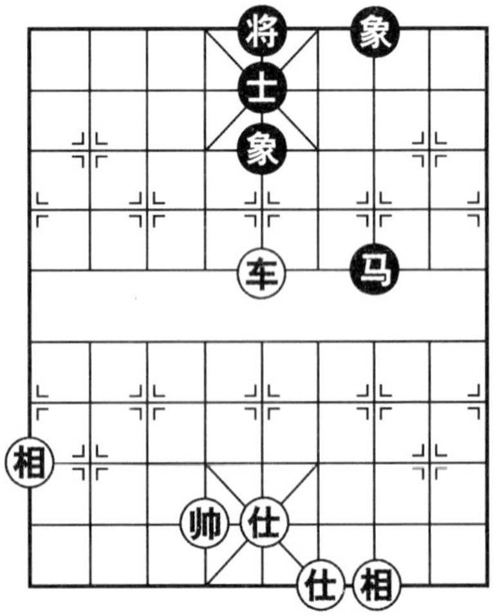

图 27

第28局　孤车和只马当象

孤车难胜马单缺象。

陈丽淳与赵冠芳两位女子特级大师演绎"孤车与只马当象"之战。这种"只马当象"固若金汤，铁和之势（图28）！

1. 车八平二　马8退6

象棋古谱术语名曰："只马当象"。

"贴将马"是无懈可击的互保阵形，安全性比士象全还要优良，孤车难以击破。

2. 车二进三　象5退3

3. 车二退一　象3进5

4. 车二平五　象5退3

5. 车五平六　象3进5

6. 相三进一　马6进8（和棋）

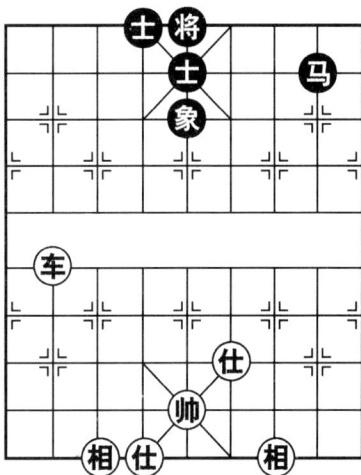

图 28

第29局　孤车和只马当象

马单缺象可和单车。须注意将与象的配合，才能守和单车（图29）。

1. 车六平三　……

"单羊角式"只马当象，虽然不及"贴将式"绝对安全，只要防守正确仍无懈可击。

1. ……　　象5退7

2. 车三进四　将5平6

出将安全。如可象7进5，车三平四，马6进5，车四平一，马5退6，帅五平四，士5退6，车一平三，士6进5，车三平四，马6进7，帅四进一，马7退6，和棋。

图 29

3. 帅五平四　象7进5

4. 帅四进一　士5进4

5. 车三平一　象5退7

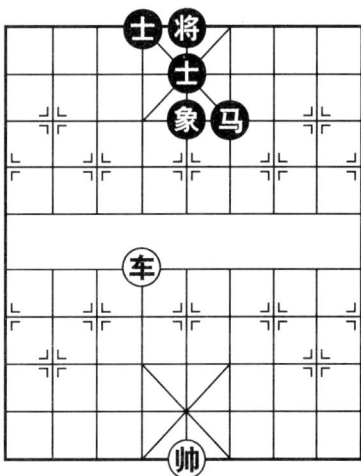

6. 车一退二　士4退5（和棋）

第30局 孤车胜只马当象

倘若黑棋先行而走将5平6即可成和棋，而在图30形势之下，红棋有取胜之机。

1. 车三平四 ……

切断黑棋防御链条的关键之着！

1. …… 马6进4

另有四种选择：①马6进7，车四退三，象7进9，帅五进一，马7退8，车四进二，马8进7，车四平一，红棋胜势。②马6进5，车四退二，象7进9，车四退一，马5进4，车四平一，象9退7，车一进四，将5平6，车一平三，将6进1，车三退六，红胜。③马6退4，车四退一，马4进5，车四平二，马5进7，车二平三，红胜。

2. 帅五进一 马4退3

倘若马4进5，车四平三，象7进5，车三退一，马5退3，车三平五，红胜。

3. 车四平三 象7进5

4. 车三退二 马3退1

5. 车三平五 马1进3

6. 车五平七 马3进1

7. 车七进一 马1进2

形成孤车必胜马双士。

8. 车七平五 ……

8. …… 马2进4

9. 车五平三 将5平6

10. 车三进二 将6进1

11. 车三退五 马4退5

12. 车三平五 马5进3

13. 车五平四 士5进6

14. 帅五平四 士4进5

15. 车四平三 士5进4

16. 车三进四 将6退1

17. 车三退一 士4退5

18. 车三进二 将6进1

19. 车三退一 将6退1

20. 车三平五（红胜）

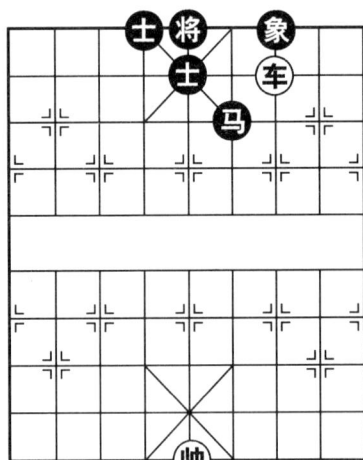

第 31 局　孤车和偏中形三卒

　　连排"偏中形、居中形及三角形三卒"是古谱中的经典残局定式。此局属于"偏中形"三卒，其优良的互保功能，足可抵御孤车的攻击（图 31）。

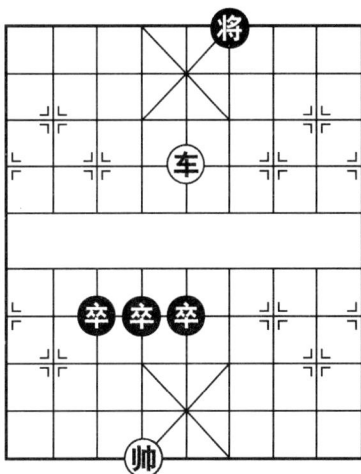

图 31

1. 帅六平五　将 6 进 1

2. 车五平四　将 6 平 5

3. 帅五平四　将 5 退 1

4. 车四平五　将 5 平 4

5. 帅四平五　将 4 进 1

6. 帅五平六　卒 5 平 6

7. 车五退一　将 4 退 1

8. 车五进三　卒 3 平 2

9. 车五平七　将 4 平 5

10. 车七退四　卒 2 平 3　　　**11.** 车七平五　将 5 平 4

12. 帅六平五　卒 6 平 5（和棋）

第 32 局　孤车和偏中形三卒

　　学习残局定式容易，如何把理论与实战相结合才是重要的。

　　本局是 2002 年全国象棋个人赛，柳大华与许银川两位特级大师之战的一个残局（图 32），临场作者一直在枰旁观战。只见许银川在劣势下，弃车演绎"二卒妙和孤车"的佳作，不得不在心中惊叹："高！就是高!!"

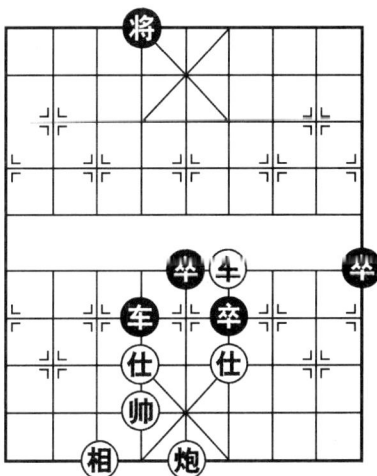

图 32

　　1. 车四进五　……

　　倘若车四平五，车 4 进 1，帅六平五，卒 6 进 1，炮五平四，车 4 进 1，帅五退一，卒 6 进 1，黑棋胜势。

　　1. ……　　　　　　将 4 进 1

2. 炮五平六　车4平5　　　　　　**3.** 车四退三　卒9平8

紧急调卒联合，势在必行！

4. 车四平六　将4平5　　　　　　**5.** 仕六退五　卒8平7

6. 炮六平五　卒7进1

倘若卒7平6，车六平五，将5平6，炮五进三，前卒平5，形成"横直形三卒"也是和棋。

7. 炮五进三　卒5进1（和棋）

第33局　孤车胜居中形三卒

居中形三卒乍看之下三卒"铁链"无懈可击，实则可利用帅远程牵制，轻易击破三卒防御取胜（图33）。

1. 车五平四　将6平5　　　　　　**2.** 帅六平五　……

红王占据中路，三卒岌岌可危！

2. ……　　卒6平7

倘若将5平4，车四平六，将4平5，车六退三，红棋胜势。

3. 车四平三　卒7平8

渐行渐远无可奈何！倘若卒7平6，车三平五，将5平6，车五平四，将6平5，车四退三，红棋胜势。

4. 车三平五　将5平6　　　　　　**5.** 车五平四　将6平5（参考图）

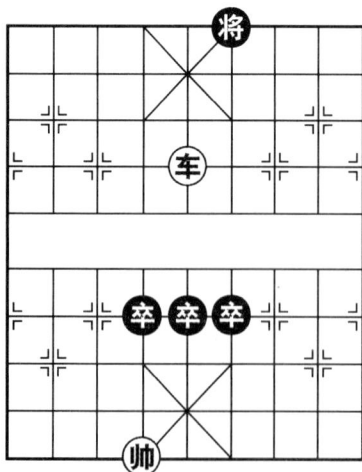

图33

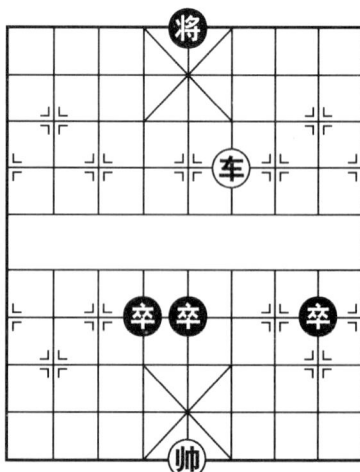

参考图

6. 帅五平四 ……

亦可车四退三，卒 8 进 1，车四退一，卒 8 进 1，帅五平四，卒 8 平 7，车四进四，将 5 进 1，车四平五，将 5 平 4，帅四平五，卒 7 平 6，车五平六，将 4 平 5，车六退三，卒 6 进 1，帅五进一，卒 5 进 1，帅五平六，红胜。

6. …… 卒 8 平 7	**7. 车四平五** 将 5 平 4
8. 帅四平五 卒 7 平 6	**9. 车五平六** 将 4 平 5
10. 车六退三 将 5 进 1	**11. 车六进三** 将 5 退 1
12. 帅五平六 将 5 平 6	**13. 车六平四** 将 6 平 5
14. 车四平五 将 5 平 6	**15. 帅六平五** 将 6 进 1
16. 车五平四 将 6 平 5	**17. 车四退三** 卒 5 进 1
18. 车四平五 将 5 平 4	**19. 车五退一（红胜）**

第 34 局　孤车和三角形三卒

上下结构"三角形三卒"可利用前卒跟随帅而遮挡与将走闲，足可抗御孤车（图 34）。

1. 帅四平五 前卒平 5

2. 车五进二 前卒平 6

3. 帅五平四 卒 5 平 4

4. 帅四进一 卒 4 平 5

5. 车五退三 将 6 进 1

6. 帅四平五 前卒平 5

7. 车五进四 前卒平 6

8. 车五退三 前卒平 5（和棋）

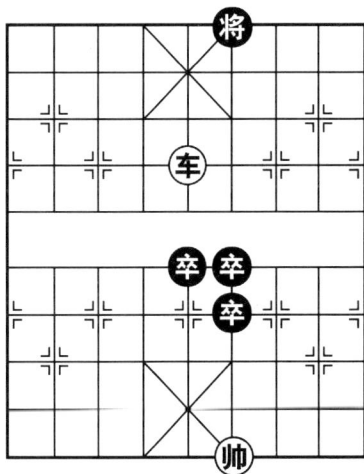

图 34

第 35 局　孤车和单炮双士

炮双士足可抵抗孤车的攻击。低车则动炮，高车则走将，确保无忧而和棋（图 35）。

1. 车三进三 将 6 进 1　　　　**2. 帅五平四** 炮 6 进 2

低车时进炮走闲。

3. 车三退三　炮6退2

4. 帅四进一　将6退1

5. 帅四退一　将6进1

高车时进将走闲。

6. 车三进三　炮6进2（和棋）

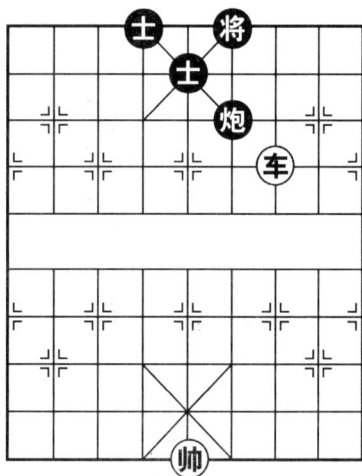

图 35

第36局　孤车和单炮双士

将在三楼似有高处不胜寒的感觉，其实有惊无险（图36）。

1. 车五进一　将4退1

2. 车五平七　炮4平5

3. 帅五平四　炮5平4

4. 车七进二　将4进1

5. 帅四平五　将4退1

6. 车七退一　将4进1

7. 帅五进一　炮4平5

8. 帅五平四　炮5平4（和棋）

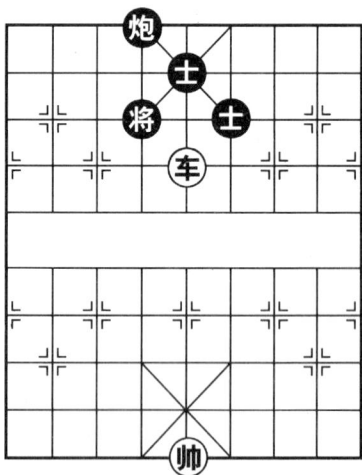

图 36

第37局　孤车胜单炮双士

倘若"炮双士"的位置不佳，孤车攻城擒王则有机可乘。

本局是江苏著名大师徐超取胜之战（图37）。

1. 车八平五　将5平6

2. 车五平四　将6平5

3. 车四进二　……

似可帅六平五，士5退4，车四进三，将5退1，帅五平四，黑必丢子，红胜。

3. ……　　炮5平4

4. 车四退二　炮4平5

5. 帅六平五　士5进6

6. 车四平八　……

佳着！黑难招架。

6. ……　　士4退5

倘若士6退5，车八平五，将5平6，车五平四，将6平5，帅五平四，士5退4，车四进一，将5退1，车四平六，红胜。

7. 车八进一　士5进4　　　　8. 车八进二（红胜）

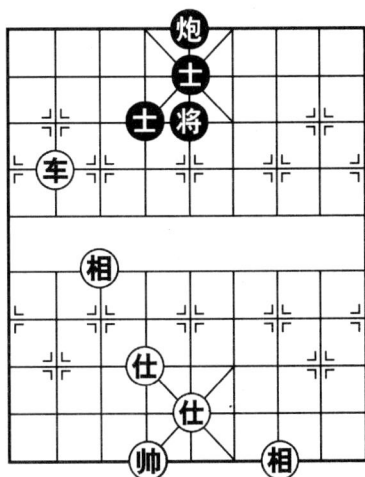

图 37

第38局　孤车和单炮双象

"炮双象"低象与高炮的组合防御，足可抵抗孤车的追击而轻松和棋（图38）。

1. 帅四平五　炮7平5

2. 车三平五　炮5平7

3. 车五平七　炮7平5（和棋）

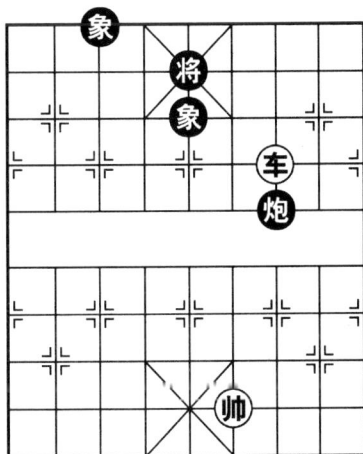

图 38

第39局　孤车胜单炮双象

此局与上局仅是低象与高象之别，就是因为高象，孤车有劫象取胜之机（图39）！

1. 车六退一　炮5退2
2. 车六平九　将5平4
3. 车九进四　将4进1
4. 车九退三　……

先逼将居于高位，然后再捉炮是取胜的绝着。

4. ……　　　炮5进2
5. 车九平六　将4平5
6. 车六平五　炮5平4
7. 车五退一　炮4退5
8. 车五平三（红胜）

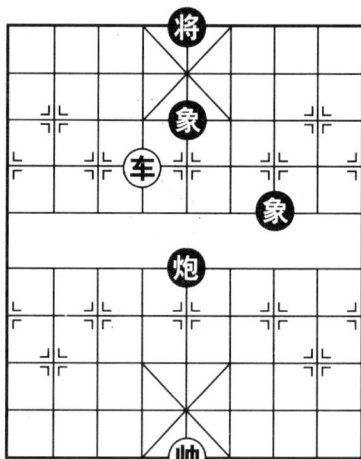

图39

第40局　孤车胜单炮双象

"低象与低炮"的防御组合，也容易遭到孤车的攻击。

本局是深圳著名象棋大师黄勇取胜之战（图40）。

1. 车六退六　炮3进2
2. 帅四平五（红胜）

为什么放弃续战而不象7进9呢？车六平五，象9退7，车五平七，炮3平1，车七平九，炮1平2，车九进五，将5退1，车九进一，将5进1，车九平三，红胜。

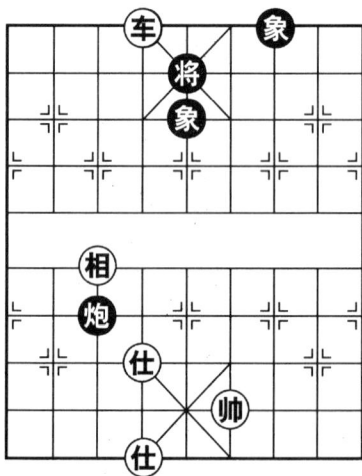

图40

第41局　孤车和双卒双士

双卒遮住"将脸"，双卒与将相互紧密配合可以守和孤车（图41）。

1. 车四平五　　卒5平6
2. 仕五退四　　卒6平5
3. 车五平六　　卒4平3
4. 仕六进五　　卒3平4
5. 仕五进四　　卒4平3
6. 车六平九　　卒3平4
7. 车九退一　　将5平4
8. 车九进五　　将4进1
9. 帅五进一　　卒5平6
10. 车九退四　　卒6平5
11. 帅五平六　　将4退1
12. 车九进四　　将4进1

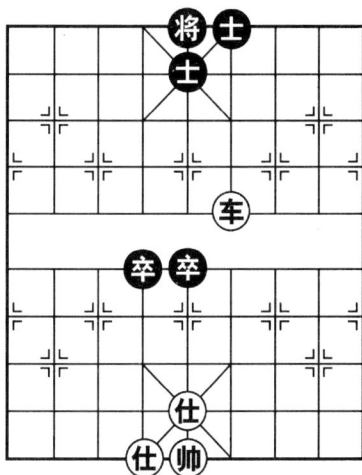

图 41

13. 车九退五　　将4退1

14. 车九平八　　将4平5（和棋）

第42局　孤车和双卒双士

最佳防御阵形！铜墙铁壁无懈可击（图42）。

1. 仕五进六　　将6退1
2. 车五平二　　将6进1
3. 帅五平四　　将6退1
4. 车二退二　　将6进1（和棋）

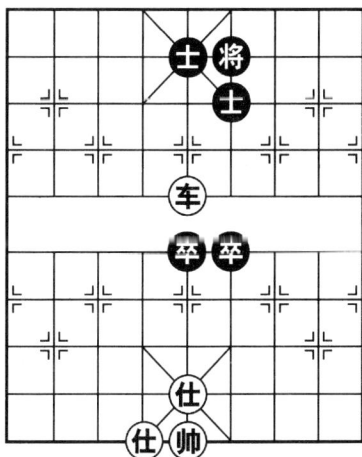

图 42

第 43 局　孤车和双卒双士

青年名手郑铁莹与特级大师陈丽淳演绎"孤车与双卒双士"争斗，平分秋色（图 43）。

1. 车七进三　　将 4 进 1
2. 帅五进一　　卒 5 平 6
3. 帅五平六　　卒 6 平 5
4. 仕六进五　　卒 5 平 6
5. 仕五进四　　卒 6 平 5
6. 帅六退一　　卒 5 平 6
7. 车七退三　　卒 6 平 5
8. 帅六进一（和棋）

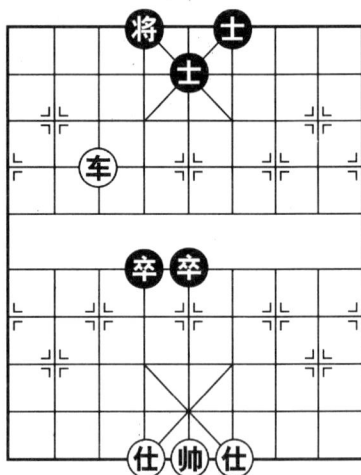

图 43

第 44 局　孤车胜双卒双士

双卒不能遮住"将脸"，孤车有可胜之机（图 44）。

1. 仕五退四　……

精妙！使黑棋不能退士调整阵形。

1. ……　　　将 5 平 4

倘若卒 6 平 7，帅五进一，卒 7 平 6，车四进一，将 5 平 4，车四平六，将 4 平 5，帅五平六，与主变殊途同归。

2. 车四进一　　将 4 平 5

倘若将 4 进 1，仕六进五，卒 6 平 7，车四平六，士 5 进 4，帅五平六，士 6 进 5，车六平九，卒 5 平 4，车九退二，红棋胜势。

3. 帅五进一　……

御驾亲征！借远程控制助力。

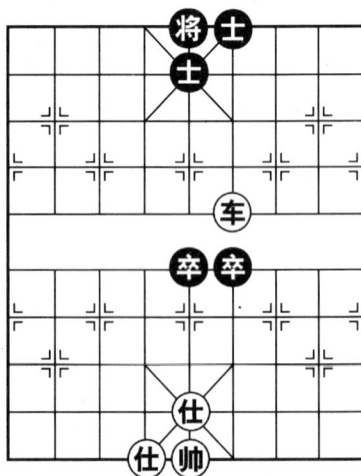

图 44

3.……　　　将 5 平 4　　　　**4.** 车四平六　将 4 平 5

5. 帅五平六　……

绝杀之着，黑棋防线崩溃！

5.……　　　卒 6 平 7

无可奈何花流去！无良策抵抗。

6. 车六平八　……

好棋！不丢士就要丢卒。

6.……　　　卒 5 平 4　　　　**7.** 车八进三　士 5 退 4

8. 车八退五　卒 4 进 1　　　　**9.** 车八平三（红胜）

第 45 局　孤车胜双卒双士

著名象棋特级大师蒋川演绎"孤车战胜双卒双士之战"。黑棋终因双卒不能遮头而失利（图 45）。

1. 车一平六　士 6 退 5

2. 帅五进一　……

精妙的顿挫佳着！

2.……　　　将 4 进 1

3. 车六平八（红胜）

为什么放弃续战而不卒 2 平 1 呢？帅五平六，卒 3 平 4，车八平六，卒 4 平 3，车六平九，卒 1 平 2，车九进二，将 4 退 1，车九平五，卒 3 平 4，车五平八，卒 2 平 3，车八退一，将 4 进 1，相九退七，

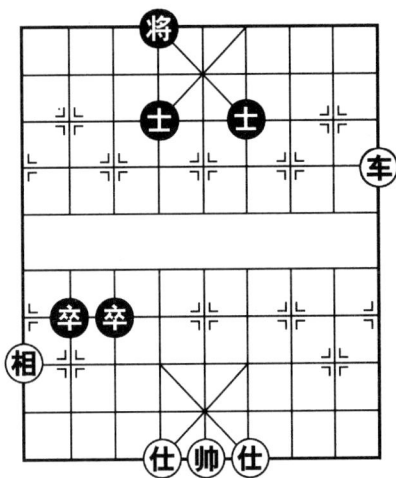

图 45

卒 3 进 1，仕六进五，卒 3 进 1，帅六退一，卒 3 进 1，帅六进一，卒 3 平 2，车八退四，红胜。

第 46 局　孤车胜双卒双士

双卒离遮头盖脸虽然仅一步之遥，孤车仍可取胜。请看万春林大师取胜之战（图 46）。

1. 相三退一　卒 9 平 8　　　　**2.** 相五退三　士 4 进 5

倘若卒 7 平 6，车九平二，必丢卒或士，红胜。

3. 车九平二　士5退6

4. 帅四进一　士6进5

5. 帅四退一　士5退6

6. 仕五进六　士6进5

7. 帅四平五　将5平4

倘若将5平6，车二进五，将6进1，帅五平四，士5进4，车二退一，将6退1，车二退一，士4退5，车二进二，将6进1，车二退一，将6退1，车二平五，红胜。

8. 帅五进一　将4进1

倘若士5进4，车二平八，士4退5，车八平四，将4进1，车四平六，士5进4，帅五平六，士6退5，车六平八，将4退1，车八进五，将4进1，仕六退五，士5进6，车八退一，将4退1，车八退一，红胜。

9. 车二平六　士5进4　　　**10.** 帅五平六　卒7平6

11. 仕六退五　士6退5　　　**12.** 车六平九（红胜）

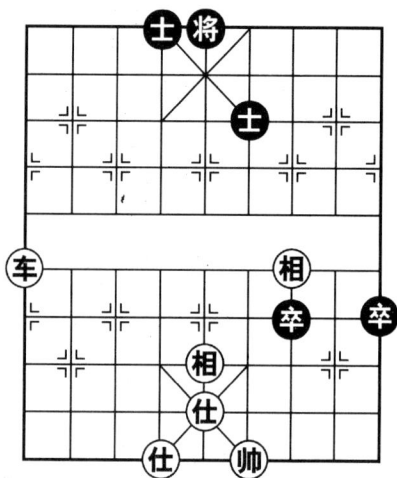

图46

第47局　孤车和双卒双象

双卒在前沿遮脸，双象在后院联防，完美的防守组合，孤车难有可胜之机。

本局是辽宁赵庆阁与上海于红木两位著名象棋大师之战（图47）。

1. 仕五进六　卒5平4

2. 车九平六　卒4平5

3. 帅五进一（和棋）

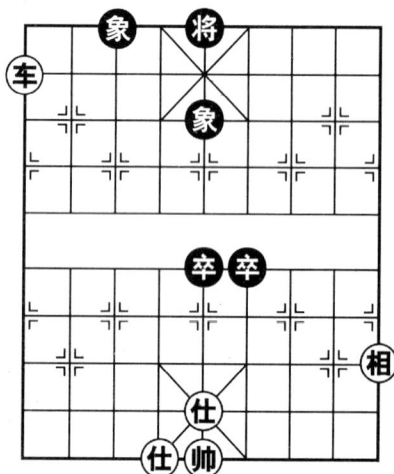

图47

第 48 局　孤车和双卒双象

士象分离，双卒似远似近，显然不及上局简捷整齐，从而为黑棋前景平添迷茫之忧。

本局是内蒙古李曰纯与云南陈信安两位著名象棋大师演绎化干戈为玉帛之战（图 48）。

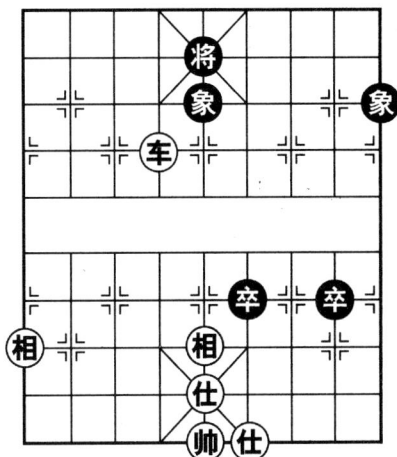

图 48

1. 车六平五　卒 8 平 7
2. 相五退七　象 9 退 7
3. 仕五进四　将 5 退 1
4. 帅五平六　将 5 进 1
5. 车五平三　将 5 退 1
6. 帅六平五　将 5 平 4
7. 车三进二　卒 7 平 8
8. 车三退四　卒 8 平 7

红车虽然千方百计避免双卒靠近中路，但是孤车依然离取胜遥远。

9. 帅五进一　将 4 进 1　　10. 车三平六　将 4 平 5
11. 车六退一　将 5 退 1　　12. 帅五平六　将 5 进 1
13. 车六进五　将 5 退 1　　14. 车六平三　……

倘若车六进一，将 5 进 1，帅六平五，卒 6 平 5，亦是和棋。

14. ……　　　卒 7 平 8（和棋）

第 49 局　孤车和马卒单象

古谱《橘中秘》经典"马卒象和孤车"的残局。由于黑棋四子的完美互保，组成钢铁防御长城，使孤车难以突破。

在 2005 年象甲联赛中，汪洋大师用这个定式与蒋川大师战成平局；2010 年象甲联赛，程吉俊大师也以此定式逼和徐超大师（图 49）。

1. 车二平五　将 5 退 1（和棋）

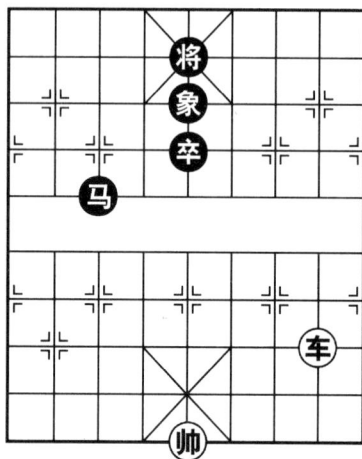

图 49

第50局　孤车和马卒单象

中卒虚浮增加了防守难度，但是黑棋仍然有和棋之策。倘若红棋有仕或相，黑棋则必败无疑（图50）。

1. 车六平五　马3进4

2. 车五进一　马4退3

3. 车五退一　马3进2

黑马长捉红车违规，必须变着否则判负。

4. 帅五进一　马2退3

5. 帅五进一　马3进1

精妙！否则黑棋无子可走而欠行。

6. 帅五平四　马1退3

7. 帅四退一　卒5平4

8. 帅四退一　卒4平5（和棋）

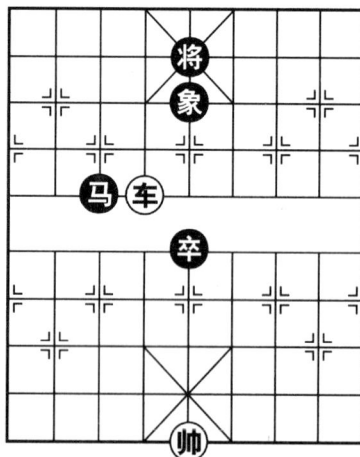

图 50

第 51 局　孤车和马卒双象

古谱《橘中秘》经典残局。

各兵种之间良好互保，孤车则难以击破（图51）。

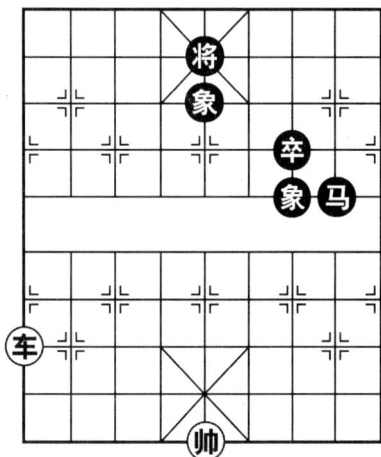

1. 车九进六　将5退1
2. 车九进一　将5进1
3. 车九平二　马8退9
4. 车二平四　马9退7
5. 车四平八　马7进9
6. 帅五进一　将5平4（和棋）

图 51

第 52 局　孤车胜马卒双象

通常"马卒双象"很难守和孤车。请看2009年辽宁省象棋精英赛，大连滕飞取胜之战（图52）。

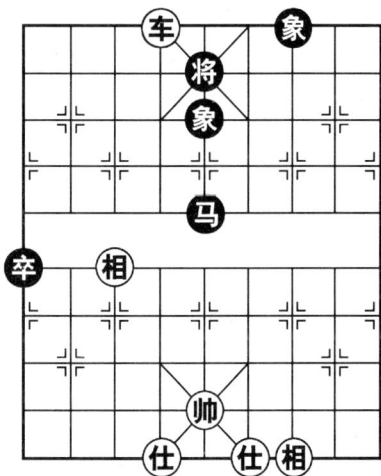

1. 车六退四　马5进6
2. 帅五进一　卒1平2
3. 车六平八　马6退4
4. 帅五退一　象7进9
5. 相三进五　卒2平1
6. 相五退七　马4进6
7. 帅五进一　马6退4
8. 帅五退一　卒1平2
9. 帅五退一　卒2平3

吃相造成卒丢失，似可卒2平1坚守为宜。

图 52

10. 车八平五　象9退7
11. 车五平三　将5平4

12. 车三平六　将4平5　　　**13. 车六平七　将5平4**

无奈！如马4进6，车七进三，将5退1，车七进一，将5进1，车七平三，红胜。

14. 车七退一　……

劫吃小卒后形成"孤车必胜马双象"。

14. ……　　马4进6　　　**15. 车七平四　马6进7**

16. 帅五进一　马7退8　　　**17. 车四平六　将4平5**

18. 车六进五　象7进9　　　**19. 车六平一　……**

攻击的方向准确而又老练。

19. ……　　象9进7　　　**20. 车一退六　马8退6**

21. 车一平四　马6退5　　　**22. 帅五退一　马5进4**

23. 车四平五　马4退3　　　**24. 仕四进五　马3进4**

25. 仕五进四　马4退3　　　**26. 车五进三　马3进4**

27. 车五退一　马4进6　　　**28. 车五平四　马6进4**

29. 帅五进一　象7退9　　　**30. 车四平五　象9退7**

31. 车五平三（红胜）

第53局　孤车和双马

古谱《橘中秘》中名曰"鸳鸯交颈"经典实用残局。

看似变化简单，其实十分复杂，双马连环防守，孤车较难突破（图53）。

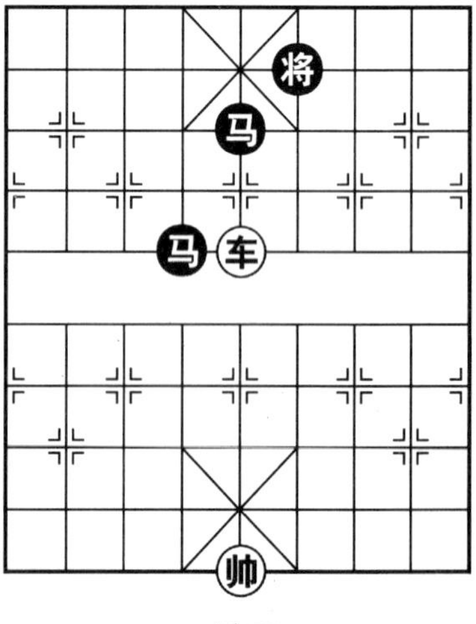

1. 帅五进一　将6退1

原谱仅有帅五进一，将6退1两步棋（和棋）。以下是作者所拟。

2. 车五退三　马5进7

3. 帅五退一　将6进1

4. 车五平四　马7进6

5. 车四退一　将6退1

6. 车四平五　马6退7

7. 车五进五　马7退5

8. 车五退四　马5进7（和棋）

图53

40

第54局 孤车和马炮

"高将底炮"是抵御孤车最佳阵形，虽然红棋有仕相，却很难同时控制"将与马"，所以"马炮可和孤车"（图54）。

1. 车四退二　马8退9
2. 车四平三　马9退8
3. 车三进四　马8进9
4. 车三进一　将5退1
5. 车三进一　将5进1
6. 车三进一　将5退1
7. 车三平二　马9退7
8. 相一进三　马7退6
9. 车二平四　马6进4
10. 车四退三　马4进2
11. 车四进二　将5进1

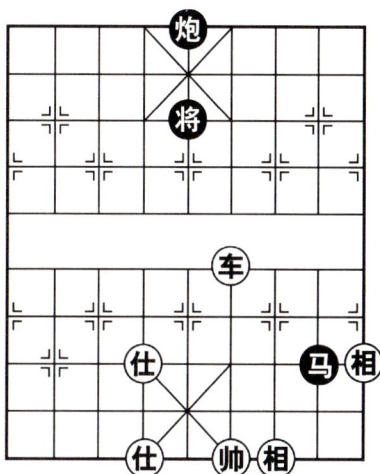

图 54

12. 车四平六　马2进3
13. 车六退五　马3退1（和棋）

第55局 孤车胜马炮

红棋如无仕相，黑马可"马踏八方"，没有羁绊方可穿行两翼，尚有和孤车之望。

倘若红棋有仕象，"马炮和孤车"则相当困难（图55）。

1. 车八平五　马6退4

保持与黑炮近距离联系，另有两种选择：①炮4平5，车五平四，马6退8，相三退一，炮5平4，车四进四，将4退1，车四退二，马8进9，车四进一，将4进1，帅五平六，炮4进1，车四退一，炮4退1，车四进二，将4退1，车四退一，红胜。②马6退7，车五进一，炮4

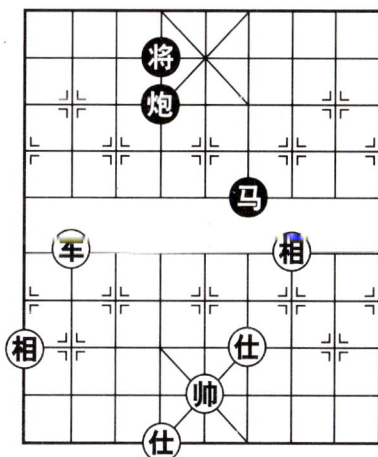

图 55

进 1，车五平七，炮 4 平 5，车七平三，马 7 退 5，车三进三，炮 5 进 2，车三退二，炮 5 退 3，车三平四，炮 5 平 4，车四平八，马 5 进 7，车八进二，将 4 退 1，车八退一，将 4 进 1，帅五平六，红胜。

2. 车五进四　将 4 退 1　　　　**3.** 车五退二　马 4 进 2

4. 车五平七　将 4 进 1　　　　**5.** 车七进二　将 4 退 1

6. 车七退三　马 2 进 1　　　　**7.** 车七进二　将 4 进 1

8. 帅五平六　炮 4 进 1　　　　**9.** 车七退一　炮 4 退 1

10. 车七进二　将 4 退 1　　　　**11.** 车七退一　将 4 进 1

12. 车七平六（红胜）

第 56 局　孤车胜马炮

看似黑棋马炮防御稳正，实则也存在隐忧，孤车可追杀求胜（图 56）。

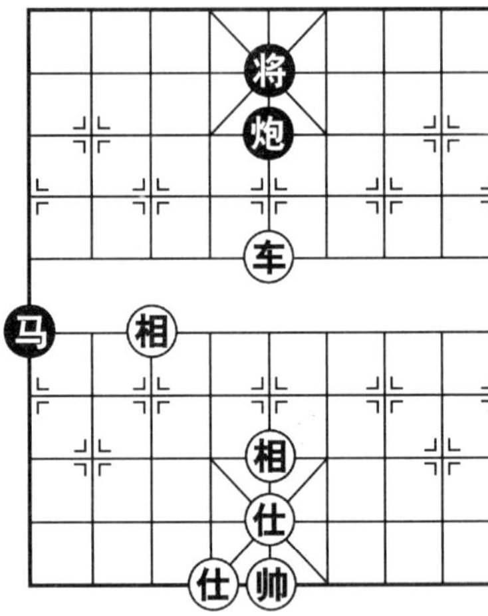

1. 帅五平四　马 1 进 3

2. 仕五进六　马 3 退 1

3. 车五平六　……
占领肋道控制黑马活动范围。

3. ……　　　马 1 进 3

4. 车六退二　马 3 退 1

5. 相五退七　马 1 退 3

图 56

倘若马 1 退 2，车六进一，马 2 进 1，帅四平五，马 1 进 3，车六退一，马 3 退 1，车六进四，炮 5 进 1，车六退一，炮 5 退 1，车六平七，马 1 进 3，车七进二，将 5 退 1，车七退一，炮 5 进 3，帅五进一，将 5 进 1，车七退二，炮 5 退 2，相七退九，马 3 退 1，车七退一，马 1 进 2，车七进四，将 5 退 1，车七退二，炮 5 退 1，车七进一，红胜。

6. 车六进二　马 3 进 1　　　　**7.** 相七进九　炮 5 进 1

8. 帅四平五　马 1 进 3　　　　**9.** 车六退二　马 3 退 1

10. 帅五进一　炮 5 退 1　　　　**11.** 车六进四　炮 5 进 3

12. 车六退一　炮 5 退 3　　　　**13.** 车六平七　……
取胜的关键之着！

13. ……　　　马 1 进 3　　　　**14.** 车七进二　将 5 退 1

15. 车七退一　炮5进3　　16. 车七平八　将5进1

17. 车八退四（红胜）

第57局　孤车胜马炮

"高将底炮"是"马炮和孤车"最佳防御阵形。但是马的行动路线至关重要，一着不慎可能全盘皆输。请看陈寒峰大师取胜之战（图57）。

1. 车六进一　将5进1
2. 车六退一　将5退1
3. 帅六退一　马2进3
4. 车六退四　马3退2
5. 相三进五　将5进1
6. 车六进六　将5退1
7. 相五进七　马2进1

不明显的方向性错误！似应马2进3，车六退六，马3退1，红棋难胜。

8. 相七退九　马1进3
9. 帅六平五（参考图）　马3退1

速败！另有选择：①马3退5，仕五退四，红胜。②马3退2，车六退五，马2退3，车六平七，马3退5，车七平五，炮5平6，车五平九，将5平6，争斗之路还很漫长。

10. 车六平七　……

佳着！

10. ……　　　　　马1退2
11. 车七退一　将5进1
12. 车七退三　马2进1
13. 相三退五　将5退1
14. 仕五进六　……

取胜妙着。

14. ……　　　　　将5平6

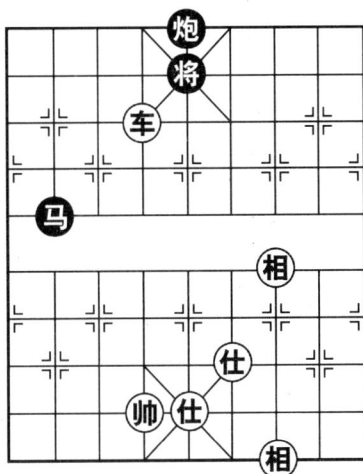

图57

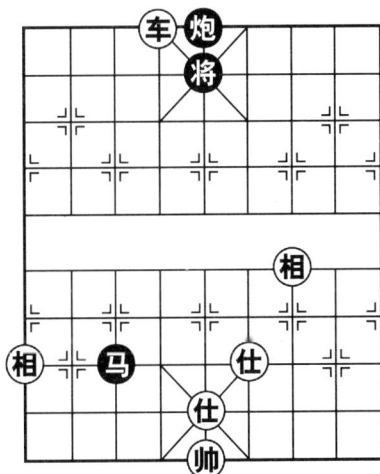

参考图

15. 相五退七　炮5平6

16. 车七平九　马1进3　　　**17.** 车九退一　……

黑马落入陷阱，红棋巧妙捉死黑马胜势已定。

17. ……　　　　将6进1　　　**18.** 车九平七　马3退1

19. 车七平八　马1进3　　　**20.** 车八平七　马3退1

21. 车七平八　马1进3　　　**22.** 车八平七　马3退1

形成"两打对一打一闲，不变作负"，利用棋规捉死黑马。

23. 车七平八　马1进3（黑棋长捉不变判负，红胜）

第58局　孤车和车炮

占领"中路"在残局中有着特殊作
用。红棋虽然少子，但是红车占据中路
要道，使黑棋车炮的"海底捞月"与抢
夺中路的攻势成为"水中月镜中花"（图
58）。

1. 帅五进一　车6进6

2. 帅五退一　炮8平2

3. 车五进一　炮2进7

4. 车五退三　车6进1

5. 帅五进一　炮2平5

平炮打车名曰"海底捞月"，这是驱
逐中车的第一波攻击战术。

6. 帅五平六　……

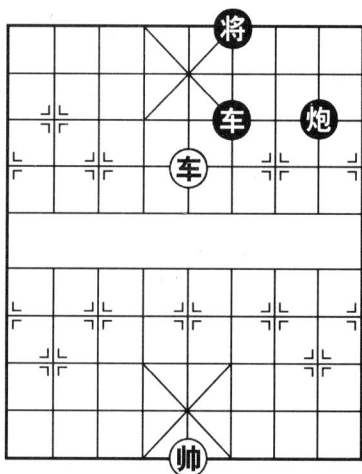

图 58

6. ……　　　　车6退7　　　**7.** 帅六退一　炮5平8

第一次攻击竹篮打水一场空，黑炮只好撤离。

8. 帅六平五　炮8退7　　　**9.** 车五进五　将6进1

10. 车五退一　将6退1　　　**11.** 车五退二　车6平3

抢夺中路的第二波攻击开始！

12. 车五进三　将6进1　　　**13.** 车五退一　将6退1

14. 帅五进一　炮8平5　　　**15.** 帅五退一（和棋）

第59局　孤车和车炮

红车抢占中路的前景渺茫，难道只能束手就擒吗？非也！请看"孤车巧和车炮"的锦囊妙计（图59）。

　　1. 车二平五　　炮8平5

　　2. 车五平四　　将6平5

　　3. 车四进一　……

牵链车炮使其不能脱链。

　　3. ……　　　　将5进1

倘若将5平4，车四进二，将4进1，车四平五，亦是和棋。

　　4. 车四平二　　车3进7

　　5. 帅五进一　　车3退1

　　6. 帅五进一　……

倘若帅五退一，炮5进6，帅五平四，炮5平6，车二进一，将5退1，车二平四，车3平5，黑胜。

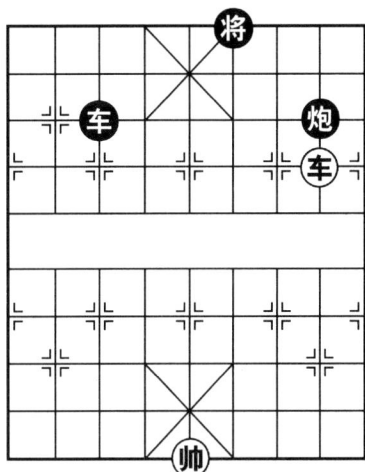

图 59

　　6. ……　　　　炮5进1　　　　**7.** 车二进一　　将5退1

　　8. 车二退二　　炮5退1　　　　**9.** 车二进一　　车3退6

　　10. 帅五退一　　将5进1　　　　**11.** 车二进一　　将5退1

　　12. 车二退一（和棋）

第60局　孤车和双炮

　　这是"双炮和孤车"最佳和棋阵形（图60）。唯有"高将底炮"黑棋才无懈可击。

　　1. 车四平五　　前炮进1

　　2. 帅五平四　　将6进1

　　3. 车五进五　　前炮进1（和棋）

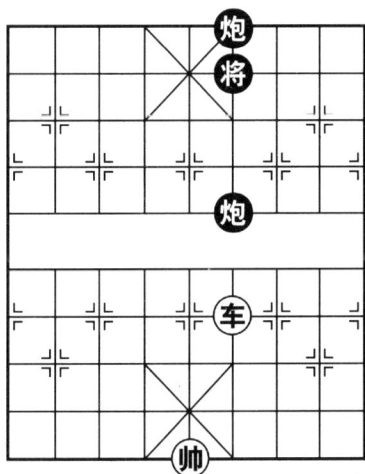

图 60

第61局　孤车胜双炮

本局因双炮位置较差，孤车取胜较易，属于巧胜（图61）。

1. 车四进三　炮5退1

2. 车四平七　炮2平4

3. 车七平六　炮4平3

4. 帅五平六　炮5平6

5. 车六进二　将5进1

6. 车六平七（红胜）

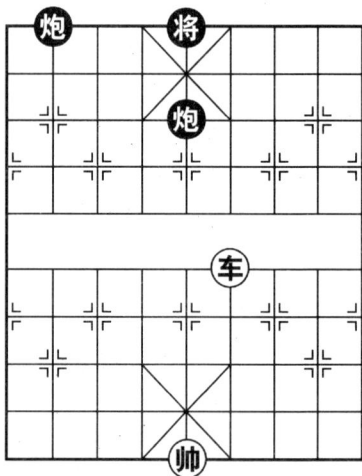

图61

第62局　孤车和双炮

"孤车和双炮"为最常见之势，变化较复杂，倘若应着无错，双炮可和孤车（图62）。

1. 车五进四　将6退1

2. 车五进一　将6进1

3. 车五退一　将6退1

4. 车五退五　炮2退3

5. 车五进三　炮2进1

6. 车五平三（参考图1）　将6进1

在参考图1形势下黑棋另有两种选择：①炮6平5，车三进一，炮5退1，车三平四，将6平5，车四平八，炮2平4，车八进二，炮4退4，车八退一，炮5进3，车八退三，炮5退1，车八进一，炮5退2，车八平六，炮5进1，车六进一，炮5退1，帅五进一，炮4平2，帅五平六，红胜。②炮2退3，车三平

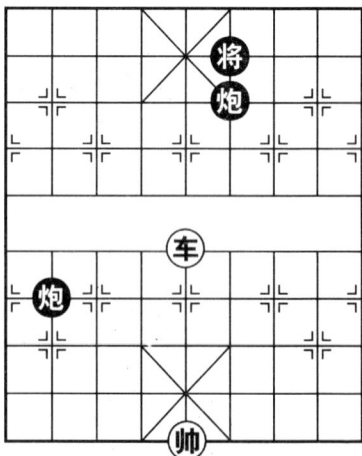

图62

四，将6进1，车四平八，炮2平5，帅五平四，炮5平4，车八进一，炮6进2，车八退二，炮6退2，车八平六，炮4平5，车六进一，炮5进5，车六平三，炮5退5，车三平五，炮5平1，车五进一，炮6进2，帅四平五，炮1进7，车五进一，将6退1，车五退七，炮1退3，车五进三，炮1进1，车五平四，炮6退3，车四平九，红胜。

7. 帅五平四（参考图2）　　将6平5

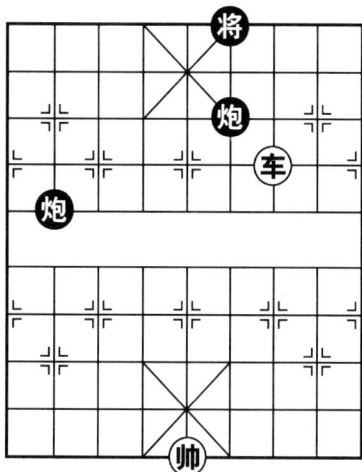
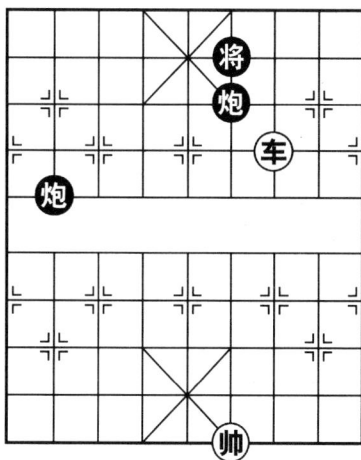

参考图1　　　　　　　　　　　参考图2

另有两种选择：①炮2平6，车三平四，前炮进1，车四退一，前炮进1，车四退一，前炮进1，车四退一，红胜。②炮2平3，车三进二，将6退1，车三退一，炮6进4，车三平四，将6平5，车四退四，红胜。

8. 车三平五　　……

倘若车三进二，将5进1，车三退二，将5退1，车三进一，炮6平5，车三进一，将5退1，帅四平五，炮2平5，帅五平六，前炮平4，亦是和棋。

8. ……	炮6平5	**9.** 车五平八	炮2平4

8. ……　　炮6平5　　　**9.** 车五平八　　炮2平4

10. 帅四平五　　炮4进1　　**11.** 车八进二　　炮4退4

12. 车八平七　　炮5进1　　**13.** 车七退二　　炮5退1

14. 车七平六　　炮4平3　　**15.** 帅五平六　　炮3进4（和棋）

第 63 局　孤车胜双炮

　　似乎双炮俱在高位，给人足可和棋的错觉，其实红棋有快速取胜之机（图63）。

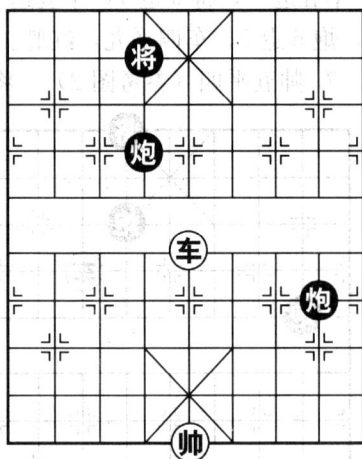

图 63

　　1. 车五进四　将4退1

　　2. 车五退五　炮8退1

　　3. 车五进一　炮8进1

　　4. 车五平六　炮4退2

　　5. 车六平二　炮4平5

　　6. 车二退一（红胜）

第 64 局　孤车和炮双卒

　　古谱《橘中秘》残局。

　　"炮与双卒"组成三角形防御，比"三角形三卒"的防御性能更加优良，守和孤车轻而易举（图64）。

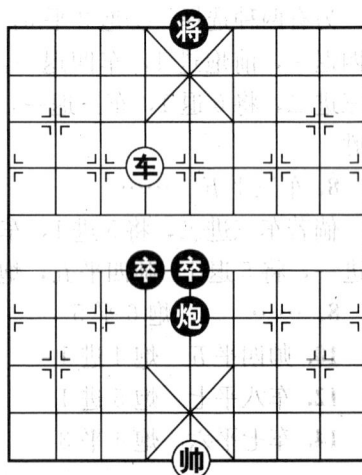

图 64

　　1. 帅五进一　将5进1

　　2. 帅五平四　将5退1

　　3. 车六进二　炮5平4

　　4. 车六平四　炮4平5（和棋）

第65局　孤车和炮双卒

　　此局与上一局是古谱《橘中秘》的姊妹篇，仅有"前炮与后炮"之分，但是防御性能依然优良，可轻松守和孤车（图65）。

1. 车七平五　将5进1
2. 帅六进一　卒5平4
3. 车五平六　卒6平5
4. 车六进一　炮5进2
5. 车六退一　炮5退2
6. 车六平五　卒5平6
7. 车五平六　卒6平5（和棋）

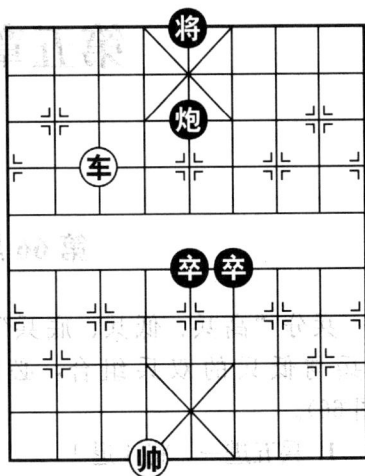

图65

第五章　双兵残局

第66局　双兵胜双士

兵分"高兵、低兵、底兵"三种。高兵与低兵的双兵组合，必胜双士（图66）。

1. 兵五进一　将4退1
2. 兵三平四　将4进1
3. 兵四平五　士6进5
4. 兵五进一　将4退1（红胜）

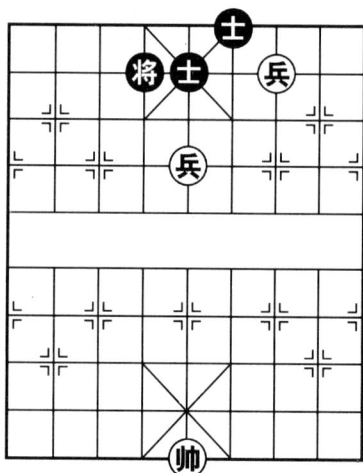

图66

第67局　双兵胜双士

虽然是双低兵组合，红棋先行仍可取胜（图67）。

1. 兵八平七　……

控王佳着。否则将上三楼和棋。

1. ……　士6进5		**2. 帅五进一**　士5退6	
3. 兵四进一　士6退5		**4. 兵四平五**　……	

弃兵取士胜定。

4. ……　将4平5		**5. 兵七平六**　将5平6	

6. 兵六平五（红胜）

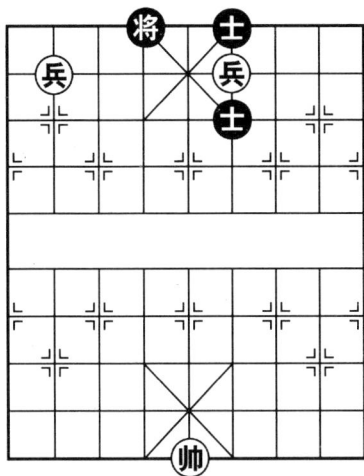

图 67

第 68 局　双兵胜双士

看似双低兵取胜有难度，实则在帅远程助攻下依然可胜（图 68）。

1. 帅六进一　……

良好的顿挫战术！

1. ……　　士 5 退 6

只好放弃肋道阻挡。

2. 兵三平四　……

小兵横渡迎来曙光！倘若兵三进一，士 6 进 5，帅六进一，士 5 进 6，兵三平二，将 5 平 4，帅六退一，将 4 进 1，和棋。

2. ……　　士 6 进 5

3. 后兵平五　士 5 退 6

4. 兵五平六　士 6 进 5

6. 兵四平五（红胜）

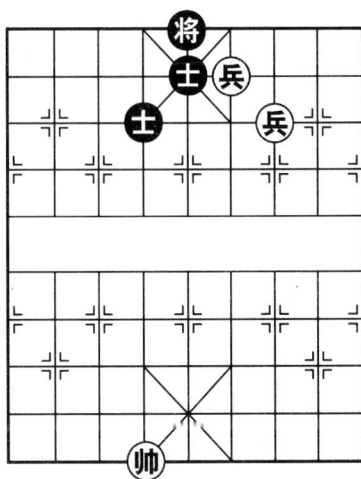

图 68

5. 帅六平五　将 5 平 4

第 69 局　双兵和双士

"双低兵"不能形成攻击力较强的战术组合，双士有和棋之机（图69）。

1. 帅五进一　士5退6
2. 兵四平三　士6退5
3. 帅五平四　士5退4
4. 兵三平四　士6进5
5. 帅四平五　士5退6（和棋）

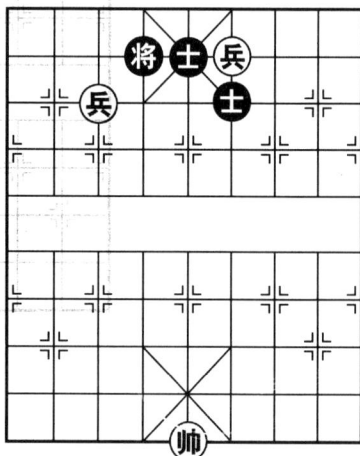

图 69

第 70 局　双兵胜双象

古谱古典残局。

"一高一低双兵"组合与"双高兵"组合皆属于必胜残局，双象无法抵抗（图70）。

1. 兵六平五　将4平5
2. 兵五平四　将5平6
3. 兵八平七　将6平5
4. 兵四进一　将5退1
5. 兵七平六　象7退9
6. 兵四平五　将5平6
7. 兵五进一　象9进7
8. 兵六进一（红胜）

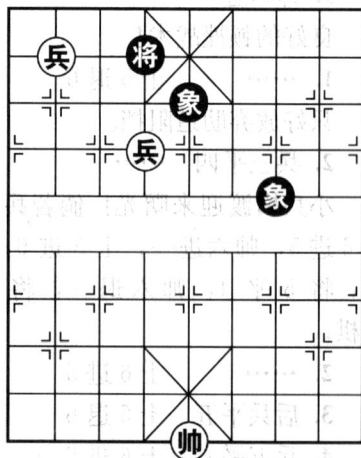

图 70

第71局 双兵和双象

"双低兵"组合,不能有效地控制将,双象可守和双低兵(图71)。

1. 兵二平三　象7进9
2. 兵三平四　象5进3
3. 帅五平四　象9退7
4. 帅四进一　象3退5
5. 兵七进一　将4进1
6. 帅四平五　象5进3(和棋)

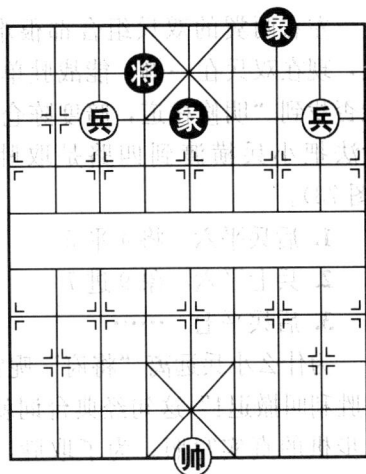

图71

第72局 双兵和单士象

"单士象"缺士少象,似乎难敌双兵的攻击,但是凭借完美的防御战术组合,单士象足可守和双兵(图72)。

1. 帅五平六　将5平6
2. 兵七进一　象5进3
3. 帅六平五　象3退5
4. 兵三平四　将6进1

进将攻守兼顾。这步棋是守和双兵常用的关键之着。

5. 兵七进一　士5退4
6. 兵七平六　象5进3

倘若错走士4进5,兵六平五,将6平5,兵四进一,红胜。

7. 帅五平四　士4进5
9. 帅四平五　士5退4
11. 帅五平四　士4进5(和棋)

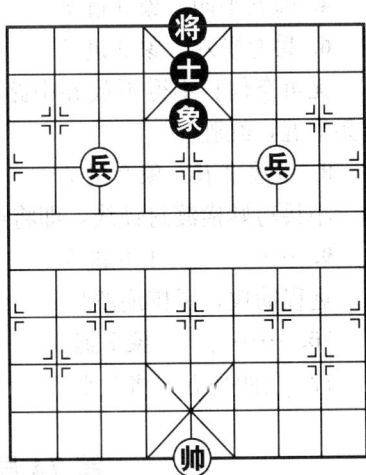

图72

8. 帅四进一　象3退5
10. 帅五退一　象5进3

第73局　双兵胜单士象

左右两翼的双兵组合都很难赢单士象，现在双兵在一侧，能战胜单士象吗？能否找到"明修栈道，暗度陈仓"之策？设法把小兵横渡到四路是取胜的关键（图73）。

1. 后兵平六　将4平5

2. 兵七平六　象9进7

3. 后兵平七　……

为什么小兵远离"将府"呢？"有一种胜利叫撤退！"这句经典台词就是现在这步棋的真实写照。为了取胜，现在要后退。

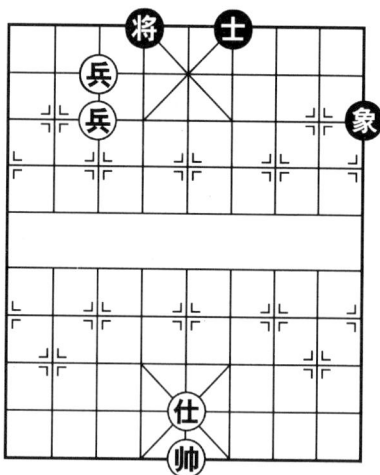

图73

3. ……　　　象7退9

怪！为什么红兵撤退黑象也后撤呢？倘若士6进5，仕五退六，象7退5，兵六平五，将5进1，兵七平六，红胜。

4. 帅五平四　象9进7　　**5. 仕五退六　象7退9**

6. 兵七平六　象9进7　　**7. 帅四进一　象7退9**

无可奈何！不得不放弃中路防线。倘若士6进5，帅四平五，将5平6，前兵平五，红胜。

8. 后兵平五　象9进7　　**9. 兵五平四　……**

小兵巧妙横渡封锁线，即将迎来胜利的曙光！

9. ……　　　士6进5　　**10. 帅四平五　……**

远程助攻，黑棋崩溃！

10. ……　　　象7退9　　**11. 兵四进一　象9进7**

12. 兵四平五　将5平6　　**13. 兵六进一（红胜）**

第74局　双兵胜单士象

小兵拍门点穴，羁绊黑王行动自由，尽管边兵遥远，仍能攻城擒王（图74）！

1. 帅六平五　……

远程助攻不可小觑！倘若兵一平二，士5进4，帅六平五，将5平6，兵二进一，将6进1，和棋。

1. …… 士5进6

2. 兵一进一　将5平6

3. 兵一平二　将6平5

4. 兵二平三　士6退5

5. 兵三进一　士5退4

无可奈何！退士丢象，飞象丢士，难两全。

6. 兵三平四　将5平6

7. 帅五平四　将6平5

8. 兵四进一　士4进5

9. 兵四平五（红胜）

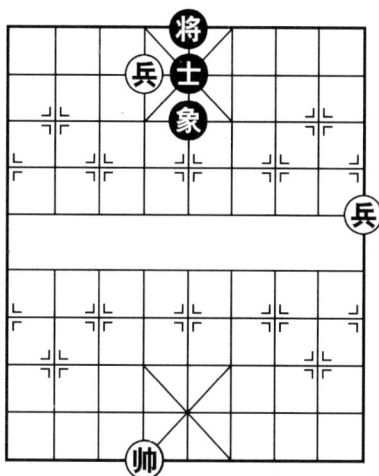

图74

第75局　双兵和单缺象

"双兵"的战术组合难以突破单缺象，是必和之势（图75）。

1. 兵三平四　象5退7

2. 兵四进一　象7进9

3. 兵四平三　象9进7

4. 帅五进一　象7退5

5. 帅五退一　象5进7

6. 兵三平四　象7退9

7. 兵四平五　士5进6

阻止小兵横渡正确！倘若象9进7，兵五平六，象7退9，前兵平七，象9退7，兵八进一，象7进5，兵七进一，红胜。

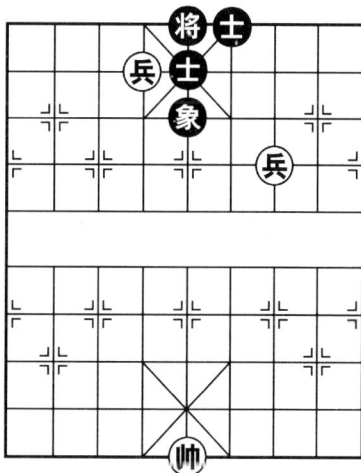

图75

8. 帅五平六　士6进5

9. 帅六平五　士5进4

10. 帅五平四　士4退5（和棋）

第 76 局 双兵胜单缺象

双兵不能赢单士象，怎么能赢单缺象呢？因为双兵位置较佳，仍有取胜之策（图76）。

1. 兵五平四 象7退9
2. 后兵进一 象9进7
3. 前兵平三 象7退9

倘若将5平6，兵四进一，将6平5，兵三进一，象7退5，帅五进一，红胜。

4. 兵四进一 象9进7
5. 兵三进一 象7退5
6. 帅五进一（红胜）

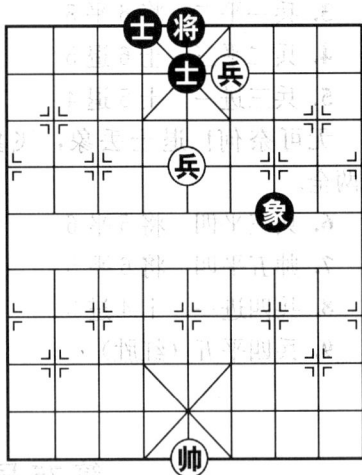

图 76

第 77 局 双兵和单缺士

局面稳正，双兵难胜单缺士（图77）。

1. 帅五平六 将5平6
2. 兵三进一 将6进1
3. 兵三进一 将6退1
4. 兵七进一 象5进7
5. 兵七进一 象3进5
6. 兵七平六 士5进4（和棋）

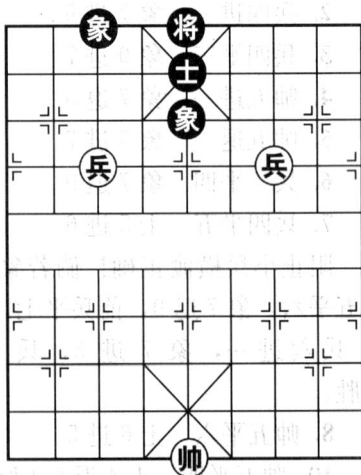

图 77

第78局 双兵胜单缺士

双兵战胜单缺士是巧胜。一旦一个小兵占据"象眼"而黑王又处于低位，另一个小兵不管远近，甚至如本局的低兵，均可从容攻而胜之（图78）。

1. 兵八平七　将5平4
2. 帅四平五　象5进7
3. 帅五平六　将4平5
4. 兵七平六　象7退9
5. 相九进七　……

倘若没有相就和棋了。

5. ……　　　象9进7
6. 相七退五　象3退5
7. 帅六平五　象7退9
8. 帅五平四（红胜）

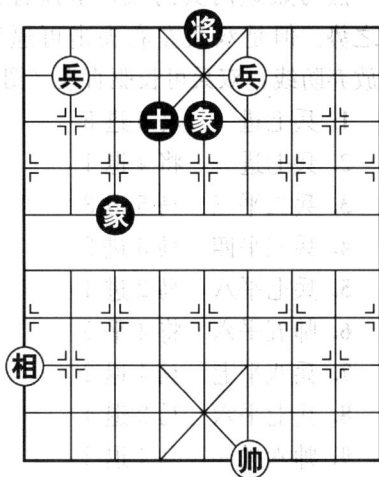

图78

第79局 双兵胜单马

齐头并进、不离不弃、稳步进取，双兵可轻松战胜单马（图79）。

1. 兵六进一　将4平5
2. 兵五进一　马7进5
3. 帅五平四　马5退3
4. 兵五进一　马3进5
5. 兵六进一　马5进7
6. 兵八进一　马7退6
7. 兵五进一　将5平6
8. 兵六进一（红胜）

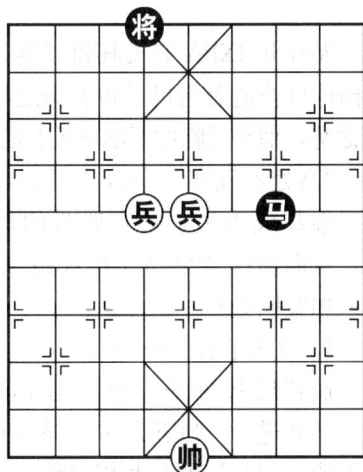

图79

第80局 双兵胜单马

黑马兼顾两翼封锁，呈强有力的防护之势。但是双兵左右夹击可逼黑马自动放弃防线，双兵可长驱直入（图80）！

1. 兵七进一　马6进5
2. 兵七进一　将4退1
3. 兵二平三　马5退3
4. 兵三平四　马3进2
5. 兵七平八　马2进4
6. 帅五平六　将4平5
7. 兵八平七　马4退2
8. 兵七平六　马2退4
9. 帅六进一　马4退2
10. 兵六平七　将5平6
11. 兵四平五　马2进3
12. 兵五进一　马3进5
13. 兵七平六　马5退4
14. 兵五进一　马4退6
15. 兵六进一　马6进4
16. 兵六平五（红胜）

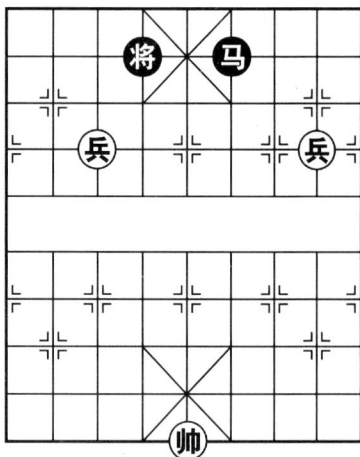

图80

第81局 双兵和单马

2001年IXPA弈天杯棋王赛，河南棋手杨林与香港著名棋手曾益谦之战形成图81之势，似乎兵临城下单马孤王难以防守。

"高处不胜寒"是普通常识，可是现在三楼却成为黑王避灾躲难的优良避风港，从而演绎"单马守和双兵"的经典，令人拍案叫绝！

1. 后兵平五　……

倘若后兵进一，马5退6，前兵平五，马6进5，帅五退一，马5退6，黑棋不能"欠行"而呈和棋之势。

1. ……　　　马5退6
2. 兵四平五　马6进5

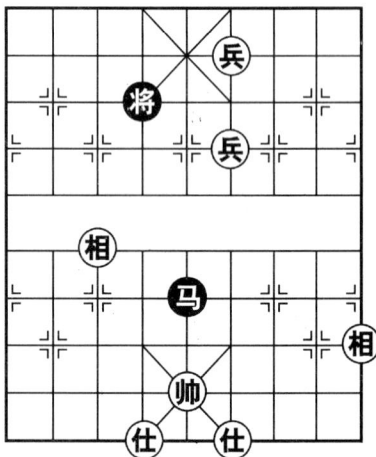

图81

3. 帅五进一　马5退6

4. 相一进三　马6进5

5. 相三退一　马5退6

6. 相七退九　马6进5

7. 后兵平六　将4平5

8. 兵五平六　将5平6

9. 后兵进一（参考图）　……

黑马完美控兵与遮头形成天衣无缝防御组合，无奈的小兵下冲，但是快速定型成和棋。

9. ……　　马5退4

10. 前兵平五　马4进5

11. 相一进三　马5退4

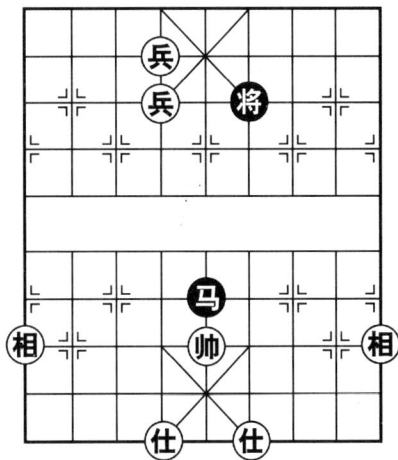

参考图

绝妙！控兵与遮头两不误，从而成为"单马守和双兵"的经典实用残局，令人不得不叹服香港著名前辈棋手曾益谦精湛的棋艺与高深的残局功夫！

12. 相三退一　马4进5　　　13. 相一退三　马5退4

14. 相三退一　马4进5　　　15. 帅五退一　马5退4

16. 帅五进一　马4进5　　　17. 帅五退一　马5退4（和棋）

第82局　双兵和单马

1988年五羊杯全国象棋冠军邀请赛，李来群与胡荣华两位天王巨星展开"双兵战单马"经典之战。胡荣华凭借精湛的残局神功，化干戈为玉帛，令人叹为观止（图82）！

1. 兵二平三　将6退1

2. 相七进九　将6进1

3. 仕五退四　将6退1

4. 相五退七　马5进4

为什么不马5进6吃仕呢？因为不能增加单马的攻击威力，还要使"限着"从零开始。

5. 帅五进一　马4退5

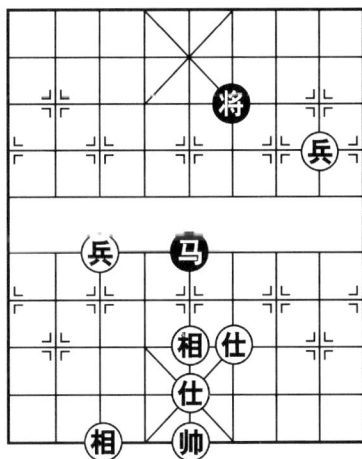

图82

6. 帅五进一　将6退1　　　**7.** 帅五退一　将6进1

8. 帅五退一　将6退1　　　**9.** 仕四退五　将6进1

10. 仕五退六　将6退1　　　**11.** 帅五进一　将6进1

12. 兵三进一　……

黑马占据极佳的制高点，使两翼高兵难以渡河与靠近九宫。屡攻不进之下，无奈把高兵变低兵。

12. ……　　　　将6退1

13. 兵三平四　马5退7

倒马踏兵是争取和棋的秘诀！

14. 兵四平五　马7进5（参考图1）

15. 帅五退一　……

为什么不兵五进一呢？马5退4，兵五平六，马4进5，相七进五，将6进1，相五进三，将6进1，和棋之势。

15. ……　　　　马5进4

16. 帅五进一　马4退5

17. 相七进五　将6进1

18. 相五进三　将6退1

19. 帅五平六　马5进3　　　**20.** 帅六平五　马3退5

21. 兵五平四　马5退7　　　**22.** 兵四平五　马7进5

23. 帅五平六　马5进3　　　**24.** 帅六进一　将6进1

25. 仕六进五　将6退1　　　**26.** 仕五进四　将6退1

27. 相三退一　将6退1　　　**28.** 兵五平四　马3退5

29. 帅六平五　马5退7　　　**30.** 兵四平五　马7退5

改变防守的方向，别有意境！倘若仍走马7进5仍然是和棋。

31. 兵五平四　马5退7　　　**32.** 兵四平三　将6退1

33. 帅五退一　马7退5　　　**34.** 兵三进一　将6退1

35. 相一进三　马5退3

因退马造成"马与将"的组合防线崩溃，红兵即将安然渡河。

36. 兵七进一　马3退4（参考图2）

特级大师胡荣华以独特思维，演绎独特攻守，从而为这一残局增添了灿烂的攻守魅力！

37. 兵三平二　马4进5　　　**38.** 帅五退一　将6进1

39. 兵七平八　马5进4　　　**40.** 兵二平三　将6退1

参考图1

41. 兵八平九　马4退5　　　　**42.** 兵三平二　将6进1

43. 兵九进一　马5退3　　　　**44.** 兵二平三　将6进1

45. 相九进七　马3退5　　　　**46.** 兵三平二　马5进3（参考图3）

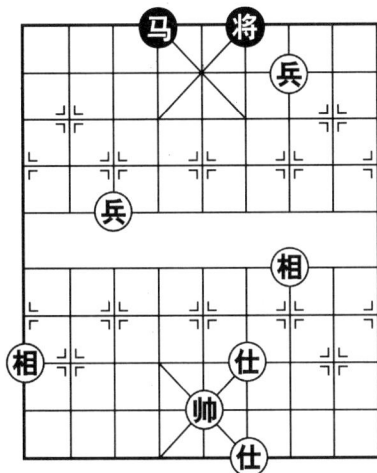

参考图2

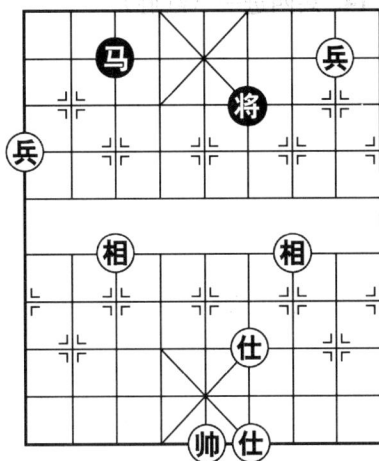

参考图3

形成"单马必和双兵"经典残局！

47. 相七退九　将6退1（和棋）

第83局　双兵胜单炮

双兵稳步推进，可简单轻松战胜单炮（图83）。

1. 兵六进一　炮9平4

2. 兵六平五　炮4平3

3. 帅六平五　炮3平5

4. 帅五进一　将5平4

5. 兵五平八　炮5进2

6. 兵四进一　炮5退2

7. 兵六平七　将4退1

8. 兵七进一　炮5进3

9. 兵七平六　将4平5

10. 兵六进一　炮5进2

11. 兵四进一　炮5退2

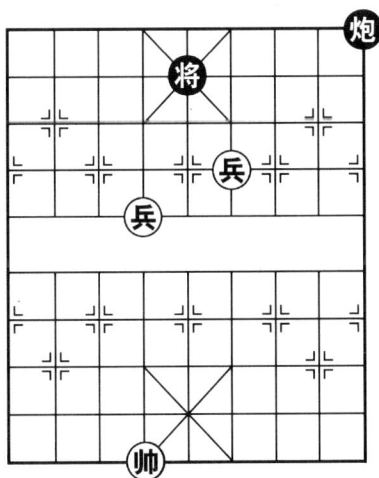

图83

12. 帅五平六 ……

倘若错走兵六平五，将5平4，兵四进一，炮5进1，和棋。

12. ……　　　炮5平4　　　　**13.** 兵六平五　将5平4

14. 兵四进一（红胜）

第六章　三兵残局

第84局　三兵胜士象全

"三高兵或二高一低"必胜士象全。

三兵胜士象全是最常见的实用残局，在网上经常可以看到"三兵"冒进贻误战机而赢不了士象全。其实三兵赢士象全很简单，第一步先用一兵占领一翼肋道"象眼"，再横排双兵在另一翼强行冲兵突破，最后借助"帅"力助攻完成攻城大业（图84）。

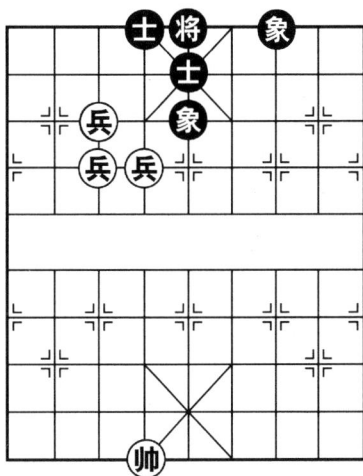

图84

1. 前兵进一　　将5平6
2. 前兵平六　　……

先占领肋道，"象眼点穴"打响攻击的第一枪！

2. ……　　　　象5进7
3. 后兵平五　　象7进5
4. 兵五平四　　象5进3
5. 兵七平六　　将6进1
6. 兵四平三　　象7退5
7. 后兵平五　　象5进7
8. 兵五平四　　象3退5
9. 兵二进一　　……

进兵为双兵突破肋道做准备。

9. ……　　　　将6退1
10. 帅六平五　　……

残局里"将帅"的远程助攻是至关重要的。

10. ……　　　　象5进3（参考图）
11. 兵四进一　　……

强行突破的第二枪又打响！参考图形势之下不得不高举警示牌："切忌兵三进一"，否则前功尽弃，立成和棋！！

63

11. ……　　　象 3 退 5

12. 帅五平四　……

远程助攻是完成擒王大业最后一枪！

12. ……　　　象 5 退 7

13. 兵四进一　将 6 平 5

14. 帅四平五　……

关键！倘若兵四平五，士 4 进 5，错走兵三进一，则士 5 进 6，帅不能助攻而和棋。

14. ……　　　象 7 退 5

15. 兵四平五　士 4 进 5

16. 兵三进一　士 5 退 4

17. 兵三平四　象 7 进 9

18. 帅五平六　象 9 进 7

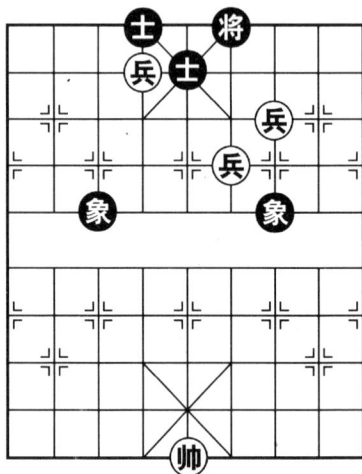

参考图

19. 兵六进一（红胜）

第 85 局　　三兵胜士象全

这是"居中三兵"之势，首发应走哪个兵呢（图 85)？

1. 兵六平七　……

也可兵四平三然后进驻肋道。

1. ……　　　将 5 平 4

2. 兵四平三　将 4 平 5

3. 兵三进一　将 5 平 4

4. 兵三进一　象 7 进 9

5. 兵三平四　……

小兵到达第一目的地。不能贪吃而兵五进一吃象，象 9 进 7，兵五进一，士 6 进 5，兵三平四，士 5 进 6，兵七平六，将 4 进 1，兵六平五，士 6 退 5，帅五进一，士 5 退 6，兵五平六，象 7 退 5，和棋。

5. ……　　　象 5 进 3　　　6. 兵五平六　象 9 进 7

7. 兵七进一　……

停！再前进一步，立成和棋。

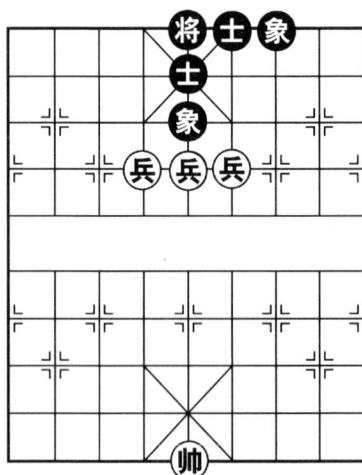

图 85

7. ……　　　象 7 退 5　　　　　**8.** 兵六进一　象 5 进 7

倘若士 5 进 4，兵七平六，红亦胜势。

9. 帅五平六　象 3 退 5　　　　**10.** 兵六进一　将 4 平 5

11. 兵六平五　士 6 进 5　　　　**12.** 帅六平五　士 5 进 6

13. 兵七平六　将 5 平 4　　　　**14.** 帅五平六　将 4 平 5

15. 兵六进一（红胜）

第 86 局　三兵胜士象全

本局是 2005 年世界象棋锦标赛，中国澳门著名棋手郭裕隆取胜之战（图 86）!

1. 兵五进一　士 4 进 5

2. 兵五进一　象 1 退 3

3. 兵五平四　将 5 平 4

4. 兵三进一　……

小兵渡河必胜之势！

4. ……　　　将 4 进 1

5. 兵三进一　将 4 退 1

6. 仕五退四　将 4 进 1

7. 帅五进一　将 4 退 1

8. 兵三进一　将 4 进 1

9. 兵三进一　将 4 退 1

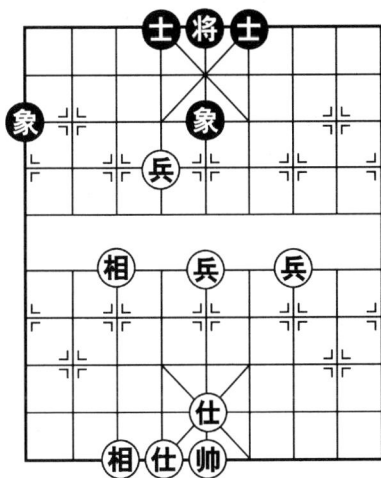

图 86

10. 兵三平四　将 4 进 1　　　　**11.** 兵六平七　将 4 退 1

12. 后兵平五　将 4 进 1　　　　**13.** 兵五平六　将 4 退 1（红胜）

红方已做好攻城的前期准备，故黑方放弃续战。

第 87 局　三兵和单卒单缺象

"单卒单缺象"从某种意义上讲相当于士象全。但是因小卒有移动而遮头盖脸的功能，三兵不能战胜"单卒单缺象"（图 87）。

1. 兵六平七　将 5 平 6　　　　**2.** 兵七进一　象 7 进 9

3. 兵七进一　象 9 进 7　　　　**4.** 兵七平六　将 6 进 1

5. 兵四平三　卒 5 平 4　　　　**6.** 兵五平四　将 6 退 1

7. 仕四进五　将 6 进 1　　　　**8.** 兵三进一　将 6 退 1

9. 帅五平四　卒4平5
10. 兵四进一　士5进6
11. 兵三平四　卒5平6
12. 帅四平五　卒6平5
13. 仕五进六　象7退9
14. 帅五进一　象9进7
15. 帅五平四　卒5平6
16. 仕六退五　象7退9（和棋）

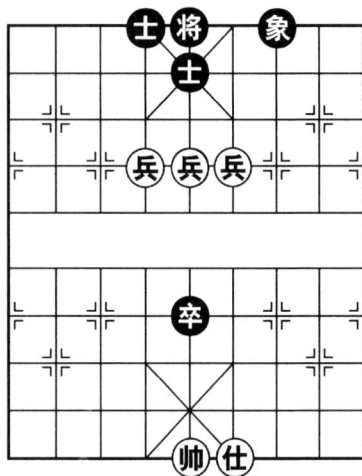

图87

第88局　三兵胜单卒单缺象

"低卒"不能遮头盖脸，三兵可轻松巧胜单缺象（图88）。

1. 兵四进一　将5平6
2. 兵三进一　士5进6

倘若象7进9，兵六进一，士5退4，兵三进一，绝杀，红胜。

3. 兵三平四　象7进5
4. 兵六进一　……

倘若错走兵四平五，将6进1，和棋。

4. ……　　卒6平7
5. 帅五平四（红胜）

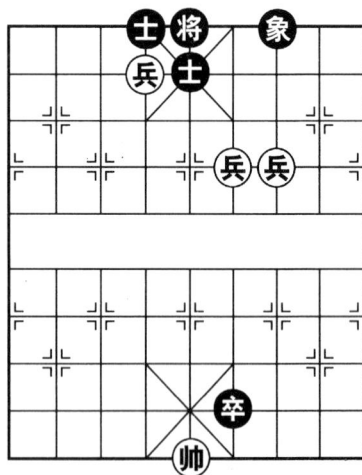

图88

第89局　三兵和单马双士

"三兵"没有必胜单马双士固定定式，战胜"单马双士"有相当难度。大量实战中"和多赢少"，防御得当，单马双士可和三兵（图89）。

1. 兵八进一　士 5 退 6
2. 前兵进一　士 4 进 5
3. 帅四平五　马 4 退 3
4. 前兵平四　马 3 退 4
5. 兵八平九　马 4 进 5
6. 兵四平三　马 5 进 6
7. 后兵平四　将 5 平 4
8. 兵九平八　将 4 进 1
9. 兵八平七　将 4 退 1
10. 兵七进一　马 6 进 7
11. 兵四平五　马 7 退 5
12. 兵三平四　马 5 退 3
13. 兵七平八　马 3 退 5
14. 兵四平三　马 5 退 3
16. 兵七平八　将 4 进 1
18. 兵五平六　将 4 进 1

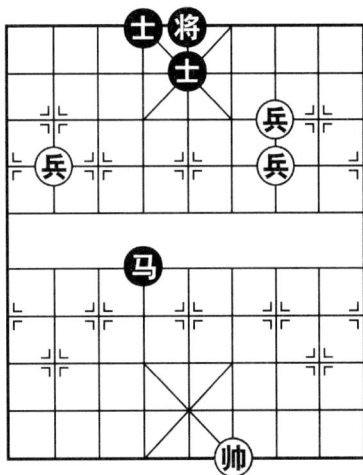

图 89

15. 兵八平七　马 3 退 1
17. 兵三平四　将 4 退 1
19. 帅五进一　将 4 退 1（和棋）

第 90 局　三兵胜单马双士

　　"三兵"在位置比较好的情况下可巧胜"单马双士"（图 90）。

1. 前兵进一　将 5 平 6
2. 前兵平三　马 8 进 9
3. 兵二进一　马 9 进 7
4. 兵三进一　将 6 平 5
5. 兵三平四　马 7 进 5
6. 兵二平三　马 5 退 6
7. 兵三平四（红胜）

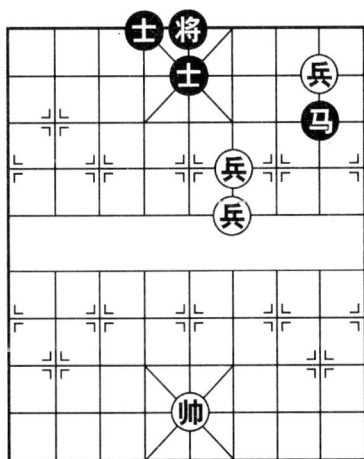

图 90

67

第91局　三兵胜单炮双象

"三兵"只要循序渐进，可战胜单炮双象。

本局是2009年广东高校精英象棋名手邀请赛，广东名手林进春取胜之战（图91）。

1. 兵三平四　　将5平4

倘若将5退1，兵五平六，炮4进1，兵六进一，炮4平1，兵七进一，炮1平2，兵四进一，将5进1，兵七进一，绝杀红胜。

2. 兵七进一　　象9退7

3. 帅四平五　　象7进9

倘若炮4平5，兵五平六，象7退5，帅五平六，将4退1，兵六进一，红胜。

4. 兵五平六　　……

献兵精妙！

4. ……　　　　炮4进3

5. 兵四平五　　将4退1　　　　　　**6. 兵七进一（红胜）**

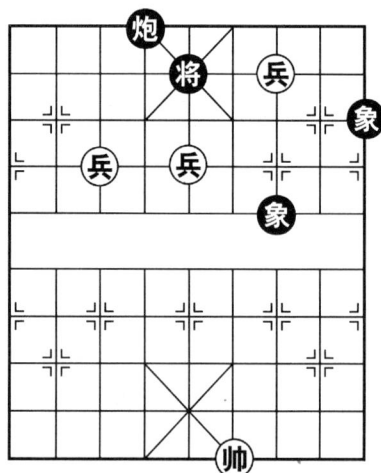

图91

第92局　三兵和单炮双士

倘若用简单残局定式推导，用一个小兵换两个士，剩下两个兵不就可以直捣九宫了吗？其实一个小兵换双士并非如此简单，倘若稍有迟缓，就可能铸成和棋。请看1975年全运会，特级大师胡荣华与大师蒋志梁之战（图92）。

1. 兵三进一　　炮1退6

2. 兵一进一　　炮1平6

3. 兵一平二　　将4退1

4. 兵三进一　　士5进4

5. 兵七进一　　士4退5（参考图1）

6. 兵七平六　　……

似可兵三进一，炮6平7，兵七平

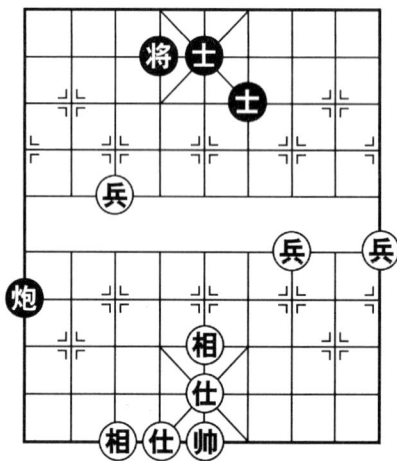

图92

六，将 4 进 1，兵二进一，炮 7 平 1，兵六平五，炮 1 平 5，兵五平四，将 4 进 1，兵二平三，炮 5 平 7，前兵平四，士 5 进 6，兵四进一，炮 7 平 6，相五进七，炮 6 平 1，仕五进六，炮 1 进 2，兵三平四，炮 1 平 2，后兵平五，将 4 退 1，兵四进一，炮 2 退 1，兵五进一，炮 2 平 6，兵五进一，将 4 进 1，兵五平四，红胜。

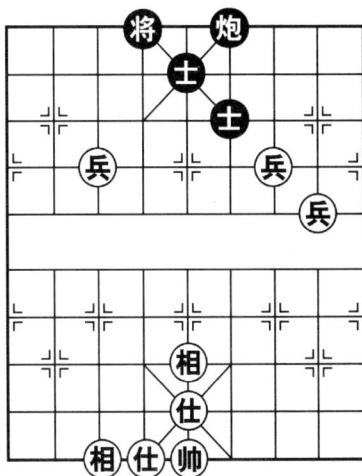

参考图 1

6. ……　　　将 4 进 1

7. 兵二平三　炮 6 平 4

8. 兵六平五　士 5 退 6

9. 前兵平四　士 6 退 5

10. 兵三平四　将 4 进 1

11. 仕五退四　将 4 退 1

12. 帅五进一　将 4 进 1

13. 后兵平五　将 4 退 1

14. 前兵进一　……

黑棋完美防御阵形，拒敌于九宫之外！由于黑炮封锁肋道，三兵不能展开两翼攻势，只好冲中兵展开决战。

14. ……　　　炮 4 平 5

15. 后兵进一　将 4 退 1（参考图 2）

一炮锁三兵，红棋难有一兵换双士的机会，取胜的希望渐渐远去。

16. 兵四平三　将 4 进 1

17. 兵三进一　将 4 退 1

18. 兵三进一　将 4 进 1

19. 兵三平四　炮 5 平 4

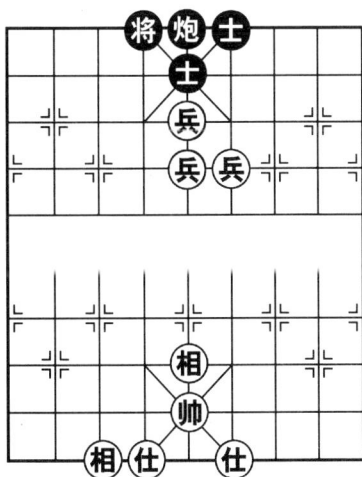

参考图 2

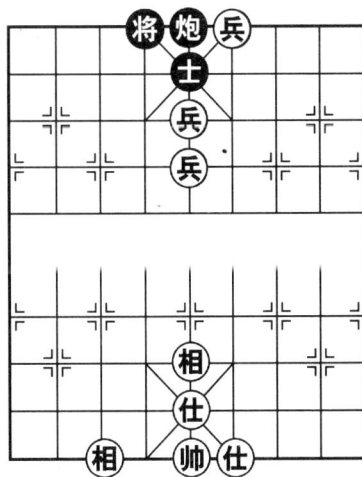

参考图 3

20. 帅五退一 ……

倘若前兵进一，士6进5，兵五进一，士5退6，和棋。

20. …… 炮4平5 **21. 仕六进五** 将4退1

22. 兵四进一（参考图3） ……

别无良策，弃兵突破！

22. …… 炮5进2

单炮救主！倘若错走士5退6，后兵平六，炮5进1，兵六进一，炮5平2，帅五平六，将4平5，兵六进一，士6进5，兵六平五，将5平6，后兵平四，炮2平3，相五进七，炮3平2，帅六平五，炮2平1，仕五进六，红胜。

23. 兵五进一 士5退6（和棋）

第93局　三兵和单炮双士

三兵齐头并进，令人大有不寒而栗之感。但是单炮双士防御功能不可小觑，"一兵换双士"战略目标很难实现，红棋赢棋有难度（图93）。

1. 兵七平八 士5退6 **2. 兵八进一** 炮1进3

3. 兵三进一 士6进5 **4. 兵五进一** 炮1平9

5. 兵三平二 炮9平1 **6. 帅五平四** 炮1平9

7. 兵八平七 炮9平1 **8. 兵七进一** 炮1平6

9. 兵七平六 炮6退4 **10. 兵六进一** 士5退4

11. 兵二平三 炮6平1 **12. 帅四平五** 炮1进1

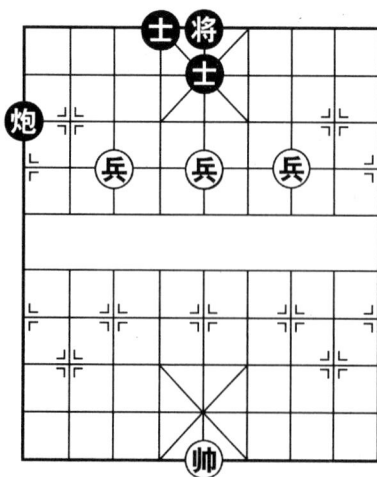

图93

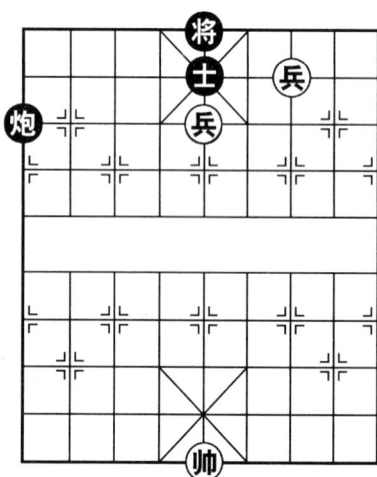

参考图

13. 兵三进一　　士 4 进 5（参考图）

弃士精妙!

14. 兵五进一　……

倘若兵三平四，士 5 进 4，和棋。

14. ……　　　将 5 平 4　　　　　**15.** 兵三平四　炮 1 退 2（和棋）

第 94 局　三兵和单炮双士

前兵呈"二鬼拍门"之势，后兵也
直逼九宫，似乎黑棋危在旦夕，其实黑
城仍然坚如磐石（图 94）。

1. 兵五平六　士 4 退 5

倘若士 6 进 5，帅六平五，炮 4 平 5，
后兵平五，炮 5 平 4，兵五进一，士 5 进
6，帅五平四，炮 4 退 3，兵五平四，炮 4
平 2，后兵平五，将 5 平 4，兵五平六，
红胜。从某种意义上讲，"羊角士"是对
"炮双士"的致命伤害。

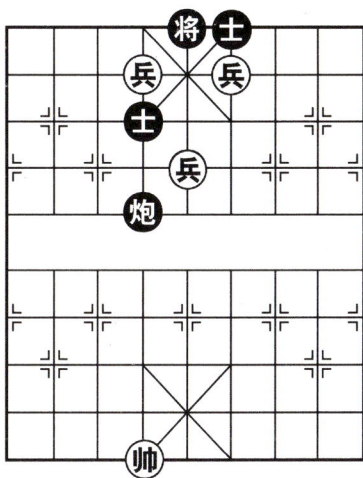

图 94

2. 后兵平五　士 5 退 4

3. 兵五进一　炮 4 退 1

4. 帅六平五　炮 4 平 6

5. 帅五进一　炮 6 进 1　　　　　**6.** 帅五平四　炮 6 退 1

7. 兵五平六　炮 6 进 1　　　　　**8.** 前兵平七　炮 6 退 1

9. 兵六进一　士 4 进 5　　　　　**10.** 帅四平五　炮 6 平 5

11. 兵六平五　士 6 进 5　　　　　**12.** 兵七平六　士 5 进 6

13. 帅五平六　炮 5 平 4（和棋）

第 95 局　三兵和单马双士

三兵组合虽然强大，战胜"单马双士"还是有难度（图 95）。

1. 兵六平七　将 5 平 4　　　　　**2.** 兵七进一　马 5 退 7

3. 兵五进一　马 7 退 8　　　　　**4.** 兵五进一　……

倘若兵四平三，马 8 进 9，兵五平六，马 9 退 8，帅五平六，士 5 进 4，
兵七平六，马 8 进 6，兵六进一，将 4 平 5，兵三平四，马 6 退 4，兵四平

三，马 4 进 3，兵三平四，马 3 退 4，兵
四平三，马 4 进 3，帅六退一，马 3 退
4，和棋。

4. ……　　士 6 进 5

5. 兵四平五　马 8 进 6

6. 兵五平四　将 4 进 1

7. 帅五退一　马 6 进 5

8. 兵七平八　马 5 退 6

9. 帅五进一　马 6 进 5（和棋）

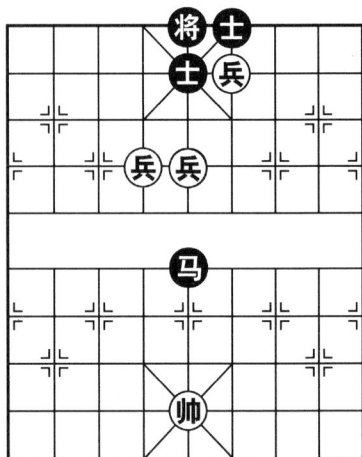

图 95

第 96 局　三兵胜单马双象

"三兵"组合攻势强大，可轻松战胜
"单马双象"（图 96）。

1. 兵六进一　象 5 进 7

2. 兵六进一　象 7 进 5

3. 兵五平六　象 7 退 9

4. 后兵进一　象 9 进 7

5. 帅五进一　马 8 进 6

6. 后兵平五　马 6 退 7

7. 兵六平五　将 5 平 6

8. 后兵平四　马 7 进 6

9. 兵四进一（红胜）

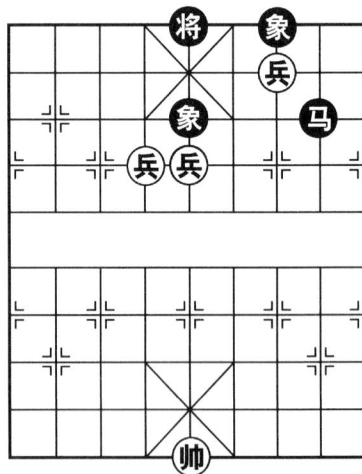

图 96

第 97 局　三兵和单炮单士象

单炮机动灵活可左轰右击，战和三兵不很难（图 97）。

1. 兵三进一　将 6 退 1　　2. 兵七进一　象 3 进 1

3. 兵三进一 ……

倘若兵五进一，将 6 平 5，帅六平五，士 5 退 6，帅五平四，炮 9 进 2，兵五平六，士 6 进 5，帅四平五，炮 9 平 4，兵七平六，将 5 平 4，兵六平七，将 4 进 1，单士象和双兵。

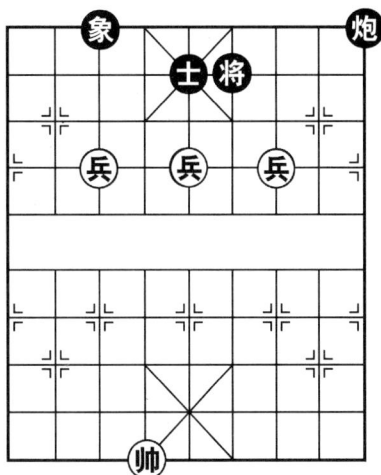

图 97

3. ……　　　　　象 1 进 3

4. 兵七进一　炮 9 进 1

5. 兵三平二　炮 9 进 4

6. 兵七平六　士 5 进 4

7. 帅六平五　炮 9 平 1

8. 兵五平六　炮 1 退 4

9. 兵二进一　将 6 进 1

10. 帅五进一　炮 1 进 5

11. 兵二平三　炮 1 平 9

12. 后兵进一　将 6 进 1（和棋）

第98局　三兵和单马单士象

"单马单士象"守和三兵较容易，最简单的就是用马换一个小兵，就形成"单士象和双兵"（图98）。

1. 兵七进一　马 5 退 7

2. 兵五平四　马 7 进 5

3. 兵四平五　马 5 退 7

4. 兵五平六　马 7 退 9

5. 兵七进一　马 9 进 8

6. 兵三平四　马 8 退 6

7. 兵六平七　马 6 进 4

8. 后兵平六　马 4 退 2

9. 兵六平五　马 2 退 3

10. 兵七平六　马 3 进 5

11. 兵四平五　将 6 进 1

12. 帅五退一　象 3 进 1

13. 兵五平四　士 5 退 6（和棋）

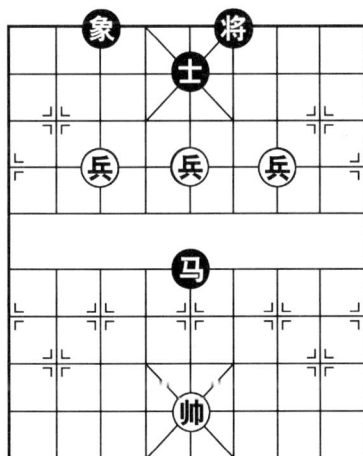

图 98

第七章　四兵残局

第99局　四兵和单马士象全

"四兵"难胜单马士象全，当两个小兵成为二路低兵后，可用马兑换任意一个高兵，形成"三兵难胜士象全"（图99）。

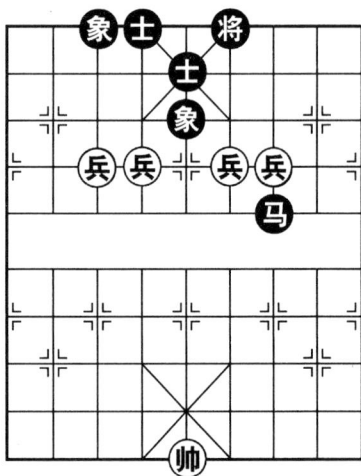

图99

1. 兵七进一　马 7 进 5
2. 兵六平五　象 5 进 3
3. 兵七进一　象 3 进 5
4. 兵三进一　马 5 退 7
5. 兵五平六　马 7 进 5
6. 兵四平五　象 5 退 7
7. 兵七平六　象 7 进 9
8. 后兵平七　……

倘若兵三进一，马 5 退 4，兵五平六，形成三兵难胜士象全。

8. ……　象 9 进 7	9. 兵七进一　象 7 退 5
10. 兵七进一　将 6 进 1	11. 帅五平六　象 5 进 7
12. 兵七进一　象 7 退 5	13. 兵七平六　士 5 退 4
14. 兵三进一　将 6 进 1	15. 帅六平五　象 5 进 7（和棋）

第100局　四兵胜单炮士象全

"四兵"难胜单炮士象全，本局黑棋是"羊角士"，小兵可换双士而胜（图100）。

1. 兵二进一　炮 1 退 4　　　　2. 兵二平三　炮 1 平 2

3. 兵六平七   炮2平1

4. 兵五进一   将4平5

5. 兵七进一   象5退7

6. 兵七平八   炮1进2

7. 兵三平四   士5进6

8. 兵四进一   ……

兵换双士，三兵胜炮双象。

8. ……   将5进1

9. 仕四进五   炮1平9

10. 帅五平四   炮9退2

11. 兵四进一   将5退1

12. 兵八平七   炮9进2

13. 兵七平六（红胜）

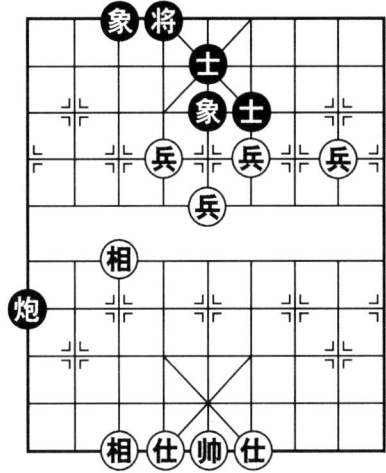

图 100

第八章 马兵残局

第101局 马底兵胜单象

底线的小兵名曰"底兵"。底兵的攻击性能在减弱，但是有时却能起到意想不到的战斗效果。

本局黑棋虽然是"门东户西"型，因有底兵，马兵必胜单象（图101）。

1. 马七退八 象3退5　　　　**2.** 马八进九 将6平5

3. 马九进八 将5平4

倘若将5平6，马八进六，将6进1，兵八平七，将6退1，兵七平六，将6进1，马六退五，象5进3，马五进三，将6进1，马三进二，将6退1，兵六平五，象3退1，马二退三，将6进1，马三退五，将6平5，帅五平四，将5退1，马五进七，象1进3，兵五平六，象3退5，帅四平五，红胜。

4. 兵八平七 ……

引蛇出洞！

4. ……　　　　将4进1

为什么不象5退3呢？马八退六，将4进1，马六退八，将4退1，马八进七，擒象红胜。

5. 马八进七 象5进7　　　　**6.** 马七退六 将4进1

倘若象7退5，马六进四，将4平5，马四进二，将5平4，马二进四，将4平5，马四退五，红胜。

7. 马六进四 象7退5　　　　**8.** 马四退五 将4退1

9. 马五进七 将4平5　　　　**10.** 马七进五（红胜）

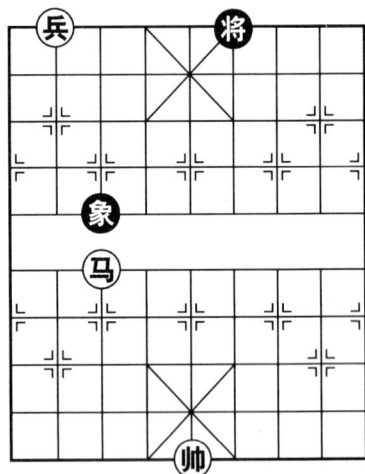

图101

第102局　马底兵胜双象

"马底兵"难胜双象，但本局因巧吃一象而胜。这种残局属于可遇不可求（图102）。

1. 马五进三　将6进1

2. 马三进二　……

逼将压象眼，为底兵捉象奠定胜局。

2. ……　　　将6退1

3. 兵七平六　……

小兵暗渡，黑象必丢。

3. ……　　　象1进3

4. 兵六平五　象3退5

5. 兵五平四　象5进3

倘若将6平5，兵四平三，将5平4，马二进四，将4进1，马四退五，红胜。

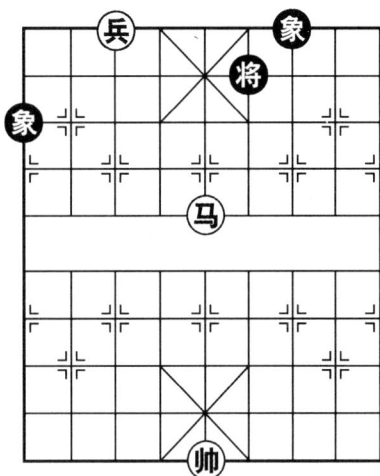

图 102

6. 兵四平三　象3退1
7. 马二退三　将6进1

8. 马三退四　将6退1
9. 马四进六　象1进3

10. 马六进四　象3退5
11. 马四进六　将6平5

12. 马六进八　将5平6
13. 马八进六　将6平5

14. 马六退五（红胜）

第103局　马底兵胜双士

"马底兵"组合，必胜双士（图103）。

1. 马六进五　将6进1
2. 马五退三　将6退1

3. 马三进二　将6进1
4. 帅五进一　士5退4

5. 兵三平四　士4进5
6. 兵四平五　士5退6

无奈送吃。

7. 兵五平四　士4退5
8. 兵四平五　士5进4

9. 帅五退一　士4退5
10. 马二进三　将6退1

11. 马三退五（红胜）

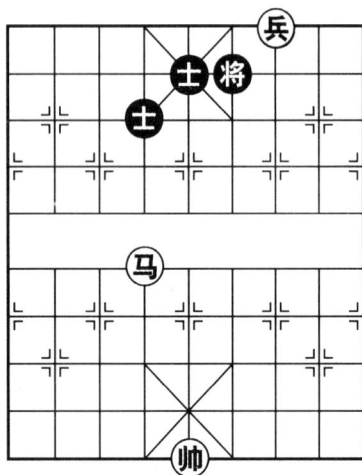

图 103

第104局　马兵胜单士象

"马底兵必胜单士象"，但是变化十分复杂深奥，属于高难残局。本局因"将与象"同在一侧，红方取胜更加容易（图104）。

1. 马四退六　将4进1
2. 马六进七　士5退6
3. 兵七平六　士6进5
4. 兵六平五　士5进6
5. 帅五退一　士6退5
6. 马七退五　将4平5

倘若将4退1，帅五进一，黑棋欠行，不丢士则丢象。

7. 帅五平四　士5进4
8. 马五进七　将5退1

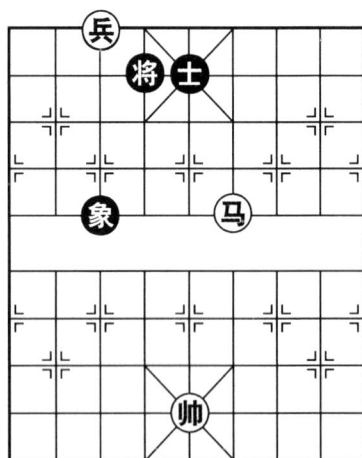

图 104

9. 兵五平四　象3退5
10. 帅四平五　将5平6
11. 马七进五（红胜）

第 105 局 马兵胜单士象

本局红方子力位置较好，可轻松取胜（图 105）。

1. 兵四平五　将 4 进 1
2. 马七进六　士 4 退 5
3. 马六进五　将 4 进 1
4. 马五退七　将 4 退 1
5. 马七进八　将 4 进 1
6. 马八进七　将 4 退 1
7. 马七退五（红胜）

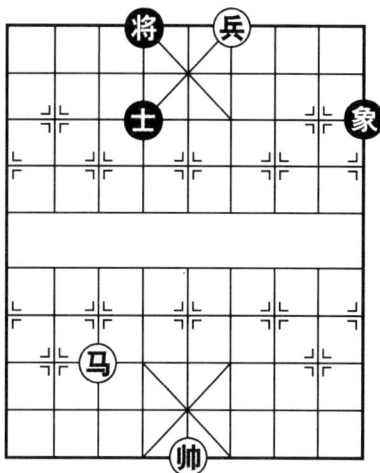

图 105

第 106 局 马兵胜单士象

"右将左象"虽是最有抵抗力的防御，但也难抵挡马兵帅的联合攻击（图 106）。

1. 帅五退一　象 5 退 7
2. 马四进六　将 4 进 1

另有两种选择：①士 5 进 6，马六进七，将 4 进 1，马七退五，将 4 平 5，帅五平六，士 6 退 5，马五进三，将 5 平 6，帅六平五，士 5 进 4，兵五平四，红胜。②象 7 进 9，马八进七，将 4 进 1，马五退七，将 4 退 1，马七进八，将 4 进 1，马八进七，将 4 退 1，马七退五，红胜。

3. 马六进四　将 4 退 1

倘若象 7 进 9，马四进二，将 4 退 1，帅五进一，将 4 进 1，马二进三，象 9 进 7，马三退四，将 4 退 1，马四进五，红胜。

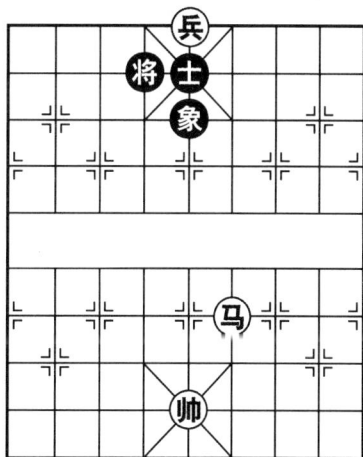

图 106

79

4. 帅五进一　象7进9

倘若将4进1，马四进二，将4退1，马二进三，将4进1，马三退四，将4退1，马四进五，红胜。

5. 马四进二　象9退7

倘若将4进1，马二进三，象9进7，马三退四，将4退1，马四进五，红胜。

6. 马二进三　……

管住黑象，胜定。

6. ……　　士5进6　　　7. 兵五平四（红胜）

第107局　马兵胜单士象

"将与象左右分离"是最佳防御形势。本局是变化复杂奥妙的高难残局，红棋必胜（图107）。

1. 马四进六　士6退5

2. 马六退七　将4退1

3. 马七进九　将4进1

4. 马九进七　象7退9

5. 马七退五　将4退1

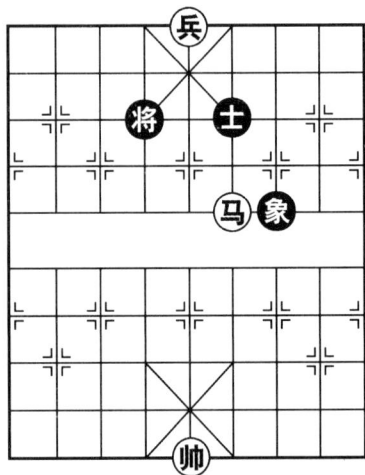

图107

倘若将4平5，帅五平六，象9进7，马五进三，将5平6，帅六平五，士5进4，马三退五，将6平5，帅五平四，士4退5，帅四进一，士5进4，马五进四，象7退9，马四退二，将5退1，兵五平四，将5平4，帅四平五，士4退5，兵四平五，象9退7，马二进三，士5进6，兵五平四，红胜。

6. 帅五进一　象9进7　　　7. 马五退四　象7退9

倘若象7退5，帅五退一，象5退7，马四进六，将4进1，马六进四，将4退1，帅五进一，象7进9，马四进二，象9退7，马二进三，红棋胜势。

8. 马四进六　象9进7　　　9. 马六进五　象7退5

10. 马五进三　士5进4　　　11. 帅五平六　象5进7

12. 马三进四　将4平5　　　13. 马四退二（参考图1）象7退5

倘若象7退9，马二退四，将5平6，马四退二，将6平5，帅六退一，象9退7，马二进三，象7进5，帅六平五，将5平6，马三退一，象5进3，马一退三，将6进1，马三退五，将6平5，帅五平四，士4退5，帅四进一，士5进4，马五进七，将5退1，兵五平四，象3退5，帅四平五，红胜。

14. 马二退三 象5进7

15. 马三退五 象7退9（参考图2）

倘若象7退5，兵五平四，象5进7，帅六平五，将5进1，帅五平四，士4退5，兵四平五，士5进4，马五进四，象7退9，马四退二，将5退1，兵五平四，将5平4，帅四平五，士4退5，兵四平五，象9退7，马二进三，红胜。

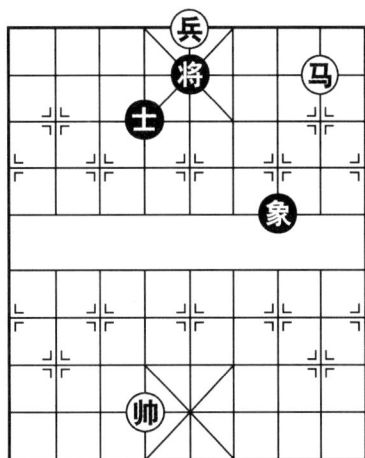

参考图 1

16. 兵五平四 将5平4

17. 帅六退一 将4平5

18. 帅六平五 象9进7

19. 帅五进一 象7退9

20. 帅五平四 将5平4

21. 马五进四 将4平5

22. 马四退二 ……

控制边象的佳着！

22. …… 将5平4

23. 帅四平五 士4退5

24. 兵四平五 象9退7

倘若将4进1，马二进三，红棋亦胜。

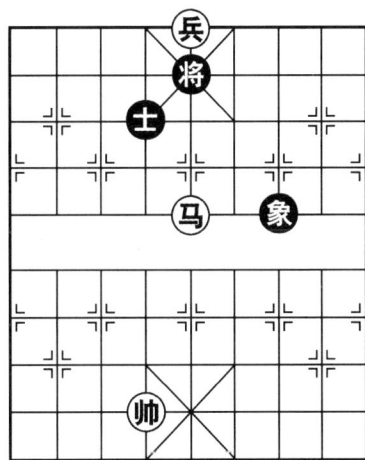

参考图 2

25. 马二进三 将4进1

26. 马三退四 将4退1

27. 马四进五（红胜）

第108局 马兵胜单士象

马底兵组合攻势强大，黑棋难求和棋（图108）。

1. 马七退五 将4退1   2. 马五退四 象7退5

3. 帅五进一 象5退7   4. 马四进六 将4进1

倘若象7进9，马六进五，将4进1，马五退七，将4退1，马七进八，将

4进1，马八进七，将4退1，马七退五，红胜。

5. 马六进四　将4退1

6. 帅五退一　士5进4

倘若将4进1，马四进二，将4退1，马二进三，将4进1，马三退四，将4退1，马四进五，红胜。

7. 兵五平四　象7进9

8. 马四进六　士4退5

9. 马六进五（红胜）

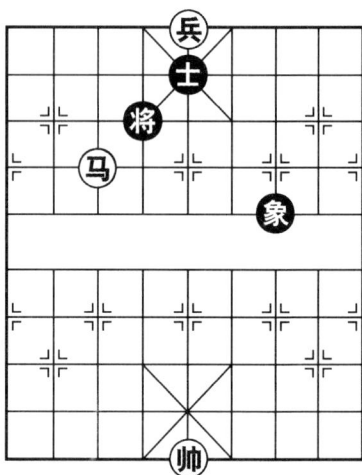

图 108

第109局　马兵胜单士象

如图109形势下"左象右将，门东户西"形成绝配，似乎马兵难有杀伤力较强的战术组合。那么红棋如何才能赢棋呢？关键是红棋底兵如何穿越障碍，突破防线，才能攻城擒王！

1. 马七退九　象7退5

2. 马九进八　士5进6

倘若象5退7，马八退七，将4退1，马七进五，将4进1，马五进三，士5进6，兵七平六，象7进9，兵六平五，象9进7，马三退四，士6退5，马四退三，将4退1，马三进一，象7退5，马一进二，象5进7，马二进一，象7退9，马一退三，士5进6，马三退四，士6退5，马四进二，象9退7，马二进三，士5进6，兵五平四，红胜。

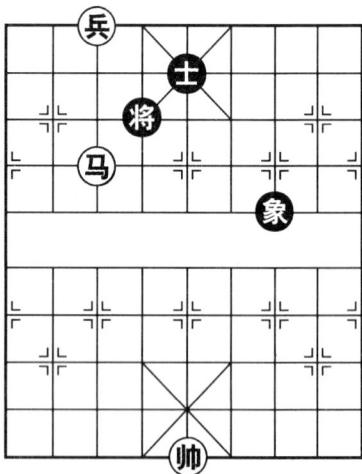

图 109

3. 兵七平六　士6退5　　4. 兵六平五　……

底兵安然完成穿越而鸠占鹊巢，这是红棋取胜关键。

4. ……　　　士5进6　　5. 马八退六　士6退5

6. 马六退四　象5进7

倘若象5进3，马四进六，象3退1，马六退七，象1进3，马七进五，将4平5，帅五平四，士5进4，马五进七，将5退1，兵五平四，象3退5，帅四平五，红胜。

7. 马四退六（参考图1）　将4退1

倘若象7退5，马六退四，将4退1，帅五进一，象5退7，马四进六，将4进1，马六进四，将4退1，帅五退一，士5退4，兵五平四，象7进9，马四进六，象9进7，兵四平五，象7退5，马六进八，将4平5，兵五平六，红胜。

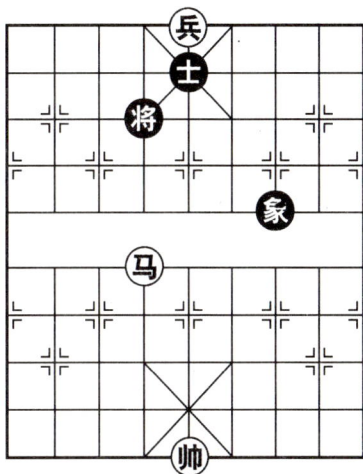

8. 马六进五　象7退5　**9. 马五进三　士5进4**

倘若士5进6，马三退四，象5进7，马四进六，红胜。

10. 帅五平六（参考图2）　象5进7

倘若象5退7，马三退四，将4平5，兵五平四，象7进9，马四进三，将5平4，马三退五，将4平5，帅六进一，将5进1，马五进三，象9进7，兵四平五，将5平6，马三退一，象7退9，马一退二，士4退5，马二进三，象9进7，马三退五，将6平5，帅六退一，士5进6，马五进三，将5退1，兵五平四，象7退5，帅六平五，红胜。

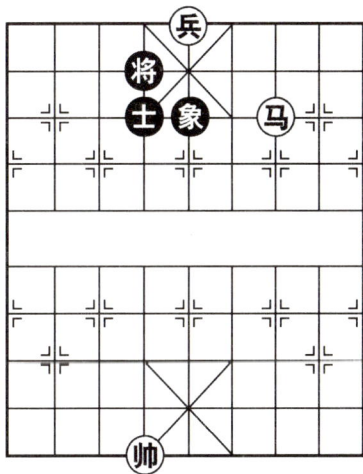

11. 马三进四　将4平5

12. 马四退二　象7退5

13. 马二退三　象5进7

14. 兵五平四　将5平4　**15. 帅六进一　将4平5**

16. 马三退五（参考图3）　象7退5

参考图3形势下，黑棋另有三种选择：①象7退9，帅六平五，象9进7，帅五退一，将5进1，帅五平四，士4退5，兵四平五，士5进4，马五进四，象7退9，马四退二，将5退1，兵五平四，将5平4，帅四平五，士4退5，兵四平五，象9退7，马二进三，将4进1，马三退四，红胜。②将5平4，马五进四，象7退5，兵四平五，将4平5，帅六平五，将5平6，马四退五，红胜。③将5平6，马五进六（吃士形成单马擒单象绝着）将6退1，马六退四，象7退9，帅六平五，象9退7，马四退六，将6进1，马六退四，将6退1，马四进三，红胜。

17. 帅六平五　　象5进7　　　　　**18.** 帅五退一（参考图4）　将5进1

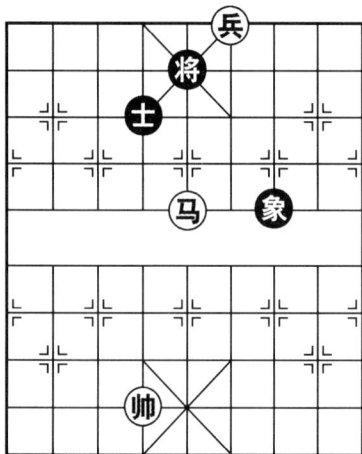

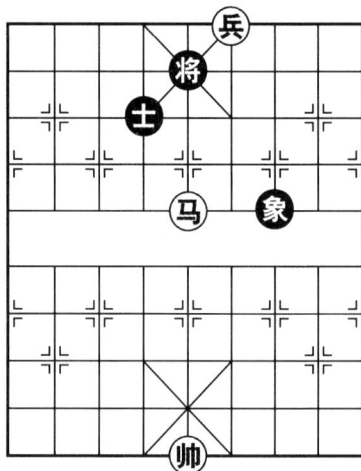

参考图3　　　　　　　　　　　　　参考图4

倘若象7退9，帅五平四，将5平4，马五进四，将4平5，马四退二，将5平4，帅四平五，士4退5，兵四平五，象9退7，马二进三，红胜。

19. 帅五平四　　士4退5　　　　　**20.** 兵四平五　　士5进4

21. 马五进四　　象7退9　　　　　**22.** 马四退二　　将5退1

23. 兵五平四　　将5平4　　　　　**24.** 帅四平五　　士4退5

25. 兵四平五　　象9退7　　　　　**26.** 马二进三　　士5进6

27. 兵五平四（红胜）

第110局　马兵胜单士象

这则残局充分体现了底兵奥妙（图110）！

1. 马五进六　　象3退5　　　　　**2.** 兵六平五　　……

小兵上演"兵夺将权"的巧妙取胜佳着！

2. ……　　　　将6平5　　　　　**3.** 帅四平五　　将5平4

倘若将5平6，马六退五，将6平5，马五进三，将5退1，马三进五，红胜。

4. 马六退五　　将4平5　　　　　**5.** 马五进七　　将5退1

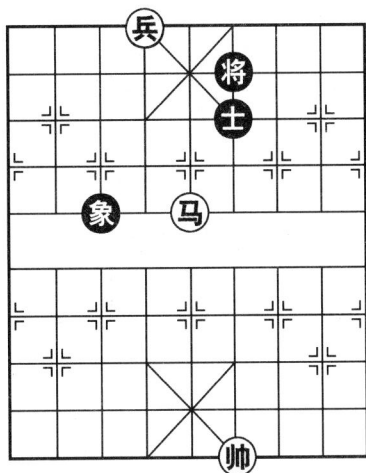

图 110

6. 马七进五　将 5 进 1　　　　**7.** 帅五进一　将 5 退 1

8. 帅五平四（红胜）

第 111 局　马兵胜单缺士

"马高兵"必胜单缺士，左兵右帅是绝杀秘笈（图 111）。

1. 马三进二　……

逼将定位。

1. ……　　　　　将 6 进 1

倘若将 6 平 5，兵七进一，将 5 平 4，兵七进一，象 3 进 1，马二退三，象 1 进 3，马三退五，象 5 进 7，马五进七，将 4 平 5，兵七平六，象 3 退 5，帅五平四，士 5 进 6，马七退五，士 6 退 5，马五退四，士 5 进 6，马四退二，士 6 退 5，马二进一，士 5 进 6，马一进二，将 5 平 6，兵六平五，象 5 进 3，马二进一，象 7 退 9，马一退三，红胜。

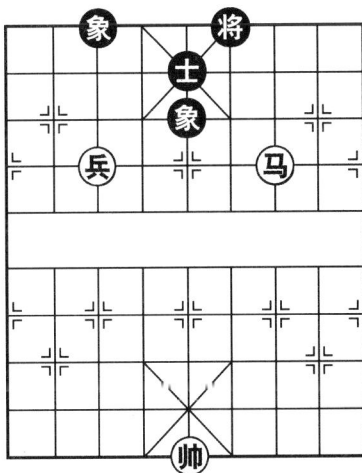

图 111

2. 帅五平六　士 5 退 6　　　　**3.** 兵七平六　士 6 进 5

4. 兵六平五　象 5 进 7　　　　**5.** 兵五平四　象 3 进 5

6. 兵四平三　象5退3

7. 兵三进一　象3进5

8. 兵三进一　将6退1

9. 马二退三　将6平5

10. 兵三平四（参考图）　……

现在形成"右兵左帅"，是颇有杀伤力的战术组合。

10. ……　　象5进3

11. 马三退五　象7退5

12. 马五退六　士5进4

13. 马六退八　士4退5

14. 马八进九　士5进4

15. 马九进八　象5进7

16. 马八进六　将5平4

18. 帅六平五（红胜）

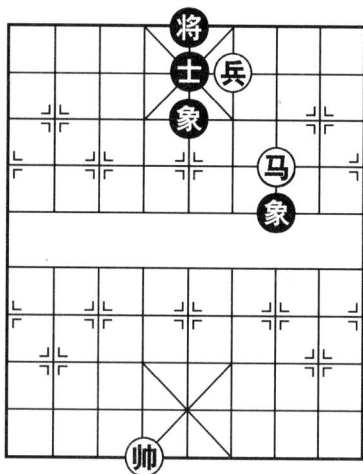

参考图

17. 兵四平五　象3退5

第112局　马兵和单缺士

古谱《橘中秘》经典残局。"士藏将底太公坐椅"式防御无懈可击（图112）!

1. 马二退三　将6进1

2. 马三退五　将6退1

3. 帅五进一　象5进7

4. 马五进六　象3退5

5. 帅五退一　象7退9

6. 马六退五　象9进7（和棋）

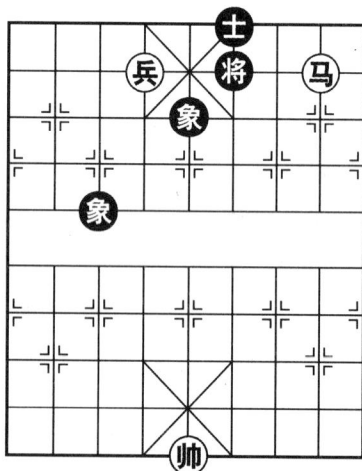

图112

第113局　马兵胜单缺象

"左兵右帅"是低兵取胜秘笈（图113）。

1. 马五进七　象5进3

倘若象5退7，帅四进一，士5进6，马七退五，士6退5，马五进三，士5进6，马三进四，士4进5，马四退二，象7进9，马二进一，士5进4，马一退三，将5平6，马三退一，红胜。

2. 马七进八　象3退5

倘若象3退1，帅四进一，士5进6，马八进六，象1退3，帅四退一，士6退5，帅四平五，象3进1，马六退八，红胜。

3. 帅四进一　象5退7

倘若象5进3，兵六进一，士5退4，马八退六，将5进1，马六退七，红胜。

4. 马八退七　士5进4　　　**5.** 马七退五　士4退5

6. 马五进三　士5进4

倘若士5进6，马三进四，士4进5，马四退二，象7进9，马二进一，士5进4，马一退三，将5平6，马三退一，红胜。

7. 马三退一　士4进5　　　**8.** 马一进二　象7进5

9. 马二进一　士5进6　　　**10.** 马一退三　将5平6

11. 马三退五　将6平5　　　**12.** 马五退四　将5平6

13. 马四进三　将6平5　　　**14.** 帅四退一　士4退5

15. 帅四平五（红胜）

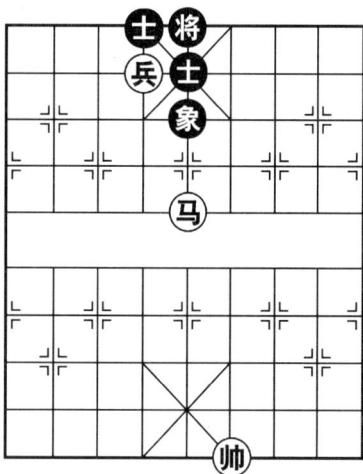

第114局　马兵胜单缺象

倘若把3路象放到7路是纯正的和棋。本局形势黑棋"象与士"受控制，红棋可胜（图114）。

1. 帅五退一　士5进6　　　**2.** 兵四进一　……

吃士是取胜的关键！

2. ……　　士6退5　　　**3.** 兵四平五　士5进6

4. 马八退七　将4进1

5. 帅五进一　士6退5

6. 马七退五　将4平5

倘若将4退1，帅五退一，士5进6，马五进四，红胜。

7. 帅五平四　士5进4

8. 马五进七　将5退1

9. 兵五平四　象3退5

10. 帅四平五　将5平6

11. 马七进五　将6平5

12. 帅五退一　将5平6

13. 马五进三　将6退1

14. 马三退四（红胜）

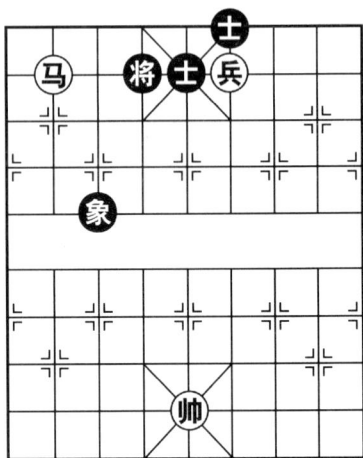

图 114

第115局　马兵胜单缺象

"马高兵"巧擒单象，取胜最简捷。

本局是 2010 年山东团体赛，山东名手李健取胜之战（图115）。

1. 兵三平四　象7进9

2. 兵四平五　……

小兵中路封锁是捉死象的关键。

2. ……　　　象9退7

3. 马六进四　将5平4

4. 马四进二　象7进9

马困边象再横兵吃之，则可完成智擒边象。

5. 兵五平四　将4进1

6. 兵四平三　士5退6

7. 兵三平二　士6退5

9. 兵一进一　……

吃象后马兵必胜双士。

9. ……　　　将4进1

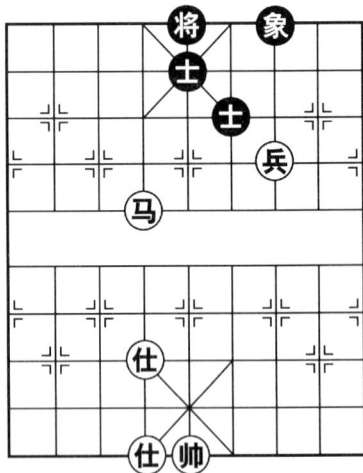

图 115

8. 兵二平一　将4退1

10. 马二进四　士5退4（红胜）

第 116 局 马兵和单缺象

"马低兵"不能形成"左兵右帅"的战术组合,单缺象可以战和马兵。

本局是 1984 年全国象棋个人赛两位特级大师胡荣华与吕钦演绎的攻守之战（图 116）。

1. 马六退五 士 4 进 5

形成太公坐椅式防御阵形,坚如磐石,马兵难胜。

2. 仕五进六 象 5 进 3

3. 帅五进一 象 3 退 1

4. 兵八平七 象 1 进 3

5. 兵七平六 象 3 退 1

6. 相五退七 象 1 进 3

7. 帅五进一 象 3 退 1

因"象与将"呈门东户西,红棋难胜。

8. 马五进三 将 6 进 1

9. 马三退五 将 6 退 1　　**10. 马五进七 象 1 进 3（和棋）**

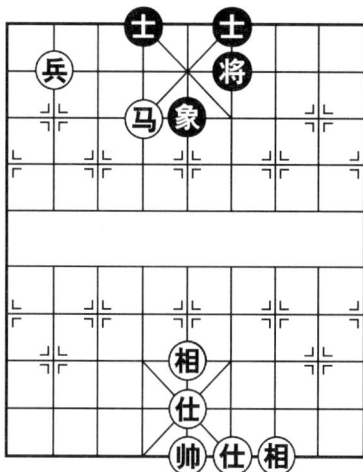

图 116

第 117 局 马兵胜单缺象

马低兵形成"右兵左帅"的战术组合而必胜。

本局是 1984 年避暑山庄杯象棋邀请赛,特级大师李来群取胜之战（图 117）。

1. 仕五退四 ……

亦可马三退五,象 3 退 5,马五进七,象 5 进 7,马七进八,红胜。

1. …… 士 5 退 6

2. 马三退五 士 6 进 5

无奈!倘若士 4 退 5,马五进七,士 5 进 4,马七进六,士 6 进 5,马六退八,象 3 退 5,马八进九,士 5 进 6,马九退七,将 5 平 4,马七退五,红胜。

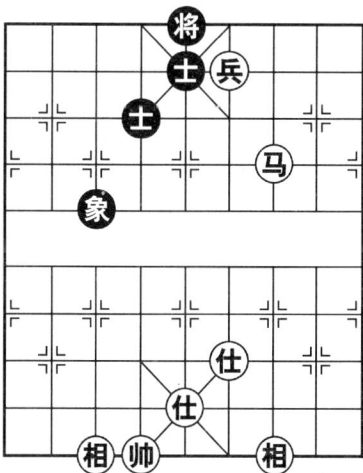

图 117

3. 马五退六　象3退5　　　**4.** 马六进五　象5进3

5. 帅六进一　……

优良的顿挫战术！

5. ……　　象3退5　　　**6.** 马五进七　象5进7

7. 马七进八（红胜）

第118局　马兵和士象全

"士象全"依仗良好防御性能，可拒马兵于九宫之外，必须掌握攻守秘诀，才能做到游刃有余，确保和棋。

本局是2009年上海九城置业杯总决赛，特级大师谢靖与"全球第一高棋"许银川演绎的攻守大战。其精彩的一流攻守，最后化干戈为玉帛，绝对是象棋爱好者提高棋艺水平的优良教材（图118）。

1. 兵三进一　象5进3

2. 兵三进一　象7进5

3. 兵三平四　将4平5

4. 帅五平六　象3退1

5. 马五退七　象1进3

6. 马七退八　士5退6

未雨绸缪！提早预防卧槽马的攻击。这是许银川一度退士。

7. 马八进九　将5平4

8. 马九进八　象5进7（参考图）

双象连环飞高象是许银川独特的防守。

9. 马八退七　……

为什么不马八进六吃士呢？将4进1，红马必丢立成和棋。

9. ……　　将4平5

安全第一，免受红帅远程牵制。

10. 马七进九　……

变换方式寻求攻击。

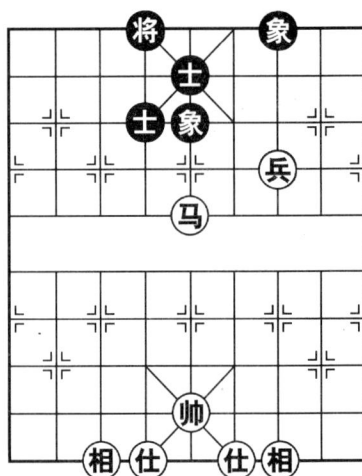

图118

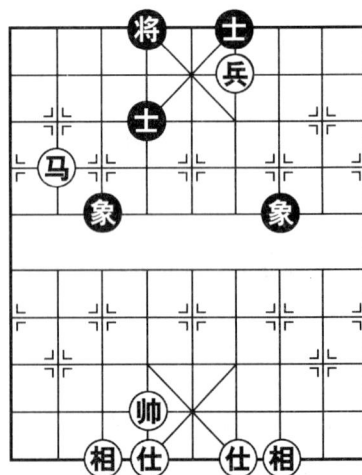

参考图

10. ……　　　象7退5　　　　　11. 马九进八　将5平4

12. 相三进一　将4平5　　　　　13. 马八进六　士6进5

14. 马六进八　士5退6

尽量不要撑起"羊角士"，以免将来遭到潜在攻击。这是二度退士。

15. 马八退七　士6进5　　　　　16. 马七退九　士5退6

三度退士！

17. 帅六平五　士6进5　　　　　18. 相一进三　将5平4

19. 马九进八　将4平5　　　　　20. 相七进九　象3退1

21. 马八退七　象1进3　　　　　22. 马七退五　……

在特级大师许银川严密防守之下，又重新回到起点。

22. ……　　　象3退1　　　　　23. 马五退六　象1进3

24. 相三退一　将5平4　　　　　25. 帅五平六　将4平5

26. 马六退八　士5退6

这是四度退士。"退士与将"精密组合，形成屹立不倒的钢铁防御。细细品味必获益匪浅！

27. 相一退三　将5平4　　　　　28. 马八进九　将4平5

29. 马九进八　将5平4（和棋）

第119局　马兵和士象全

上局许银川以"退士"为防守的主旋律，完美守卫家园。

2010年杨官璘杯全国象棋公开赛，两位特级大师上海谢靖与黑龙江赵国荣展开"马兵大战士象全"精彩攻守。全国冠军赵国荣以正统"底象"为防御主旋律，同样是守护家园的秘笈（图119）。

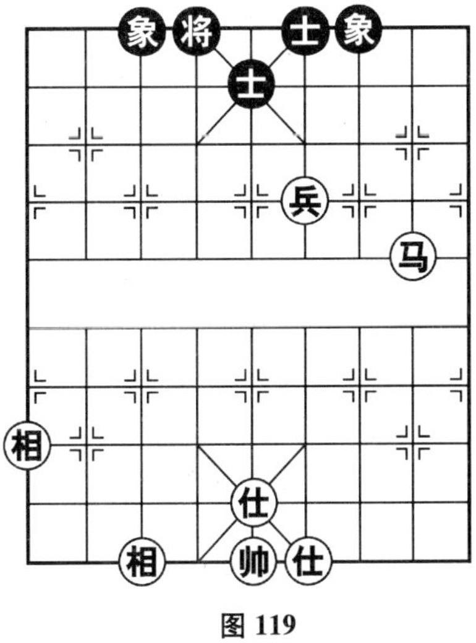

1. 仕五退六　象3进5

2. 帅五进一　……

先调整阵形，然后组织攻击。

2. ……　　　象5退3

3. 马二退四　象3进5

4. 马四进六　将4平5

5. 马六进七　象5退3

6. 马七退九　象3进1

图119

7. 马九退八　象1退3

8. 马八进七　象3进5

9. 帅五平六　士5进4

10. 兵四进一　象5进3

11. 兵四进一　士4退5

12. 马七退五　象3退5

13. 马五退七　象5进3

14. 马七退八　象3退5

15. 马八进九　士5进4

16. 马九进八　将5平4

17. 帅六进一　象5进3

18. 马八进九　将4平5

19. 马九进七（参考图）……

这是正统防御阵形。上局许银川是高飞双象连环，而现在赵特大演绎高低象的"双飞燕"。

19. ……　　　将5平4

特级大师谢靖设下小小的陷阱，被赵特大"出王"而付诸东流。倘若错走士6进5，马七退八，象3退5，马八进九，士5退6，马九退七，将5平4，马七退五，将4平5，马五进四，士4退5，帅六平五，红胜。

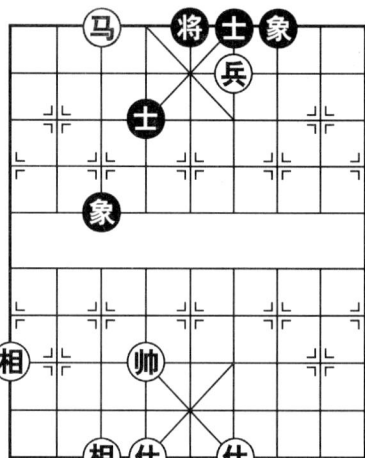

参考图

20. 相七进五　象3退5

21. 马七退九　将4平5

22. 相五退三　象5进3

23. 马九退七　士4退5

24. 帅六退一　象3退5

一度飞象走闲！

25. 马七退五　象7进9

26. 马五退四　象9退7

27. 马四进三　象5进3

28. 相九退七　士5进6

29. 马三退一　士6退5

30. 马一退三　象3退5

二度飞象走闲！

31. 马三进四　象7进9

32. 马四退五　象9退7

33. 马五退七　士5进4

34. 马七进九　将5平4

35. 马九进八　象5进3

36. 马八进七　象7进9

三度飞象走闲！赵特大飞象走闲着是守护家园的经典和棋定式，细细体会与学习，必将使后院安然无恙！

37. 马七进九　象3退5

38. 马九退八　象9退7

39. 马八退九　将4平5（和棋）

第 120 局　马兵和士象全

2009 年全国象棋甲级联赛，特级大师柳大华与著名象棋大师陈富杰上演"马兵与士象全"之战。尽管是东方电脑柳特大操刀，依然无功而返平分秋色！只要掌握防御秘诀，马兵难胜士象全（图 120）。

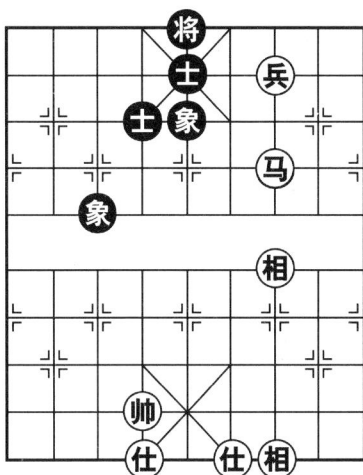

1. 兵三平四　　象 5 进 7
2. 马三退五　　象 7 退 5
3. 帅六进一　　象 5 进 7
4. 马五退六　　象 3 退 5
5. 马六退八　　士 5 退 6
6. 马八进九　　将 5 平 4
7. 马九进八　　象 5 进 3
8. 马八退七　　……

图 120

陈富杰大师的防守天衣无缝，柳特大只好班师回朝，因无心恋战而快速和棋。

8. ……　　　将 4 平 5　　　9. 马七进五　士 6 进 5（和棋）

第 121 局　马兵胜士象全

"士象全"抵挡"马兵"的战术似乎比较简单，但是倘若应着小小出错，也会在不知不觉之中造成非常严重的后果！

本局是 2000 年全国象棋个人赛，董旭彬大师与一位特级大师取胜之战，黑因一步错棋而演绎折戟沉沙！所以提请读者朋友注意此局的防御关键，切勿重蹈覆辙（图 121）！

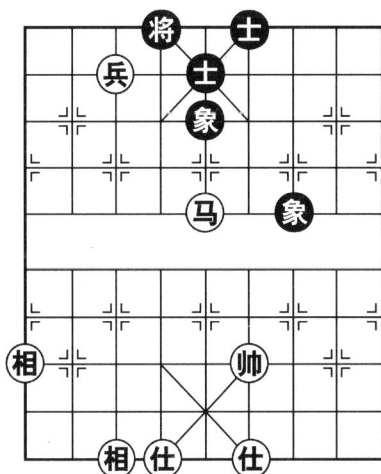

1. 帅四平五　　象 7 退 9
2. 马五进七（参考图 1）……

顺势一脚，往往会造成措手不及！

2. ……　　　象 9 进 7

图 121

随手飞象酿成痛失锦绣河山的悲剧！

似应象5进3，兵七平六，将4平5，相九进七，象9进7，仕四进五，象7退9，兵六平七，象9进7，兵七平六，象7退9，马七退五，士5退4，帅五平四，士6进5，马五退三，象9进7，马三退二，士5进6，马二进一，象7退5，马一进二，将5平6，和棋之势。

3. 兵七平六　将4平5　　　　**4. 马七退五　……（参考图2）**

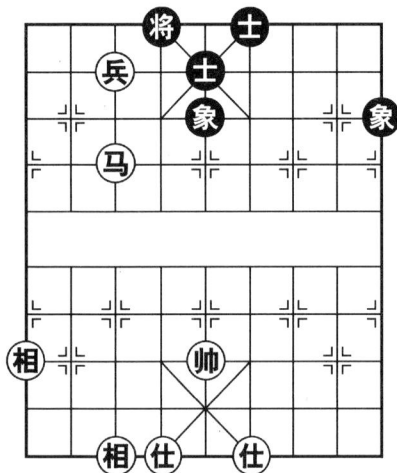 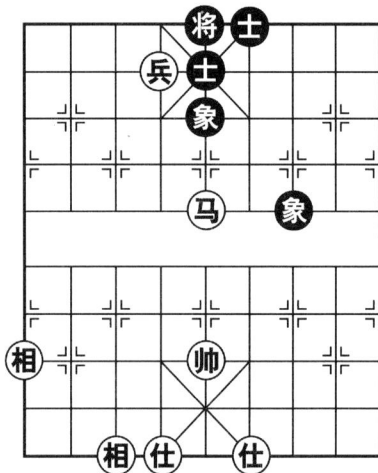

参考图1　　　　　　　　参考图2

这是经典与古典的著名"马兵战胜士象全"残局定式。

4. ……　　　象7退9

无棋可走只有退象。

5. 帅五平四　……

"左兵右帅"奠定胜利基础。

5. ……　　　象9进7　　　　**6. 帅四退一　象5进3**

7. 马五退四　象7退5　　　　**8. 马四退二　……**

十分重要的攻击路线！

8. ……　　　士5进6　　　　**9. 马二进一　士6进5**

10. 马一进二　……

红马八面威风，大有踏破贺兰山缺之雄风！

10. ……　　　士5退4

只好忍痛丢士而暂解燃眉之急。

11. 马二进四　将5平6　　　　**12. 帅四平五　将6进1**

13. 马四退五　象5进7　　　　**14. 马五退六　……**

攻击方向精准!

14. ⋯⋯　　　象 3 退 5

15. 马六进四（参考图 3）　将 6 进 1

倘若象 5 进 3，马四进五，象 7 退 5，
马五进七，红胜。

16. 马四进五（红胜）

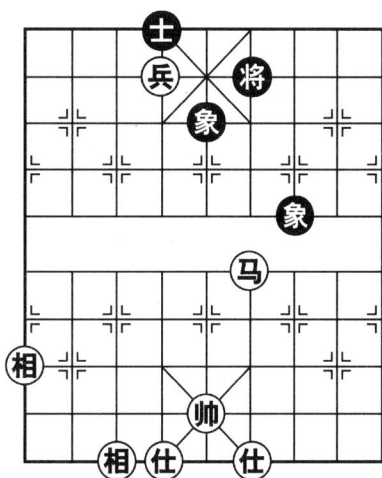

参考图 3

第 122 局　马兵胜士象全

本局是 2005 年全国象棋甲级联赛，
誉称军长的张申宏大师与一位大师之战，
黑棋因演绎两度不明显的软手导致失利
（图 122）。

1. 兵三平四　士 5 进 6

"羊角士"是不明显的软着，从而留
下失败的伏笔。似应士 5 退 6，黑棋
无忧。

2. 马三退五　士 4 退 5

3. 马五退七　象 7 退 5

4. 马七退八　士 5 进 4

5. 马八进九　将 5 平 4

6. 马九进八　将 4 进 1（参考图）

随手进将，败着！似应象 5 进 7，尚无大碍。

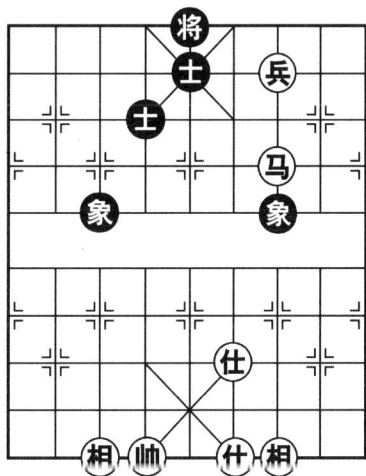

图 122

7. 马八退七　士 6 退 5　　　**8. 马七进五　士 5 退 6**

9. 马五进四　士 6 进 5　　　**10. 马四退二　**⋯⋯

精确细腻！黑士必丢。

10. ⋯⋯　　　象 5 进 7

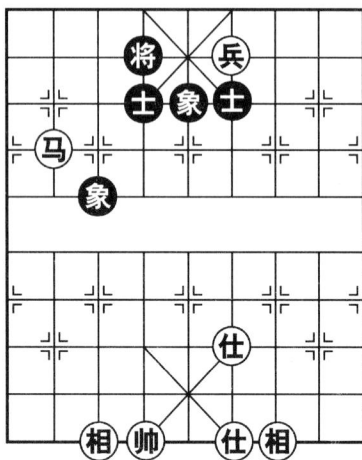

参考图

倘若士5退6，马二退四，士6进5，马四进三，士5进6，马三进四，将4退1，马四退二，将4平5，马二退四，红胜。

11. 马二进一　象7退9　　　　**12.** 马一退三（红胜）

第123局　马兵和马单象

"马兵与马单象"的争斗没有必胜只有巧胜，而大多是和棋，因为可用马换兵而成单马难胜单象。

本局是2005年浙江三环杯象棋公开赛，广州名手黎德志与特级大师洪智的"马兵与马单象"的"马拉松"之战（图123）！

1. 马九进七　将6平5

2. 仕五进六　象5进3

3. 仕六退五　象3退1

4. 马七退六　将5平4

5. 仕五进六　象1进3

6. 帅六平五　将4进1

7. 马六退四　象3退5

8. 马四进三　将4平5

9. 帅五进一　将5退1

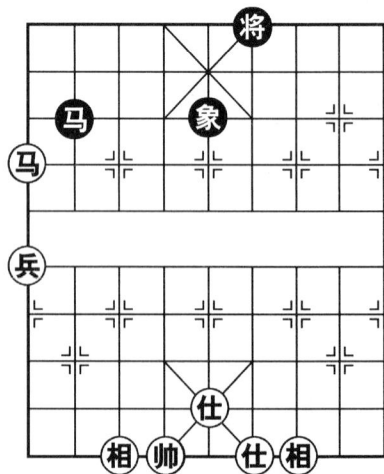

图123

10. 马三退五　将5平6　　11. 相三进五　将6进1

12. 马五进七　象5进3　　13. 相五退三　将6退1

14. 帅五退一　将6进1

15. 马七进八　象3退5

16. 相三进一　将6退1（参考图1）

在严密防守之下，呈一马守关小兵莫入之势。

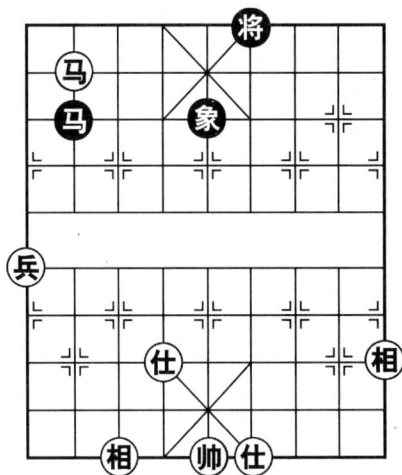

参考图1

17. 马八进六　……

黎德志为小兵渡河煞费苦心。为什么不马八退六呢？因为接走马2进3，马六退八，马3进1，和棋。

17. ……　　　将6平5

18. 马六退七　……

无功而返，从头再来。

18. ……　　　将5平6

19. 马七退六　象5进3

飞象拦马十分老练，延缓小兵渡河参战。

20. 马六退四　象3退5　　21. 马四进三　将6平5

22. 马三退五　将5平6　　23. 相一退三　将6进1

24. 马五进三　将6平5　　25. 帅五进一　将5退1

26. 帅五平四　将5进1　　27. 相三进一　象5进3

28. 马三退五　象3退5

29. 相一进三　将5平4

30. 帅四平五（参考图2）　将4退1

倘若将4平5，马五退七，将5退1，马七进八，仍难阻止小兵渡河。

31. 马五进六　将4进1

32. 马六退八　……

经过30多回合的艰苦战斗，终于赢得小兵渡河之机。

32. ……　　　将4平5

33. 兵九进一　马2进4

34. 马八退六　将5平6

35. 兵九进一　马4退3

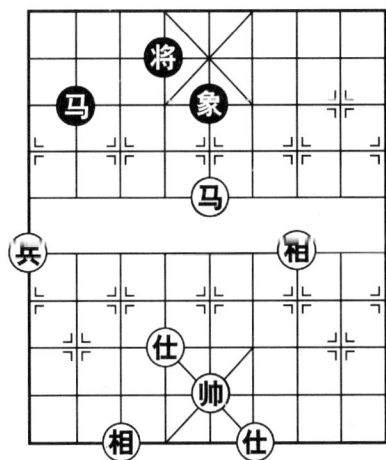

参考图2

36. 马六进七　象 5 退 3　　　**37.** 兵九平八　马 3 进 5

38. 帅五退一　将 6 退 1　　　**39.** 马七进五　象 3 进 1

40. 马五退三　将 6 进 1　　　**41.** 兵八进一　……

下兵实属无奈，因"限着"快要到了。

41. ……　　　象 1 退 3　　　**42.** 兵八平七　马 5 进 3

43. 兵七平六　将 6 进 1　　　**44.** 马三退一　马 3 进 5

45. 马一退三　将 6 退 1　　　**46.** 兵六进一　象 3 进 1

47. 兵六平五　……

弃兵吃马最后一战。

47. ……　　　将 6 平 5　　　**48.** 马三进四　……

吃一马形成"门东户西"和棋之势。

48. ……　　　象 1 退 3　　　**49.** 马四退五　象 3 进 1（和棋）

第124局　马兵和马单象

红棋马兵逼进九宫，似乎胜利在望，那么黑棋如何防守能争取和棋呢？

本局是 2010 年亚洲象棋锦标赛，菲律宾全国冠军庄宏明与中国澳门特级大师李锦欢之战（图124）。

1. 兵六进一　马 4 退 2

佳着！是和棋的关键之着。

2. 马三退二　……

倘若兵六平五，将 5 平 4，马三退四，马 2 退 3，马四进六，马 3 退 5，马六进五，象 3 进 5，马五退七，将 4 进 1，马七进八，将 4 退 1，帅四平五，象 5 进 7，和棋之势。

2. ……　　　马 2 退 3

3. 马二进一　马 3 进 5

4. 马一进三　马 5 退 6

6. 仕五进六　……

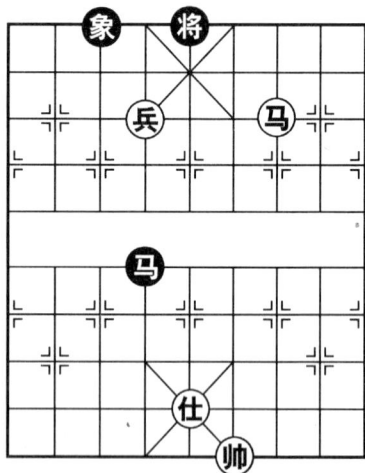

图 124

5. 帅四进一　象 3 进 1

倘若马三退四，马 6 进 5，兵六平五，将 5 平 6，仕五进四，象 1 退 3，帅四平五，象 3 进 5，帅五退一，象 5 退 3，亦是和棋之势。

6. ……　　　象 1 进 3（和棋）

第 125 局 马兵胜马单象

马兵战胜马单象相当困难，因随时随地可"以马兑兵"。但是在漫长的防守中稍有差错，红棋也有可胜之机。

本局是 1984 年全国象棋团体赛，上海于红木大师取胜之战（图 125）。

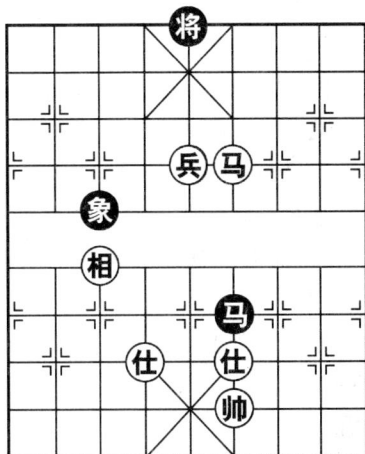

1. 马四退五　象 3 退 1
2. 马五进六　象 1 退 3
3. 马六进八　马 6 退 7
4. 兵五平六　象 3 进 1
5. 仕四退五　将 5 进 1
6. 帅四退一　将 5 退 1
7. 仕五退六　将 5 进 1
8. 兵六平七　马 7 进 5
9. 兵七平八　马 5 退 3
10. 马八退六　将 5 平 4

图 125

11. 兵八平七　将 4 退 1
12. 帅四平五　象 1 退 3
13. 马六进七　马 3 进 5
14. 帅五进一　将 4 进 1
15. 相七退九　将 4 退 1
16. 帅五退一　将 4 进 1

为什么不蹩仕呢？因没有赢棋之望，一旦吃仕限着重新开始，从而延长限着。

17. 帅五进一　将 4 退 1
18. 帅五进一　马 5 进 3
19. 帅五平四　马 3 退 5
20. 帅四平五　将 4 进 1
21. 兵七平六　……

小兵强渡封锁线，因黑棋不敢马 5 退 4 以马换兵，马七退六，红胜。

21. ……　　将 4 平 5
22. 帅五退一　将 5 平 6
23. 兵六平五　将 6 平 5
24. 帅五平四　马 5 进 7
25. 帅四进一　马 7 退 5
26. 帅四退一　马 5 退 3
27. 兵五平六　马 3 进 5
28. 仕六退五　象 3 进 5
29. 兵六平五　象 5 进 7
30. 仕五退四　将 5 平 4
31. 马七退九　将 4 退 1
32. 马九退七　将 4 平 5
33. 马七退五　将 5 进 1
34. 相九进七　将 5 平 4
35. 兵五平六　将 4 平 5
36. 帅四平五　马 5 退 3

37. 帅五平六　将5平6

38. 马五进三　将6平5

39. 相七退九　马3进5

似应将5退1坚守为宜，单马守关小兵难入。

40. 兵六进一　马5退6

似应马5退4，马三进二，马4进6，兵六进一，将5平6，马二退三，马6退7，帅六平五，将6退1，红棋亦难取胜。

41. 兵六进一　将5进1（参考图）

锦绣河山毁于一旦！这是自杀式错着！还是应将5退1，相九进七，马6退7，马三退五，马7进8，黑棋尚可坚守。

42. 相九退七　……

退相精妙！黑棋无子可走，以下只好将5平6，帅六平五，马6进5，兵六平五，红胜。

42. ……　　将5平6（红胜）

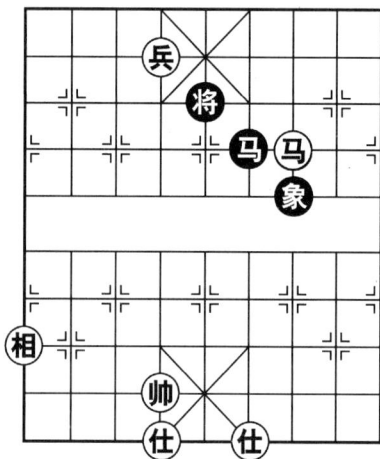

参考图

第126局　马兵和马单士

马高兵可胜马单士，但是马低兵黑有和棋之机（图126）。

1. 马四进三　士5退4
2. 帅五进一　士4进5
3. 马三进五　将6进1
4. 马五退四　士5退6
5. 马四进六　马3进5
6. 兵六平七　士6进5
7. 马六退五　士5退6（和棋）

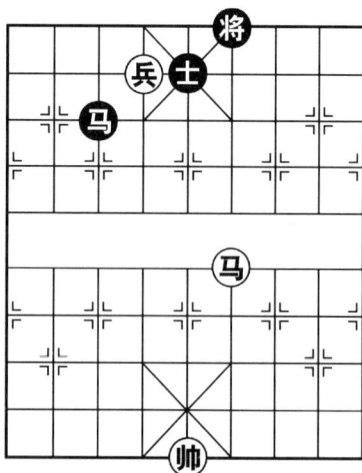

图126

100

第 127 局 马兵胜马单士

马高兵循序渐进可胜马单士，本局红棋位置较好轻松可胜（图127）。

1. 兵五平四　马6退8
2. 马四进六　马8进6

倘若马8退6，兵四进一，将6进1，帅五平四，士4进5，马六退五，士5进6，马五进四，红胜。

3. 帅五进一　马6退5
4. 帅五平四　马5进6
5. 兵四平五　将6进1
6. 帅四退一　将6退1
7. 马六进七　将6进1
8. 马七退八　将6退1
9. 马八退六　将6平5

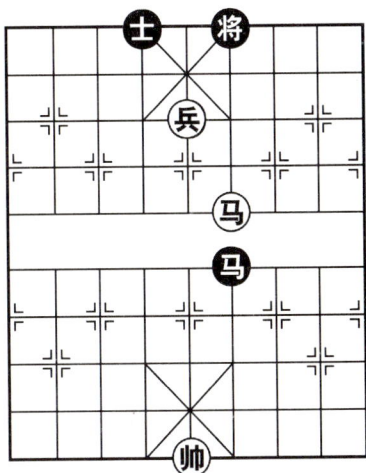

图 127

10. 马六退四（红胜）

第 128 局 马兵胜马单士

2006年全国象棋甲级联赛，吕钦与一位特级大师上演"马高兵与马单士"之战。因急速求胜而高兵变低兵，差一点和棋。所以高兵不要轻易变低兵，而要稳扎稳打、步步为营（图128）。

1. 马九进八　士6进5
2. 兵九进一　马5退3
3. 兵九平八　马3退5
4. 马八退六　士5退6
5. 兵八平七　士6进5
6. 仕五进六　士5退4
7. 相三进一　士4进5
8. 帅四平五　马5进7

引诱红兵前进，老谋深算。

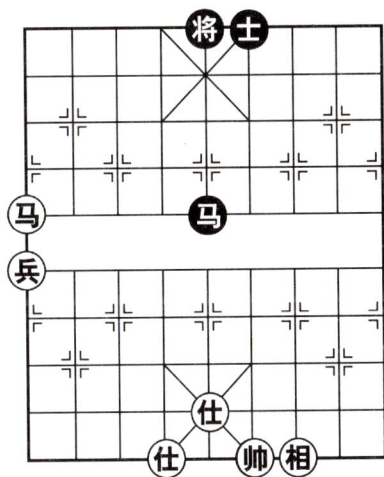

图 128

9. 兵七进一 ……

冲兵有急躁之嫌，似可兵七平六，稳步进取为宜。

9. ……　　　马7退5

10. 兵七进一 ……

艺高人胆大！似应兵七平八暂时忍耐为上，然后再伺机进取。

10. ……　　　马5退7

11. 兵七进一（参考图） ……

眼看中士必丢，那么黑棋如何决策呢？请看下步。

11. ……　　　将5平4

错失良机！似应将5平6，马六进五，将6平5，兵七平六，马7进8，帅五进一，马8退6，兵六平七，马6进4，兵七平六，马4退2，兵六平七，马2进1，兵七平六，和棋。

12. 马六进八 ……

绝杀，无解！黑士必丢。

12. ……　　　马7进6　　　　**13. 兵七平六**　将4平5

14. 兵六平五（偷袭，红胜）

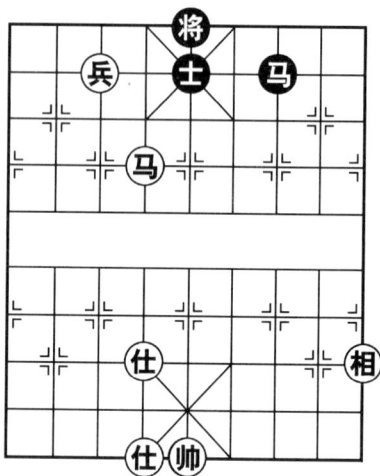

参考图

第129局　马兵胜单马

马高兵或马低兵战胜单马易如反掌。

本局是 2003 年全国象棋团体赛，安徽名手王东取胜之战（图 129）。

1. 兵七进一　将5平4
2. 相五退三　将4平5
3. 仕五退六　马5进6
4. 兵七平六　马6进5
5. 兵六平五　将5平4
6. 兵五进一　马5退6
7. 帅四平五　将4平5
8. 兵五进一　将5平6
9. 帅五平四（红胜）

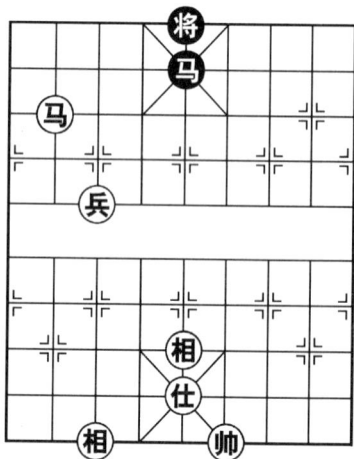

图 129

第130局 马兵胜单炮

马高兵必胜单炮，马底兵则难胜单炮。但是倘若位置较好，马底兵也有巧胜之机（图130）。

1. 兵七平六 ……

精妙！

1. …… 炮6进6

2. 仕六退五 炮6退4

黑炮已在劫难逃。另有四种选择：①炮6退1，马七退五，炮6退2，马五进六，红胜。②炮6退2，马七进五，将6进1，马五退三，将6进1，马三退四，红胜。③炮6退3，马七进五，将6进1，马五退四，红胜。④炮6退5，马七进六，将6进1，马六退四，将6退1，仕五进四，红胜。

3. 马七退五 将6进1 **4. 马五进六** 将6进1

5. 马六退四（红胜）

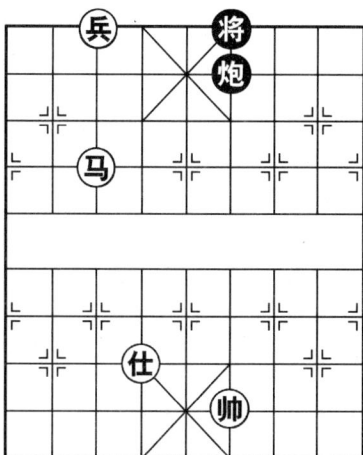

图 130

第131局 马兵和单炮

黑王避难于三楼，大有"高处不胜寒"之感。但在这种特殊的形势、特殊的时点，三楼反而是最安全的避风港，马兵难胜单炮（图131）。假如五个低兵横排相连，也难胜单炮。

1. 马四退三 炮4进3

2. 马二退四 炮4进1

3. 帅六进一 炮4退3

4. 兵五平四 炮4进2

5. 帅六进一 炮4退2

6. 兵四平五 炮4进2

7. 马四进二 将4平5

8. 兵五平四 将5平4

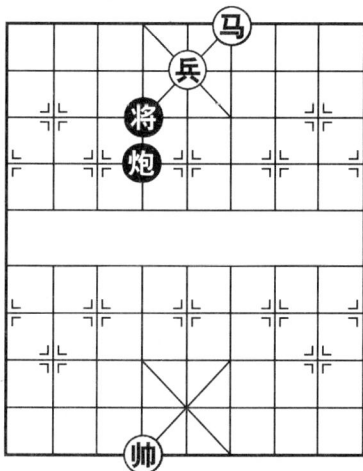

图 131

9. 帅六平五　炮 4 退 3　　　　　10. 马二退四　炮 4 平 5

11. 马四退六　炮 5 进 2　　　　　12. 马六进七　炮 5 退 2

13. 兵四平五　炮 5 进 2　　　　　14. 帅五平四　炮 5 退 2（和棋）

第 132 局　马兵和炮单士

马高兵必胜炮单士，而马底兵则炮单士有和棋之机（图 132）。

1. 帅五平四　炮 6 进 1

2. 马五进六　……

倘若马五进三，将 5 平 6，帅四进一，炮 6 进 1，马三退五，将 6 平 5，马五进六，炮 6 退 1，和棋。

2. ……　　　　炮 6 平 9

3. 仕六退五　炮 9 平 8

4. 帅四平五　炮 8 平 7

5. 帅五平六　炮 7 平 8

6. 兵六平七　将 5 进 1

7. 马六退七　将 5 进 1

8. 马七退六　将 5 平 6

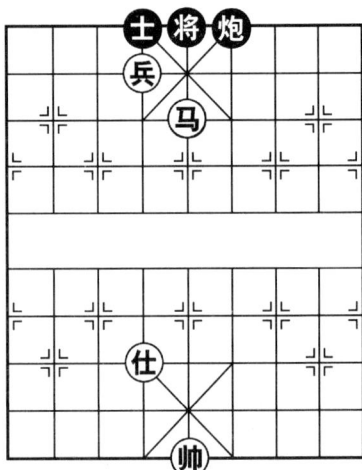

图 132

9. 马六退四　炮 8 平 6

10. 马四进三　炮 6 平 5

11. 兵七平六　炮 5 进 2（和棋）

第 133 局　马兵胜炮单士

"马高兵"只要按部就班稳步进取，必胜炮单士。

本局是 2011 年中国游戏中心网职业高手挑战赛，朱琮思大师取胜之战（图 133）。

1. 马六退七　将 4 退 1　　　　　2. 马七进九　将 4 退 1

3. 马九进七　士 5 进 4　　　　　4. 兵四平五　士 4 退 5

5. 兵五进一　炮 5 进 2

倘若士 5 退 6，仕五进四，炮 5 进 1，兵五进一，士 6 进 5，帅六平五，孤马擒士，红胜。

6. 马七进五　将 4 平 5　　　　　7. 帅六平五　将 5 平 6

8. 仕五退四　将 6 平 5　　　　　9. 马五退七　将 5 平 4

10. 帅五进一　将4平5

11. 帅五进一　……

似可马七进六，将5平6，马六退五，士5进4，马五进三，将6进1，帅五进一，将6进1，马三退二，士4退5，马二进四，士5退4，马四进二，红胜。

11. ……　　将5平4

12. 仕六退五　将4平5

13. 马七进八　将5平6

14. 马八退九　士5进4

15. 马九进七　将6进1

16. 马七退六　士4退5

17. 马六进四　士5退4

18. 马四退二　将6进1

19. 马二进三　将6退1

20. 仕五退六　将6进1

21. 马三退四　将6退1

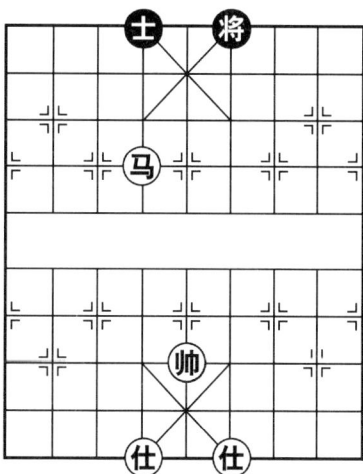

22. 马四进六　将6退1（参考图）

23. 帅五退一　……

似可马六进八，士4进5，马八进六，将6平5，帅五退一，将5平6，马六退五，士5进4，马五进三，将6进1，帅五进一，将6进1，马三退二，士4退5，马二进四，士5退4，马四进二，红胜。

23. ……　　将6进1

24. 马六退八　士4进5

25. 马八进七　士5进4

26. 帅五进一　将6退1

27. 帅五退一　将6进1

28. 马七退六　士4退5

29. 马六进四　士5退4

30. 马四退二　将6进1

31. 帅五进一　士4进5

32. 马二退四　士5退4

33. 马四退二　将6进1

34. 马二进三（余略，红胜）

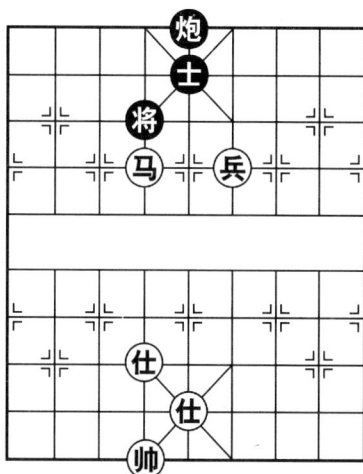

图 133

参考图

第 134 局　马兵胜炮单象

马兵必胜炮单象。

古谱《橘中秘》残局，其分秒不差的杀法堪称经典（图 134）！

1. 帅五进一　　象 7 进 9

2. 马七退六　　象 9 退 7

3. 马六进五　　炮 3 退 2

4. 兵五平六　　将 4 平 5

5. 帅五平四　　……

"左兵右帅"控制"黑王"是攻城擒王的绝着！

5. ……　　　　炮 3 进 5

6. 马五进七　　炮 3 平 6

7. 兵六平五　　将 5 平 6

8. 马七退五　　炮 6 退 2

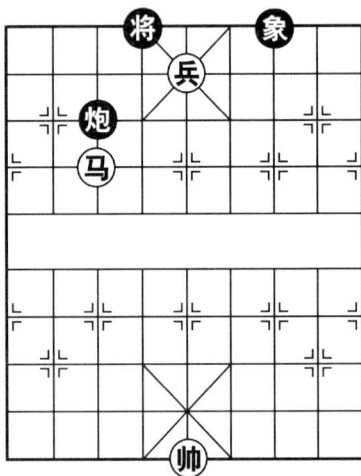

图 134

9. 马五进四　　……

别具一格！亦可马五退六，炮 6 进 2，马六退五，炮 6 进 2，马五退四，炮 6 退 5，马四进二，象 7 进 5，马二进三，象 5 进 3，马三进二，象 3 退 5，马二进三，红胜。

9. ……　　　　炮 6 平 7

10. 帅四平五　　炮 7 退 2

11. 马四退三　　炮 7 进 1

12. 帅五进一　　象 7 进 5

13. 马三进五（红胜）

第 135 局　马兵和炮单象

"马高兵"必胜"炮单象"曾被认为是放之四海而皆准的残局棋理。可是在现实的实战中，千差万别的变化，使"必胜"定律遭到挑战。

本局是 2011 年全国象甲联赛，程鸣与张强两位大师之战。张强大师以"炮单象与王"组成全军防御扼守中路防线，使小兵很难跨越中线侧翼攻王，进而逼迫高兵下冲变低兵，大战 60 回合，化干戈为玉帛（图 135）。

1. 兵七平六　　……

错失良机！似可马六退八，炮 5 进 1，马八进七，象 5 退 3，兵七平六，黑棋的中路封锁不战自溃。

1. ……　　　炮5进1

2. 马六退八　将6进1

3. 马八退六　将6进1

张强大师的防御绝对一流！黑棋三子形成强大的中路封锁线！

4. 马六退四　炮5退1

5. 马四进三　……

为什么不兵六平五呢？炮5进3，马四进五，将6退1，帅四平五，将6退1，马五进三，将6进1，马三退四，象5退3，和棋。

5. ……　　　炮5进1

6. 仕六进五　炮5退1

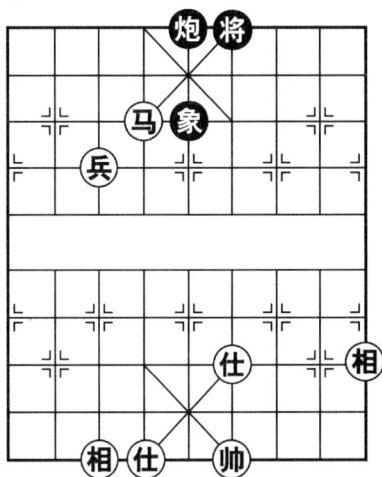

图 135

7. 帅四平五　炮5进1　　8. 帅五平六　炮5退1

9. 仕五退四　炮5进1　　10. 帅六进一　炮5退1

11. 仕四退五　炮5进1　　12. 仕五退六　炮5进1

13. 相七进九　炮5进1　　14. 马三退二　炮5退1

15. 马二进四　炮5进1　　16. 马四退三　炮5退1

17. 马三进一　炮5进1　　18. 马一进二　将6退1

19. 兵六进一（参考图1）　……

黑棋的中路防线难以逾越，只好冲高兵为低兵。

19. ……　　　象5退3

20. 马二退三　炮5退1

21. 仕六进五　炮5平7

22. 马三进五　炮7进2

23. 马五进七　将6平5

24. 帅六进一　炮7退2

25. 帅六退一　炮7进2

26. 马七退六　炮7平8

倘若象3进5，兵六平五，将5进1，马六进四，红胜。

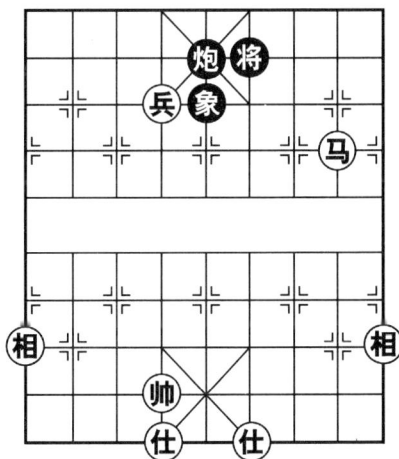

参考图1

27. 马六进四　将5平6　　28. 仕五退六　将6平5

29. 相一退三　将5平6　　30. 帅六平五　炮8退2

31. 马四进六　　……

倘若马四进三，炮 8 平 7，马三进一，炮 7 进 1，红棋的攻势也没有进展。

31. ……	炮 8 平 5	**32.** 马六退四	象 3 进 5
33. 帅五平六	象 5 退 3	**34.** 马四退二	将 6 平 5
35. 相三进五	炮 5 平 4	**36.** 帅六平五	将 5 平 6
37. 马二进三	将 6 进 1	**38.** 马三进一	炮 4 平 5
39. 帅五平六	炮 5 平 4	**40.** 帅六平五	炮 4 平 5
41. 帅五平六	炮 5 平 7	**42.** 马一进三	炮 7 平 8
43. 帅六平五	将 6 退 1	**44.** 马三退四	炮 8 平 5
45. 相五进七	将 6 进 1	**46.** 马四进二	象 3 进 5
47. 相七退五	象 5 退 3	**48.** 相五进七	象 3 进 5
49. 相七退五	炮 5 进 1		

又重新回到起点，红棋仍然难有突破。

50. 马二进一	象 5 退 3
51. 帅五平六	炮 5 平 9
52. 相五进七	炮 9 平 5
53. 马一退二	炮 5 退 1
54. 马二进三	将 6 退 1
55. 兵六进一	……

限着快到了，小兵不得不再下一个台阶最后冲刺。

55. ……　　炮 5 平 6（参考图 2）

56. 帅六进一　　……

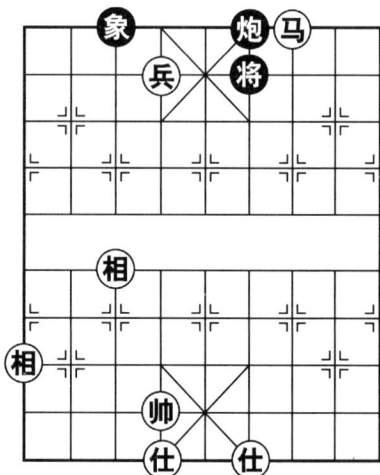

参考图 2

为什么不帅六平五呢？炮 6 平 5，帅五进一，象 3 进 1，马三退二，将 6 进 1，和棋。

56. ……	象 3 进 1	**57.** 马三退二	将 6 进 1
58. 帅六平五	炮 6 平 5	**59.** 马二进三	将 6 退 1
60. 帅五平六	炮 5 平 6	**61.** 马三退一	炮 6 平 5

和棋即将来临，掩枰遐思之际，不禁对张强大师的一流防御叹为观止！

62. 马一退二　　炮 5 进 3（和棋）

第136局　马兵胜炮单象

马兵胜炮单象的诀窍是先逼"将"于低位，然后再小兵坐大堂，攻而胜之。

本局是1999年全国象棋大师冠军赛，陈富杰大师取胜之战（图136）。

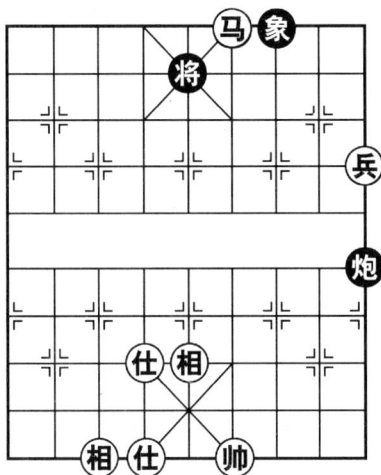

图 136

1. 马四退三　　将 5 退 1
2. 兵一平二　　炮 9 平 1
3. 兵二平三　　炮 1 退 3
4. 兵三平四　　炮 1 平 2
5. 兵四平五　　象 7 进 5
6. 马三退四　　象 5 退 3
7. 马四进六　　炮 2 平 6
8. 相五进三　　将 5 平 4
9. 帅四进一　　将 4 平 5

10. 仕六退五　　将 5 平 4	11. 仕五退四　　将 4 平 5
12. 马六进七　　将 5 进 1	13. 马七退八　　炮 6 退 2
14. 马八进九　　象 3 进 1	15. 马九退七　　将 5 平 4
16. 兵五平六　　炮 6 平 4	17. 马七退五　　将 4 平 5
18. 马五进三　　将 5 平 4	19. 马三进四　　炮 4 平 5

20. 马四退五　　……

经过大段腾挪，终于迎来有效的攻击！

20. ……　　　　将 4 平 5	21. 马五退七　　象 1 退 3
22. 兵六进一　　炮 5 平 6	23. 兵六进一　　……

逼"将"定位，胜势在望！

23. ……　　　　将 5 退 1	24. 马七退九　　象 3 进 1

25. 马九进八（红胜）

第137局　马兵胜炮单象

小兵坐大堂之后，取胜简单容易。

本局是2011年JJ象棋顶级英雄大会，黑龙江著名棋手张弘取胜之战（图137）。

1. 马三退一　象 3 退 5

2. 马一退三　象 5 退 3

3. 马三退一　象 3 进 5

4. 马一进二　象 5 进 7

5. 马二退三　……

控盘佳着，红棋胜定！

5. ……　　炮 7 进 1

6. 帅五进一（红胜）

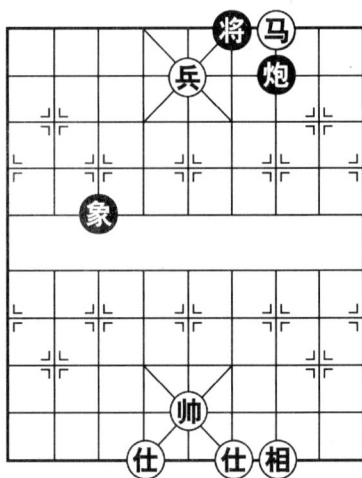

图 137

第 138 局　马兵和炮双象

虽然小兵坐大堂，马兵仍难战胜"炮双象"而和棋。

本局是 2008 年全国象棋明星赛，曹岩磊大师与特级大师蒋川之战（图 138）。

1. 马四进六　炮 7 退 2

2. 马六进五　象 7 退 9

3. 相五退七　象 9 进 7

4. 仕五退六　象 7 退 9（和棋）

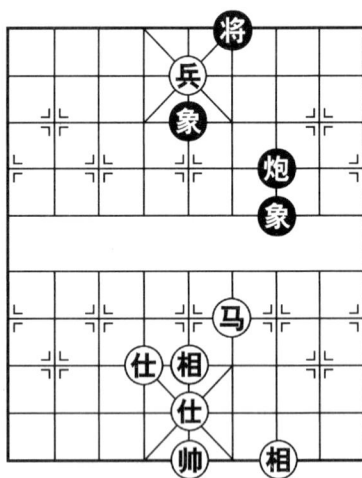

图 138

第 139 局　马兵和炮双象

马兵要想战胜"炮双象"有点难。

本局是 2007 年全国象甲联赛，张强与孙勇征两位大师之战（图 139）。

1. 帅四进一　炮 5 平 7　　　　　**2.** 马六退五　炮 7 进 1

3. 马五退三　炮7退1

4. 马三进二　炮7平8

5. 相一退三　象5进7

6. 马二退三　象7退5

7. 马三进一　炮8退2

8. 马一进二　炮8平6

9. 帅四平五　炮6平5

10. 帅五平六　炮5平6

11. 马二进四　象3退1

12. 帅六平五　象1进3

13. 帅五退一　象3退1

14. 相三进五　象1进3

15. 相七进九　象3退1

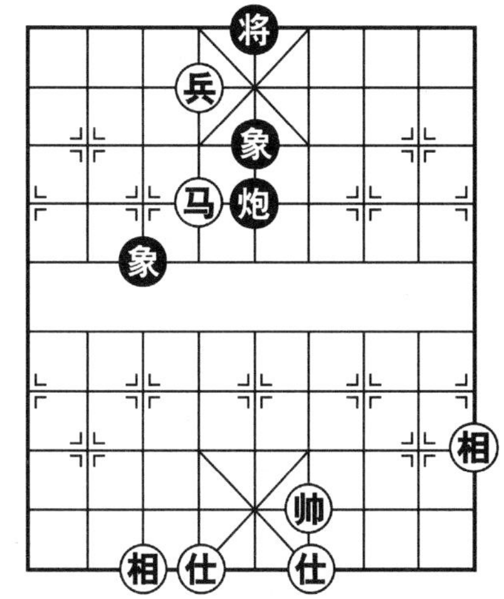

16. 马四退五　象1进3

图 139

17. 马五退六　炮6进2

19. 帅五平四　将6进1

18. 相五退三　将5平6

20. 帅四进一　象3退1

21. 马六进五　炮6进1

22. 马五退七（参考图）　象5进3

倘若错走将 6 进 1，马七进六，红胜。

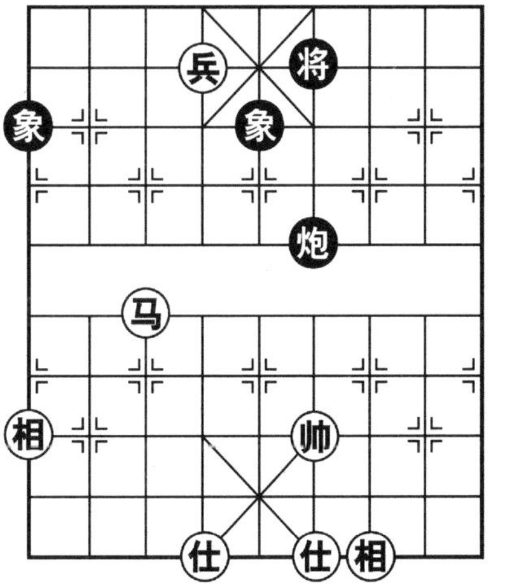

23. 马七进五　象3退5

24. 马五进六　将6进1

25. 马六退五　将6退1

26. 马五进七　象5进3

27. 马七退五　象3退5

28. 相九退七　象5进3

29. 帅四平五　象3退5

30. 马五退七　炮0平7

31. 马七进五　炮7平6

33. 马六退五　炮7平6

35. 相三进一　象3退5

37. 马六退八　象5进3

39. 马六退五　炮6进2

41. 帅四平五　炮5退3

参考图

32. 马五进六　炮6平7

34. 帅五平四　象5进3

36. 马五进六　将6进1

38. 马八退六　象1退3

40. 马五进四　炮6平5

42. 马四退六　炮5平7

似可炮 5 进 2，也是和棋。

43. 马六退四　炮 7 平 5　　**44.** 马四进三　炮 5 平 7

45. 相一退三　象 3 进 1　　**46.** 马三进一　炮 7 平 5

47. 帅五平六　将 6 平 5（余略，和棋之势）

第 140 局　马兵和卒双士

"马低兵"难胜卒双士。看似简单实则属于高难残局（图 140）。

1. 马八退七　士 5 进 4

2. 马七进五　士 6 进 5

3. 马五退六　……

倘若帅六平五，士 5 进 6，帅五进一，卒 1 平 2，帅五进一，卒 2 平 3，帅五平六，士 6 退 5，马五退四，士 5 退 6，和棋。

3. ……　　士 5 退 6

倘若错走将 5 平 4，马六进七，将 4 平 5，帅六平五，卒 1 平 2，马七退九，将 5 平 4，马九进八，将 4 进 1，帅五平六，士 5 退 6，马八退七，将 4 退 1，马七进五，将 4 平 5，马五进四，红胜。

4. 马六进八　将 5 平 4

5. 马八进七　将 4 进 1

6. 马七退九　将 4 退 1

7. 马九退七　将 4 平 5

8. 马七进五　士 6 进 5

9. 帅六平五（参考图）　士 5 进 6

倘若卒 1 平 2，马五退六，卒 2 平 3，帅五进一，将 5 平 4，马六进七，将 4 进 1，帅五进一，卒 3 平 2，帅五平六，士 5 退 6，马七退九，卒 2 平 3，马九进八，卒 3 平 2，马八退七，将 4 退 1，马七进五，将 4 平 5，马五进四，红胜。

10. 帅五进一　卒 1 平 2

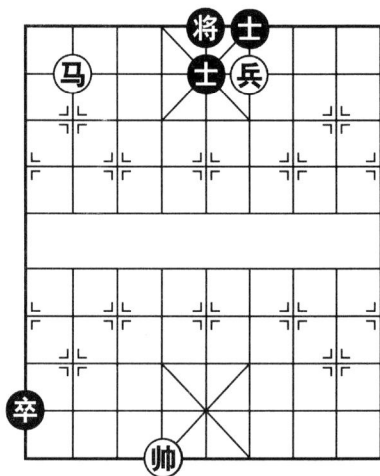

图 140

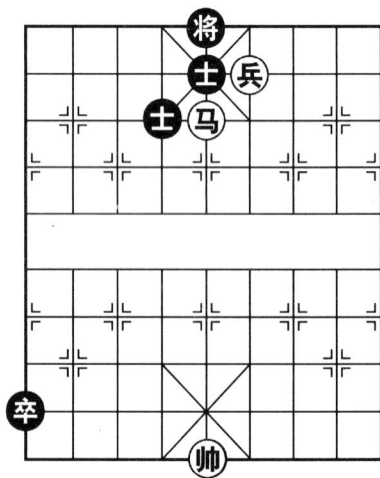

参考图

11. 帅五平六　士6退5　　　**12.** 马五退六　士5退6
13. 马六进八　将5平4（和棋）

第141局　马兵和卒双士

马低兵难胜卒双士。

本局是 2006 年全国象棋团体赛，赵冠芳与王琳娜两位女子特级大师之战（图 141）。

1. 仕五进四　卒5平4
2. 马四退三　卒4平3
3. 马三进五　卒3平2
4. 马五进三　卒2进1
5. 马三进二　将6进1（和棋）

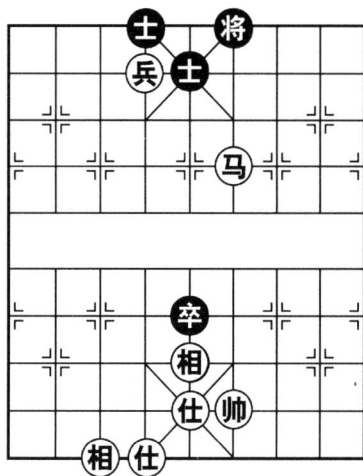

图 141

第142局　马兵胜卒双士

本局是 2010 年全国青年象棋锦标赛，上海青年棋手金起安巧胜之战（图 142）。

1. 兵七进一　……

精巧！另可马三进五，卒6平5，兵七平六，将4平5，马五退三，卒5进1，帅五进一，红棋速胜。

1. ……　　　将4进1
2. 马三进五　将4进1
3. 马五退四　……

吃卒后形成马底兵必胜双士。

3. ……　　　将4退1
4. 马四进五　将4进1
5. 马五退七　将4退1

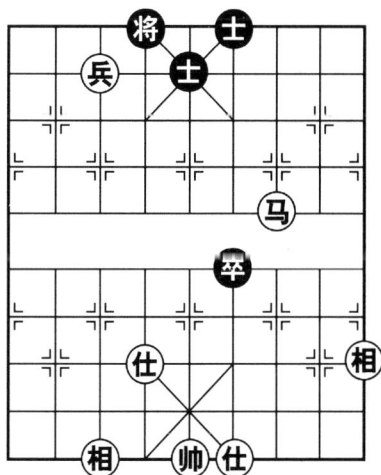

图 142

6. 马七进八	将 4 进 1	**7.** 帅五进一	士 5 进 6
8. 兵七平六	士 6 进 5	**9.** 兵六平五（红胜）	

第143局　马兵胜卒双士

本局是 2010 年广东高校象棋友谊交流赛，广州名手周嘉鸿取胜之战（图 143）。

1. 兵八平七　士 6 进 5

倘若士 4 退 5，兵七进一，卒 6 平 7，仕五进六，卒 7 平 6，马六进八，将 4 平 5，兵七进一，卒 6 平 7，马八退六，红胜。

2. 仕五退四　将 4 进 1

3. 马六退七　将 4 退 1

4. 马七退六　卒 6 平 7

5. 帅五进一　将 4 进 1

6. 帅五进一　士 5 进 6

7. 马六进七　士 4 退 5

8. 仕四退五　将 4 退 1

9. 马七进五　……

马跳中路瞄士，是最有杀伤力的点位。

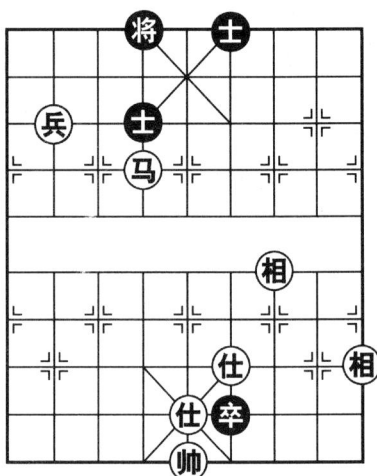

图 143

9. ……	卒 7 平 6	**10.** 兵七进一	卒 6 平 7
11. 马五进七	将 4 平 5	**12.** 兵七平六	将 5 平 6

13. 马七退五　……

再度控盘，黑棋败势已定。

13. ……	卒 7 平 8	**14.** 马五进三	卒 8 平 7
15. 马三进二	将 6 进 1	**16.** 帅五平四	士 5 退 4
17. 马二退三	将 6 退 1	**18.** 马三进五（红胜）	

第144局　马兵胜卒双士

"马高兵"只要把握时机循序渐进，可以战胜"卒双士"。

本局是 2002 年全国个人赛，宇兵大师演绎的"马高兵胜高卒双士"之战（图 144）。

1. 兵六平五	士 5 进 4	**2.** 兵五平四	士 4 进 5

撑起"羊角士"成为马兵攻击的靶点，所以应士 4 退 5 为宜。

3. 兵四平三　卒 8 平 7

4. 兵三进一　将 5 平 4

倘若将 5 平 6，帅六平五，卒 7 平 8，兵三进一，卒 8 平 7，马五进三，卒 7 平 8，兵三平四，将 6 平 5，马三退四，卒 8 平 7，马四退六，卒 7 平 8，马六进七，将 5 平 4，马七进九，将 4 进 1，马九进八，卒 8 平 7，帅五平六，士 5 退 6，马八退七，将 4 退 1，马七进五，将 4 平 5，马五进四，红胜。

5. 兵三进一　卒 7 进 1

6. 兵三平四　士 5 退 6

8. 仕五进四　卒 7 平 8

10. 马五进七　将 4 平 5

12. 仕四退五　卒 8 平 7

14. 马五退六　将 5 平 4

16. 帅五平六　士 5 退 6

18. 马九进八（红胜）

图 144

7. 仕四进五　卒 7 进 1

9. 帅六退一　卒 8 进 1

11. 马七进五　士 6 进 5

13. 帅六平五　卒 7 平 8

15. 马六进七　将 4 进 1

17. 马七退九　卒 8 平 7

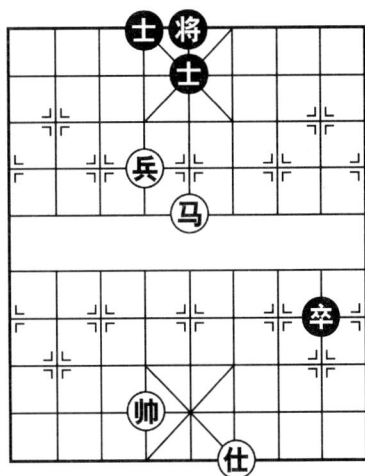

第145局　马兵和马卒

"马卒裸王"与"马兵有仕相"的争斗属于有杀对无杀的高难巧胜与和棋的残局，因"用马换卒"就能和棋，所以马兵不是必胜。

所谓"有杀"是红棋有仕相而有赢无输；"无杀"是因为黑棋裸王只有防守而无攻击。

"马兵与马卒"的争斗，虽然马卒处于劣势，但也大有和棋机会。

本局是西安胡晓勇与煤矿吴吟辉两位名手之战（图145）：

1. 马七进五　将 5 平 6

3. 马四退三　卒 5 平 4

5. 马四进六　……

2. 马五退四　将 6 进 1

4. 马三进四　卒 4 平 5

倘若马四进三，将 6 退 1，马三进五，将 6 平 5，兵七平六，马 5 进 7，争斗之路也很漫长。

5. ……	卒 5 平 4	**6.** 马六进五	卒 4 平 5
7. 帅五进一	将 6 进 1	**8.** 马五退四	卒 5 平 4
9. 帅五退一	将 6 退 1	**10.** 马四退六	卒 4 平 5
11. 马六进五	将 6 退 1	**12.** 马五进六	将 6 平 5
13. 帅五平四	卒 5 平 6	**14.** 马六退五	卒 6 平 5
15. 帅四进一	将 5 平 4	**16.** 马五退四	卒 5 平 6
17. 马四进六	将 4 进 1（参考图）		

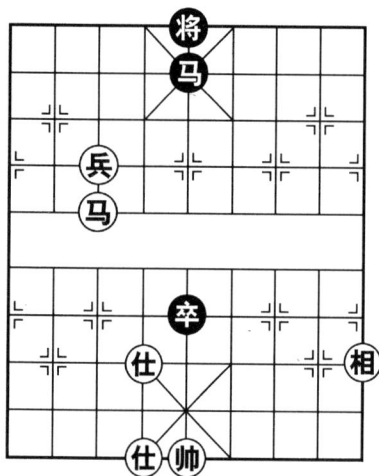

图 145

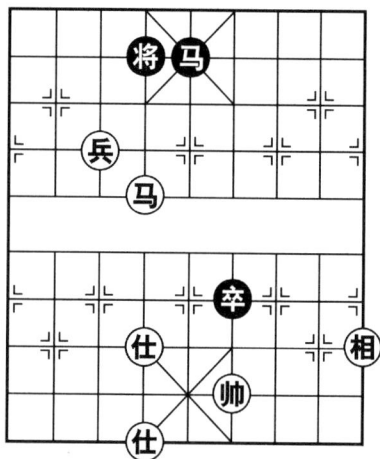

参考图

18. 兵七进一 ……

失去耐心高兵变底兵，其威力必然在减弱。似应帅四平五，马 5 进 7，兵七平六，稳步进取为宜。

18. ……	马 5 进 7	**19.** 帅四平五	马 7 进 5
20. 兵七进一	将 4 进 1		

将上三楼安全无忧！

21. 相一退三	卒 6 平 7	**22.** 相三进一	卒 7 平 6
23. 相一进三	卒 6 平 7	**24.** 马六进八	将 4 平 5
25. 兵七平六	卒 7 平 6	**26.** 马八退六	将 5 平 4
27. 兵六平五	卒 6 平 7（余略，和棋）		

第 146 局　马兵胜马卒

"马兵"攻击"马卒与裸王"的威力不应小觑，取胜的机会较多。本局是

2008 年世界智力运动会，越南棋王阮成
保取胜之战（图 146）。

1. 马六退八　卒 5 平 4

2. 兵六平五　将 6 进 1

3. 兵五进一　……

佳着！

3. ……　　卒 4 平 5

倘若马 5 进 7，马八退七，将 6 退 1，
兵五进一，马 7 进 5，马七进五，卒 4 平
5，马五进四，卒 5 平 4，马四进二，马 5
退 7，马二退三，红胜。

4. 帅五进一　……

似可马八退七，马 5 进 3，兵五平

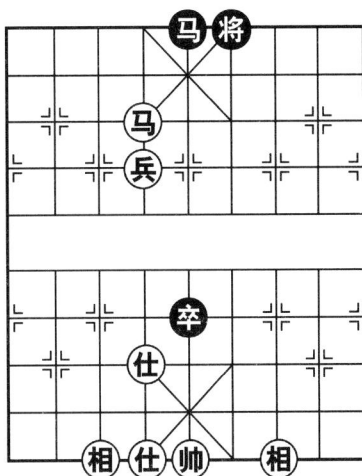

图 146

六，卒 5 平 4，兵六进一，马 3 进 1，兵六平五，将 6 退 1，马七进五，马 1 退
3，马五进三，红胜。

4. ……　　马 5 进 7　　　　**5.** 马八进六　马 7 进 9

倘若马 7 进 6，帅五平四，卒 5 平 6，马六退五，马 6 进 5，仕六进五，马
5 进 7，帅四退一，马 7 退 6，兵五平四，将 6 平 5，马五退四，红胜。

6. 马六退五　马 9 进 8　　　　**7.** 马五退七　卒 5 平 4

8. 马七进六　将 6 退 1　　　　**9.** 兵五平四　马 8 进 6

10. 马六退四　卒 4 平 5

软着！似应马 6 退 8，争斗之路还很漫长。

11. 马四进三　将 6 平 5

12. 兵四平五　将 5 平 4

13. 兵五进一　马 6 退 4

14. 马三退五　马 4 退 5

似应卒 5 平 4 为佳。

15. 帅五退一　卒 5 平 6

16. 仕六进五　卒 6 平 5

17. 仕五退四　卒 5 平 6

18. 马五退三　卒 6 平 5

19. 马三进四　卒 5 平 6

20. 马四退五（参考图）　……

连续腾挪而迎来胜利的曙光！

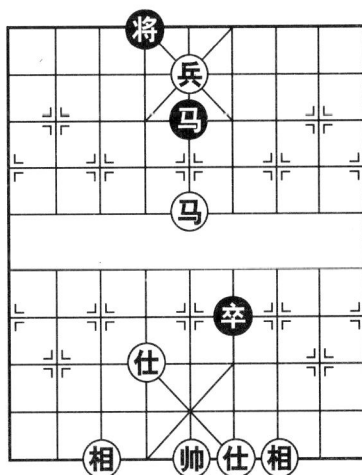

参考图

20. ……	卒6平7	**21.** 马五进六	卒7平6
22. 马六进八	马5退3	**23.** 马八退七（红胜）	

第 147 局　马兵胜马卒

红棋子力位置较优，黑卒又在低位，所以红棋赢棋较容易。

本局是 2009 年全国象甲联赛，特级大师赵鑫鑫取胜之战（图 147）。

1. 马六进四　马3退5

2. 帅五退一　卒4进1

3. 相三退一　卒4平3

4. 帅五进一　卒3平4

5. 帅五进一　卒4平3

6. 仕四退五　卒3平2

7. 马四退五（红胜）

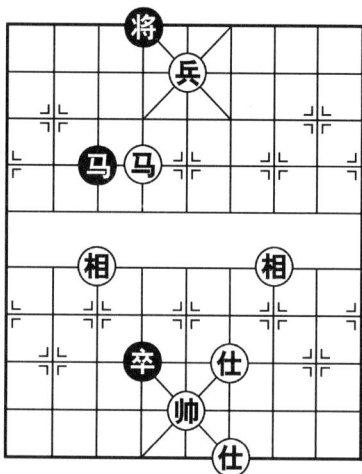

图 147

第 148 局　马兵胜马卒

红棋马兵在前沿攻城。虽然黑王在三楼颇有"高处不胜寒"的感觉，却在捉吃红马，黑马又有退马叫将抽兵的暗着。那么在这种复杂形势之下如何决策呢？

本局是 2007 年全国象甲联赛，李少庚大师取胜之战（图 148）。

1. 马四退二　卒9平8

似可卒9进1，马二退四，将5退1，兵六进一，马3退2，坚守为宜。

2. 马二退四　将5平6

倘若将5退1，马四退二，马3退5，帅六平五，红胜。

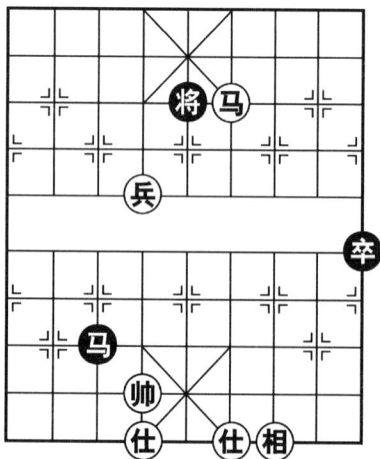

图 148

3. 兵六进一　卒 8 进 1　　**4. 兵六平五　……**

小兵快速逼近黑王，黑马救主鞭长莫及！

4. ……　　　　将 6 退 1　　**5. 兵五进一　卒 8 平 9**

无奈！倘若马 3 退 2，马四退二，马 2 退 4，马二进三，将 6 退一，兵五进一，马 4 退 6，马三进二，马 6 退 7，帅六平五，卒 8 平 7，马二退三，红胜。

6. 马四进六　……

似可马四退二，马 3 退 5，帅六平五，将 6 退 1，兵五进一，马 5 退 4，马二进三，马 4 退 6，兵五进一，红胜。

6. ……　　　　将 6 退 1

7. 兵五进一　马 3 退 5

8. 帅六平五（参考图）　……

倘若帅六进一，马 5 退 7，马六进四，马 7 退 6，马四进二，马 6 退 7，帅六平五，卒 9 平 8，马二退三，红胜。

8. ……　　　　马 5 进 7

9. 帅五退一　马 7 退 6

10. 马六进四　马 6 退 7

11. 马四退三　……

退马好棋！两位大师都下出较高的攻守水平。

11. ……　　　　马 7 退 5　　**12. 马三进一（红胜）**

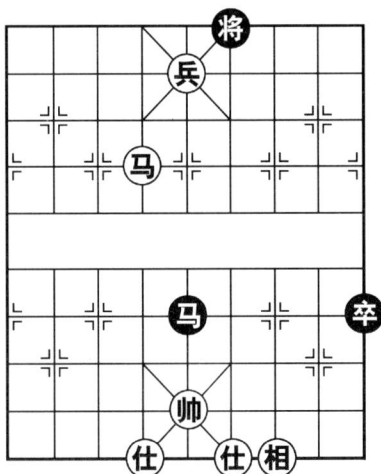

参考图

第 149 局　马兵胜马卒

1987 年南北国手对抗赛，特级大师于幼华演绎"马兵战胜马卒"大战，其攻守相当精彩有趣，是不可多得的实战佳构（图 149）！

1. 马六退八　……

构思精妙，十分有趣！

1. ……　　　　卒 3 进 1　　**2. 帅六进一　马 2 进 4**

无可奈何帅底逃生。

3. 兵一进一　马 4 退 6　　**4. 兵一进一　马 6 退 8**

5. 兵一进一　马 8 退 7　　**6. 仕四退五　马 7 进 5**

7. 帅六进一　马 5 退 7　　**8. 马八退七　卒 3 平 2**

9. 马七进五　马 7 进 5　　**10. 兵一平二　马 5 退 3**

11. 帅六退一	马3进2		**12.** 帅六退一	卒2平3
13. 帅六平五	马2退4		**14.** 兵二平三	马4退5
15. 兵三平四	将5进1		**16.** 仕五退六	马5退4
17. 兵四平五	马4进5		**18.** 帅五进一	卒3平2
19. 帅五平四	卒2平1		**20.** 马五进七	卒1平2
21. 马七进九（参考图）	……			

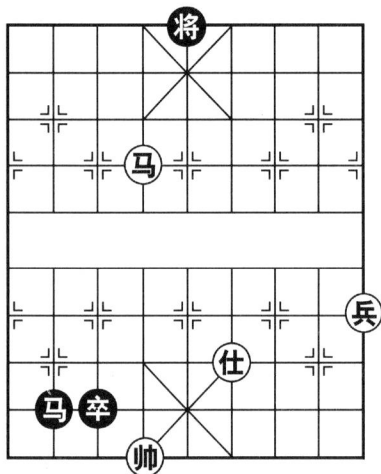

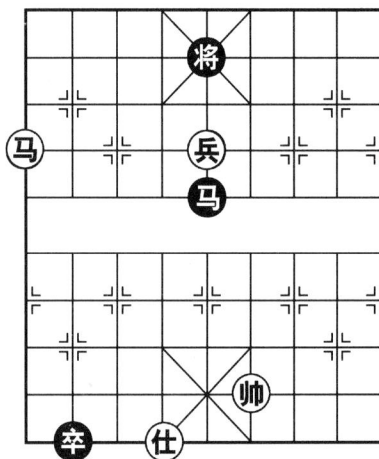

图149   参考图

马兵终于完成战术组合，即将实施攻击。

21. ……	将5平4		**22.** 马九进七	马5退3
23. 帅四平五	卒2平3		**24.** 兵五平六	马3退1
25. 马七退九	卒3平2		**26.** 马九退七	将4退1
27. 马七进八	……			

绝妙！黑棋崩溃。

27. ……	卒2平3		**28.** 兵六进一	马1退2
29. 马八退七	马2进1		**30.** 马七进九	卒3平2
31. 马九进七	马1退3		**32.** 帅五平六（绝杀，红胜）	

第150局　马兵胜炮卒

"马高兵必胜炮卒。"

本局是2007年象甲联赛，黄海林大师取胜之战（图150）。

1. 兵六进一	卒9进1		**2.** 马四退三	将4进1

倘若将4平5，兵六进一，将5进1，马三退五，炮1退2，马五进四，将5平6，兵六平五，炮1平7，马四进二，炮7进2，帅六平五，将6退1，兵五进一，卒9平8，马二退三，卒8进1，马三进五，炮7退2，帅五平六，卒8平7，兵五平四，将6平5，马五进三，红胜。

3. 仕五进四　炮1退2

4. 马三进五　将4平5

5. 马五进三　将5平6

6. 兵六平五　卒9平8

7. 帅六平五　……

倘若兵五进一，炮1平7，马三退

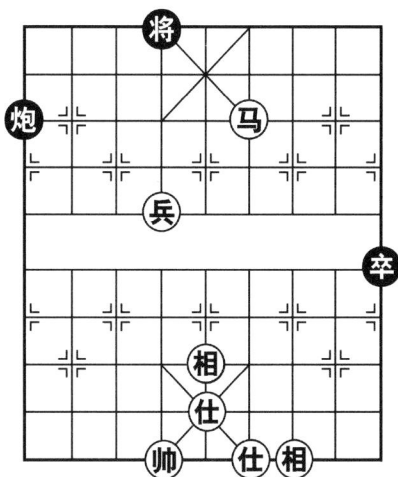

图150

一，卒8进1，马一进二，炮7进1，马二退三，炮7进1，马三退五，炮7退2，兵五平四，将6平5，马五进三，炮7平4，兵四平五，将5退1，马三进一，炮4进1，马一退二，炮4平7，马二进三，将5平6，兵五进一，卒8平7，马三退五，炮7退1，兵五平四，将6平5，马五进三，红胜。

7. ……　炮1平6		**8. 相五进七**　炮6平5
9. 兵五平四　炮5平6		**10. 马三进二**　炮6平7

11. 马二退一　卒8平7

12. 马一退三　炮7进2

13. 马三退一　炮7平5

14. 马一进二　将6退1

15. 马二退三　炮5退1

16. 马三进一　卒7平6

17. 马一进三　炮5平7

18. 兵四进一（参考图）……

冲兵控制黑王，胜利在望。

18. ……　卒6平5

19. 相三进一　卒5平4

20. 仕四退五　卒4平5

21. 仕五进六　卒5平4

22. 帅五进一　卒4平5

24. 帅五平四（红胜）

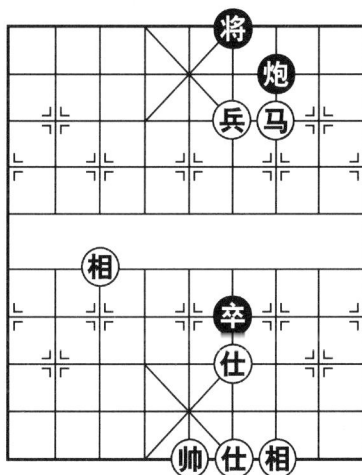

参考图

23. 相七退九　卒5平6

第 151 局　马兵胜炮卒

本局是 1999 年全国象棋团体赛，特级大师万春林取胜之战（图 151）。

1. 马六进七　将 5 平 6
2. 仕五进六　炮 2 退 3
3. 相五进三　炮 2 平 5
4. 马七退六　将 6 平 5

倘若炮 5 退 3，帅六平五，卒 3 平 4，帅五平四，将 6 平 5，兵四进一，炮 5 进 1，马六进七，将 5 退 1，兵四进一，将 5 平 4，兵四平五，炮 5 平 3，马七退九，炮 3 退 2，马九退七，卒 4 平 3，仕四退五，卒 3 平 4，马七退五，炮 3 退 1，兵五平六，将 4 平 5，马五进七，红胜。

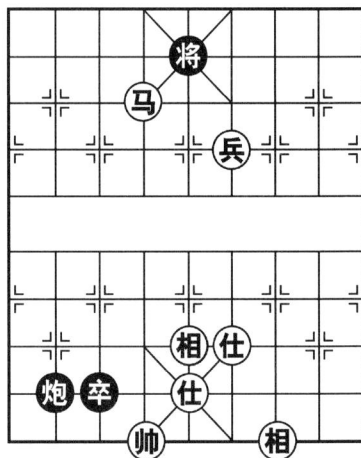

图 151

5. 兵四平五　炮 5 平 1
6. 马六退四　将 5 平 6
7. 兵五进一　炮 1 退 4
8. 仕六退五　炮 1 平 2
9. 相三退一　炮 2 平 1
10. 帅六平五　卒 3 平 4
11. 仕五进六　炮 1 平 2
12. 马四退三　炮 2 进 1
13. 马三进五（红胜）

第 152 局　马兵胜炮卒

本局是 2007 年特级大师冠军赛，特级大师洪智演绎"马兵对炮卒"的取胜之战（图 152）。

1. 马六进八　……

亦可马六退七，卒 4 平 5，帅五平四，炮 3 退 3，马七进五，卒 5 平 6，兵五平六，将 4 平 5，马五进七，将 5 平 6，兵六平五，炮 3 平 5，马七进六，红胜。

1. ……　炮 3 退 2
2. 仕五进六　卒 4 平 5
3. 帅五进一　卒 5 平 6
4. 马八退七　炮 3 进 1
5. 马七进九　卒 6 平 5
6. 马九退八　炮 3 退 2
7. 帅五平四（参考图）　……

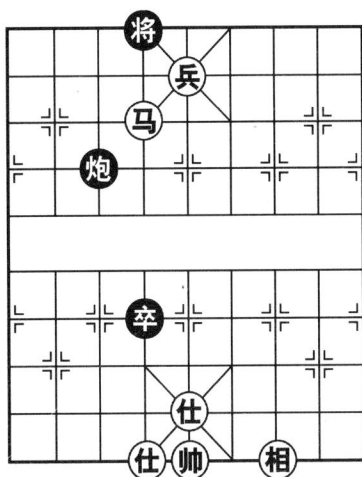

图 152

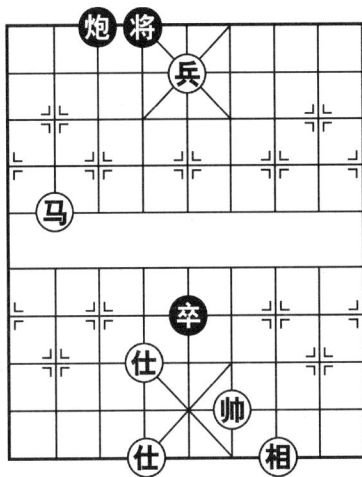

参考图

似可马八进七，炮 3 进 1，马七退五，炮 3 退 1，兵五平六，将 4 平 5，帅五平四，卒 5 平 6，马五进七，将 5 平 6，兵六平五，卒 6 进 1，帅四平五，卒 6 进 1，帅五平六，炮 3 平 5，马七进六，卒 6 平 7，马六退八，炮 5 平 3，马八退六，红胜。

7. …… 卒 5 平 6   **8. 仕六进五** 卒 6 平 7

9. 帅四退一 卒 7 平 6   **10. 相三进五** 卒 6 平 7

11. 马八退七 炮 3 进 1

黑棋错走炮 3 进 1，速败！因红棋可接走马七进五，卒 7 进 1，马五进七，卒 7 进 1，马七进五，炮 3 退 1，兵五平六，将 4 平 5，马五进七，红胜。

第九章　马双兵残局

第 153 局　马双兵胜马单缺士

"马双兵对马单缺士"是必胜残局，因取胜之路比较曲折而又有难度，所以也属于高难残局。

本局是 2008 年象甲联赛，才溢大师的取胜之战，细细体会其艰苦攻守，必获益匪浅（图 153）！

1. 兵二平三　马 9 退 7
2. 兵三平四　象 3 进 5
3. 马五进三　士 5 进 6
4. 兵九进一　象 7 进 9
5. 兵九平八　象 5 进 7
6. 仕五进四　马 7 进 5
7. 马三退四　马 5 退 4
8. 兵四平三　将 5 平 6
9. 马四进六　士 6 退 5
10. 马六退五　马 4 进 5
11. 兵八平七　象 7 退 5
12. 兵七平六　马 5 退 7

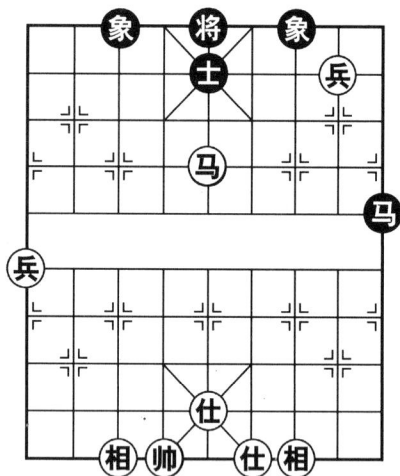

图 153

13. 马五进四　士 5 进 6
14. 兵六进一　象 5 退 3
15. 帅六平五　象 9 退 7
16. 仕四退五　象 7 进 5
17. 仕五退六　……

肋兵不急于下冲攻击，而是调整仕相等待攻击的时机。

17. ……　　　马 7 进 6
18. 马四进二　将 6 平 5
19. 兵三平四　将 5 平 4
20. 仕六进五　象 3 进 1
21. 帅五平六　象 5 退 3
22. 仕五进四　将 4 平 5
23. 相三进一　……

不能轻易兵六进一急攻，马6退5，黑有和棋之望。

23. ……　　　象1进3　　　24. 马二退四　马6退7
25. 兵四平三　象3退1　　　26. 马四退三　将5平4
27. 马三进二　士6退5　　　28. 马二进一　马7进5
29. 兵三平四　士5进6　　　30. 马一进三　象1进3
31. 帅六平五　马5退7
32. 马三退二　马7进6
33. 马二退四　象3进5（参考图）

倘若马6退7，兵四平三，象3退1，兵六进一，马7进6，兵三平四，马6退5，兵四进一，象1进3，帅五平六，象3进1，马四进二，马5进4，马二进四，士6退5，兵六平七，象1退3，马四退五，士5退6，马五退六，士6进5，帅六平五，象3退5，马六进四，将4平5，马四进三，士5进6，帅五进一，将5进1，帅五平四，象5进3，仕四退五，红胜。

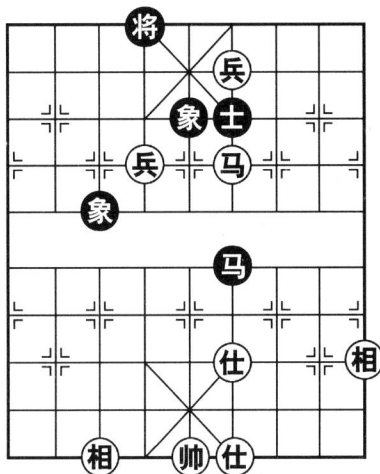

参考图

34. 马四退五　象3退1　　　35. 帅五平六　马6退7
36. 兵四平三　马7退9　　　37. 兵三平四　马9退8
38. 兵四平三　马8进9　　　39. 兵三平四　马9进7
40. 兵四平三　马7退9　　　41. 兵三平四　马9进7
42. 兵四平三　马7退9　　　43. 兵三平二　马9进7
44. 兵二平三　马7退5　　　45. 马五退三　马5退7
46. 马三进四　象1退3　　　47. 兵六进一　……

时机已到，小兵终于冲下去。

47. ……　　　将4平5　　　48. 马四进六　士6退5
49. 兵八进一　士5进4

无可奈何！败局已定。

50. 马六进四　将5平6　　　51. 兵六进一（红胜）

第154局　马双兵和马单缺士

黑棋争取在限着内不吃子的和棋也是上策。

本局是李来群与徐天红于 1990 年五羊杯之战。当战至第 59 回合时，黑棋危在旦夕，可是要在一步棋之内杀王与吃子都是不可能的。特级大师李来群眼看在必胜之势下而不得不签下和约，因在 60 回合没有吃子而被判和棋。我们不得不为特级大师徐天红超一流防御而拍案叫绝！从某种意义上讲，黑棋争取在限着内不吃子的和棋也是上策（图 154）。

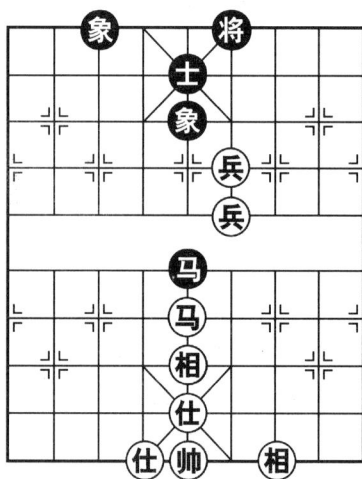

图 154

1. 马五进七　将 6 进 1

2. 后兵平五　马 5 退 7

3. 兵五进一　将 6 退 1

4. 马七进六　将 6 进 1

5. 相五进三　士 5 退 4

6. 马六进八　士 4 进 5

7. 马八进六　象 5 进 3

8. 兵四平三　将 6 退 1

9. 兵五平六　马 7 进 5

10. 马六退八　象 3 退 1

11. 兵六平七　象 3 进 5

12. 马八退九　马 5 进 3

13. 马九退七　马 3 进 1

14. 仕五进六　马 1 进 3

15. 帅五进一　马 3 退 4

16. 兵七平六　象 1 进 3

17. 马七退五　象 3 退 1

18. 马五进四　象 1 退 3

19. 兵六平五（参考图 1）　象 5 退 7

退象必然，否则被一兵换双象，红胜。

20. 马四进六　将 6 平 5

21. 兵五平四　象 7 进 5

22. 兵三进一　马 4 退 3

23. 兵三进一　士 5 进 4

24. 兵三平四　将 5 平 4

25. 马六退八　马 3 进 5

26. 马八进七　将 4 平 5

27. 马七退六　将 5 平 4

28. 后兵平五　马 5 退 7

29. 马六退四　马 7 进 5

30. 马四进三　将 4 平 5

31. 马三退五　士 4 退 5

32. 兵五平六　马 5 退 3

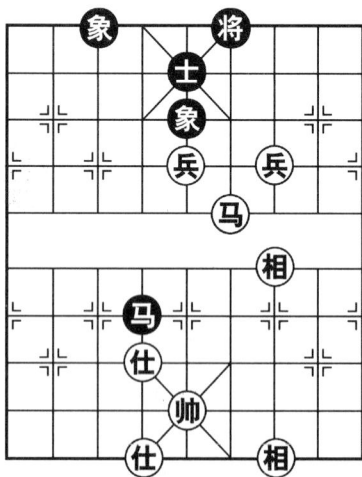

参考图 1

33. 马五进三　马3进5

34. 马三退五　马5退7

35. 马五进三　马7进5

36. 兵六平七　马5退6

37. 兵七进一（参考图2）……

冲兵似有急躁之嫌。似应先形成右
兵左帅之势再冲兵为宜。

37. ……　　　　将5平4

38. 兵七进一　士5进6

39. 帅五平四　象3进1

40. 马三退四　马6退8

41. 兵四平三　马8退9

42. 兵三平二　马9进8

43. 马四退六　马8进6

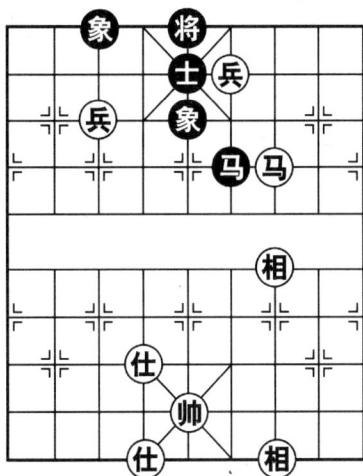

参考图2

44. 马六进五　士6退5

45. 马五进七　象1进3

46. 兵七平六　将4平5

47. 相三退一　士5进4

48. 马七退五　士4退5

49. 马五进三　象5退7

50. 马三进一　马6退8

51. 帅四平五　象7进5

52. 兵二平三　士5进6

53. 马一进二　马8进7

54. 兵三平四　马7退5

55. 马二退一　马5进6

56. 马一进三　马6进7

57. 帅五平四　……

倘若帅五退一，马7退6，帅五平四，象5进7，兵四平五，将5平6，马
三退二，马6退7，也不能在60回合杀王或吃子，而被判和。

57. ……　　　　马7退5

58. 帅四进一　马5进4

59. 帅四退一（和棋）

第155局　马双兵和马单缺象

"马双高兵"并且吊住羊角士，红棋子力位置优良，但是仍以和棋告终。
本局是2007年全国象棋团体赛，党斐与邱东两位大师之战（图155）。

1. 相五进七　象7进5　　　2. 仕五退四　象5退7

3. 马六退八　象7进5　　　4. 马八进七　将4进1

5. 相三进五　象5退7　　　6. 相五进三　马6进4

7. 兵三进一　……

稍嫌急躁！似应缓步进取，两翼展开为佳。

7. ……　　　　马4进6

8. 帅五进一　　马6退5

9. 马七退六　　……

似应兵四平三，然后缓步进取为宜。

9. ……　　　　将4退1

似可马5退6，马六进四，以马兑兵也要和棋。

10. 兵四平五　　象7进9

11. 兵三进一　　象9进7

12. 马六进七　　将4进1

13. 马七退九　　将4退1

14. 兵三平四　　将4进1

16. 马七进八　　将4退1

18. 马九退七　　将4平5

20. 帅五平六　　马5退3

22. 马五进七　　将4退1

24. 马七进五　　将4进1

26. 前兵平三　　马3进5

27. 兵四平五　　象9进7

28. 马四退六　　将4进1

29. 马六进七　　将4退1

30. 兵三平四　　马5退3

31. 兵五平四　　象7退9

32. 帅六平五　　象9进7

33. 仕六退五　　马3进5

34. 马七退五　　马5退3

35. 仕五进四（参考图）　将4进1

机警！马3退4，马五进六，士5进4，后兵进一，将4进1，帅五平六，象7退9，后兵平五，红胜。

36. 帅五进一　　将4退1

38. 后兵平五　　马5退3

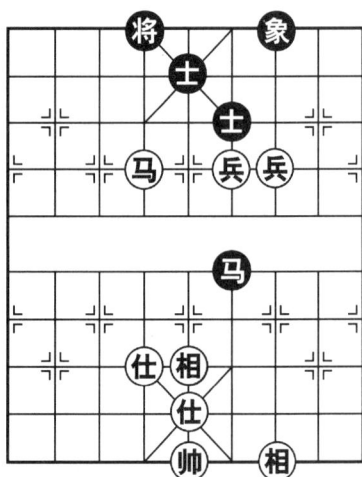

图155

15. 马九进七　　士5进4

17. 马八退九　　士4退5

19. 马七退五　　将5平4

21. 兵五平四　　将4进1

23. 帅六退一　　象7退9

25. 马五退四　　将4退1

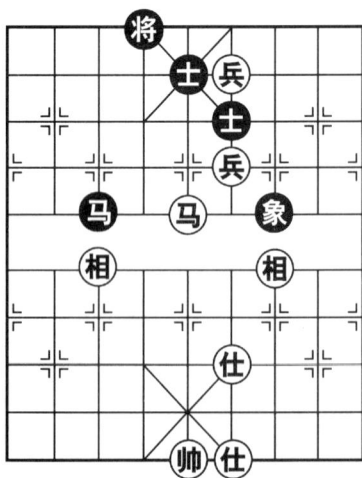

参考图

37. 马五进七　　马3进5

39. 兵五平六　　马3进5

40. 兵六平五　马5退3	**41.** 兵五平四　马3进5
42. 马七退五　马5退3	**43.** 后兵进一　士5进6
44. 马五进四　……	

兵兑双士，和棋之势。

44. ……　　　马3退5	**45.** 兵四平五　象7退5
46. 马四退五　马5退7	**47.** 兵五平四　马7进5（和棋）

第156局　马双兵和马单缺象

在名手对局中，"马双兵对马单缺象"的争斗和棋多赢棋少。

本局是2008年象棋超霸赛，郑一泓与蒋川两位特级大师之战（图156）。

1. 兵五平六　马3进1

2. 马四退五　……

倘若马四进五，士6进5，兵四平五，马1退2，和棋。

2. ……　　　象7退5

3. 相七进九　马1退3

4. 马五进四　象5退3

5. 兵六平七　马3进5

6. 兵四平五　……

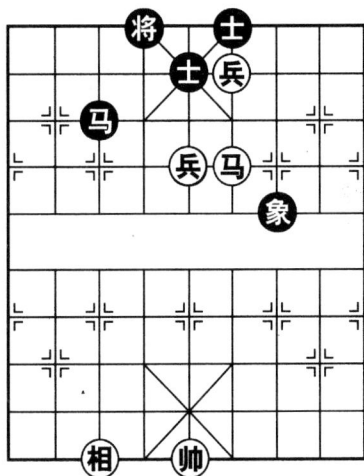

图156

缺少耐心而快速和棋，似应马四进二，也许尚有可为。

6. ……　　　士6进5	**7.** 马四进五　马5退4（和棋）

第157局　马双兵和马单缺象

"马双兵对马单缺象"一般认为是必胜残局，却没有必胜定式，所以红棋取胜也颇有难度，其胜负往往决定双方的临场水平发挥。

本局是郑一泓与孙勇征两位特级大师之战，红棋屡攻不入而终局平分秋色（图157）。

1. 马二退一　象5进7	**2.** 马一退三　马5退6
3. 兵七平六　士4退5	**4.** 兵三平四　马6进5
5. 马三退五　马5退3	**6.** 马五进七　马3退1

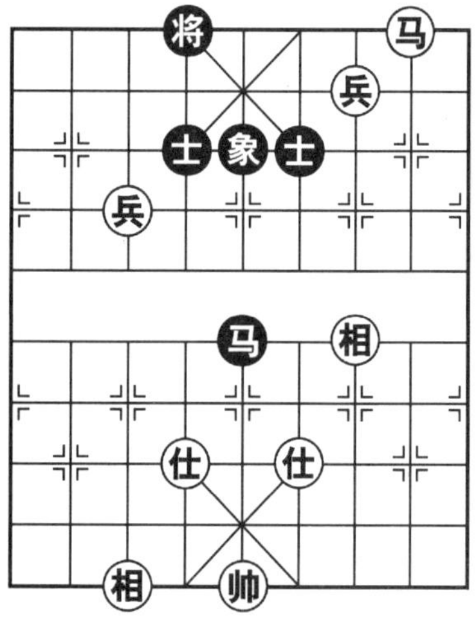

7. 仕六退五　象7退9

8. 仕五退四　象9进7

9. 相三退一　象7退9

10. 马七退六　象9进7

11. 兵六平七　马1进3

12. 相一退三　象7退9

13. 兵七进一　……

屡攻不入而终于冲兵求胜。

13. ……　　　将4进1

14. 马六进七　马3退5

一脚踏双兵，佳着！

15. 兵七进一（参考图）　将4进1

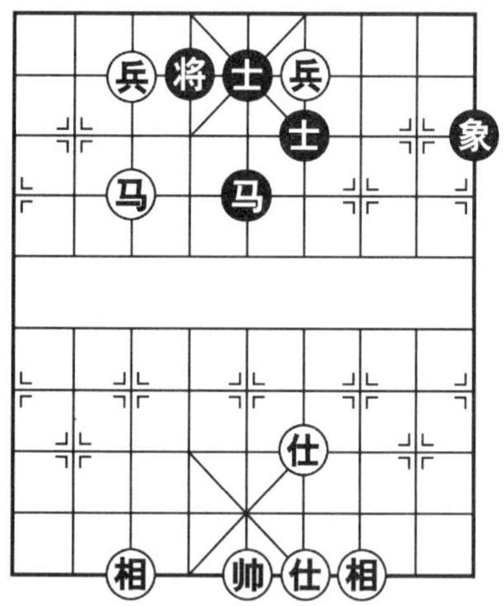

倘若将4退1，兵四进一，马5退3，马七进九，士5退6，马九进八，马3进5，兵七平六，将4平5，马八退七，士6进5，马七退五，士5进4，仕四退五，将5平6，马五退四，象9进7，马四进三，士6退5，仕五进六，士5进4，兵六进一，士4退5，马三进二，将6进1，兵六平五，士5进4，马二退三，将6进1，仕六退五，士4退5，马三退五，将6平5，帅五平六，士5进6，仕五进四，士6退5，帅六进一，士5进6，马五进三，将5退1，兵五平六，象7退5，帅六平五，红胜。

16. 马七退八　象9进7

为什么不马5退6吃兵呢？马八进六，绝杀，红胜。

17. 马八进六　马5进3

18. 相七进九　士5退4

19. 帅五进一　象7退9

20. 帅五进一　象9进7

21. 仕四退五　象7退9

22. 仕五退六　象9进7

23. 相三进一　象7退9

退马重新寻找攻击之路。

24. ……　　　士6退5

24. 马六退七　……

25. 马七进六　士5进6

26. 马六进五　士4进5

27. 马五退四　马3退5

图157

参考图

28. 马四进六　士 5 退 4　　　　**29.** 马六退五　马 5 进 6

30. 帅五平四　马 6 退 5

黑马挡关红马难入，已成和棋之势。

31. 马五进四　象 9 进 7　　　　**32.** 帅四平五　象 7 退 9

33. 帅五退一　象 9 进 7　　　　**34.** 马四进二　士 6 退 5

35. 相一退三　象 7 退 9　　　　**36.** 马二退四　士 5 进 6（和棋）

第 158 局　马双兵胜马单缺象

2012 年 1 月 17 日在弈天网突然见到网络版"马双兵战胜马单缺象"的残局，其攻守相当精彩，摘录如下（图 158）。

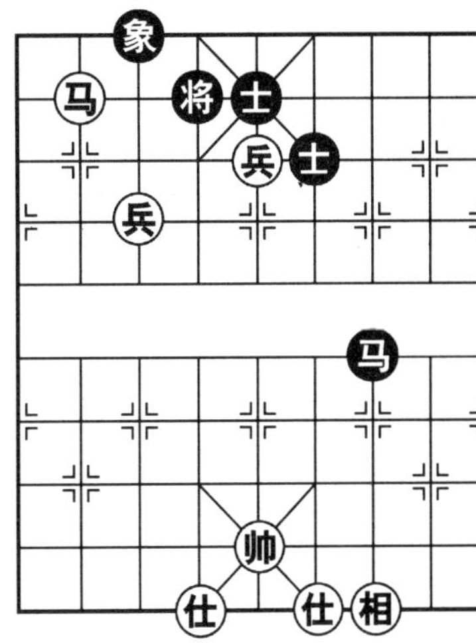

1. 兵七进一　马 7 退 6

倘若马 7 退 5，帅五退一，士 5 退 6，兵七平六，马 5 退 4，兵五平六，红胜。

2. 兵五平六　……

绝妙！

2. ……　　　　马 6 退 4

倘若士 5 进 4，兵七进一，将 4 退 1，兵七进一，将 4 进 1，马八退七，红胜。

3. 帅五平六　……

倘若兵七进一，将 4 退 1，兵七进一，将 4 平 5，马八退六，将 5 平 6，马六退五，红胜，但是没有实战精彩。

图 158

3. ……　　　　士 5 退 4　　　　**4.** 兵七平六　将 4 平 5

5. 兵六进一　将 5 退 1　　　　**6.** 马八进六　……

倘若兵六进一，将 5 平 6，兵六平七，红棋亦胜。

6. ……　　　　象 3 进 1　　　　**7.** 马六退八　象 1 进 3

8. 马八退七　士 6 退 5　　　　**9.** 帅六平五　象 3 退 5

10. 马七进五　士 5 进 6　　　　**11.** 帅五平四　士 6 退 5

12. 马五进三（红胜）

第 159 局　马双兵胜炮单缺象

"马双兵必胜炮单缺象"，取胜较容易。

本局是 2006 年象甲联赛，特级大师赵国荣的取胜之战，细细赏析必获益良多（图 159）。

1. 马一进三　炮 9 进 1

牵制小兵不能随意移动。

2. 马三进五　象 3 进 5

3. 兵六平五　象 5 退 3

4. 兵五平四　象 3 进 5

5. 兵四平三　象 5 退 3

6. 仕五退四　象 3 进 5

7. 相五退三　象 5 退 3

8. 帅五进一　……

城门敞开，为红王远程助攻作准备。

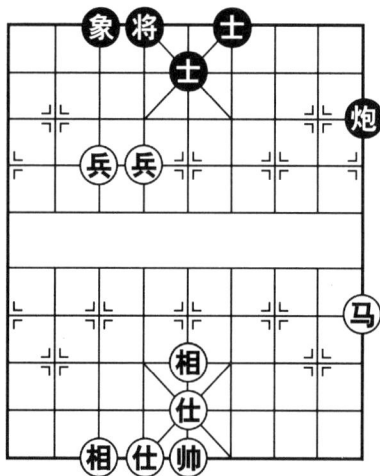

图 159

8. ……　　　象 3 进 5

9. 兵三进一　炮 9 进 3

10. 马五退四　炮 9 退 2

11. 马四进六　炮 9 平 1

12. 马六进八　将 4 平 5

13. 帅五平六　象 5 进 3

14. 马八退七　炮 1 退 2

15. 马七进五　象 3 退 5

16. 马五进四　炮 1 退 1

17. 兵七进一　……

双兵稳步推进，红王肋道控制，黑难招架。

17. ……　　　士 5 退 4（参考图 1）

18. 兵七平六　……

似可兵三平四，象 5 退 7，兵七进一，以下有两种选择：①士 4 进 5，兵四平五，士 5 进 4，兵五平六，士 6 进 5，帅六平五，将 5 平 6，兵七平八，炮 1 退 1，马四进五，将 6 进 1，马五退四，红胜。②士 6 进 5，兵四进一，炮 1 进 5，兵七平六，炮 1 平 4，兵六平五，士 4 进 5，兵四平五，将 5 平 4，马四退三，红棋胜势。

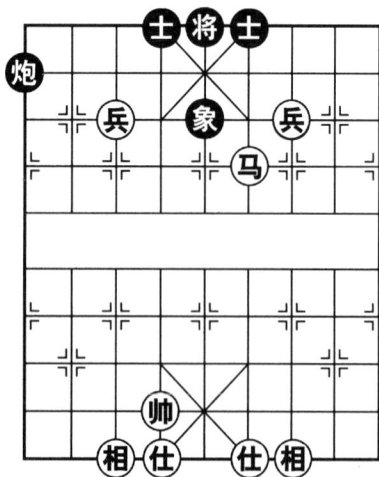

参考图 1

18. ……　　　象 5 进 3

19. 马四进三　将 5 进 1

倘若炮 1 平 6，兵三平四，士 4 进 5，兵四进一，士 5 进 4，红亦胜势。

20. 马三退一　将 5 退 1

21. 马一进三　将 5 进 1

22. 马三退一　将5退1　　23. 兵六进一　士6进5

24. 帅六平五　炮1进2　　25. 兵三进一　象3退5

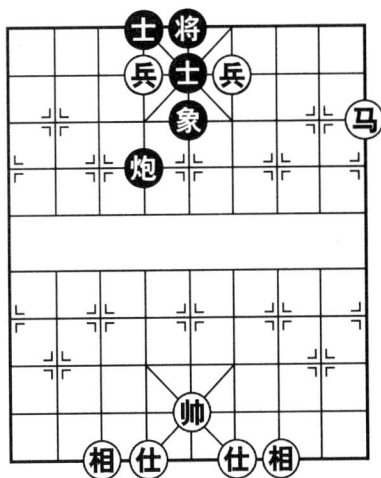

26. 兵三平四　炮1平4（参考图2）

27. 马一退三　……

似可马一退二，士5进6，帅五平六，炮4退1，马二进三，士4进5，兵四平五，士6退5，兵六平五，将5平4，马三退五，炮4进1，马五退四，炮4退1，帅六进一，炮4进3，马四退三，炮4退2，马三退五，炮4退1，马五进七，红胜。

27. ……　　　　炮4平6

倘若士5进4，兵六进一，炮4退3，马三进五，炮4进1，相七进五，黑棋也难和棋。

参考图 2

28. 帅五平六　……

借助红王远程助攻而绝杀无解！

28. ……　　　　象5进3

无奈！如炮6平4，马三进五，炮4退1，帅六平五，炮4平3，马五进七，红胜。

29. 马三进二（红胜）

第160局　马双兵胜炮单缺象

小兵一高一低，边兵又面临被打死的危险，那么如何能在"不好赢"的形势下取胜呢？

请看2010年淮阴·韩信杯象棋国际名人赛，岭南特级大师许银川演绎的取胜杰作（图160）！

1. 马九进七　炮9退2　　2. 马七退八　象5退3

3. 兵九平八　将6进1　　4. 兵八平七　将6退1

5. 兵六平五　象3进1　　6. 相七退五　士5进6

7. 兵五平四　将6进1　　8. 相五退七　象1进3

9. 帅六平五　士4进5　　10. 仕五进六　士5退4

11. 帅五进一　士4进5　　12. 兵四平三　将6退1

13. 兵三进一（参考图1） ⋯⋯⋯

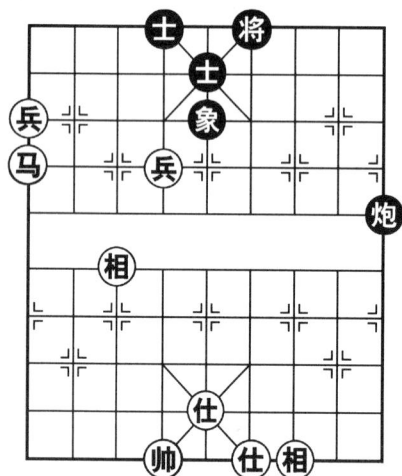

图160

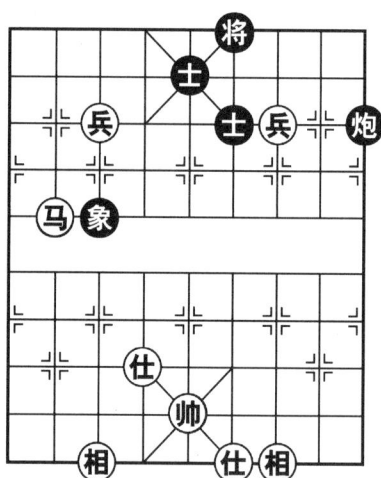

参考图1

左右两翼小兵分头而进，羊角士明显受到威胁。

13. ⋯⋯⋯ 将6进1

15. 帅五平四 将6退1

速败！似可士4进5，马七进五，象3退5，尚可坚守一时。

16. 马七进五 象3退1

17. 马五进六（参考图2） ⋯⋯⋯

马踏八方之势顿使黑棋崩溃！

17. ⋯⋯⋯ 将6平5

无奈！倘若象1退3，兵三平四，绝杀。

18. 兵三平四 ⋯⋯⋯

精妙！

18. ⋯⋯⋯ 炮9平3

19. 兵四平五（红胜）

14. 马八退七 士5退4

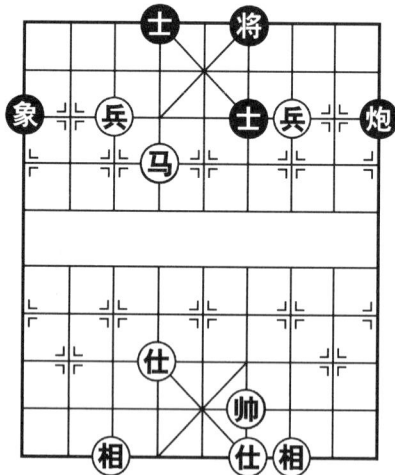

参考图2

第161局　马双兵胜炮单缺象

双兵稳步向前推进，遭到黑炮追击，红兵不得不低兵变底兵，从而演绎相当精彩的杀局（图161）！

1. 马八进七　炮9退1　　　　　**2.** 兵三进一　士5进6

3. 兵七进一　炮9退1

实施连续打击带来严重后患。似应将4平5，兵三平四，炮9进1，兵七平六，炮9平6，兵四平三，士6进5，虽然也难下，但不至于速败。

4. 兵七进一　……

低兵变底兵，看似无可奈何之策，实则是绝妙取胜佳着。

4. ……　　　　　将4平5

5. 兵三平四　……

小兵拍门点穴奠定胜局。

5. ……　　　　　士6进5

倘若炮9进1，马七进八，士6进5，相五退七，炮9退2，仕五进六，炮9平3，马八退六，将5平4，马六进七，红胜。

6. 马七进九　……

飞马奔槽使黑炮难以脱身。

6. ……　　　　　士5进4

7. 帅五平四　炮9平8

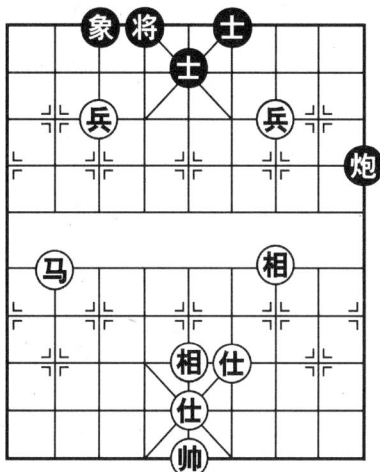

图 161

8. 仕五退六　炮8平9

9. 仕四退五　炮9平8

10. 帅四进一　炮8平9

黑炮只能被动横向移动。

11. 帅四进一　炮9平8

12. 相五进七　炮8平9

13. 马九退七　炮9平8

14. 马七退五　士4退5

15. 帅四平五　……

红帅远程助攻，取胜佳着！

15. ……　　　　　士5进4

16. 兵七平六（参考图）　……

精妙绝伦的杀王之招！

16. ……　　　　　将5平4

17. 马五进四　炮8进8

18. 兵四进一　炮8平5

19. 帅五平六　炮5平8

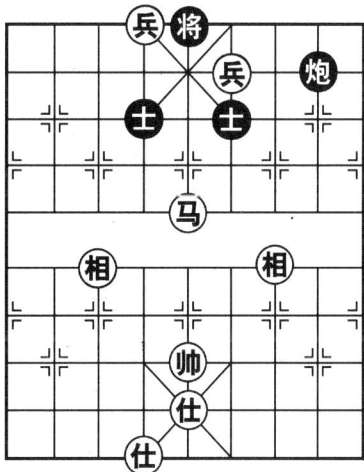

参考图

20. 兵四平五（红胜）

135

第 162 局　马双卒胜马单缺相

1977 年全国象棋个人锦标赛，作者亲眼目睹李来群与胡荣华演绎"马双卒对马单缺相"攻守复杂的战斗大片，至今仍历历在目（图 162）。

1. 帅四平五　将 4 平 5

2. 帅五平四　将 5 平 6

3. 帅四平五　士 6 进 5

4. 相五退七　将 6 退 1

5. 相七进九　象 3 进 5

6. 相九退七　象 5 进 7

7. 相七进九　象 7 退 9

8. 相九退七　卒 4 进 1

特级大师胡荣华借机冲下一卒，因红棋不能接走仕五进六，否则马 5 进 4，帅五进一，马 4 进 3，黑胜。

9. 相七进九　卒 4 进 1

10. 相九进七　士 5 进 4

11. 相七退五　卒 7 平 6　　12. 马四进三　卒 6 平 5

已经形成"右卒左将"之势，似应卒 6 平 7 为宜。

13. 马三进五　士 4 退 5　　14. 相五进三　卒 5 平 6

15. 帅五平四　马 5 进 7　　16. 马五退七　马 7 进 8

17. 帅四进一　……

老练！特级大师李来群进王牵连，避免黑棋形成右卒左将之势。

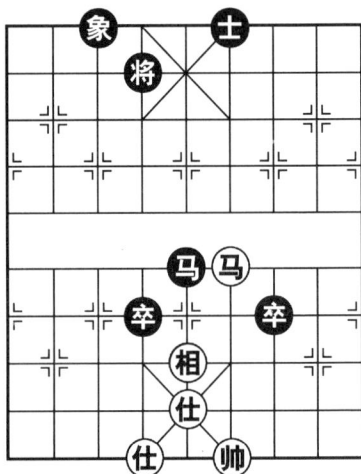

图 162

17. ……　　　将 6 平 5　　18. 马七退五　卒 6 平 5

19. 马五退七　卒 5 平 6　　20. 马七退八　卒 4 平 3

21. 马八进六　卒 3 平 4　　22. 马六进五　卒 6 平 5

23. 马五退七　卒 5 平 6　　24. 马七退六　卒 6 平 5

25. 马六进五　士 5 退 4　　26. 马五退七　卒 4 平 3

27. 马七退九　卒 3 平 4　　28. 马九退八　卒 4 平 3

29. 马八进七　卒 5 平 6　　30. 马七退六　卒 6 平 5

31. 马六进七　卒 3 平 4　　32. 马七退五　象 9 进 7

33. 马五进六　将 5 进 1　　34. 马六退五　象 7 退 5

35. 马五退七　卒 5 平 6　　36. 马七进六　将 5 退 1

37. 马六进四　将5进1
38. 马四退五　卒6平5
39. 马五退七　卒5平6
40. 马七退八　卒4平3
41. 马八进七　象5进3
42. 马七进五　卒6平5
43. 马五进六　卒3平4
44. 马六退五　将5进1
45. 马五进七　将5平4
46. 马七退五　将4平5
47. 马五退七　卒5平6（参考图）
48. 马七退八　……

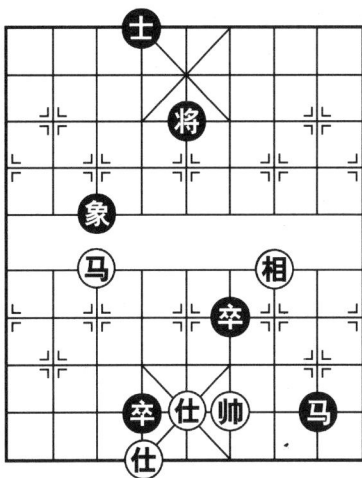

参考图

一流的防御毁于一旦！似应马七退

六，卒6平5，马六进五，还有12回合到达60回合限着，和棋近在眼前。

48. ……　　卒4进1（黑胜）

第163局　马双兵胜炮单缺士

马双兵虽然必胜炮单缺士，但依然有一定的难度，宜"马兵与王"密切配合，稳步进取（图163）。

1. 兵八平七　炮9退2
2. 帅五平四　炮9进1
3. 兵四进一　象3退5
4. 马五进七　炮9退1
5. 兵七平六（红胜）

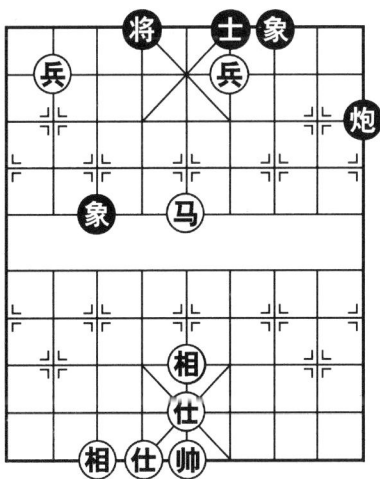

图163

第164局　马双兵和炮单缺士

马双兵能胜炮单缺士，倘若兵没过河，炮单缺士也有和棋之机。

本局是1992年全国象棋个人赛，苗永鹏与吕钦两位特级大师之战（图164）。

1. 马三进四 ……

倘若兵一进一，炮1退4，兵三进一，炮1进2，马三进四，将4进1，马四进二，士5退4，兵一进一，炮1平9，马二退一，象5进7，马一进三，象3退5，和棋。

1. ……　　炮1退4

2. 兵三平二　将4进1

3. 兵一进一　炮1进2

4. 仕六退五　士5退4

"太公坐椅"，绝佳防御。

5. 兵二平三　炮1退2

6. 兵三进一　炮1进2

7. 兵三平四　炮1平2

8. 兵四平三　炮2平1

9. 马四退三　炮1退3

10. 马三进四　炮1进3

11. 马四退五　炮1退3

12. 马五进四　炮1进3

13. 马四进二　炮1退2

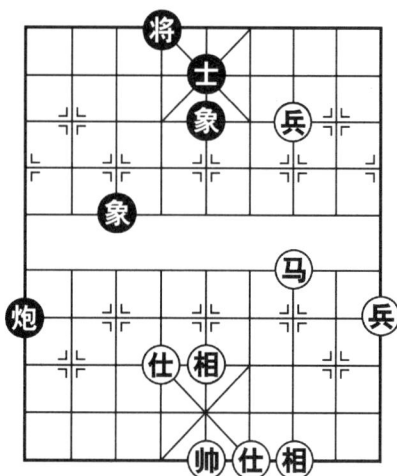

14. 马二退四　炮1进2（和棋）

图 164

第165局　马双兵和马士象全

"马双兵难胜马士象全。"

本局是2004年象甲联赛，李轩大师与李雪松大师之战（图165）。

1. 兵三平二　马9进8

2. 兵七进一　马8进7

3. 马六进七　象3进1

4. 兵二平三　士5进4

5. 马七退六　马7退5

退中马是最佳防守的点位！俗称"八卦马"。

6. 马六退八 ……

倘若马六进五，将4平5，兵三平四，象1进3，马五进四，士6退5，马

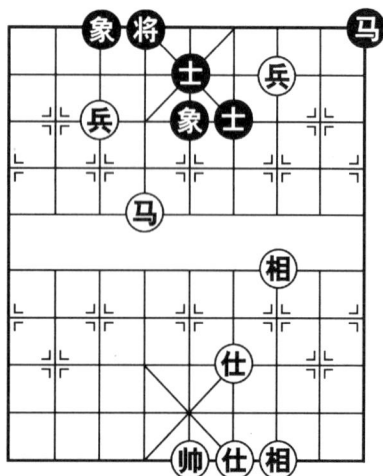

图 165

四退二，马 5 退 6，和棋。

6. ……	士 4 退 5	**7.** 马八进七	象 5 进 3
8. 相三进一	将 4 平 5	**9.** 帅五平六	士 5 进 4
10. 马七退五	士 4 退 5	**11.** 马五退四	将 5 平 6
12. 马四退二	将 6 平 5	**13.** 马二进一	士 5 进 4
14. 马一进二	士 6 退 5（和棋）		

第 166 局　马双兵和炮士象全

"马双兵"难胜"炮士象全"。

本局是 1986 年全国象棋个人赛，刘殿忠与邓颂宏两位大师之战（图 166）。

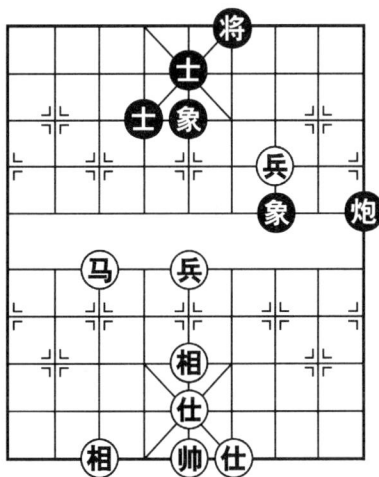

图 166

1. 兵五进一　象 7 退 9

2. 帅五平六　象 9 退 7

3. 马七退五　炮 9 进 5

4. 相五退三　炮 9 退 3

5. 兵五进一　炮 9 平 6

6. 兵五平六　象 5 退 3

7. 马五进四　象 7 进 5

8. 马四退二　炮 6 平 1

9. 兵六平七　炮 1 退 3

10. 仕五进四　将 6 平 5

11. 帅六平五　将 5 平 6

倘若炮 1 平 7 弃炮打兵也是和棋，但限着又要重新开始。

12. 帅五进一	炮 1 进 1	**13.** 马二进一	炮 1 退 1
14. 马一进二	将 6 平 5	**15.** 兵三进一	炮 1 退 1
16. 兵七进一	象 5 进 7	**17.** 兵三进一	象 3 进 5
18. 兵七进一	炮 1 退 1	**19.** 兵七平八	炮 1 进 5
20. 兵三平四	炮 1 平 6（和棋）		

第十章 马三兵残局

第167局 马三兵胜马士象全

"马三兵"强大必胜,马士象全无力抵抗。

本局是 2007 年全国象棋大师冠军赛,湖北女子大师左文静的取胜之战(图167)。

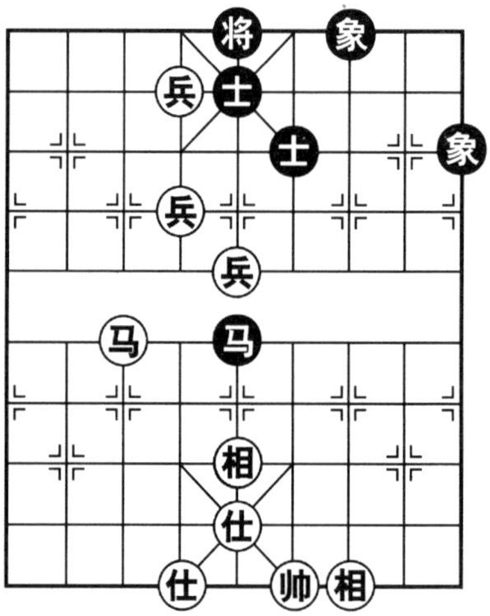

图 167

1. 马七退五　马 5 进 3
2. 后兵平七　马 3 进 4
3. 马五进三　象 9 进 7
4. 兵五平四　象 7 进 9
5. 马三进五　……

四子攻击一座空城,黑难抵御。

5. ……　　　马 4 退 3
6. 兵四进一　将 5 平 6
7. 马五进三　马 3 进 4
8. 兵四进一(红胜)

第168局 马三兵胜马士象全

"马三兵"战胜单马士象全比较容易,可兑一马成三兵必胜全士象;也可一兵兑双士或双象,皆可轻松取胜。

本局是 2006 年象甲联赛,特级大师谢靖的取胜之战(图168)。

1. 兵八进一　马 6 退 4
2. 马二退三　马 4 进 3
3. 兵八进一　马 3 进 2
4. 帅六平五　马 2 退 3
5. 兵八平七　马 3 进 5
6. 马三退五　马 5 退 4

7. 兵三进一　象 3 进 1	8. 兵三进一　将 5 平 6
9. 马五进三　马 4 退 6	10. 马三进二　马 6 退 4
11. 兵三平四　将 6 平 5	12. 兵七平六　马 4 退 2
13. 兵六平七　马 2 进 4	14. 兵七平六　马 4 退 2
15. 兵六平七　马 2 进 4	16. 兵七平六　马 4 退 2
17. 兵六平七　马 2 进 3	18. 帅五平六　象 5 退 3
19. 仕五进四　象 3 进 5	20. 后兵平三　马 3 退 5
21. 帅六平五　马 5 进 6	22. 兵三进一　马 6 退 5
23. 兵三进一　马 5 退 7	24. 兵七平六　象 1 进 3

25. 马二进一（参考图）　……

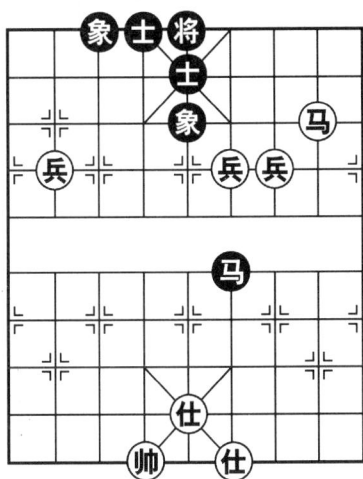

图 168

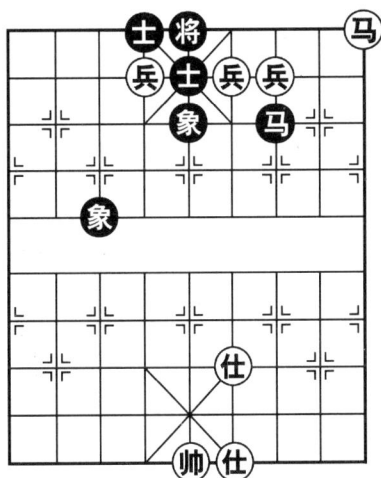

参考图

红棋三兵集结完毕，黑棋难以抵挡。

25. ……　　　马 7 退 9

无可奈何！如马 7 进 5，兵三进一，象 5 进 7，兵四进一，士 5 退 6，马一退三，红胜。

26. 兵二平一　马 9 进 8　　　27. 马一退二（红胜）

第 169 局　马三兵胜马卒士象全

"马卒士象全"虽然多一小卒，仍是难敌"马三兵"。那么多一个小卒没用了吗？非也，倘若能兑马就和棋了。

本局是 2001 年全国象棋个人赛，特级大师许银川的取胜之战（图 169）。

1. 后兵进一　　卒 2 平 3

2. 前兵平二　　卒 3 平 4

3. 马四进三　　卒 4 平 5

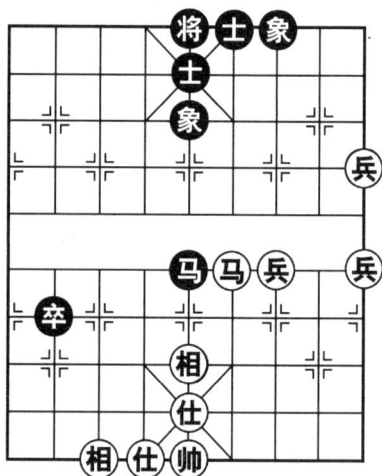

图 169

三兵能否渡河是胜与和的关键，黑马死守河口阵地，看来三兵渡河有点难。那么如何能搭桥渡河呢？请看以下许银川的绝技！

4. 马三进四　　卒 5 平 6

5. 马四退二　　象 7 进 9

牵制小兵横移，是潜在阻击。

6. 兵一进一　　象 5 退 7

7. 马二进一　　将 5 平 4

8. 马一退二　　卒 6 平 7

9. 马二进四　　卒 7 平 6　　　　**10.** 马四退三　　卒 6 平 7

11. 马三进二　　马 5 退 4　　　　**12.** 马二退三　　……

为什么不走兵一进一吃象呢？马 4 退 6，马二退四，士 5 进 6，黑有和棋之望。

12. ……　　　　马 4 退 6　　　　**13.** 马三退四　　象 7 进 5

14. 马四进六　　象 5 退 7　　　　**15.** 马六进四　　马 6 退 8

无可奈何！希望红接走兵三进一，马 8 进 9，兵二平一，象 9 进 7，和棋。

16. 马四进三（红胜）

第170局　马三兵胜马卒士象全

士象全是"羊角士"，马三兵更易取胜。

请看 2005 年全国象棋冠军赛，特级大师洪智的取胜之战（图 170）。

1. 马一进三　　马 3 退 4　　　　**2.** 马三进二　　马 4 退 6

3. 兵四进一　　……

"兵兑双士"，可轻松获胜。

3. ……　　　　士 5 进 6　　　　**4.** 马二进四　　将 5 进 1

5. 马四退二　　象 3 退 1　　　　**6.** 兵五进一　　象 1 退 3

7. 马二进一　　将 5 退 1　　　　**8.** 马一退三　　马 6 退 7

9. 兵六进一　　马 7 进 5　　　　**10.** 兵六进一　　将 5 平 4

11. 马三进五（红胜）

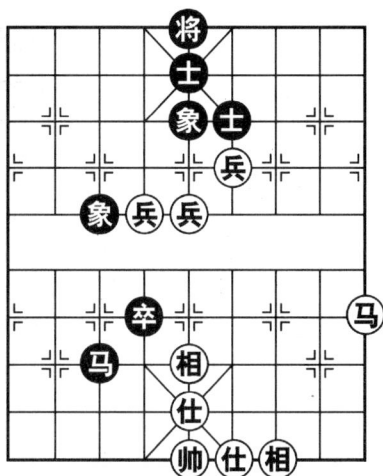

图 170

第 171 局 马三兵胜炮双卒士象全

"马三兵"虽然比"炮双卒"仅多一兵，但其强大的马兵组合，取胜之机仍很多。

本局是 2003 年全国象棋个人赛，特级大师吕钦的取胜之战（图 171）。

1. 兵四平五　炮 3 平 1

2. 兵三平四　卒 7 进 1

3. 兵二平三　象 5 退 7

4. 马一退三　象 3 退 5

5. 马三进五　卒 7 平 6

三兵并连一字长蛇阵；双卒形成"一鬼拍门"，奇特阵形颇有奇趣！

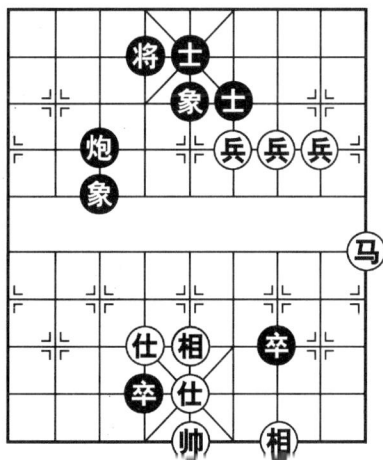

图 171

6. 马五退七　卒 4 平 3

7. 马七进八　炮 1 进 6

8. 兵三进一　卒 3 平 4

9. 兵五平六　……

倘若错走兵三平四，卒 6 平 5，仕六退五，卒 4 进 1，偷杀。

9. ……　炮 1 退 2

10. 相五进七　炮 1 退 7

11. 马八进九　炮 1 平 5

12. 马九退七　将 4 退 1

13. 相三进一　　象 5 退 3

14. 相一进三　　士 5 退 6

15. 相七退五　　士 6 进 5

16. 马七进八　　将 4 进 1

17. 兵三进一　　象 7 进 9

18. 兵三平四（参考图）　……

马三兵形成强大包围圈，攻城擒王的战斗即将展开！而黑棋虽然"二鬼拍门"，却难以形成有杀伤力的战术组合。

18. ……　　　象 9 进 7

19. 前兵进一　……

奇特趣向！似可后兵进一，红棋速胜。

19. ……　　　士 5 退 6　　　**20.** 兵六进一　　将 4 平 5

21. 兵四进一　……

双兵推进，黑难招架！

21. ……　　　象 3 进 5　　　**22.** 马八退七　　炮 5 平 1

23. 兵六进一　　将 5 退 1　　　**24.** 马七进八　……

精妙入杀，佳着！

24. ……　　　炮 1 进 1　　　**25.** 马八退九　　士 6 进 5

26. 兵六平五（红胜）

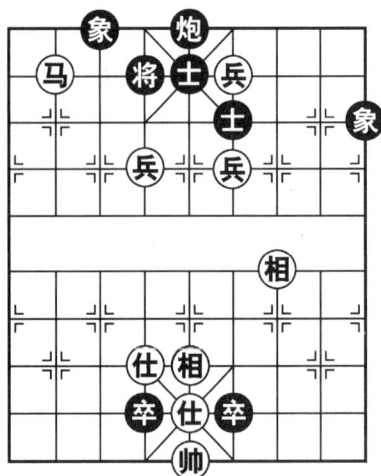

参考图

第 172 局　马三兵胜马双卒士象全

一兵之差的实质是"三兵有杀对双卒无杀"的战斗。

本局是 2002 年亚洲象棋锦标赛，香港名手翁德强的取胜之战（图 172）。

1. 马六进四　　马 8 进 6　　　**2.** 前兵平六　　将 5 平 6

3. 帅五平六　　象 7 退 9　　　**4.** 马四退六　　卒 7 平 6

5. 马六进五　　卒 8 平 7　　　**6.** 兵七平六　　卒 6 平 5

7. 后兵平五　　卒 7 平 6　　　**8.** 兵五平四　　象 7 进 5

9. 马五进七　　象 5 进 3　　　**10.** 马七进八　　马 6 退 4

11. 马八退九　　马 4 进 5　　　**12.** 兵四平三　　马 5 退 4

13. 兵三进一　　象 3 退 1　　　**14.** 马九进七　　卒 5 平 4

15. 兵二平三　　马 4 进 6

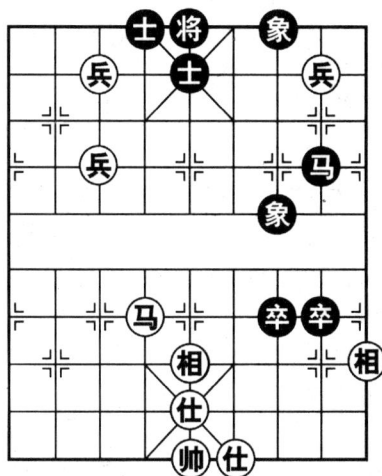

图 172

遭到偷袭！似可象 9 进 7，兵六进一，士 5 退 4，马七进六，象 1 退 3，前兵平四，将 6 平 5，马六退七，象 3 进 5，黑棋有和棋之望。

16. 马七进五（红胜）

第 173 局　马三兵胜炮卒士象全

"马三兵必胜炮卒士象全"。

本局是 2007 年五羊杯全国象棋冠军邀请赛，赵国荣的取胜之战（图 173）。

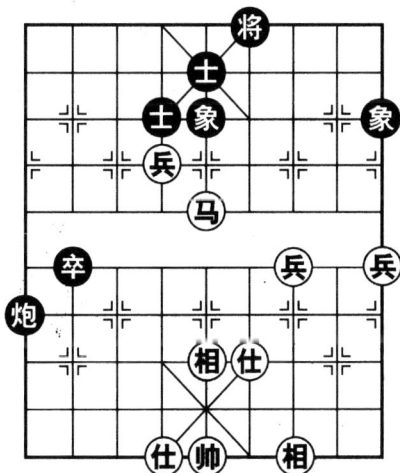

图 173

1. 兵一进一　炮 1 退 2

2. 兵一进一　象 9 退 7

3. 兵一平二　炮 1 退 1

4. 兵六进一　……

一兵换双士，奠定胜利基础。

1. ……　　　士 5 进 4

5. 马五进六　炮 1 退 3

6. 兵二平三　象 7 进 9

7. 前兵平四　将 6 进 1

8. 马六退五　将 6 平 5

9. 马五进三　象 5 退 7

阻止三兵渡河是黑棋的防御重点。

10. 仕六进五　卒 2 进 1

11. 马三退四　卒 2 平 3

12. 马四进六　卒 3 平 4

13. 兵四平三　将 5 平 6

14. 前兵平二　将 6 平 5

15. 兵三进一（参考图）……

三路兵抢滩登陆，孤炮的防御在马双兵强大攻势面前一击即溃！

15. ……　　　象 7 进 5

16. 兵三平四　象 9 退 7

17. 兵二平三　象 5 进 3

18. 马六进七　将 5 退 1

19. 兵四平五　象 7 进 5

20. 兵三平四　将 5 平 6

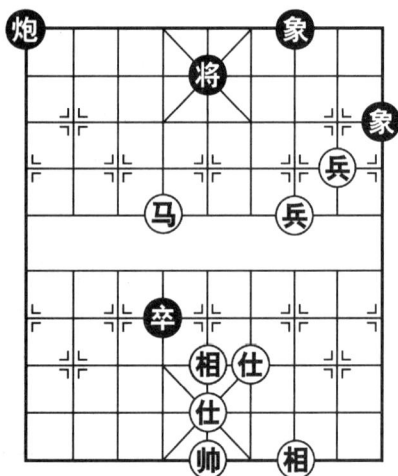

参考图

21. 兵五进一　炮 1 进 2

22. 兵五平六　炮 1 平 2

23. 马七退六　将 6 进 1

24. 兵四平五　象 5 退 3

25. 马六进四　炮 2 平 7

26. 马四退五　象 3 退 1

27. 兵五平四　炮 7 退 2

28. 马五进三　将 6 平 5

29. 马三进二　炮 7 平 5

30. 兵六进一　炮 5 平 8

31. 兵四进一（红胜）

第十一章 炮兵残局

第174局 炮低兵和单象

古谱定式残局，单象可和炮低兵（图174）。

1. 帅五进一　象5进3
2. 炮四退二　象3退5
3. 炮四平六　象5退7
4. 炮六退六　象7进5
5. 炮六平五　象5退7
6. 兵五平四　象7进9
7. 炮五平四　象9进7
8. 炮四进六　将4进1
9. 帅五退一　将4退1
10. 兵四平五　象7退9
11. 炮四平二　象9退7
12. 兵五平四　象7进9

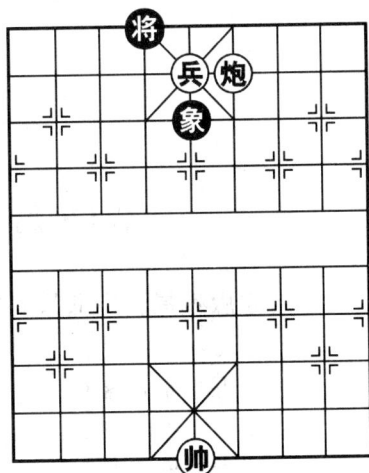

倘若错走将4进1，炮二进二，红胜。

13. 帅五进一　将4进1　　14. 帅五退一　将4退1（和棋）

图174

第175局 炮低兵胜单象

"将"在三楼，低兵可胜（图175）。

1. 炮六进六　象3退1　　2. 炮六平一　象1进3
3. 炮一进一（红胜）

147

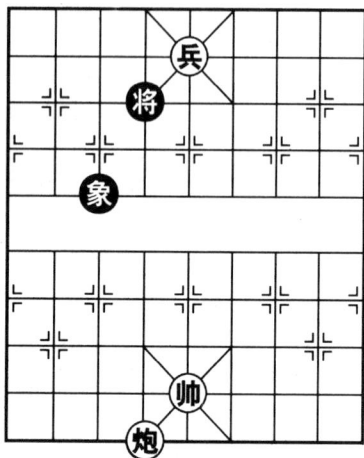

图 175

第 176 局　炮低兵相胜单象

弈天网原版残局。炮低兵有相必胜（图 176）。

1. 炮一平五　象 3 退 1
2. 相三退五　象 1 进 3
3. 相五进七　象 3 退 1
4. 炮五平七　象 1 退 3
5. 炮七进九（红胜）

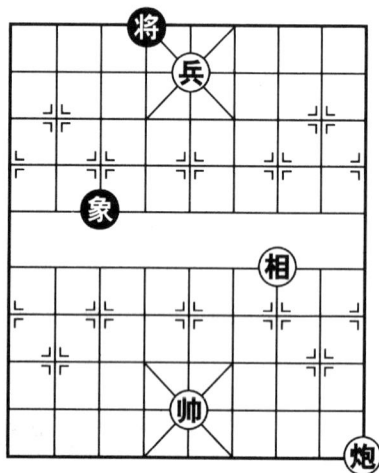

图 176

第 177 局　炮低兵胜双士

尽管"将在三楼"，炮低兵仍可取胜（图 177）。

1. 炮八退七　士 5 进 6
2. 炮八平二　士 6 退 5
3. 炮二进八　士 5 退 4
4. 帅五退一　士 4 进 5
5. 炮二平五　将 4 退 1
6. 帅五进一　将 4 进 1
7. 炮五平八　将 4 退 1
8. 炮八退八　将 4 进 1
9. 炮八平二　将 4 退 1
10. 炮二进八　将 4 进 1
11. 帅五退一　士 6 进 5
12. 兵四平五（红胜）

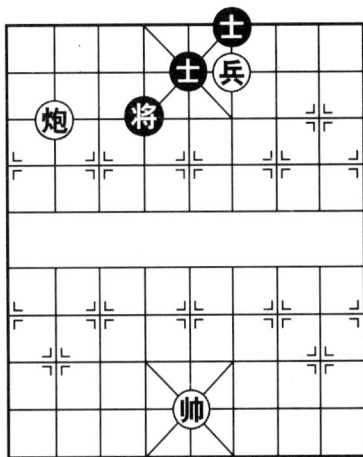

图 177

第 178 局　炮低兵和双士

"将在三楼"与兵一侧，可成和棋
（图 178）。

1. 炮五平八　士 5 进 6
2. 炮八进七　十 6 退 5
3. 帅五退一　士 5 退 4
4. 炮八进二　士 4 进 5
5. 帅五进一　士 5 进 6（和棋）

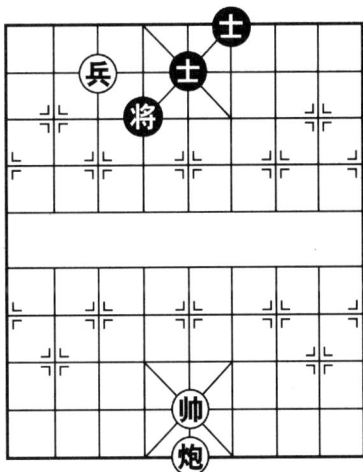

图 178

第179局　炮高兵胜单士象

　　"炮高兵对单士象"没有必胜而只有巧胜（图179）。

　　1. 炮八平五　……

　　精妙！逼士定位。

　　1. ……　　　　士5退6

　　倘若士5退4，兵四平五，将4平5，帅五平六，将5平6，兵五平四，将6退1，帅六平五，士4进5，炮五进八，红棋胜势。

　　2. 兵四平五　将4平5

　　倘若士6进5，兵五平六，士5进4，炮五平六，红胜。

　　3. 帅五平四　将5平4

　　4. 兵五平六　将4退1

　　无奈！倘若将4平5，炮五平四，打死士，红胜。

5. 帅四平五　士6进5		**6. 炮五进八　将4平5**
7. 兵六进一　象7进9		**8. 炮五退五　将5平6**
9. 兵六平五　象9退7		**10. 帅五平六　将6进1**
11. 兵五平四　象7进9		**12. 炮五退三　将6平5**
13. 兵四进一　象9退7		**14. 炮五平二　象7进9**
15. 炮二进六　象9退7		**16. 炮二进二　象7进5**
17. 帅六平五　将5退1		**18. 兵四平五　将5平4**
19. 兵五进一（红胜）		

第180局　炮高兵胜单象

　　"炮高兵必胜单象"。其取胜的诀窍是"炮兵联合禁象"（图180）。

　　1. 炮五退五　将5平6

　　倘若象9进7，兵六平五，将5平6，兵五平四，将6平5，帅五平六，象7退9，兵四进一，将5进1，炮五进三，象9进7，炮五平四，象7退9，炮四平二，象9退7，炮二进二，象7进5，帅六平五，红胜。

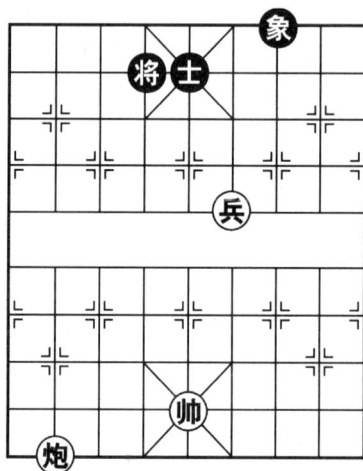

图179

2. 兵六平五　　象 9 退 7

3. 帅五平六　……

看似平淡无奇，实则是以后形成
"右兵左帅"擒象的佳着。

3. ……　　　象 7 进 9

4. 兵五平四　　将 6 平 5

5. 兵四进一　　将 5 进 1

6. 炮五进三　　象 9 进 7

7. 炮五平四　　象 7 退 9

8. 炮四平二　　象 9 退 7

9. 炮二进二　　象 7 进 5

10. 帅六平五（红胜）

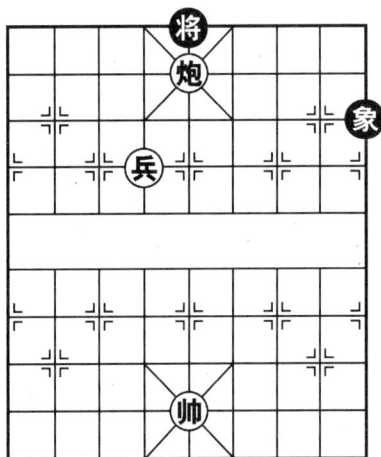

图 180

第 181 局　炮低兵相胜双象

"右兵左帅"有相，炮低兵可胜，炮
高兵则必胜（图 181）。

1. 炮八退八　　象 5 进 3

2. 炮八平五　　象 7 退 5

3. 帅六进一　　象 3 退 1

4. 炮五进七　　象 1 进 3

5. 炮五平三　　象 3 退 5

6. 炮三退七　　象 5 进 3

7. 炮三平五　　象 3 退 5

8. 炮五进七（红胜）

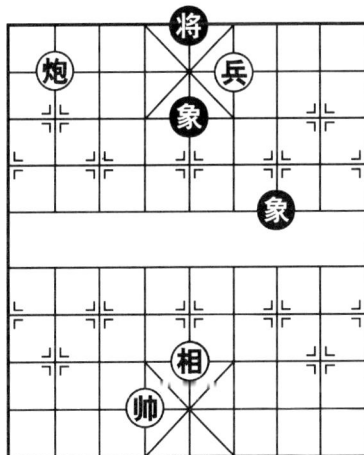

图 181

第182局　炮兵胜单缺象

古谱《橘中秘》经典残局。杀棋的精妙构思，令人拍案叫绝（图182）！

1. 炮二进二　卒2平3
2. 帅五进一　卒9进1
3. 兵六平七　卒9进1
4. 兵七进一　卒9平8
5. 炮二退二　象9退7
6. 炮二平八　象7进5
7. 炮八平五　前卒平7
8. 帅五进一　卒8平7
9. 帅五平六（红胜）

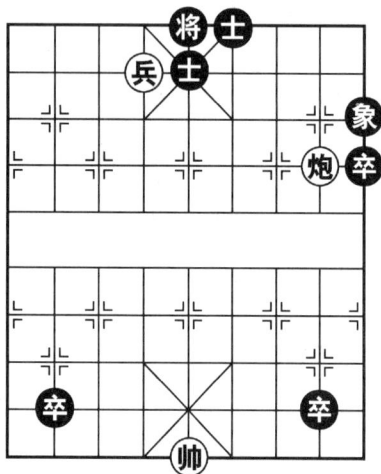

图182

第183局　炮兵单仕相胜单缺象

"炮低兵单仕相"是战胜"单缺象"最基本的兵种，倘若无相则黑有和棋之望，仕相全则红棋可轻松取胜。

图183是黑棋最佳防守阵形。红棋取胜必须形成"右兵左帅"！现在右兵已成，只欠"左帅"。那么如何右帅左移呢？请看左移的诀窍！

1. 帅四平五　……

要想"右兵左帅"则必须把相调到左翼做炮架。现在红王占中，不是把右相左移的通道阻断了吗？非也！此乃明修栈道，暗度陈仓。

1. ……　　　象1进3
2. 炮六平五　……

逼象退边，是精巧顿挫。

2. ……　　　象3退1

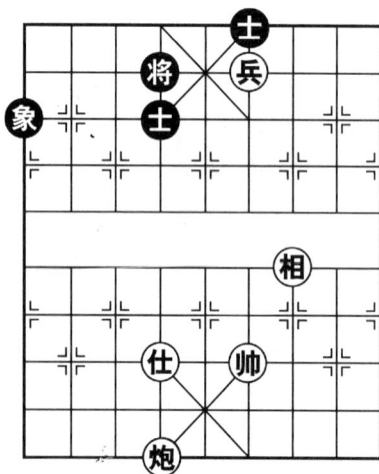

图183

3. 帅五退一 象1进3　　　　　　　**4. 相三退五 象3退1**

如象3退5逃象，则帅五平六，象5进7，仕六退五，右兵左帅，红棋胜势。

5. 相五进七 ……

右相左移，已是成功的一半！

5. …… 象1进3　　　　　　　　**6. 帅五进一 象3退1**

倘若将4退1，炮五平四，士4退5，炮四平六，将4平5，炮六平五，将5平4，兵四平五，士6进5，炮五进八，红胜。

7. 炮五平七 ……

"禁象"也是关键之着。

7. …… 士4退5　　　　　　　　**8. 帅五退一 士5进4**

9. 帅五退一 士4退5　　　　　　**10. 炮七进三 ……**

分秒不差的顿挫。

10. …… 士5进4　　　　　　　**11. 炮七退二 士6进5**

12. 炮七平六 士5进6　　　　　　**13. 帅五平六 象1进3**

14. 炮六平七 象3退5

15. 仕六退五（参考图） ……

终于达到"右兵左帅"的预期目标！

15. …… 将4退1

16. 帅六进一 将4平5

17. 帅六进一 象5进7

18. 炮七平六 士4退5

倘若士6退5，帅六平五，象7退9，仕五进六，象9进7，炮六进六，红胜。

19. 炮六退一 士5退6

20. 相七退九 士6进5

21. 帅六平五 将5平4

22. 仕五进六 将4平5

23. 炮六平五 将5平4　　　　　　**24. 兵四平五 ……**

一兵兑双士，红棋必胜。

24. …… 士6退5　　　　　　　**25. 炮五进八 将4平5**

26. 炮五退二 象7退9　　　　　　**27. 帅五平四 象9退7**

28. 炮五退六 将5进1　　　　　　**29. 仕六退五 将5平4**

30. 帅四平五 将4退1　　　　　　**31. 仕五进六 象7进5**

32. 炮五进七（红胜）

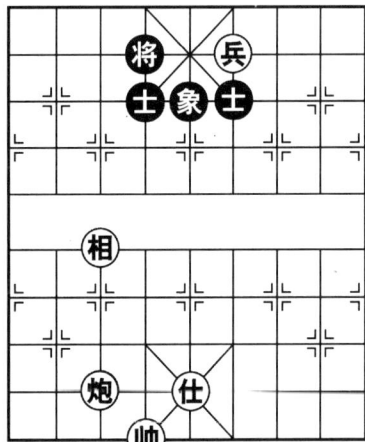

参考图

第184局　炮兵单仕胜单缺士

"炮兵单仕"可战胜"单缺士"。取胜的秘诀依然是"右兵左帅"（图184）。

1. 帅四平五　士4退5	2. 炮五平六　士5进4
3. 炮六进一　象3退1	4. 帅五退一　象1进3
5. 帅五退一　象3退1	6. 帅五平六　象5进7
7. 炮六平二（参考图）……	

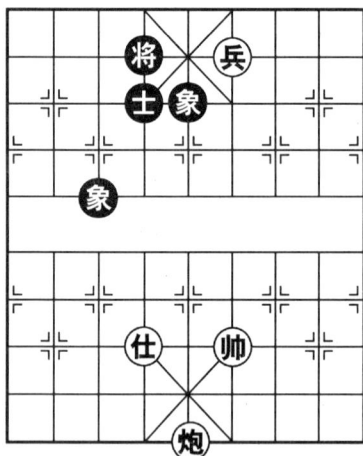

图184

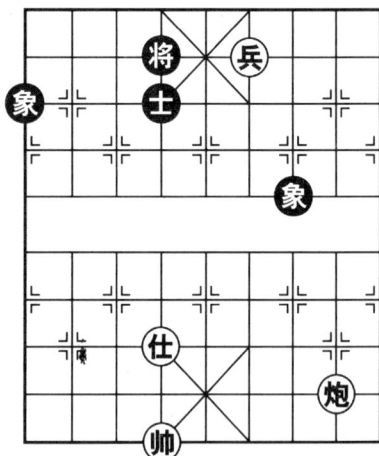

参考图

精巧！一个闪击形成右兵左将之势。

7. ……　　　象1进3

为什么不走士4退5呢？炮二进七，红棋亦胜。

8. 仕六退五　象3退5	9. 炮二进七　将4退1
10. 兵四平五　象5进3	11. 帅六进一　象3退5
12. 炮二退八　象5进3	13. 炮二平六　象3退5
14. 炮六进七（红胜）	

第185局　炮兵胜单卒

古谱《橘中秘》古典残局。

乍看之下，很难阻止小卒在边线过河而和棋，实则红棋有妙招而胜，韵味深长（图185）！

1. 兵五进一　将6平5
2. 炮七平五　将5平4
3. 炮五平二　将4平5

倘若卒1进1,兵五平六,绝杀。

4. 炮二进三　……

先封锁小卒前进之路,再实施吃卒之策。

4. ……　　　将5进1
5. 帅五平四　将5退1
6. 兵五平六　将5进1
7. 兵六平七　将5退1
8. 兵七平八　……

小兵管住小卒,红炮可离线。

8. ……　　　将5进1　　　9. 炮二进四　将5退1
10. 炮二退二　将5进1　　　11. 炮二平九　将5退1
12. 兵八进一　……

绝妙!逼卒1进一步再做"炮架",必擒小卒。

12. ……　　　卒1进1　　　13. 兵八平九　将5进1
14. 炮九退二(红胜)

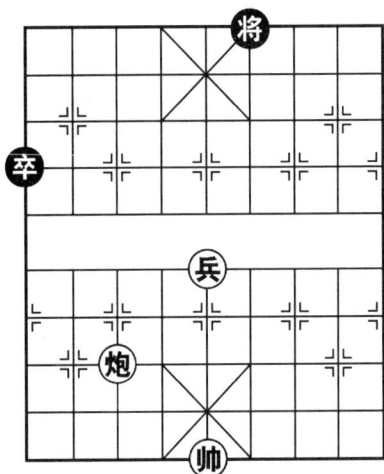

图 185

第186局　炮兵胜双卒

古谱《橘中秘》古典残局。

此局似曾相识,重演上局杀王之路,取胜犹如探囊取物(图186)!

1. 兵五进一　将4平5

倘若卒7进1,兵五平六,绝杀,红胜。

2. 炮二平五　将6平4
3. 兵五平四　将4平5
4. 帅五平六　卒6平5
5. 炮五进五　将5进1
6. 炮五平三　将5退1
7. 兵四进一　卒7进1
8. 兵四平三　将5进1

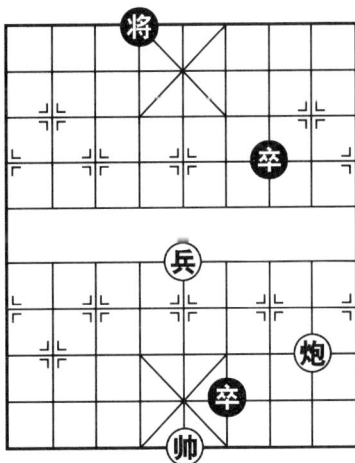

图 186

155

9. 炮三退二　将5退1　　　**10. 兵三平四　将5进1**

11. 兵四进一　将5退1　　　**12. 兵四进一　……**

先管住黑王再打死低卒，必胜。

12. ……　　　卒5平6　　　**13. 炮三平八　卒6平5**

14. 炮八退四　卒5平6　　　**15. 帅六进一　卒6进1**

16. 炮八退一　卒6平5　　　**17. 炮八平九　卒5平6**

18. 帅六退一（红胜）

第 187 局　炮兵胜卒双士

古谱《橘中秘》古典残局。

通过以上两局的学习，请读者朋友启动大脑内存的联想功能，"心算"如何运子取胜！试试答案是否与以下着法相同（图187）。

1. 炮七平五　士6进5

倘若士4进5，炮五平三，士5进6，炮三进一，管住小卒，红胜。

2. 炮五平四　……

绝妙！

2. ……　　　将5平6

如卒1进1，兵五平四，卒1进1，兵四进一，卒1平2，兵四进一，卒2平3，炮四进一，卒3平4，炮四平八，将5平6，炮八进四，红胜。

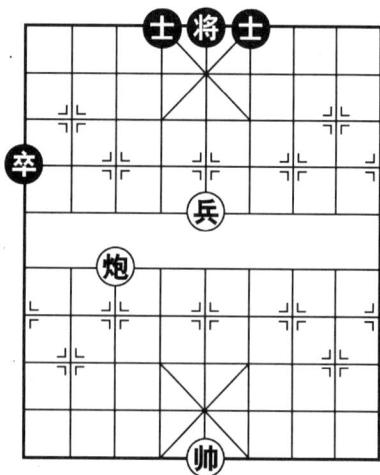

图 187

3. 炮四进一　将6平5　　　**4. 兵五平六　将5平6**

5. 兵六平七　将6平5　　　**6. 兵七平八　将5平6**

7. 炮四平七　士5进4　　　**8. 炮七进四　士4进5**

9. 炮七平九　将6平5　　　**10. 兵八进一　卒1进1**

11. 兵八平九　将5平6　　　**12. 炮九退四（红胜）**

第 188 局　炮兵和马单士

"炮兵对马单士"争斗，虽然子力不多却属于高难残局。尤其在"炮低兵"形势之下，黑棋可实施金蝉脱壳之计，弃士让"王上三楼"，从而演绎"单骑救主，高处很安全"的辉煌（图188）!

1. 炮五平四　将4进1　**2.** 炮四进六　将4进1

3. 炮四平一　马3进2　**4.** 帅六进一　马2退3

5. 帅六退一　将4平5（参考图）

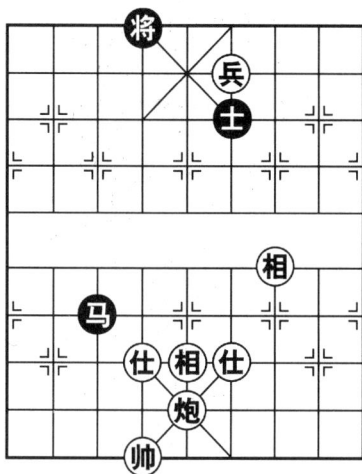

图 188

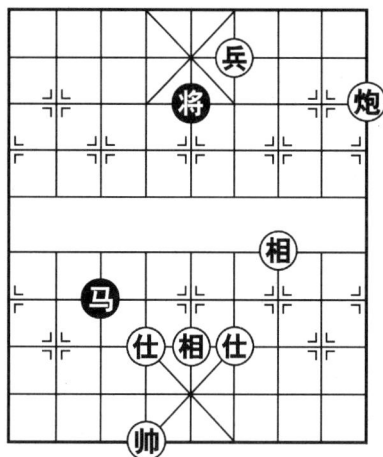

参考图

"黑将"占据中路十分重要，不让红帅敞相占中。

6. 炮一退六　马3进2　**7.** 帅六进一　马2退3

8. 帅六退一　马3退1　**9.** 炮一平五　将5平6

10. 炮五平四　将6平5　**11.** 帅六平五　马1进3

12. 炮四平七　马3进2　**13.** 帅五平四　将5平6

14. 兵四平三　将6平5　**15.** 仕四退五　马2退3

16. 帅四进一　马3退5　**17.** 兵三平四　马5进7

18. 帅四进一　马7退9　**19.** 仕五退四　马9进7

20. 相五进七　马7退9　**21.** 炮七平五　马9进7（和棋）

第189局　炮兵胜马单士

炮低兵对马单士只有巧胜而没有必胜。

本局是2006年象甲联赛，蒋川大师的取胜之战（图189）!

1. 兵六平七　马3退1

似可将5进1，炮五平一，将5进1，帅四进一，马3进4，炮一进三，士

6退5，炮一退七，马4退6，炮一平五，将5平4，炮五进八，马6进7，帅四进一，将4平5，可成和棋。

2. 兵七平八　马1进3

3. 兵八平七　将5进1

4. 仕五退六　马3退1

5. 兵七平八　马1进2

6. 炮五退四　将5进1

黑王上三楼，风险反而减少。

7. 帅四进一　马2进3

8. 仕六进五　将5平4

9. 炮五平四　士6退5

10. 炮四平六　马3进4

过高估计丢士的后果。似应将4平5，炮六平五，将5平4，炮五进八，将4平5，和棋之势。

11. 兵八平七（参考图）　士5退6

似应将4平5，炮六平五，将5平4，以下红有两种选择：①炮五进八，马4退2，炮五平一，马2退1，炮一退八，马1进3，仕五进四，将4平5，和棋之势。②帅四进一，马4进2，帅四平五，马2退3，仕五进四，马3进4，帅五退一，士5退6，炮五平四，士6进5，炮四平一，马4退2，和棋。

12. 帅四进一（红胜）

为什么放弃续战呢？倘若将4平5，炮六平五，将5平4，帅四平五，士6进5，仕五进四，士5退6，帅五退一，红胜。

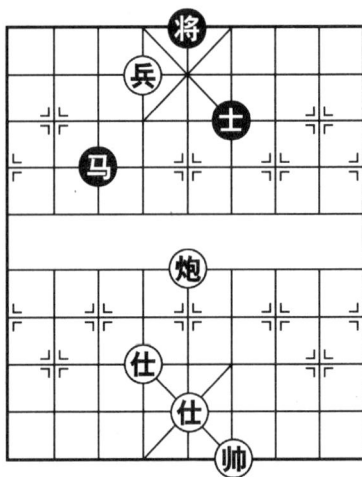

图189

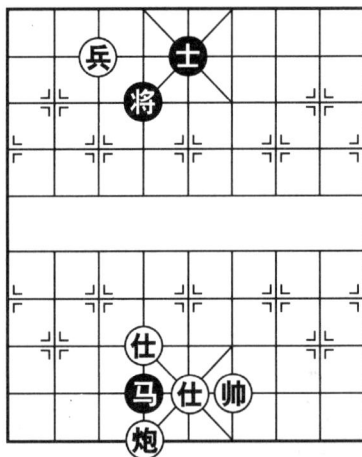

参考图

第190局　炮兵胜马单士

"炮高兵双仕可胜马单士"有时还有难度，只有稳扎稳打才能战而胜之。本局是特级大师洪智取胜之战（图190）！

1. 帅五退一　士6退5　　　　**2.** 帅五退一　士5退6

3. 炮六平二　……

平炮看似准备掩护边兵过河，实则是洪智虚晃一枪。

　　3.　……　　　士6进5

　　4. 仕四进五　　士5进4

　　5. 仕五进六　……

随着黑士同进，颇有深意！

　　5.　……　　　士4退5

　　6. 炮二平五　……

逼黑棋欠行！妙不可言。

　　6.　……　　　士5进4

　　7. 炮五平六　　将4进1

　　8. 仕六进五　　马7进5

阻止小兵的防线自动崩溃！

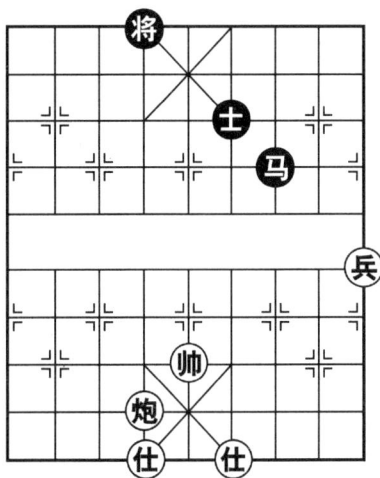

图190

9. 兵一进一　马5进3	**10. 兵一平二**　马3进1
11. 兵二平三　马1退2	**12. 兵三平四**　马2进3
13. 炮六退一　马3进2	**14. 炮六平九**　将4平5
15. 帅五平四　将5平6	**16. 兵四进一**　士4退5
17. 炮九进五　将6退1	**18. 炮九平四**　将6平5
19. 兵四平五　马2退3	**20. 炮四平九**　马3退1

　　21. 兵五平六　　将5平4

　　22. 帅四进一　　将4平5

　　23. 炮九平五　　将5平4

　　24. 炮五平一　　马1进3

　　25. 炮一退五　　将4进1

　　26. 炮一平五（参考图）　……

通过20多个回合的调整，形成常见的攻击之势。

　　26.　……　　　马3退2

退马似不如马3进2，兵六平五，将4退1，兵五进一，将4进1，兵五进一，将4进1，兵五平四，马2退3，仕五退四，将4平5，炮五平七，马3退5，仕四进五，马5进7，帅四退一，马7退8，黑棋大有和棋之望。

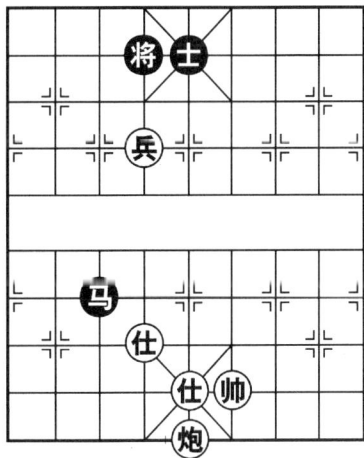

参考图

27. 兵六平五　将4退1　　　　**28. 兵五进一　……**

小兵冲入九宫，黑难招架。

28. ……　士5退6　　　　　　**29. 兵五平六　马2退1**

30. 仕五进四　士6进5

倘若马1进3，帅四平五，马3退2，兵六平七，士6进5，兵七平八，马2进4，炮五平六，将4进1，兵八平七，红胜。

31. 兵六平五　士5退6　　　　**32. 帅四平五　将4平5**

倘若马1进2，兵五平六，士6进5，炮五进八，将4平5，兵六平五，马2进4，炮五平一，马4进3，兵五进一，将5平4，炮一退七，马3进2，帅五退一，马2退4，帅五平六，马4退6，炮一平六，马6进4，帅六进一，红胜。

33. 炮五平二　将5平4　　　　**34. 炮二进九　将4进1**

35. 兵五平六（红胜）

第191局　炮兵胜马单士

炮高兵可胜马单士。红棋位置较好，取胜较容易。

本局是2009年象甲联赛，靳玉砚大师的取胜之战（图191）!

1. 炮六退四　将4平5

2. 帅五平四　将5退1

倘若马6进7，帅四进一，将5平6，仕五进六，士6进5，兵四平五，马7退9，帅四平五，马9进7，兵五进一，红棋胜势。

3. 炮六平五　将5平4

4. 帅四进一　将4进1

5. 仕五进六　士6进5

倘若将4平5，兵四平五，将5平4，帅四平五，将4平5，帅五平六，将5平4，兵五平六，将4退1，帅六平五，马6退7，兵六进一，马7退6，炮五平六，马6进5，兵六平七，将4平5，炮六平五，红胜。

6. 炮五平六（红胜）

以下倘若接走士5进4，帅四平五，马6进7，兵四平五，将4平5，炮六

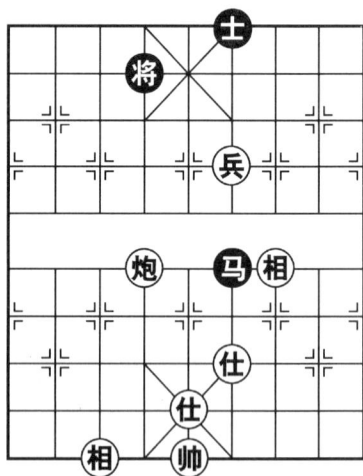

图 191

进七，马7退6，炮六平一，马6退5，炮一退七，将5平4，炮一平六，将4平5，炮六平五，红胜。

第192局　炮兵胜炮单士

"炮兵对炮单士"是可胜残局，取胜也较容易。

本局是低兵，随时都有被打死的威胁，那么怎样才能取胜呢？请看张晓平大师的取胜之战（图192）。

1. 相五进三　炮9平8

倘若将5平6，炮五平四，炮9平6，炮四进五，将6进1，帅五平四，将6退1，兵六平五，红胜。

2. 炮五退二　炮8平6

3. 相三退五　将5平6

4. 炮五平三　将6平5

5. 炮三进七　……

构思精妙！

5. ……　　　炮6退1

图192

倘若将5平6，相五退三，黑欠行，红胜。

6. 相七退九　炮6进1　　　**7.** 相九退七　炮6退1

8. 炮三退七　炮6进1　　　**9.** 炮三平五　将5平6

10. 相七进九　炮6平8　　　**11.** 帅五平四　炮8平9

倘若将6进1，兵六平五，将6退1，帅四进一，炮8进2，炮五退一，炮8平6，炮五平四，红胜。

12. 兵六平五（红胜）

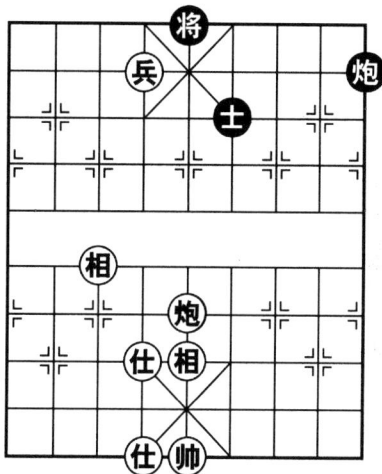

第193局　炮兵胜炮单士

本局是2004年象甲联赛，浙江著名棋手陈建国演绎的取胜之战（图193）。

1. 帅四平五　炮6平4

倘若炮6进3，兵五平六，炮6平4，仕六退五，士6进5，兵六平五，士5退6，帅五平六，将4平5，兵五平四，士6进5，兵四进一，红胜。

2. 兵五平六　炮4平5　　　**3.** 兵六进一（红胜）

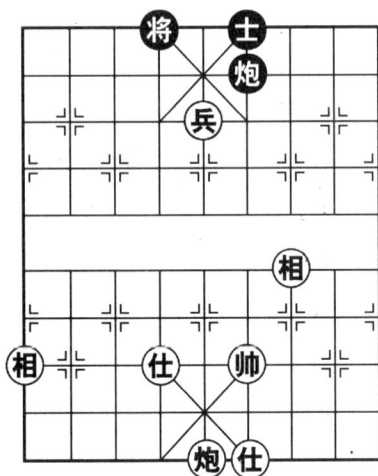

图 193

第 194 局　炮兵胜炮单士

本局是 2007 年日照市象棋大奖赛，广州名手黎德志的取胜之战（图 194）。

1. 兵四平五　士 5 退 4

2. 炮六退四　炮 9 平 2

倘若炮 9 进 2，仕五进六，炮 9 平 5，相五进七，将 6 平 5，兵五平四，士 4 进 5，兵四进一，炮 5 进 1，帅五进一，炮 5 退 2，帅五进一，炮 5 进 4，炮六平五，炮 5 平 4，兵四平五，将 5 平 6，炮五平四，红胜。

3. 仕五进六　将 6 平 5

4. 帅五平四　炮 2 平 1

5. 炮六平五（红胜）

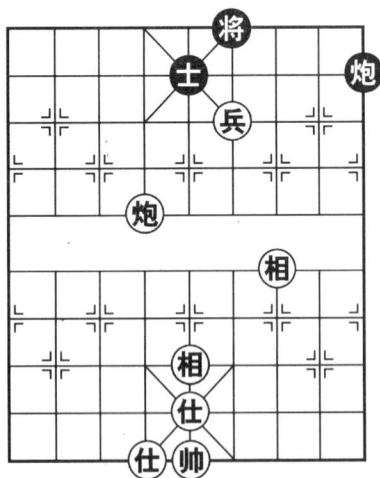

图 194

第 195 局　炮兵和炮单象

"炮高兵"必胜"炮单象"，但是在特殊的形势下，炮象也有巧和之机。

本局是 2002 年银荔杯象棋争霸赛，许银川与孙勇征两位特级大师演绎的相当有趣"拦挡"的和棋大战（图195）！

1. 仕四进五　象3退1

2. 仕五进六　象1进3

3. 相三退一　象3退1

4. 炮五平八　炮5平2

5. 炮八平六　炮2平4

6. 炮六平八　炮4平2

7. 炮八平六　炮2平4

8. 炮六平八　炮4平2

9. 炮八进二　炮2进1

10. 帅四退一　炮2退1

11. 相一进三　炮2退2

12. 炮八平三　炮2进2

13. 兵六平七　炮2平3

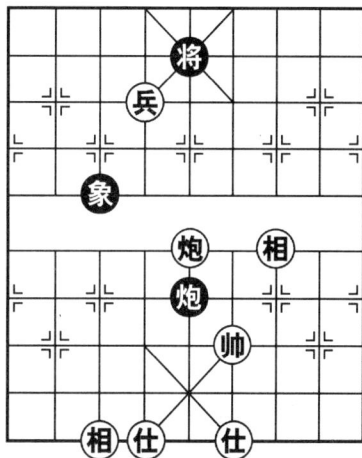

图 195

14. 炮三平九　炮3平1

15. 兵七平八　象1退3

16. 炮九退一　将5退1

17. 相七进五　将5进1

18. 相五进七　将5退1

19. 兵八平七　象3进1

20. 兵七平六　将5进1

21. 炮九平八　炮1平2（参考图）

跟随红炮长拦是和棋的绝着！一旦红炮退回大本营，炮兵组合威力巨大。

22. 炮八退一　象1退3

23. 相七退五　象3进1

24. 炮八进四　炮2退2

25. 兵六平七　将5进1

26. 炮八平九　……

许银川煞费苦心开边炮，准备小兵逼象而打通边线通道。

26. ……　　　炮2平9

针锋相对！顿使小兵欺象的构想黯然失色！

27. 炮九平二　……

倘若兵七平八，炮9退2，黑棋安然无恙！

27. ……　　　炮9平8

继续拦挡不放松而和棋。

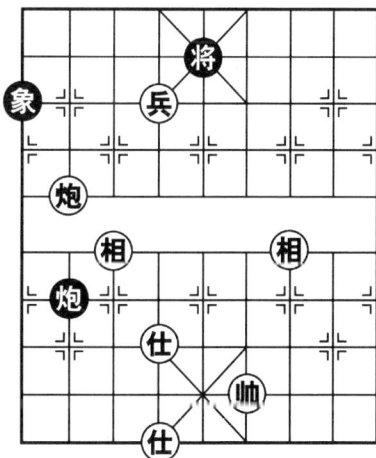

参考图

28. 炮二退二　炮8进2　　　29. 相五进七　将5退1

30. 兵七平六　炮8退2　　　31. 相七退九　炮8进2

32. 帅四进一　象1退3　　　33. 炮二平八　炮8平2

34. 炮八进二　炮2进1　　　35. 帅四退一　炮2退1

36. 兵六平七　象3进5　　　37. 帅四平五　将5平6（和棋）

第196局　炮兵胜炮单象

前沿低兵与后炮的战术组合，可战胜炮象。

本局是2008年象甲联赛，特级大师王斌的取胜之战（图196）。

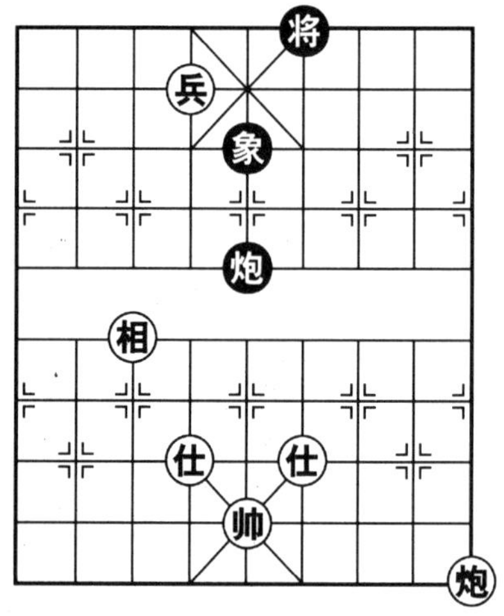

1. 炮一平四　将6平5

2. 帅五进一　炮5退1

3. 仕六退五　炮5平7

4. 仕五退六　炮7平5

5. 帅五平六　……

仕与帅的绝佳调整，使黑棋防线崩溃。

5. ……　　　象5进7

6. 炮四平五　将5平6

7. 兵六平五　炮5平6　　　8. 仕四退五　炮6平9

9. 炮五平四　炮9进4　　　10. 帅六退一（红胜）

图 196

第197局　炮兵胜马单象

炮高兵必胜马单象。

本局是1993年全国团体赛，特级大师刘殿忠的取胜之战（图197）。

1. 炮二退四　马3退2　　　2. 炮二平六　马2进3

3. 炮六平三　象7进9

倘若象7进5，炮三平七，马3进5，兵六进一，将4平5，兵六平五，将5进1，炮七平五，红胜。

4. 炮三平七　马3退2　　　5. 帅四进一　将4平5

6. 兵六进一　将5退1　　　7. 炮七平五　将5平4

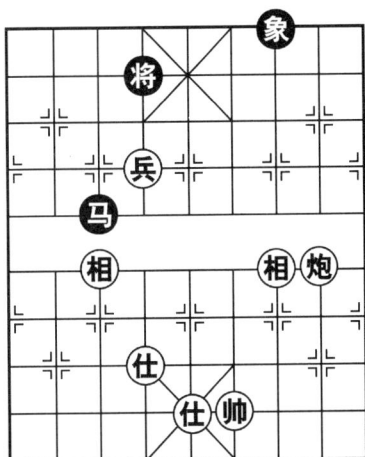

图 197

8. 炮五平六　将 4 平 5　　　　**9.** 炮六平五　将 5 平 4

10. 兵六平五（红胜）

第 198 局　炮兵胜马单象

虽然是低兵仍然可胜。

本局是 2000 年亚洲象棋锦标赛，特
级大师许银川的取胜之战（图 198）。

1. 炮三进一　象 5 进 3

2. 炮三平四　将 6 平 5

3. 兵三平四　将 5 退 1

4. 仕五退四　马 7 退 8

倘若马 7 进 6，相一退三，红胜。

5. 炮四平三　马 8 退 9

6. 兵四进一　马 9 进 8

7. 仕四进五　象 3 退 5

8. 炮三退一（红胜）

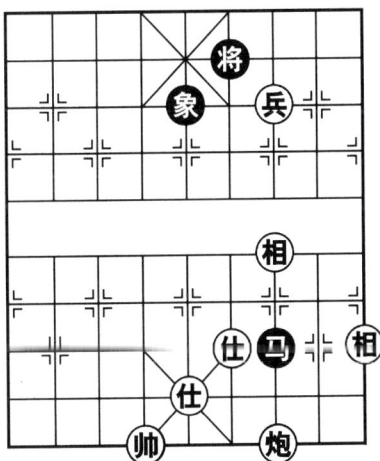

图 198

第 199 局　炮兵胜马单象

本局是 1989 年国际特级大师邀请赛，李来群的取胜之战（图 199）！

1. 帅六平五　象 5 退 7
2. 帅五进一　将 4 退 1
3. 兵三平四　将 4 进 1
4. 炮七退一　马 3 进 2
5. 炮七平三　象 7 进 5
6. 兵四平五　象 5 退 3
7. 兵五平六　……

绝杀！黑棋崩溃。

7. ……　　　将 4 退 1

倘若马 2 退 3，兵六进一，将 4 退 1，兵六进一，将 4 进 1，炮三平六，红胜。

8. 炮三进三（红胜）

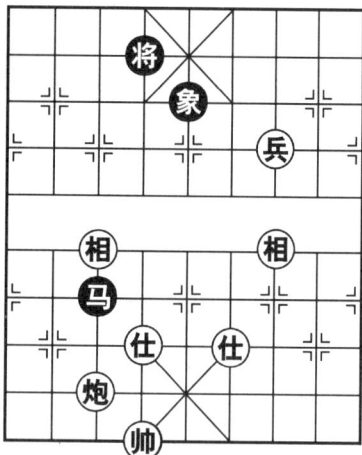

图 199

第 200 局　炮兵胜士象全

古谱经典残局。

"炮兵对士象全"，通常是必胜，因变化复杂而属于高难残局。倘若没有对这一残局精心研究，甚至在大型比赛中，高水平棋手不能取胜而和棋的战例也是屡见不鲜。炮兵有仕相赢棋都有难度，现在仅孤炮单兵能战胜士象全，其奥妙之处令人拍枰叫绝，妙不可言（图 200）！

1. 炮二平五　象 1 进 3
2. 炮五进四　象 3 退 1
3. 帅六平五　象 1 进 3
4. 帅五平四　……

暗度陈仓！为逼宫做准备。

4. ……　　　象 3 退 1

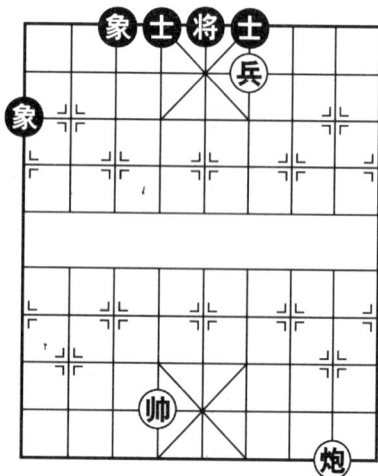

图 200

5. 炮五平一　士 6 进 5

6. 帅四平五 ……

远程控制，取胜关键。

6. …… 象 1 进 3   **7. 炮一平七** ……

绝妙！

7. …… 象 3 退 1   **8. 帅五退一** 象 3 进 5

无可奈何！

9. 炮七平五 象 1 退 3   **10. 帅五平四** 象 3 进 1

11. 兵四进一（红胜）

第 201 局　炮兵胜士象全

古谱经典残局。

绝对精妙，相当精彩（图 201）！

1. 兵五进一 士 5 进 4

2. 炮二进九 士 4 退 5

3. 帅六退一 士 5 进 6

倘若士 5 进 4，帅六平五，将 5 平 4，兵五平六，红胜。

4. 兵五平四 将 5 进 1

5. 炮二退一 ……

"点穴"是取胜关键！

5. …… 将 5 退 1

倘若象 7 进 5，帅六平五，红胜。

6. 兵四进一 士 6 进 5

7. 炮二平五 象 7 进 9   **8. 炮五退二** 象 9 退 7

9. 炮五平四 象 7 进 9   **10. 炮四平二** 象 9 退 7

11. 炮二进二（红胜）

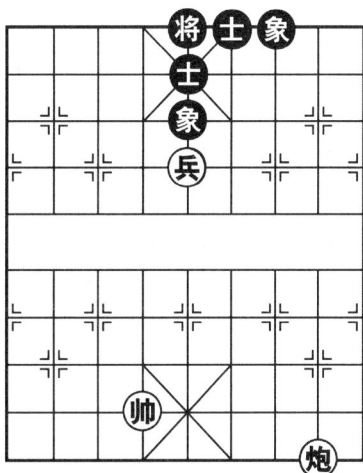

图 201

第 202 局　炮兵胜士象全

"羊角士"是士象全防守中最大的软肋，也最容易遭到炮兵的致命攻击。倘若能逼士象全撑起"羊角士"，胜利曙光就来临了（图 202）。

1. 炮六平四 ……

精巧！吊住黑士再擒不难。

1. …… 士6进5

倘若士6退5，炮四平五，红胜。

2. 兵七平六 将5平4

3. 帅六平五 象5退7

4. 兵六平五 象7进5

5. 兵五平四 象5退7

6. 仕四退五 象7进5

7. 炮四平六 象3进1

8. 炮六进一（参考图1） ……

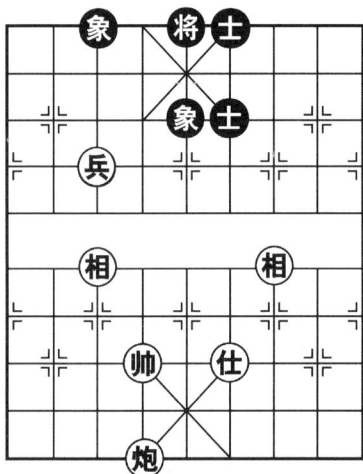

图202

为红帅抢占肋道做准备。

8. …… 象1退3

10. 帅五退一 象3进1

11. 帅五退一 象1退3

12. 帅五平六 象3进1

13. 相七退九 象1进3

14. 炮六平五 将5平4

15. 炮五平七 象3退1

16. 炮七平六 将4平5

17. 炮六平九 象1退3

18. 仕六退五（参考图2） ……

占领肋道任务已完成。

18. …… 将5平6

19. 仕五退四 将6平5

20. 炮九平五 将5平6

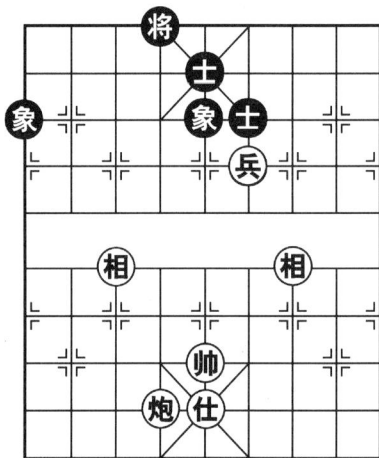

参考图1

9. 仕五进六 将4平5

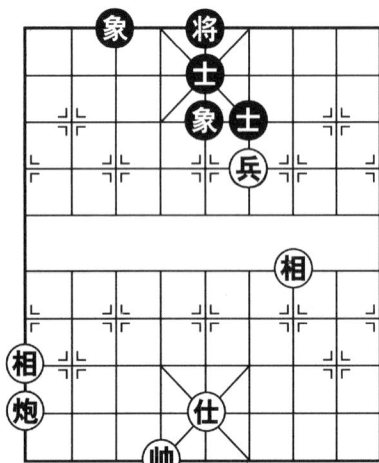

参考图2

168

21. 帅六进一　象 5 进 3　　　　**22.** 帅六进一　象 3 进 5

23. 炮五进二　……

掩护红帅右移。倘若直走帅六平五，将 6 平 5，帅五平六，将 5 平 6，一切还要从头重来。

23. ……　　　象 5 退 3　　　　**24.** 帅六平五　象 3 进 5

25. 兵四平三　……

小兵只有冲下去才能吃到士。

25. ……　　　将 6 平 5　　　　**26.** 帅五平六　……

锁肋道是紧凑之着。

26. ……　　　将 5 平 6　　　　**27.** 兵三进一　……

小兵吊士，胜利曙光来临。

27. ……　　　象 5 进 7　　　　**28.** 帅六平五　象 7 退 5

29. 帅五平四　……

红王率领炮兵，即将攻城破寨。

29. ……　　　象 5 进 7

30. 炮五退二（参考图 3）　将 6 进 1

倘若象 3 退 1，帅四平五，象 1 退 3，炮五平四，将 6 平 5，兵三平四，红胜。

31. 炮五平四　将 6 退 1

32. 帅四平五　将 6 平 5

33. 兵三平四　……

形成单缺士，炮兵必胜。

33. ……　　　将 5 平 4

34. 兵四进一　士 5 进 6

35. 仕四进五　象 7 退 5

36. 仕五进四　将 4 进 1　　　　**37.** 炮四进六（红胜）

参考图 3

第 203 局　炮兵胜士象全

本局是 2011 年北京的一盘象棋比赛，虽呈和棋之势，但红棋低兵却死死咬住"羊角士"，最终炮兵战而胜之（图 203）。

1. 相五进三　象 5 进 7　　　　**2.** 仕五进六　象 1 退 3

3. 仕六进五　象 3 进 5　　　　**4.** 仕五退四　象 5 退 3

5. 帅五平六　象 3 进 1　　　　**6.** 炮五退二　象 1 进 3

7. 炮五平六　将4平5

8. 炮六平七　……

利用打象的闪击手段来达到退仕亮帅的战术目的，从而形成"右兵左帅"的远程控制，这是取胜的关键。

8. ……　　　　象3退5

9. 仕六退五　将5平6

10. 炮七进二　将6平5

11. 帅六进一　象7退9

12. 帅六进一　象9进7

13. 炮七平五　将5平6

14. 帅六平五　象7退9

15. 帅五平四　象5进3

16. 仕五进六　象9进7

17. 炮五退二　象7退9

18. 相三退五　将6进1

倘若将6平5，兵三平四，将5平4，炮五进七，红胜。

19. 兵三进一　将6退1

20. 炮五进七（红胜）

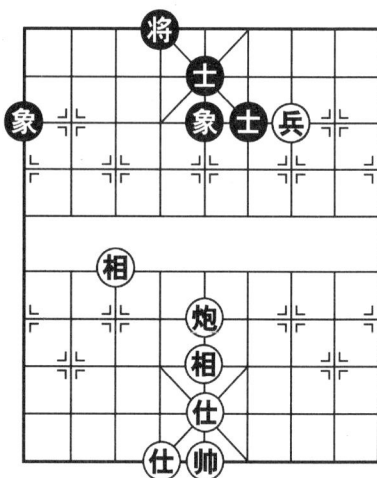

图 203

第 204 局　炮兵胜士象全

"炮高兵"可胜"士象全"。最佳取胜策略是一兵换双象，然后再炮仕胜双士。可是小兵换双象的概率太低了，稍有一点残局常识是不会轻易被一兵换双象。所以炮兵与士象全的争斗属于高难残局。

此局争夺的焦点是肋道战役。为了实施占领肋道这唯一取胜的战略目标，变化相当深奥复杂，也有相当的难度（图204）。

1. 炮五平三　将4平5

倘若士5进6，请参看下局。

2. 兵六平五　……

炮兵管住双象是实施攻击的第一步。

2. ……　　　　将5平4

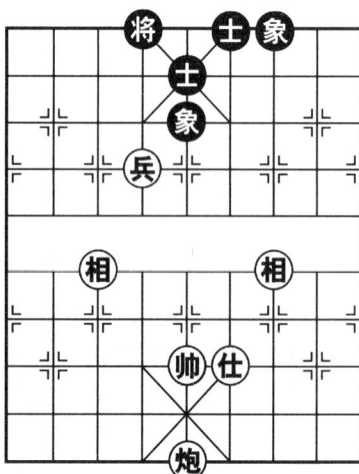

图 204

守住肋道势在必行！

3. 帅五退一　士5进6　　　　**4. 帅五退一　……**

连连退王不是无用走闲，而是暗蕴奥妙！

4. ……　士6退5　　　　**5. 仕四退五　……**

调整后院兵力配置，也不可或缺！

5. ……　士5进6　　　　**6. 仕五进六　……**

预设"炮架与遮脸"，为以后的攻势做准备。

6. ……　士6退5　　　　**7. 炮三进一　……**

调炮前进一步，至关重要！

7. ……　士5进6　　　　**8. 相七退五　……**

帅仕相与炮的紧密战术组合，才能抢占肋道高地！

8. ……　士6退5

9. 帅五平六（参考图1）　将4平5

黑王为什么自动调离肋道呢？黑棋另有两种选择：①将4进1，炮三平六，士5进4，仕六退五，将4平5，兵五平六，吃士红胜。②士5进6，兵五进一，象7进5，炮三平六，将4平5，炮六平五，将5进1，帅六平五，将5平6，炮五进六，红胜。

10. 仕六退五　……

终于完成抢占肋道的第一战役。

参考图1

10. ……　士5退4　　　　**11. 炮三退一　士6进5**

倘若士4进5，仕五进四，士5进4，兵五进一，象7进5，炮三平五，将5进1，炮五进六，红胜。

12. 仕五进六　将5平6　　　　**13. 炮三进三　将6平5**

黑士从右翼逃到左翼，肋道第二场战役开始。

14. 炮三退二　……

调整棋步的顿挫。

14. ……　将5平6　　　　**15. 帅六平五　士5进4**

誓死守卫肋道！倘若将6平5，帅五平四，士5进4，兵五进一，象7进5，炮三平五，红胜。

16. 兵五平四　士4退5

倘若将 6 平 5，帅五平四，士 4 进 5，炮三平六，吊住羊角士红棋必胜。

17. 帅五平四（参考图 2） ⋯⋯

看似平淡无奇，实则是夺取胜利的佳着！

17. ⋯⋯　　　　象 7 进 9

终于使黑棋的防御链条断裂！倘若将 6 平 5，兵四平五，士 5 进 4，兵五进一，红胜。

18. 炮三平四　将 6 平 5

19. 炮四平五　象 9 退 7

倘若象 5 进 3，兵四进一，象 9 进 7，兵四进一，象 7 退 5，相五退七，红胜。

参考图 2

20. 兵四平五　象 5 进 3

绝杀无解！

21. 相五进七　⋯⋯

21. ⋯⋯　　　　象 7 进 9

22. 帅四进一　象 9 退 7

23. 帅四进一　象 7 进 9

24. 炮五退一　象 9 进 7

25. 炮五平四　⋯⋯

控制双士调整是取胜秘诀战术！

25. ⋯⋯　　　　象 3 退 1

倘若士 5 进 4，兵五平六，还是要退士。

26. 兵五平六　象 1 进 3

27. 兵六平七　象 3 退 1

28. 兵七平八　象 7 退 9

29. 兵八进一　象 1 进 3

30. 炮四平七　象 3 退 5

无可奈何花落去！只好暂解燃眉之急！

31. 炮七平五　象 9 进 7

32. 兵八平七　象 7 退 9

33. 兵七平六　象 9 进 7

34. 兵六平五　象 7 退 9

35. 炮五平三　士 5 退 6

36. 帅四平五　士 4 进 5

37. 兵五进一　士 6 进 5

38. 炮三平五　将 5 平 4

39. 炮五进八（红胜）

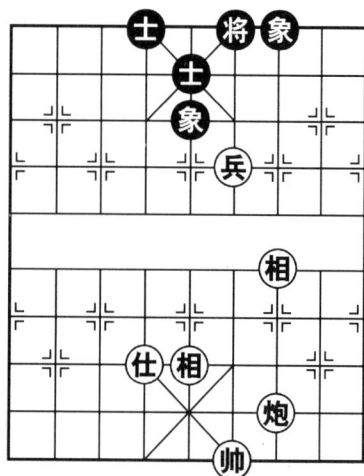

第 205 局　炮兵胜士象全

与上局似曾相识，是一种形势两种选择的姊妹篇。本局因为黑方撑起"羊角士"，红棋借势攻击，战而胜之（图205）。

1. 炮三平六　将4平5

2. 炮六平五　……

明修栈道，暗度陈仓的佳着！

2. ……　　　士6退5

倘若将5平4，兵六进一，士6进5，兵六平五，象7进5，炮五进七，红胜。

3. 兵六平五　……

炮兵联合捉象，为抢占肋道赢得先机！

3. ……　　　象5进3

4. 帅五平六　象3退1

倘若象3退5，兵五平四，象7进9，兵四平三，象9退7，兵三平二，象7进9，兵二平一，象9进7，炮五进一，象7退9，兵一进一，红胜。

5. 炮五平六（参考图）　……

精妙！是取胜的秘诀。

5. ……　　　象1退3

倘若士5进6，兵五平四，士6进5，形成"羊角士"必败之势。

6. 兵五平四　象7进9

7. 兵四平三　象9退7

8. 兵三进一　象3进1

9. 兵三平二　士5进6

倘若象1退3，炮六平三，象7进5，炮三平五，象3进1，兵二平三，象1退3，兵三平四，象3进1，兵四平五，象1退3，炮五平七，象3进1，炮七进三，士5退4，帅六平五，士6进5，兵五平四，将5平6，炮七平四，将6平5，兵四进一，象1退3，炮四平八，红胜。

10. 炮六平五　将5进1

11. 兵二平三　将5平6

12. 兵三平四　将6进1

13. 帅六平五　将6退1

14. 炮五平四（红胜）

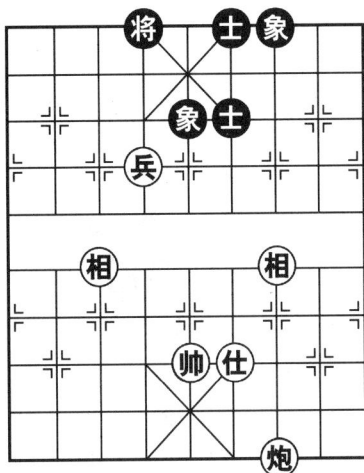

图 205

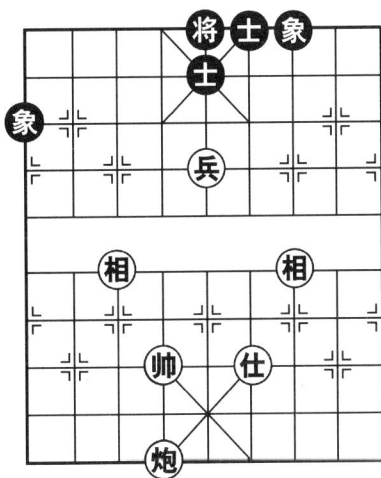

参考图

第 206 局　炮兵胜士象全

"炮兵仕相与沉底炮"的战术组合，可战胜"士象全"（图 206）。

1. 帅六平五　士 5 进 4　　　　　　**2.** 仕四退五　士 4 退 5

3. 仕五进六（参考图 1）　士 5 进 4

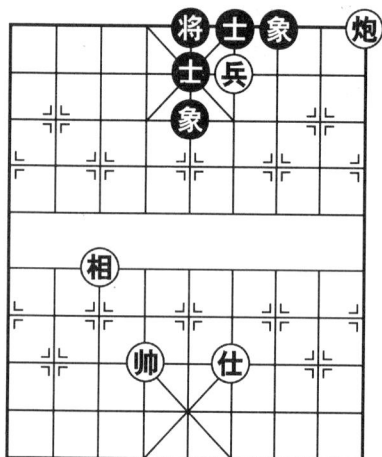

图 206

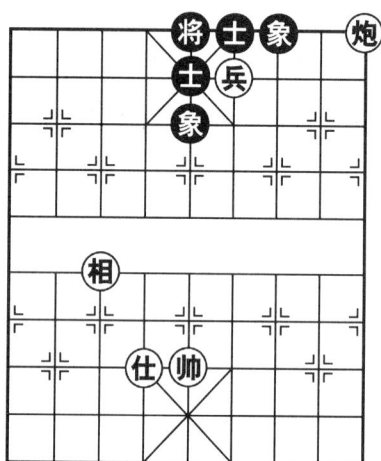

参考图 1

倘若士 5 进 6，兵四进一，将 5 进 1，兵四平三，以下黑棋有两种选择：①将 5 平 6，炮一退九，象 5 进 3，帅五平四，象 3 退 1，炮一平四，红胜。②将 5 平 4，炮一退九，士 6 退 5，炮一平五，红胜。

4. 兵四进一　将 5 进 1　　　　　　**5.** 兵四平三　将 5 平 6

倘若将 5 平 4，兵三平四，以下黑棋有两种选择：①士 4 退 5，炮一退一，将 4 退 1，兵四平五，将 4 平 5，炮一退八，红胜。②将 4 平 5，炮一退九，将 5 平 4，炮一平五，象 5 进 7，帅五退一，象 7 退 9，相七退五，将 4 平 5，帅五平四，将 5 平 4，相五进三，象 9 进 7，帅四平五，与主变取胜相同。

6. 炮一退九　象 5 进 7　　　　　　**7.** 炮一平五　象 7 退 9

8. 仕六退五　士 4 退 5　　　　　　**9.** 仕五进四　士 5 进 6

10. 兵三平二　……

老兵是制胜法宝，不能轻易丢弃。

10. ……　　象 9 进 7　　　　　　**11.** 帅五退一　象 7 退 9

12. 相七退五　将 6 平 5　　　　　　**13.** 帅五平六　将 5 平 6

14. 相五进三　象 9 进 7　　　　　　**15.** 帅六平五　将 6 退 1

16. 帅五进一　将6进1　　　　17. 兵二平三　象7退9

18. 炮五平三　士6退5　　　　19. 兵三平四　……

横向穿越，突破封锁线！

19. ……　　　士5进6

倘若将6退1，炮三平四，将6平5，炮四平五，红胜。

20. 兵四平五　士6退5　　　　21. 炮三进一　士5进6

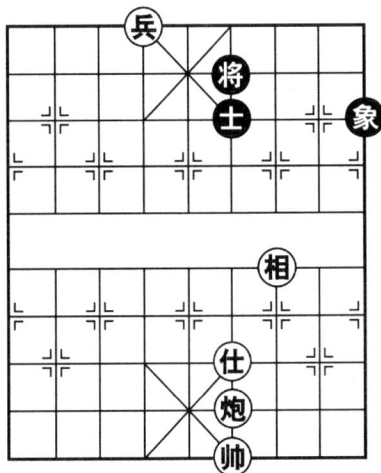

22. 帅五退一　士6退5

23. 帅五退一　士5进6

24. 兵五平六　士6退5

25. 炮三平四　士5进6

26. 帅五平四（参考图2）　……

"炮底藏帅"是取胜秘诀。

26. ……　　　象9进7

27. 炮四平三　象7退5

28. 仕四退五　将6平5

29. 仕五进六　象5进3

30. 炮三平五　将5平4

31. 炮五平六　将4平5

32. 帅四进一　将5进1

33. 相三退五　象3退1　　　　34. 帅四进一　象1进3

35. 炮六平四　士6退5　　　　36. 炮四平五　将5平4

37. 炮五进七（红胜）

参考图2

第 207 局　炮兵胜士象全

名手对局中"炮兵对士象全"的寥若晨星。

本局是2009年象甲联赛，张晓平大师的取胜之战（图207）！

1. 兵四平五　……

佳着！借捉象之机肋道亮帅。

1. ……　　　象5退7

倘若象1退3，兵五进一，将5平6，兵五平四，将6平5，兵四进一，红胜。

2. 炮四平五　象7进9　　　　3. 仕五进六　象9进7

4. 相一进三　象1进3　　　　5. 帅四进一　象3退1

6. 帅四进一　象1进3　　　　7. 炮五退二　象3退1

8. 兵五平四 ……

似可炮五平四则赢棋简单。

8. ……　　　将 5 平 6

似应士 5 进 4 坚守为宜，攻守之路还很漫长。

9. 帅四平五　象 1 进 3　　　　**10. 炮五平三　象 7 退 9**

11. 炮三平四　将 6 平 5　　　　**12. 兵四进一** ……

精妙！兵临城下胜势在望。

12. ……　　　象 9 进 7　　　　**13. 炮四进五（参考图）** ……

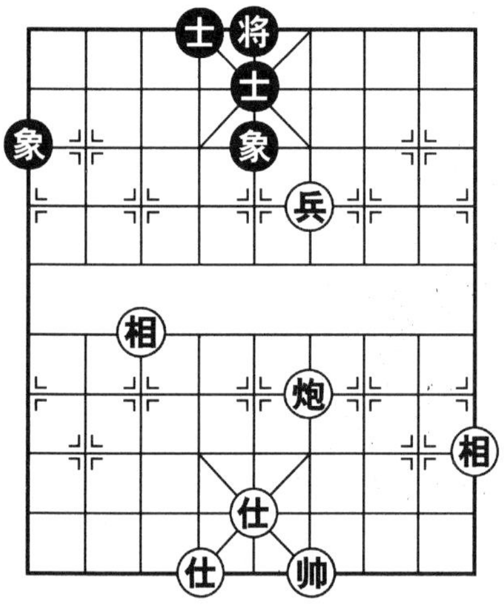

图 207

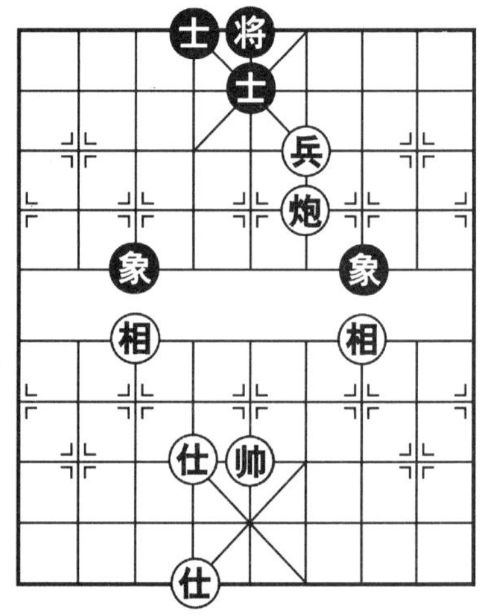

参考图

妙着迭出！

13. ……　　　象 3 退 1　　　　**14. 兵四进一　象 1 退 3**

15. 炮四退三（红胜）

以下倘若接走象 3 进 1，炮四平三，象 7 退 9，炮三平八，象 1 退 3，炮八进六，红胜。

第 208 局　炮兵胜士象全

本局是 2012 年作者的网班，少年学生周文铁实战取胜对局。现在把这则残局作为测验局。请读者朋友看图心算，能否找到简捷快速取胜之策（图 208）。

1. 炮五平七　象 3 进 1　　　　**2. 炮七平六** ……

"帅底藏炮"是取胜秘诀！

2. ……　　　象 9 退 7

为什么不走士5进6呢？兵五平四，士6进5，炮六平五，将5平6，帅六平五，象1进3，炮五平四，将6平5，兵四进一，吃士红胜。

3. 兵五平四　象1退3　　　　　**4. 兵四平三（参考图）　象3进1**

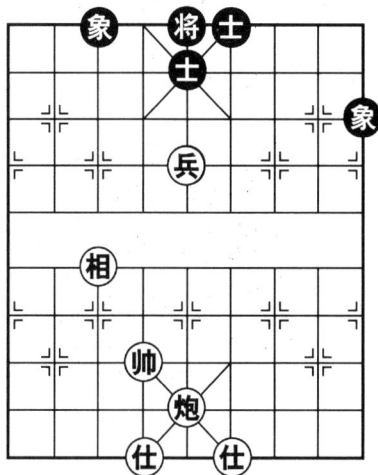

图 208

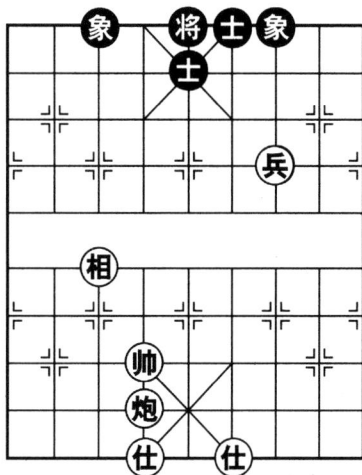

参考图

另有两种选择：①象7进5，炮六平五，象3进1，兵三平四，象1退3，兵四进一，象3进1，兵四平五，象1退3，炮五平七，象3进1，炮七进二，士5退4，帅六平五，士6进5，兵五平四，将5平6，炮七平四，将6平5，兵四进一，象1退3，炮四平八，象3进1，炮八进六，象1退3，帅五退一，红胜。②士5进6，炮六平五，将5进1，兵三进一，将5平6，炮五平四，士6退5，兵三进一，将6进1，帅六平五，士5进4，仕四进五，红胜。

5. 兵三进一　……

看似平淡，实则是取胜妙着！使黑棋双士不能调整而只能飞象。

5. ……　象7进9　　　　　　**6. 相七退五　象9退7**

7. 相五进三　象1退3　　　　　**8. 相三退一　象7进9**

9. 兵三平二　象9进7　　　　　**10. 相一进三　……**

红棋上上下下的腾挪，是最佳的顿挫战术！

10. ……　士5进6

无奈！倘若象3进1，炮六平三，象7退5，炮三平五，红棋胜势。

11. 炮六平五　将5进1　　　　　**12. 兵二平三　将5平6**

13. 炮五平四　将6平5

倘若士6退5，帅六平五，象3进5，兵三进一，将6进1，仕四进五，绝杀，红胜。

14. 兵三平四　将5退1　　　　**15.** 炮四平五　将5进1

16. 相三退五　象3进5　　　　**17.** 炮五退一　将5退1

18. 兵四进一　士6进5　　　　**19.** 相五进三（红胜）

第 209 局　炮兵和士象全

1. 炮一进七　象5退7

2. 兵二平三　象3进5

3. 兵三进一　……

因本局有仕没相，现在高兵变底兵而不能赢棋。

　　3. ……　　　　象5进3

4. 兵三进一　象3退5

倘若士5进6，兵三平四，象3退1，兵四进一，将5进1，兵四平三，将5平6，炮一退九，士6退5，也是和棋。

5. 兵三平四　士5进4

6. 帅六平五　士4退5

7. 仕四退五　士5进4

8. 仕五进六　士4退5

9. 炮一平二（参考图）　士5进4

关键！倘若错走士5进6，兵四进一，将5进1，兵四平三，将5平6，炮二退八，象5进7，帅五平四，将6平5，炮二平四，红胜。

10. 兵四进一　将5进1

11. 兵四平三　将5平6

12. 炮二退九　象5进7

13. 仕六进五　士4退5（和棋）

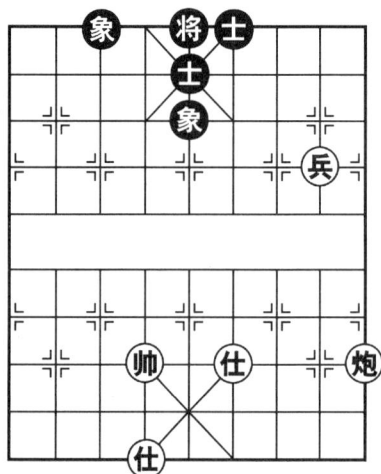

图 209

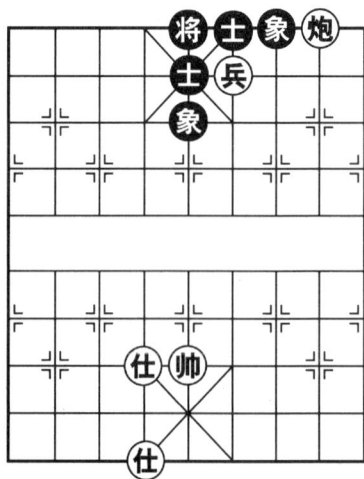

参考图

第十二章　炮双兵残局

第210局　炮双兵胜马双士

"炮双兵必胜马双士"。倘若兑马换炮，双兵也必胜双士。

本局是2008年象甲联赛，特级大师庄玉庭的取胜之战（图210）。

1. 炮五退七　马3退2

倘若马3退4，仕六进五，马4进5，帅四平五，红胜。

2. 兵一进一　马2退4

3. 兵一进一　马4退6

4. 兵一进一　马6退4

5. 兵一平二　马4进2

6. 兵二平三　马2退3

7. 仕六进五　士6进5

8. 兵三进一（红胜）

倘若接走马3退4，兵三平四，将5平4，炮五平八，红胜。

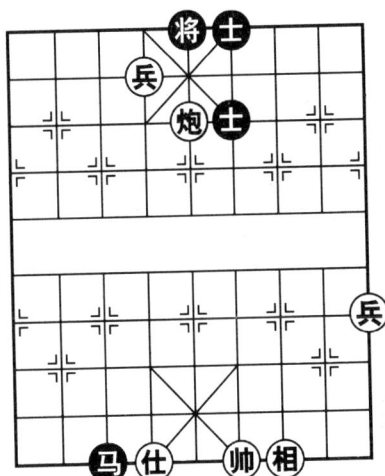

图210

第211局　炮双兵胜马双士

本局是1993年全国象棋团体赛，邬正伟大师的取胜之战（图211）。

1. 炮四平六　将4平5　　**2.** 兵五平六　马6进5

3. 兵六进一　士5进6　　**4.** 兵一进一　士6进5

5. 炮六平五　将5平6　　**6.** 帅五平四　士5退4

7. 炮五平四　士6退5　　**8.** 仕六进五　马5进7

· 179 ·

9. 仕五进四　马7进6

倘若将 6 平 5，兵一进一，红亦胜势。

10. 帅四进一　将6进1

11. 兵一进一　将6进1

12. 帅四平五　将6退1（红胜）

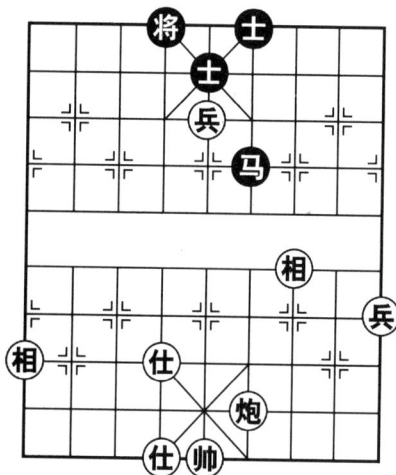

图 211

第 212 局　炮双兵胜炮双士

"炮双兵必胜炮双士"（图 212）。

1. 炮一退一　士6进5

2. 帅六平五　……

精巧！

2. ……　　　将5平6

3. 兵二平三　将6平5

4. 炮一进一（红胜）

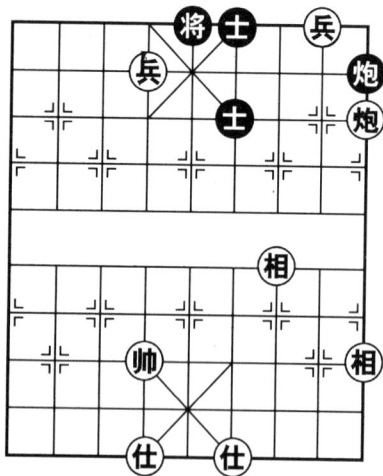

图 212

第 213 局　炮双兵胜炮单缺象

"炮双兵必胜炮单缺象"。本局是 2010 年全国体育大会，四川郑惟桐大师的取胜之战（图 213）。

1. 炮五平七　　象3进1
2. 兵六平五　　象1进3
3. 相七退九　　将6平5
4. 兵五平四　　象3退1
5. 相五进七　　象1进3
6. 相七退五　　象3退1
7. 相五进七　　象1进3
8. 相七退五　　象3退1
9. 相五进七　　将5平4
10. 仕五进六　　象1进3
11. 相七退五　　象3退1
12. 相九进七　　象1进3
13. 相七退九　　象3退1
14. 相九进七　　象1进3
16. 相五进三　　象3退5
18. 炮七平五　　将5平4
20. 兵七进一　　士5进4
21. 兵三进一（参考图）　……

双兵两翼分头并进逼近九宫。

21. ……　　　　士4退5
22. 炮五平四　　炮4退2
23. 相九进七　　炮4平1
24. 炮四平六　　将4平5
25. 兵七平六　　炮1进6

劣势下尽力抵抗，终因兵临城下而败局。

26. 炮六平五　　炮1平4
27. 兵二平四　　炮4退7
28. 兵四平五（红胜）

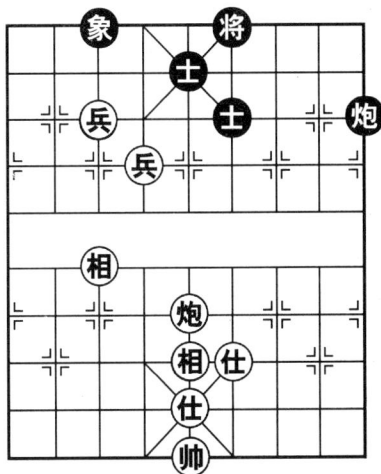

图 213

15. 相七退九　　将4平5
17. 兵四平三　　炮9进2
19. 炮五退二　　炮9平4

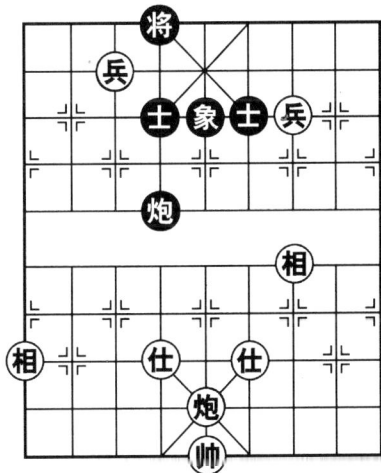

参考图

第 214 局　炮双兵和马士象全

"炮双兵难胜马士象全"。

本局是 2011 年第一届重庆黔江杯全国象棋冠军争霸赛，特级大师蒋川与特级大师吕钦之战（图214）。

1. 兵七进一　象7进9

2. 炮八进一　马7进5

3. 兵四平五　象9退7

4. 炮八平六　将4平5

5. 帅五平六　士5进6

6. 炮六平二　马5退7

"象尖马"是最佳防御点位之一。

7. 兵五平四　士6进5

8. 兵七进一　士5进4

9. 兵七平六　士6退5

10. 炮二进四　象7进9

11. 炮二退九　象9退7

12. 炮二平五　象5进3

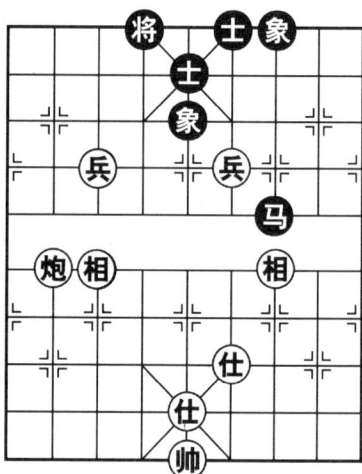

图 214

13. 兵四平三　象7进5

14. 兵三进一　将5平6

15. 兵三进一　马7退8

一马挡兵，红无良策而和棋！

16. 仕五进六　将6平5

17. 帅六进一　象3退1

18. 帅六平五　象1进3

19. 帅五平四　象3退1

20. 仕四退五　象1进3

21. 仕五退六　象3退1（和棋）

第215局　炮双兵和马士象全

本局是2011年全国智力运动会，特级大师赵鑫鑫与特级大师赵国荣之战（图215）。

1. 兵一进一　马6进4

扬鞭策马随手大意，幸亏武艺高强，否则就要演绎折戟沉沙的悲剧！

2. 兵六进一　……

巧吃双士，精妙！

2. ……　　　将5平6

倘若将5平4，炮五平六，红胜。

3. 炮五进七　象3进1

机警！倘若再被底兵换象，也有几

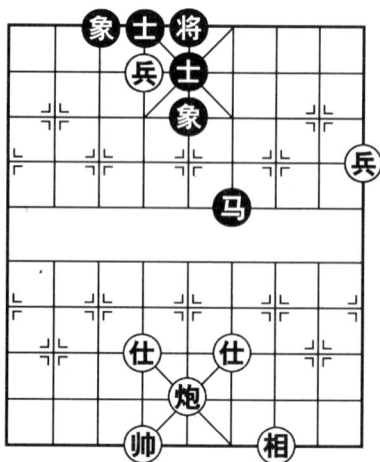

图 215

分险情。

4. 兵一平二　将6进1　　　　**5.** 炮五平八　将6平5

6. 帅六平五　马4进6　　　　**7.** 仕六退五　马6退7

8. 兵二平三　马7退5　　　　**9.** 兵三平四　马5进7

10. 兵四平三　马7退9　　　　**11.** 兵三平四　马9进7

12. 兵四平三　将5平4　　　　**13.** 兵六平五　将4平5

14. 兵五平四　将5平6　　　　**15.** 兵四平三　马7退5

16. 后兵进一　将6平5　　　　**17.** 前兵平四　马5进6

18. 炮八退八　马6进4　　　　**19.** 帅五平六　马4退3

20. 帅六进一　马3进5　　　　**21.** 炮八平四　马5进3

22. 帅六进一　象5进7

23. 炮四平五　象7退5

24. 仕五退六　象5进7

25. 相三进五　象7退5

26. 相五进七　象5进7（参考图）

"炮与双低兵"不能构成有杀伤力的组合而难成大事。

27. 仕六进五　象7退5

28. 兵四平五　象1进3

29. 兵五平六　象3退1

30. 炮五平七　象5进7

31. 炮七进二　将5进1

32. 帅六退一　将5平6

33. 仕五退四　将6平5　　　　**34.** 帅六退一　象1进3

35. 炮七退一　马3进2　　　　**36.** 仕四进五　象3退1

37. 帅六平五　将5退1　　　　**38.** 帅五平四　将5平4

39. 兵六平五　将4平5　　　　**40.** 兵五平四　象7退5

41. 仕五进六　象5进7　　　　**42.** 仕四退五　将5进1

43. 兵三平四　马2退3　　　　**44.** 仕五进四　马3进2

45. 炮七平五　马2退3　　　　**46.** 相七退五　将5平4

47. 帅四平五　象7退9（和棋）

参考图

183

第 216 局　炮双兵和炮士象全

"炮士象全守和炮双兵"难度不大。

本局是 1982 年五羊杯全国象棋冠军邀请赛，胡荣华与杨官璘两位顶尖级特级大师攻守之战（图 216）。

1. 兵八平七　炮 5 平 9
2. 兵七平六　炮 9 退 3

抑制双兵横向移动，逼红炮回家护兵。

3. 仕五进四　炮 9 平 8
4. 仕四进五　炮 8 平 9
5. 仕五进六　炮 9 平 8
6. 帅六平五　炮 8 平 9
7. 炮九退八　象 5 退 3
8. 相三进一　将 5 平 6
9. 相一进三　象 7 退 5

肋炮护兵才能使中兵横向移动。

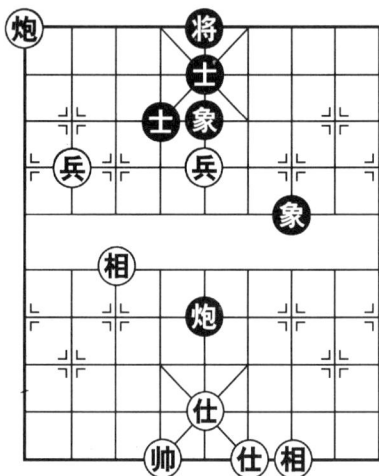

图 216

10. 炮九平六　……

10. ……　　　炮 9 平 8
11. 兵五平四　炮 8 平 9
12. 兵四平三　炮 9 进 1
13. 兵六平七　炮 9 退 1
14. 兵七进一　象 3 进 1
15. 帅五平四　象 1 进 3
16. 炮六平四　将 6 平 5
17. 炮四平八　将 5 平 6
18. 炮八进八　炮 9 退 1
19. 帅四平五　炮 9 进 1
20. 帅五进一　将 6 平 5
21. 帅五平六　将 5 平 6
22. 仕六退五　将 6 平 5
23. 仕五退四　将 5 平 6
24. 帅六进一　将 6 平 5
25. 炮八退八　将 5 平 6
26. 兵三进一（参考图）……

当仕相位置调整好之后，三路兵终于下冲。

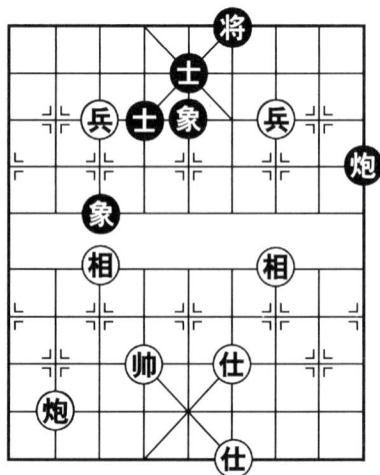

参考图

26. ······	炮 9 平 6	27. 炮八进五	炮 6 平 3
28. 相七退九	将 6 平 5	29. 兵三进一	将 5 平 6
30. 帅六平五	炮 3 平 6	31. 仕四退五	炮 6 平 4
32. 仕五进六	炮 4 进 3	33. 炮八进二	炮 4 平 3
34. 兵三平四	将 6 平 5	35. 相九进七	象 3 退 1
36. 相七退九	象 1 进 3	37. 相九进七	炮 3 平 6
38. 炮八退七	士 5 进 6	39. 兵四平三	士 4 退 5
40. 兵七进一	炮 6 退 3	41. 兵七平六	炮 6 平 4
42. 炮八平五	士 5 进 4	43. 帅五平四	将 5 平 6
44. 兵六平七	······		

炮双兵难以构成杀棋组合而和棋，特级大师杨官璘的细腻老练防御值得借鉴！

44. ······	炮 4 平 9（和棋）

第 217 局　炮双兵和炮士象全

本局是 2008 年全国象棋明星赛，景学义大师与李雪松大师之战（图 217）。

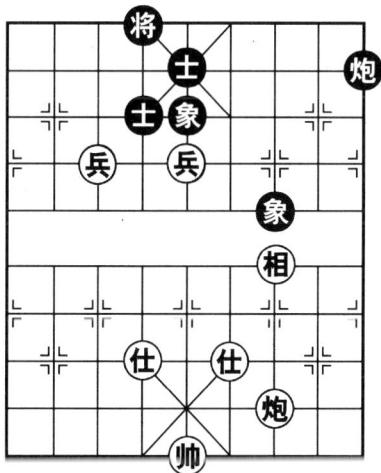

图 217

1. 兵五平四	象 7 退 9
2. 兵七进一	象 9 退 7
3. 兵四平三	炮 9 平 7
4. 炮三平五	炮 7 进 4
5. 炮五进三	炮 7 退 1
6. 炮五进一	炮 7 进 1
7. 仕六退五	象 5 进 3
8. 炮五退一	炮 7 进 1
9. 仕五退四	象 7 进 5
10. 兵二进一	炮 7 平 3
11. 炮五平七	将 4 平 5
12. 兵七进一	将 5 平 6

13. 兵七平六	炮 3 平 4
14. 炮七平六	象 5 进 7
15. 仕四进五	象 7 退 5
16. 仕五进六	象 5 进 7
17. 兵六平七	炮 4 平 3
18. 兵七平八	炮 3 平 7
19. 炮六平三	象 3 退 5
20. 兵八平七	象 5 进 3
21. 兵三平二	象 7 退 5

22. 炮三平一　炮7退5

退炮打兵，和棋已定。

23. 炮一进四　将6平5　　　　**24.** 兵七平六　象3退1

25. 兵二平三　炮7平6（和棋）

第218局　炮双兵胜炮士象全

虽然"炮士象全守和炮双兵"不难，但有时也会招致失败。

本局是2004年象甲联赛，特级大师许银川的取胜之战（图218）！

1. 炮六平五　……

双兵形成"二鬼拍门"之势，再炮镇当头，黑难抵挡。

1. ……　　　炮7平6

2. 相五进三　象3进1

3. 仕五进四　象1进3

4. 帅五平六　……

精妙！调黑炮肋道遮脸救驾。

4. ……　　　炮6进1

5. 仕六退五　炮6平4

6. 帅六进一　……

稳坐钓鱼台！亦可兵六进一，将5平4，兵四平五，红胜。

6. ……　　　炮4进2　　　　**7.** 仕五退四　炮4退2

8. 兵六进一　将5平4　　　　**9.** 兵四平五（红胜）

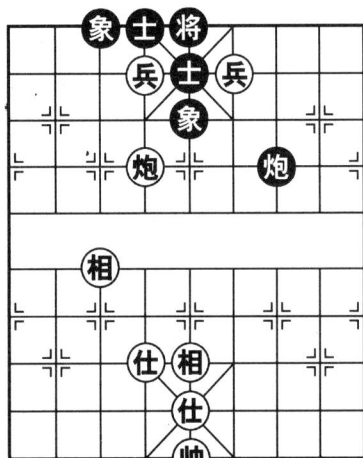

图218

第219局　炮双兵胜炮士象全

虽然红炮沉底颇有力度，但双兵远离九宫，似黑棋尚无大碍。但因黑棋应着出错，"大意失荆州"！

本局是2005年象甲联赛，陈富杰大师的取胜之战（图219）！

1. 兵八平七　炮9平4　　　　**2.** 兵七进一　炮4平6

3. 兵三进一　炮6平4　　　　**4.** 兵七进一　炮4平6

5. 兵三进一　士5进6

倘若炮6平4，兵三平四，士5进4，也是和棋之势。

6. 兵七平六　　炮 6 退 1

顾此失彼！应走象 5 进 7 坚守，尚无大碍。

7. 兵六进一（红胜）

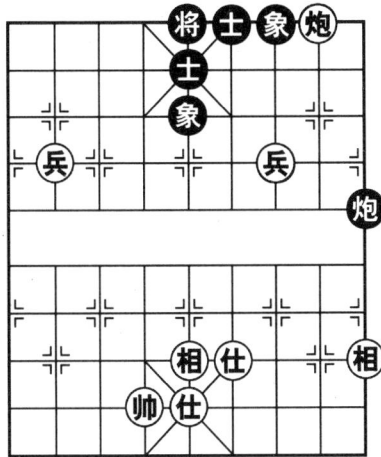

图 219

第十三章　炮三兵残局

第 220 局　炮三兵胜炮士象全

"炮三兵必胜炮士象全"。

本局是 2008 年绥芬河象棋大奖赛，赵庆阁大师的取胜之战（图 220）！

1. 炮二退六　　士 5 退 4
2. 炮二平七　……

攻击黑象为三兵渡河打开通道。

2. ……　　　　象 7 进 5
3. 兵五平六　　象 3 退 1
4. 兵三进一　　士 6 进 5
5. 兵三进一　　炮 1 退 1
6. 相一进三　　象 1 退 3
7. 兵六平七　　将 5 平 6
8. 兵七进一　……

三兵闹城，黑难抗御。

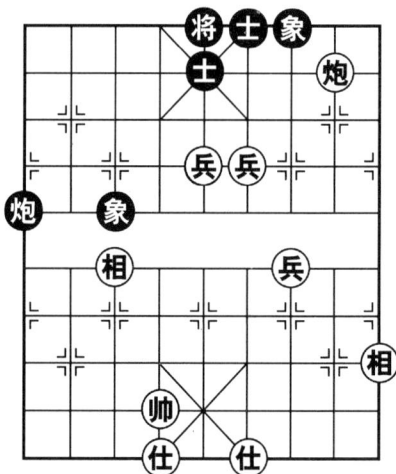

图 220

8. ……　　炮 1 进 1	9. 兵七进一　　炮 1 平 9
10. 兵七平六　象 3 进 1	11. 炮七平八　　炮 9 平 2
12. 兵三进一　象 1 退 3	13. 兵三进一　　象 3 进 1
14. 炮八平四　炮 2 平 6	15. 兵四平五　　将 6 平 5
16. 兵五进一（红胜）	

第 221 局　炮三兵胜马士象全

"炮三兵必胜马士象全"。

本局是 1988 年全国象棋团体赛，特级大师阎文清取胜之战（图 221）!

1. 兵九进一　马 4 退 6
2. 兵五平四　马 6 进 8
3. 兵四进一　马 8 进 9
4. 炮一平五　马 9 退 7
5. 兵九进一　马 7 退 8
6. 兵四平三　马 8 进 9
7. 兵三进一　马 9 进 8
8. 仕六进五　将 5 平 4
9. 仕五进六　马 8 进 7
10. 帅五平六　马 7 退 6
11. 炮五平六　马 6 退 4

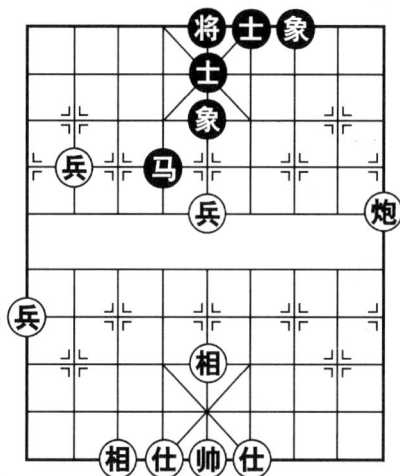

图 221

倘若马 6 进 4，炮六平五，将 4 平 5，兵三进一，马 4 进 2，帅六进一，象 7 进 9，兵三平四，红亦胜势。

12. 兵八平七　将 4 平 5	13. 兵三进一　马 4 进 3
14. 帅六平五　马 3 退 2	15. 炮六平八　马 2 退 4
16. 兵九进一　马 4 退 6	17. 兵三平二　马 6 进 5
18. 兵九平八　将 5 平 4	19. 兵八进一　马 5 退 7
20. 兵八平七　马 7 退 6	21. 兵二平三　象 5 进 3

22. 前兵进一　……

兵临城下，红棋胜势已定。

| 22. ……　　象 7 进 9 | 23. 兵三平四　马 6 退 8 |
| 24. 炮八进一　马 8 进 6 | 25. 炮八退五（红胜） |

第十四章 车兵残局

第222局 车兵胜马士象全

"车兵必胜马士象全"。作战原则是用兵换双象或换双士。严防被马换兵，因孤车难胜士象全。

本局黑马与边象组成一道防御链条，小兵倘若前进一步则被弃马换兵立成和棋。那么小兵如何横向移动呢? 请看李鸿嘉大师取胜之战 (图222)!

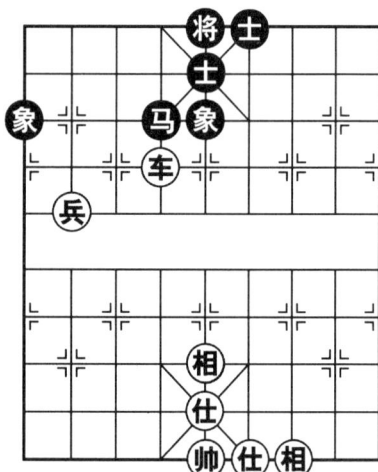

1. 相五进七　象5退3

2. 仕五退六　……

敲相、退仕吃马是切断黑棋防御链条的佳着。

2. ……　　　象3进5

3. 帅五进一　象1退3

无奈! 倘若将5平4，兵八进一，不能封锁小兵前进。

4. 兵八平七　马4进2

5. 兵七平八　……

为什么不车六平八吃马呢? 象5进3，立成和棋。

5. ……　　　马2退4

6. 相七退九　象3进1

7. 相三进五　象5退3

8. 相五进七　象3进5

9. 帅五退一　……

老练! 把后院安定才组织攻击。

9. ……　　　象1退3

10. 兵八平七　马4退2

11. 兵七平六　马2进4

12. 车六平七　马4退2

13. 车七平八　马2退4

14. 车八平七 (参考图)　象3进1

图 222

15. 兵六进一 ……

似可车七进二，象 1 退 3，兵六进一，象 3 进 1，相九退七，象 1 退 3，兵六平七，象 3 进 1，兵七平八，象 5 进 7，兵八进一，马 4 进 5，车七平九，象 1 进 3，车九退三，红胜。

15. ……	象 5 退 3		
16. 帅五进一	马 4 进 5		
17. 车七进一	马 5 进 6		
18. 兵六平七	马 6 退 5		
19. 兵七平八	马 5 进 4		
20. 车七退二	马 4 进 6		
21. 车七平九	……		

吊住边象看似平淡实则是"谋象"的佳着！

21. ……	马 6 进 4	**22. 帅五平四**	士 5 退 4
23. 车九平六	……		

似可车九退二，马 4 退 3，车九进二，马 3 退 4，兵八进一，士 6 进 5，兵八平九，象 3 进 1，车九进二，换双象红胜。

23. ……	马 4 进 2	**24. 兵八进一**	马 2 退 1
25. 车六平九	马 1 退 3	**26. 兵八进一**	马 3 退 4
27. 车九进二（红胜）			

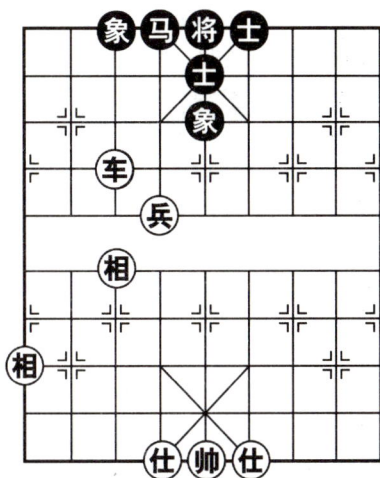

参考图

第 223 局　车兵胜马士象全

本局是 2002 年世界象棋挑战赛，特级大师胡荣华取胜之战。请看胡司令"兵换双士"的取胜之路（图 223）。

1. 兵四平五	马 6 进 5	**2. 车三进一**	马 5 退 3
3. 相七退九	马 3 进 5	**4. 相三进一**	马 5 退 3
5. 车三平五	象 9 进 7	**6. 兵五平四**	马 3 进 5
7. 车五进一	……		

占据高位步步逼近，使黑棋已感到丝丝寒意。

7. ……	象 7 退 9	**8. 帅四平五**	……

红王居中实施远程助攻。

8. ……	将 5 平 6	**9. 兵四平五**	马 5 退 7

191

加快失败进程！似应马5退3坚守为宜。

10. 车五平四　　将6平5

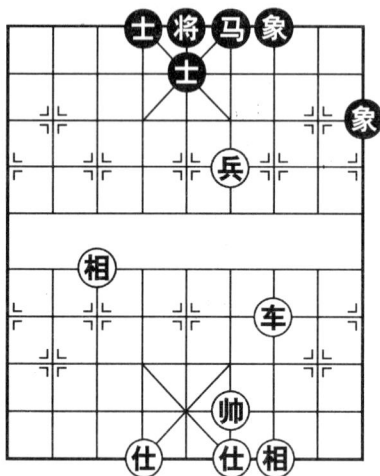

图 223

11. 车四进三　　马7进8（参考图1）

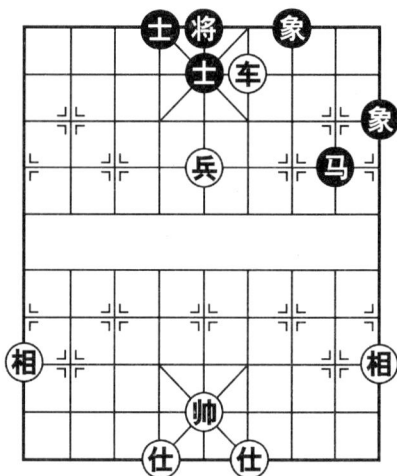

参考图 1

12. 兵五平六　　……

分兵曲线进攻！似可兵五进一，士5进4，帅五平四，士4退5，兵五进一，士4进5，帅四平五，将5平4，车四平五，马8进6，车五进一，将4进1，车五退四，马6退5，车五平七，将4退1，车七退二，将4平5，车七进六，将5进1，车七平六，将5平6，车六平五，马5进3，车五退三，红胜。

12. ……　　马8进9

13. 兵六进一　　马9退7

14. 兵六进一　　马7退5（参考图2）

15. 兵六进一　　……

参考图2小兵曲线进攻别有韵味！现在小兵换士十分精巧！

15. ……　　将5平4

无奈！倘若士5退4，车四退二捉死马，红胜。

16. 车四平五　　马5进6

17. 车五退四　　马6进7

18. 帅五退一（红胜）

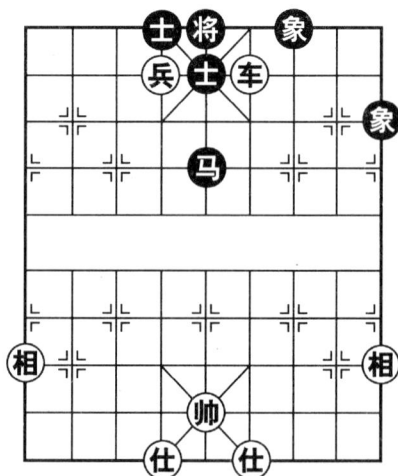

参考图 2

第 224 局　车兵胜马士象全

本局是 2009 年省港澳埠际象棋赛，特级大师庄玉庭取胜之战（图 224）。

1. 兵六平五	士 4 进 5	2. 车七退四	马 5 退 7
3. 车七进一	士 5 退 4	4. 兵五平四	马 7 退 9
5. 车七平五	士 4 进 5	6. 车五进一	马 9 退 7
7. 兵四进一	马 7 进 9	8. 车五进一	马 9 进 7（参考图）

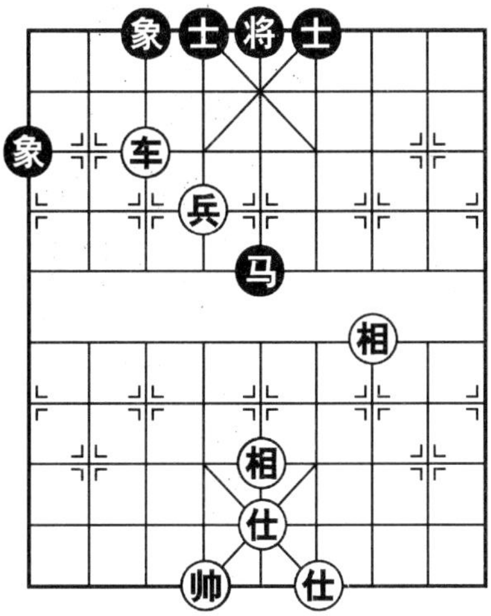

图 224 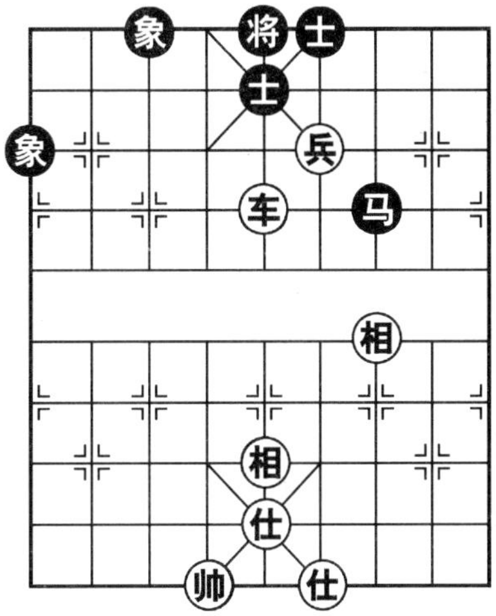　　　　　　　　　参考图

天马行空，不拘一格！

9. 仕五进四　……

为什么不车五平三吃马呢？士 5 进 6，黑棋大有和棋之望。

9. ……	象 1 进 3	10. 相五退三	象 3 退 1
11. 帅六平五	马 7 进 6	12. 车五平六	……

控盘佳着！

12. ……	象 1 进 3	13. 兵四进一	象 3 进 5
14. 车六平八	……		

黑难抵挡！"兵换双士"水到渠成。

14. ……　　　象 5 退 3

倘若将 5 平 4，车八进三，将 4 进 1，车八退五，马 6 退 7，车八平六，士 5 进 4，兵四进一，红棋胜势。

15. 兵四进一（红胜）

第 225 局　车兵胜马士象全

本局是 2011 年四川眉山洪雅旅游文化节象棋赛，上海名手王鑫海以高超控盘技巧取胜，相当精彩（图 225）。

1. 兵四平五　马 4 退 2

2. 车六退三　马 2 进 1

3. 车六平五　象 5 进 7

4. 车五进二　象 7 退 9

5. 兵五平六　……

车兵攻击组合，细腻有力！

5. ……　　　马 1 退 2

6. 相七进九　……

良好顿挫战术！使黑棋陷于欠行状态。

6. ……　　　马 2 退 4

7. 兵六进一　马 4 进 2

8. 兵六进一　马 2 进 3

因欠行而败局！

9. 车五平七（红胜）

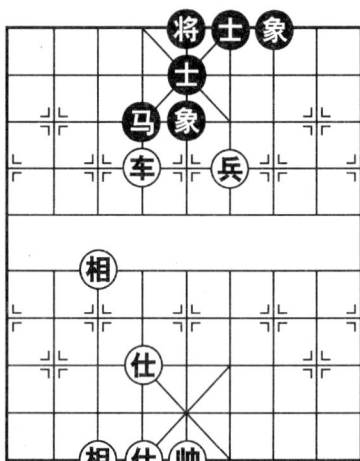

图 225

第 226 局　车兵胜马士象全

本局是 2007 年亚洲象棋个人赛，越南女子名将谭氏垂容取胜之战（图 226）！

1. 兵五平六　马 3 退 2

2. 兵六进一　士 4 进 5

3. 兵六平七　……

似可兵六平五，象 3 进 5，车六平五，象 5 退 7，车五平三，象 7 进 5，车三进二，马 2 进 4，车三平五，红棋胜势。

3. ……　　　马 2 进 3

4. 兵七进一　象 3 进 1

5. 帅四进一　马 3 退 4

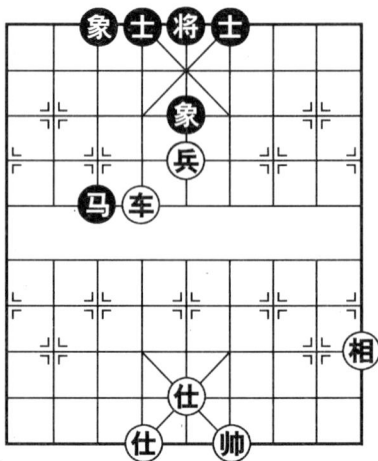

图 226

倘若马3退2，车六平八，马2进4，车八进四，士5退4，兵七平六，士6进5，车八平九，象1进3，相一进三，马4进3，兵六平五，将5进1，车九平六，红胜。

6. 车六进一　象1进3　　　　**7.** 兵七平六　象3退1

8. 仕五进六　象1进3　　　　**9.** 帅四平五　象3退1

10. 车六平九（红胜）

倘若象5进3，车九平六，马4退2，兵六平七，红胜。

第 227 局　车兵和马士象全

"车底兵难胜马士象全"。

本局是 2003 年象甲联赛，汤卓光大师与张江大师之战（图 227）。

1. 帅五进一　马7退5

2. 车六平七　……

倘若车六退二，马5退6，车六进四，马6退4，兵八平七，马4进2，帅五平六，马2进4，相一进三，象7进9，兵七平八，马4退2，车六退四，马2退4，黑可抗衡。

2. ……　　　　马5退3

3. 帅五平六　士5进4

阻断"车底兵"与红王的肋道联合攻击。

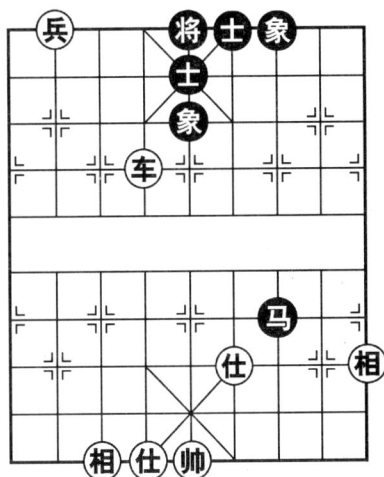

图 227

4. 相七进九　士6进5　　　　**5.** 相九进七　将5平6

6. 兵八平七　将6平5　　　　**7.** 仕四退五　将5平6

8. 仕五退四　将6平5　　　　**9.** 帅六平五　将5平6

10. 相一退三　象7进9（和棋）

第 228 局　车兵和炮士象全

"车兵难胜炮士象全"。

本局是 1998 年全国象棋个人赛，特级大师赵国荣与黄仕清大师之战（图228）。

1. 车六平五　象7进5
2. 兵四平五　……

倘若兵四进一，炮4进1，也是和棋。

2. ……　　　　象7退5
3. 车五进三　炮4进3

倘若炮4进1，车五平七，红胜。

4. 车五退二　炮4退1（和棋）

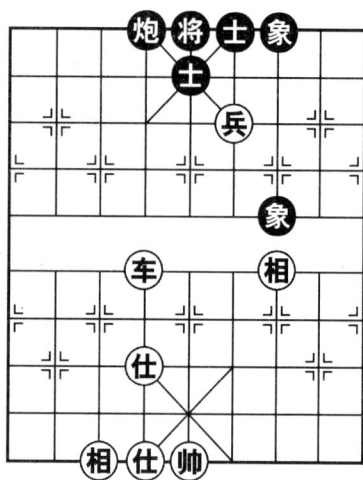

图 228

第 229 局　车兵和炮士象全

本局是1990年象棋棋王挑战赛，赵国荣与胡荣华两位特级大师之战（图229）。

1. 兵六平五　炮4进2　　　2. 车七平八　炮4退2
3. 车八进二　炮4平3　　　4. 兵五平六　炮3平4
5. 兵六平七　士5进6　　　6. 兵七进一　士6进5（参考图）

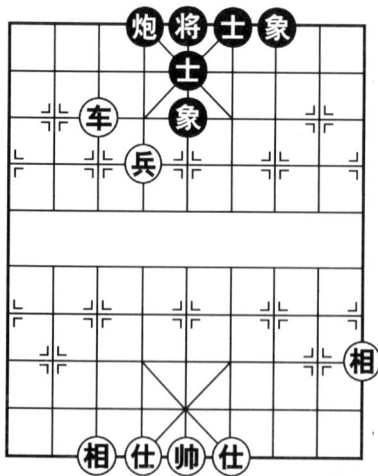

图 229

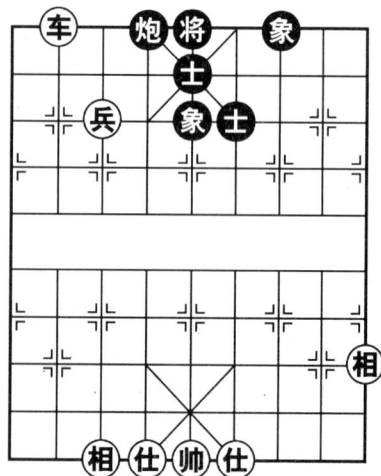

参考图

独具一格！一般多士6退5。

7. 兵七进一　　象7进9　　　　**8.** 兵七平六　　象9退7

9. 相一进三　　象7进9　　　　**10.** 相三退五　　象9退7

11. 相五进七　　象7进9　　　　**12.** 仕四进五　　象9退7

13. 仕五进六　　象7进9　　　　**14.** 车八退二　　象9进7

15. 帅五平四　　炮4平3　　　　**16.** 车八平七　　炮3平4

17. 车七平八　　象5进3　　　　**18.** 车八退一　　象3退5

19. 车八退一　　炮4平3　　　　**20.** 车八进四　　炮3平4（和棋）

第230局　车兵和炮士象全

本局是2010年象甲联赛，特级大师吕钦与王跃飞大师之战（图230）。

1. 兵四进一　　象3退5

2. 兵四进一　　士5进4

处于欠行状，撑士是唯一选择！

3. 帅五退一　　……

如兵四进一吃炮，则将5平6，车三平二，士4退5，车二进二，将6进1，帅五退一，象3进1，车二退三，将6退1，和棋。

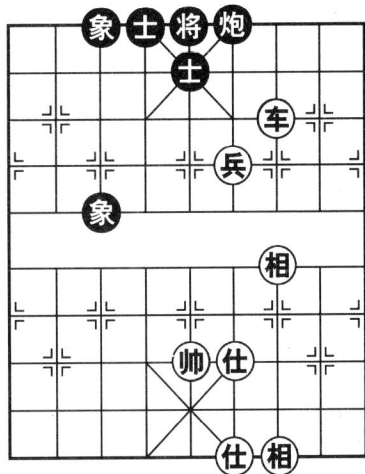

图 230

3. ……　　　　　士4退5

4. 帅五退一　　士5进4

5. 车三平一　　士4退5

6. 帅五进一　　炮6平7

7. 帅五退一　　炮7平6

8. 车一平二　　炮6平7　　　　**9.** 车二平一　　炮7平6

10. 车一平二　　炮6平7　　　　**11.** 车二平三　　炮7平6

12. 帅五进一　　士5进4　　　　**13.** 车二平一　　士4退5

14. 帅五进一　　炮6平7　　　　**15.** 仕四退五　　炮7平6

16. 车二平三　　士5进4　　　　**17.** 车三退一　　士4退5

18. 车三进三　　象3进1　　　　**19.** 相三退一　　象1退3（和棋）

第 231 局　车兵胜炮士象全

"车兵"在特殊形势下可巧胜"炮士象全"。

本局是 2009 年象甲联赛，金波大师取胜之战（图 231）。

1. 车一平八　……

佳着！借叫杀之机右车左移抢攻。

1. ……　　炮 1 平 3

无奈！倘若炮 1 平 4，车八进一，黑棋也丢士。

2. 车八进一（红胜）

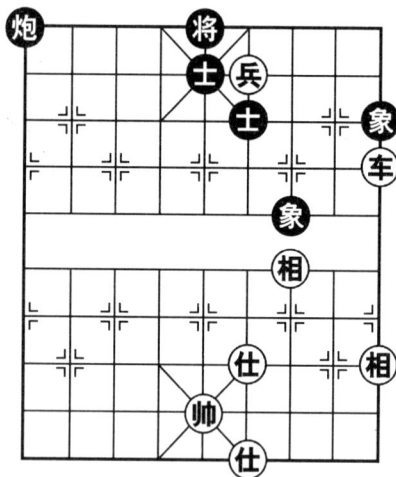

图 231

第 232 局　车兵胜炮士象全

双象"高扬"，车兵有取胜之路（图 232）。

1. 车五平二　炮 8 平 5

2. 车二进六　士 5 退 6

3. 车二平一　……

分车管象，胜势在望！

3. ……　　炮 5 退 4

4. 帅五平四　炮 5 平 6

5. 兵三平二　士 4 进 5

6. 车一退一　炮 6 进 1

7. 车一退一（红胜）

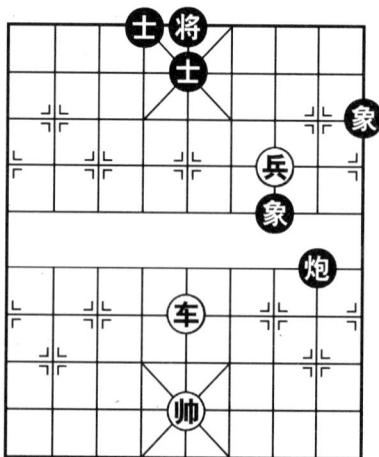

图 232

第 233 局　车兵胜炮士象全

黑炮的位置较差，车兵有巧胜之机（图 233）。

1. 车八平二　炮 8 平 9
2. 车二平一　炮 9 平 8
3. 兵四进一　炮 8 退 6
4. 兵四进一　炮 8 平 4
5. 车一进四　炮 4 退 2
6. 车一平三　士 4 进 5
7. 兵四平五　将 5 进 1
8. 车三平四（红胜）

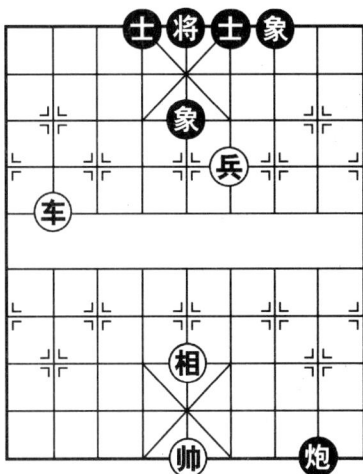

图 233

第 234 局　车低兵胜炮卒士象全

"车低兵战胜炮士象全"似乎是难以理解，但确实发生在作者与著名全国冠军杨官璘之战。

本局是 1978 年全国象棋个人赛，作者执黑棋，随手错飞一步象，造成败局，倘若炮 9 平 8 可成和棋，一步之差天壤之别（图 234）。

（黑先行）

1. 象 9 进 7　……

致命错着！应炮 9 平 8，车一平二，卒 9 进 1，兵三平四，象 9 进 7，帅五平四，象 5 退 3，仕四退五，象 7 退 5，仕五进六，士 5 进 6，相一退三，士 6 退 5，车二平四，炮 8 退 1，兵四进一，士 5 退 6，车四进六，将 5 进 1，帅四平五，炮 8 平 5，和棋之势。

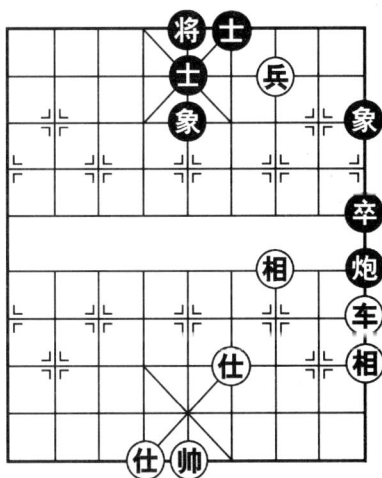

图 234

1. ……　　　车一平二

佳着！

临场，作者心中暗暗叫苦，看来此局休矣！

2. 象5退3　兵三平四

3. 象7退5　仕四退五

4. 象3进1　仕五退四

5. 象1退3　帅五进一

6. 象3进1　帅五平四

7. 将5平4　车二平六

8. 将4平5　车六平九

9. 象1退3　车九平四（参考图）

10. 炮9平8　……

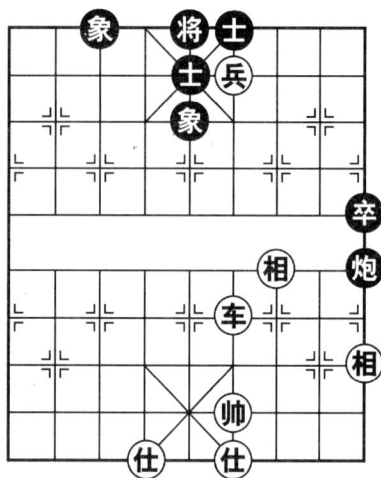

参考图

至此已无可奈何。倘若象3进1，兵四进一，士5退6，车四进六，将5进1，车四退一，将5退1，车四退一，象1退3，车四进二，将5进1，帅四平五，象3进1，车四平九，象1进3，车九平二，炮9进1，车二退六，卒9进1，车二平五，将5平6，车五进二，红胜。

10. ……　　　兵四进一　　　**11.** 士5退6　车四进六

12. 将5进1　帅四平五　　　**13.** 象3进1　车四退二

14. 象1进3　车四退二　　　**15.** 象3退1　车四平五

16. 象1退3　车五平二（红胜）

第235局　车兵胜双炮双士

"车兵可胜双炮双士"，切勿被炮换小兵。

双炮的防御似乎无懈可击，倘若小兵越中线雷池一步，即可不惜一切代价，弃炮摧毁而成和棋。那么红棋如何攻击呢？请看1991年全国象棋团体赛广西名手王永强取胜之战（图235）。

1. 仕五进四　将4进1　　　**2.** 仕六进五　……

调整仕相为红王助攻畅通肋道。

2. ……　　　炮6进1　　　**3.** 车二平七　将4退1

4. 帅五平六　炮6退2　　　**5.** 车七平六　炮5平6

6. 车六平三　后炮平5

倘若将4平5，车三平五，将5平4，兵六进一，士5进4，车五进四，前炮进 2，车五平四，将 4 平 5，车四退二，红胜。

7. 车三进三　炮 5 平 6　　　　　**8.** 车三进一（红胜）

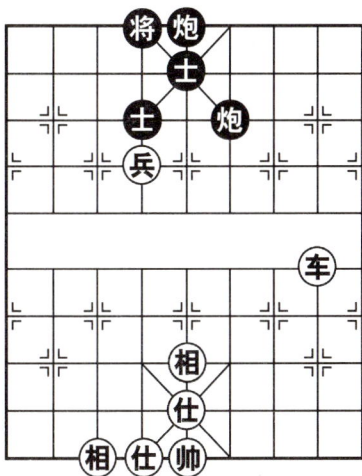

图 235

第 236 局　车兵胜双炮双士

乍看之下似乎黑棋防线很坚固，实则红有击溃防线之着。

本局是 1992 年全国象棋团体赛，女子特级大师胡明取胜之战（图 236）！

1. 相五进七　炮 9 平 1

2. 兵六进一　炮 5 平 4

倘若炮 1 平 6，兵六进一，炮 5 平 2，车三退四，炮 6 退 1，车三进一，炮 2 进 5，车三进一，将 6 进 1，相七退九，炮 2 进 4，车三进三，将 6 退 1，车三退四，炮 6 退 1，车三进一，炮 6 进 1，车三平四，炮 6 进 4，车四平八，士 5 进 4，仕六进五，红胜。

3. 兵六平五　……

简捷取胜！

3. ……　　　　　将 6 平 5

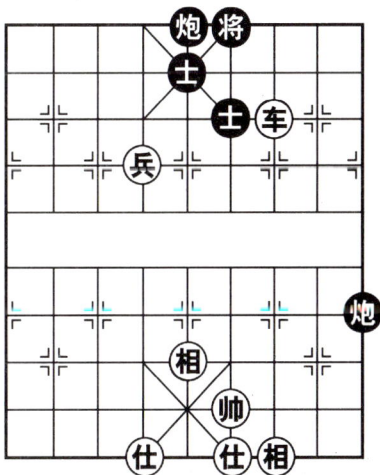

图 236

4. 帅四平五　炮 1 平 5

5. 车三退四　炮 5 退 2　　　　　**6.** 车三进二　炮 5 进 2

7. 兵五平四（红胜）

第 237 局　车兵胜双炮双士

"担子炮"是建筑在没有根基的沙滩上，没有拦挡功能而一击即溃。

本局是 2005 年全国象棋个人赛，浙江邱东大师取胜之战（图 237）！

1. 车八平一　炮 9 平 8

2. 车一平二　炮 8 平 7

3. 车二平三　炮 7 平 8

4. 车三进二　将 6 退 1

5. 兵五进一　……

切断担子炮的链条，再退车捉双胜势。

5. ……　　　士 4 进 5

6. 车三退一（红胜）

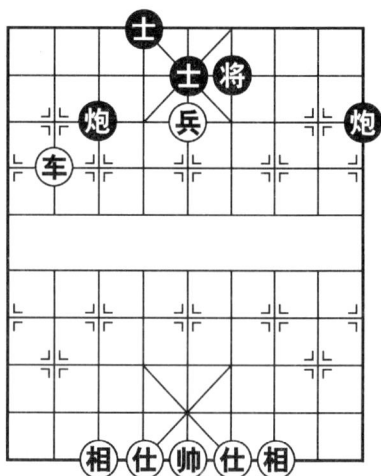

图 237

第 238 局　车兵胜双炮双士

本局似曾相识，但是攻击方向却大有不同。请看 2008 年世界智力运动会，法国名将邓清忠取胜之战（图 238）！

1. 帅五平四　炮 5 平 2

2. 车三进一　炮 8 进 7

3. 相三进一　炮 8 退 8

4. 车三进一　炮 2 进 1

5. 车三进一　……

为什么不车三平五吃士呢？炮 8 平 6，车五平四，和棋。

5. ……　　　将 6 进 1

6. 兵六平五　炮 2 平 1

7. 仕五退六　炮 1 平 2

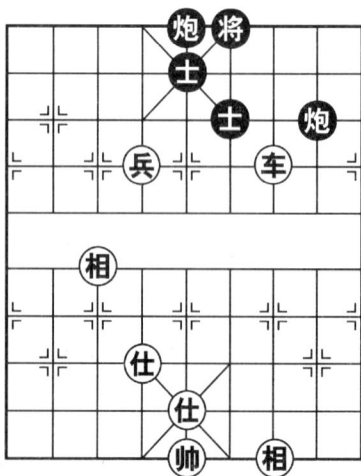

图 238

8. 帅四进一　炮 2 平 1 　　　　　**9.** 兵五平四　……

不拘一格！倘若兵五进一，炮 1 平 3，车三平二，炮 8 平 9，车二平一，炮 9 平 8，车一退一，士 5 进 4，兵五平四，将 6 平 5，兵四平五，红胜。

9. ……　　　　炮 8 进 3 　　　　**10.** 兵四平三　士 5 进 4

11. 兵三进一（红胜）

第 239 局　车兵胜双炮双士

车低兵战胜双炮也很容易（图 239）。

1. 车五平一　炮 9 平 8

2. 车一平二　炮 8 平 7

3. 车二平三　炮 7 平 9

4. 车三进三　将 6 进 1

5. 车三退一　将 6 退 1

6. 兵六进一　士 5 退 4

7. 车三退一（红胜）

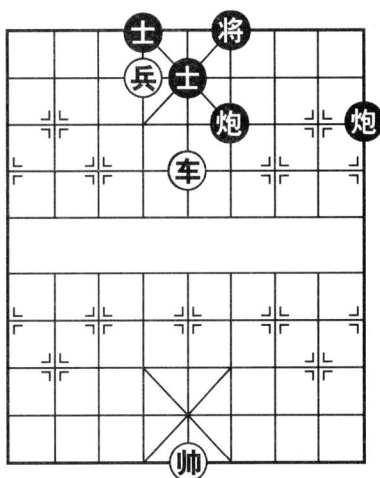

图 239

第 240 局　车兵胜双炮双士

网络原版残局（图 240）。

1. 兵七进一　炮 6 退 1 　　　　**2.** 兵七平六　炮 8 退 1

3. 兵六进一　将 5 平 6 　　　　**4.** 车五平二　……

取胜精巧妙着！

4. ……　　　　炮 8 平 7 　　　　**5.** 车二进五　将 6 进 1

6. 车二平三　炮 7 平 9 　　　　**7.** 车三退一　将 6 退 1

8. 兵六进一　士 5 退 4 　　　　**9.** 车三退一（红胜）

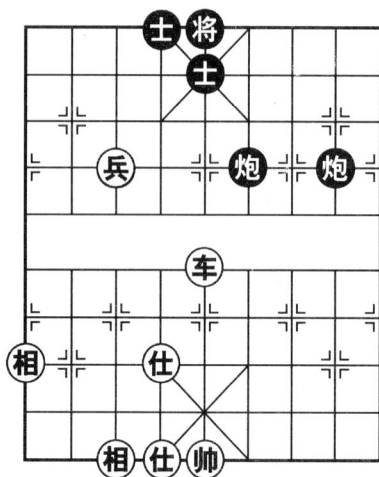

图 240

第 241 局　车兵胜双马双士

"车兵可胜双马双士"，低兵则是巧胜（图 241）。

1. 车九进六　将 4 进 1

2. 车九退一 ……

倘若车九平七，士 5 进 6，车七平二，马 3 进 5，车二退三，马 4 进 6，红棋难胜。

2. ……　　　　将 4 退 1

3. 兵四平五　士 4 退 5

4. 车九平五　马 3 进 2

5. 车五退四　马 2 进 3

6. 仕五进六 ……

精妙，取胜佳着！

6. ……　　　　马 4 退 3

倘若将 4 进 1，帅六平五，将 4 退 1，车五进五，将 4 进 1，车五退四，红胜。

7. 车五进二　前马退 2

8. 帅六平五（红胜）

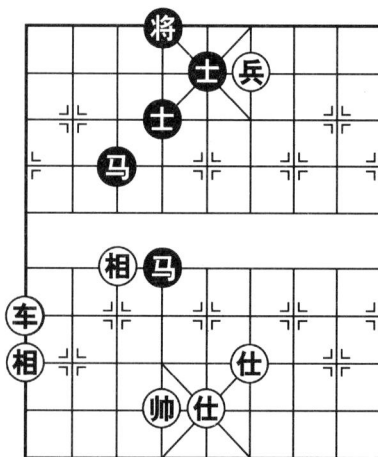

图 241

第 242 局 车兵胜双马双士

本局是 1984 年五羊杯全国象棋冠军邀请赛，特级大师李来群取胜之战（图 242）！

1. 车五平六　马 7 进 5

倘若马 4 退 6，车六平五，马 6 进 8，兵七进一，马 7 退 6，兵七进一，马 8 进 6，车五退二，前马退 7，兵七进一，马 6 退 4，兵七平六，将 5 平 4，车五平六，红胜。

2. 帅六进一　马 4 进 6

倘若马 4 进 2，车六平五，马 2 退 3，帅六平五，将 5 平 4，兵七进一，将 4 平 5，兵七进一，将 5 平 4，车五平六，将 4 平 5，兵七平六，马 3 退 2，车六平八，马 5 退 4，车八退二，马 2 退 3，车八平七，马 3 退 1，兵六进一，将 5 平 4，车七平六，红胜。

3. 车六平九　马 6 退 4

无奈！倘若士 5 退 4，帅六平五，马 6 进 8，车九进一，红胜。

4. 相三进五　士 5 退 4　　5. 车九平五（红胜）

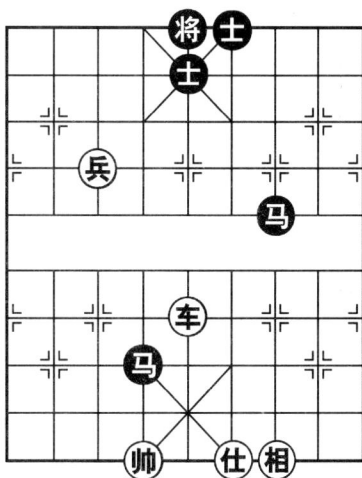

第 243 局 车兵胜马炮双士

图 243 似乎马炮位置俱佳，只要伺机以马换兵就要和棋，但是红棋有可胜之机。

本局是 1982 年五羊杯全国象棋冠军邀请赛，特级大师柳大华取胜之战！

1. 兵七进一　炮 7 进 2　　2. 车六平二　将 4 平 5

3. 车二进二　炮 7 退 1　　4. 车二进二　……

为什么不兵七平六吃士呢？士 5 进 4，仕四进五，炮 7 平 4，仕五进六，士 4 退 5，帅六平五，马 6 退 7，车二平三，炮 4 退 1，和棋。

4. ……　　　　炮 7 退 1　　5. 相七进九　炮 7 平 6

6. 车二退四　炮 6 平 7　　7. 车二进二　马 6 进 5

8. 车二平三　……

重要的紧逼顿挫战术。倘若车二平五，马 5 退 6，车五退一，还要重新组织进攻。

8. …… 炮 7 平 6

9. 车三平五 炮 6 进 2

倘若马 5 退 3，车五退三，炮 6 进 4，兵七平六，炮 6 平 5，车五平七，红胜。

10. 车五退二 炮 6 平 3

11. 车五平七（红胜）

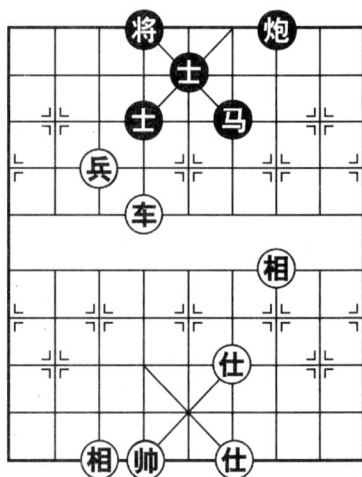

图 243

第 244 局　车兵胜马炮双士

"车低兵可胜马炮双士"。

本局是 1987 年象棋大师赛，特级大师徐天红取胜之战（图 244）。

1. 兵一平二 士 5 进 6

2. 车五平六 士 6 进 5

3. 兵二平三 将 4 进 1

4. 兵三进一 ……

只有冲兵，别无选择。

4. …… 马 7 进 9

5. 车六平三 ……

控制黑马，佳着！

5. …… 马 9 退 8

6. 车三退一 马 8 退 9

7. 仕五进四 炮 4 平 3

9. 车三进二 马 7 退 8

11. 车七平五 炮 5 平 3

13. 兵三平四 马 9 退 8

15. 车五平三 炮 3 平 5

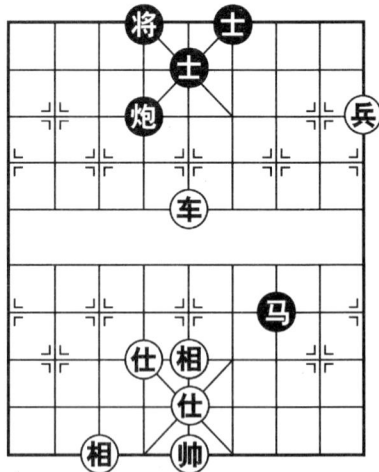

图 244

8. 兵三平四 马 9 退 7

10. 车三平七 炮 3 平 5

12. 兵四平三 马 8 进 9

14. 兵四平三 马 8 进 7

16. 相五进三 士 5 退 4

加速失败！倘若将 4 退 1 虽然可以延缓失败进程，也难抵抗。

17. 兵三平四　马 7 退 8　　　　18. 车三平六　炮 5 平 4

19. 车六平七　……

精妙！黑难抵挡。

19. ……　　　炮 4 平 5　　　　20. 车七进一　炮 5 退 2

21. 兵四进一（红胜）

第 245 局　车兵和马炮双士

"车低兵难胜马炮双士"。

本局是 1997 年世界象棋锦标赛，西马来西亚何荣耀与法国胡伟长两位著名棋手之战（图 245）。

1. 帅六平五　炮 9 平 5

2. 帅五退一　将 5 平 6

3. 车三进二　将 6 进 1

4. 车三退三　炮 5 退 2

退炮打兵，奠定和棋。

5. 车三平四　士 5 进 6

6. 车四平八　士 6 退 5

7. 帅五进一　将 6 退 1

8. 帅五进一　将 6 进 1

9. 仕四退五　将 6 退 1

倘若兵八进一，马 4 进 2，和棋。

10. ……　　　将 6 进 1

12. 车四平八　炮 6 平 5

14. 车八平四　炮 5 平 6（和棋）

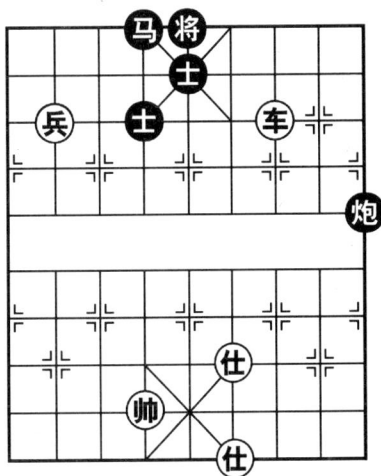

图 245

10. 仕五退六　……

11. 车八平四　炮 5 平 6

13. 帅五退一　将 6 退 1

第 246 局　车兵和马炮双士

"车兵巧和马炮双士。"

2006 年东莞凤岗杨官璘杯象棋赛，作者目睹蒋川与张申宏两位大师上演"华容道捉放曹"的大戏！本来小蒋的中兵可安全渡河，可是竟然大意放军长黑马返回家园，造成中兵难以逾越楚河天堑，最后无奈的以和棋告终

（图 246）。

1. 车一平九　　士 5 进 6
2. 兵五进一　　士 4 进 5
3. 车九进三　　士 5 退 4
4. 车九平八　　炮 2 平 1
5. 车八退四　　士 4 进 5

小蒋要想赢棋就必须车压军长马头，小兵才能渡河。因马炮形成绝佳组合，中兵安全渡河永远不能实现。

6. 相五进七　　……

倘若兵五进一强行渡河，马 4 进 5 换兵，立成和棋。

6. ……　　　　炮 1 平 4（和棋）

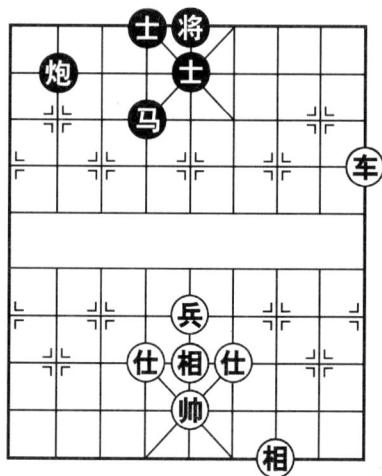

图 246

第 247 局　车兵和马炮双象

"小兵不能过河，马炮可和车兵"。本局因黑方马炮紧密配合，红难取胜。

请看 2010 年全国象棋冠军邀请赛，赵国荣与赵鑫鑫两位特级大师之战（图 247）！

1. 车六退四　　炮 5 退 2
2. 车六平五　　炮 5 平 8
3. 仕五进六　　将 5 退 1
4. 帅四平五　　炮 8 平 5
5. 帅五平四　　炮 5 平 8

倘若错走将 5 进 1，兵一进一，马 7 进 9，车五进一，形成孤车必胜马双象。

6. 车五退二　　炮 8 平 1
7. 车五平二（和棋）

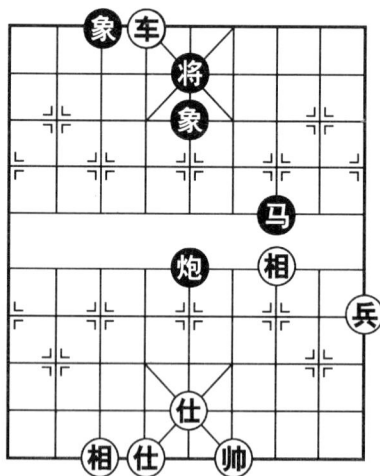

图 247

第 248 局　车兵胜马炮双象

"车高兵可胜马炮双象"，但是车底兵战胜马炮双象却不多见。

本局是 2006 年五羊杯全国象棋冠军邀请赛，特级大师许银川取胜之战（图 248）！

1. 车三平四　　将6平5

2. 车四进一　　炮8平5

3. 车四进一　　炮5进1

4. 车四平五　　……

跟踪追击，必吃一象！

4. ……　　　　炮5平4

5. 车五退一　　炮4退2

6. 车五平六　　……

似可车五平三，将5退1，车三进四，将5进1，车三平六，炮4退1，帅五平六，红胜。

6. ……　　　　炮4退1

7. 兵五平六　　……

精妙！保存战斗实力。

7. ……　　　　马9退7　　　　8. 车六平三　　马7进6

9. 车三平五　　马6退7　　　　10. 车五进一（红胜）

以下倘若炮4进1，车五平七，炮4退1，车七进一，马7进6，车七平五，将5平6，车五退一，马6进8，车五进二，红胜。

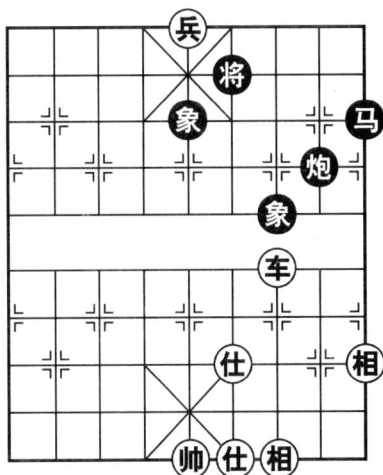

图248

第249局　车兵胜马炮双象

"车高兵必胜马炮双象"（图249）。

1. 兵六平五　　象1退3

倘若马7退5，车四退二，红胜。

2. 兵五平四　　炮6退1

3. 兵四平三　　马7退9

4. 车四平一　　马9进7

5. 兵三进一　　炮6进3

6. 车一平六　　炮6退3

7. 兵三进一　　象3进1

倘若炮6进1，车六退一，将5退1，兵三平四，红胜。

8. 兵三平四　　将5平6（红胜）

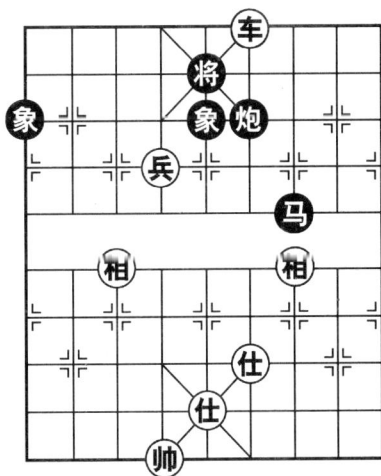

图249

第 250 局　车兵和双炮双象

古谱《橘中秘》古典残局。双炮长拦红车而和棋（图 250）。

1. 车一平二　炮 9 平 8
2. 车二平六　炮 1 平 4
3. 车六平八　炮 4 平 2
4. 车八平七　炮 2 平 3（长拦和棋）

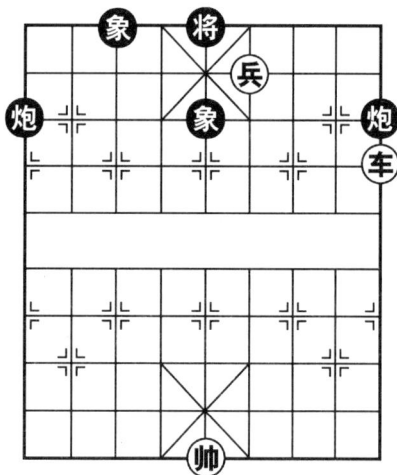

图 250

第 251 局　车兵胜双炮双象

"车高兵必胜双炮双象"（图 251）。

1. 车二平三　将 5 平 4
2. 车三平六　将 4 平 5
3. 兵六平五　炮 3 退 1
4. 帅五平六　炮 3 进 3
5. 车六进六　将 5 进 1
6. 车六退一　将 5 退 1
7. 兵五平四　炮 3 退 2
8. 车六进一　将 5 进 1
9. 帅六平五　象 7 进 9
10. 兵四平五　象 9 进 7
11. 车六退四　炮 3 退 2
12. 兵五平四　象 7 退 9
13. 兵四进一　象 9 退 7

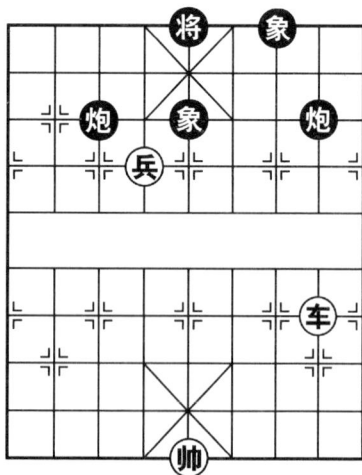

图 251

14. 车六平二　炮 8 平 9
15. 车二进三　将 5 退 1
16. 兵四进一　将 5 平 4
17. 兵四平五　炮 3 进 1
18. 兵五平六（红胜）

第 252 局　车兵胜单车

"车低兵必胜单车"（图252）。

1. 兵六平七　　车5退1

2. 车六进五　　将5进1

3. 兵七平六　　……

逼黑将离开中路是取胜关键。

3. ……　　　将5平6

4. 车六平二　　车5进3

5. 车二退一　　将6进1

6. 车二平五　　车5平3

倘若兑车则孤兵必胜。

7. 帅六平五　　车3平6

8. 车五进一　　将6退1

9. 兵六平五　　将6进1

10. 车五平四（红胜）

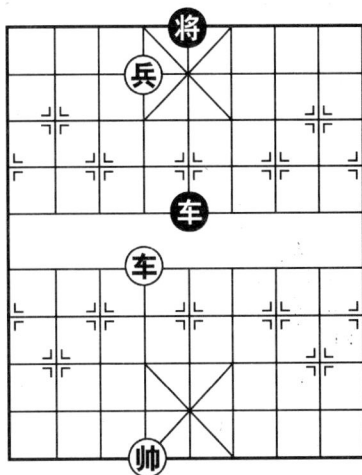

图 252

第 253 局　车兵和单车

"车底兵难胜黑车占中"（图253）。

1. 兵七平六　　将5进1

2. 车六进四　　将5进1

3. 兵六平五　　车5进5

4. 帅六进一　　车5退3

5. 兵五平四　　车5进2

6. 帅六退一　　车5退2

7. 车八进一　　将5平6

8. 兵四平三　　将6退1

9. 车六退一　　将6进1

10. 车六退四　　将6退1

11. 车六进五　　将6平5

12. 兵三平四　　将5平6（和棋）

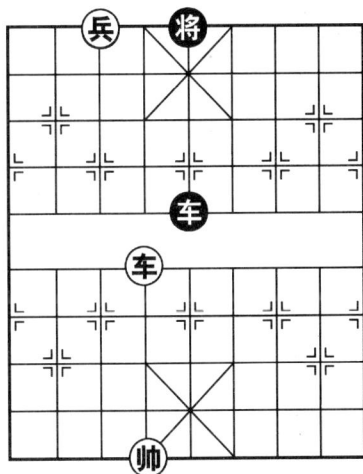

图 253

第 254 局　车兵胜单车

"车底兵占中必胜单车"（图 254）。

1. 兵四平五　　车 4 进 4
2. 帅五进一　　车 4 退 1
3. 帅五退一　　车 4 退 2
4. 车五进三　　将 4 进 1
5. 兵五平六　　车 4 退 2
6. 兵六平七　　车 4 平 3
7. 车五退二　　车 3 平 4
8. 车五进三　　……

象棋术语称之为："海底捞月"。

8. ……　　　　将 4 退 1
9. 车五平六（红胜）

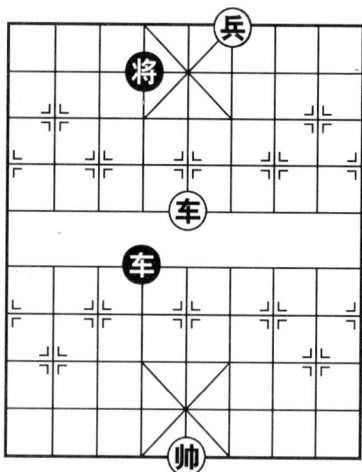

图 254

第 255 局　车兵胜单车

古谱《橘中秘》经典残局。"车底兵不占中巧胜单车"（图 255）。

1. 帅四退一　　车 5 平 8
2. 车四平五　　车 8 平 7
3. 帅四平五　　车 7 平 8
4. 车五退三　　车 8 进 8
5. 帅五进一　　车 8 平 4
6. 车五进三　　将 4 退 1
7. 车五平六（红胜）

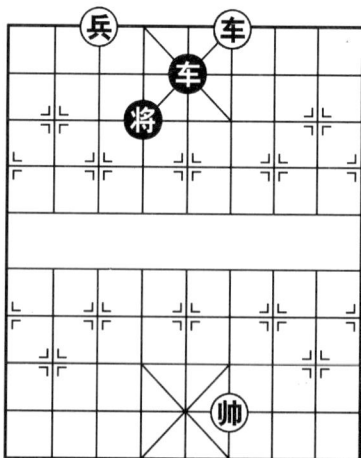

图 255

第 256 局 车兵胜单车

"车兵必胜单车"。车保小兵长驱直入可胜。

本局是蒋志梁大师取胜之战（图256）。

1. 车一平四　车5进2

倘若车5平9，车四平五，将5平4，仕五进四，车9平4，兵一进一，红胜。

2. 帅五平六　将5进1

3. 车四平一　将5退1

4. 兵一进一　将5进1

5. 车一进三　将5退1

6. 兵一进一　车5退1

7. 兵一进一　车5平9

8. 兵一进一　将5平4

10. 兵一进一（红胜）

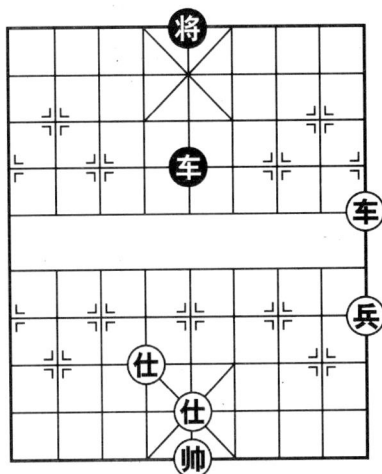

图 256

9. 车一进一　将4进1

第 257 局 车兵和车士

"黑车占据中卒位置是最佳防守"，尽管红棋是车高兵，仍难取胜。作者曾执黑棋在大型比赛中下过两盘和棋（图257）。

1. 兵四平五　车5退1

机警！倘若离开中路则要遭到失败。

2. 车七平九　士5退4

3. 兵五平四　车5进1

断续占领这一高地，才能和棋。

4. 车九平六　士4进5

5. 帅五平六　将5平6

6. 车六平八　士5退4

7. 车八退一　将6平5

8. 车八平二　士4进5

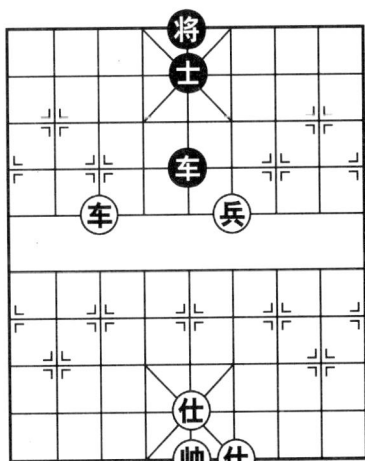

图 257

9. 车二平六　将 5 平 6　　　　**10.** 帅六平五　将 6 平 5

11. 兵四平三　士 5 进 6　　　　**12.** 车六平八　士 6 退 5

13. 车八平三　士 5 进 6　　　　**14.** 兵三进一　车 5 平 4

占据肋道很重要！

15. 车三平五　将 5 平 4　　　　**16.** 兵三进一　车 4 退 1

形成单车保肋士的和棋定式。

17. 车五平三　士 6 退 5　　　　**18.** 车三退二　将 4 进 1

19. 兵三进一　士 5 进 6　　　　**20.** 兵三平四　将 4 退 1（和棋）

第 258 局　车兵和车士

古谱《橘中秘》经典残局。俗称："单车保肋士"（图 258）。

　　1. 车五平二　将 6 退 1

　　2. 车二进六　车 6 平 7

倘若车 6 进 2，车二退一，车 6 平 4，车二平四，将 6 平 5，车四进一，红胜。

　　3. 车二退四　车 7 平 6（和棋）

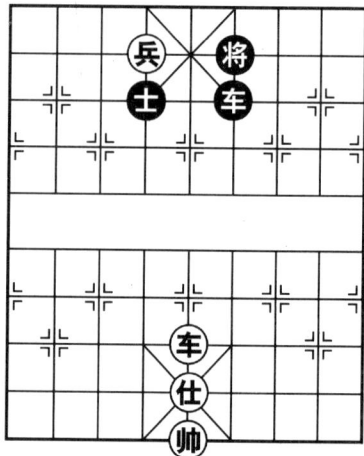

图 258

第 259 局　车兵和车士

"太公坐椅和棋定式"。

本局是 1990 年全国象棋个人赛，四川名手曾东平与徐健秒大师之战（图 259）。

1. 相三进一　车 6 进 1　　　　**2.** 车三退一　车 6 进 2

3. 相五进七　车 6 退 2　　　　**4.** 车三平五　车 6 进 2

5. 仕五进六　车 6 进 3　　　　**6.** 帅五进一　车 6 退 1

7. 帅五退一　车 6 进 1　　　　**8.** 帅五进一　车 6 退 5

9. 兵六进一　……

无奈！低兵变底兵，探索取胜之路。

9. ……　　　车 6 进 2

10. 兵六平五　车 6 进 2

11. 帅五退一　车 6 进 1

12. 帅五进一　车 6 退 1

13. 帅五退一　车 6 进 1

14. 帅五进一　车 6 退 5

15. 相一进三　车 6 进 4

16. 帅五退一　车 6 进 1

17. 帅五进一　车 6 退 1

18. 帅五退一　车 6 进 1

19. 帅五进一　车 6 退 3

20. 车五平二　车 6 平 5

黑车占中，无士都和棋。

21. 相三退五　士 6 进 5（和棋）

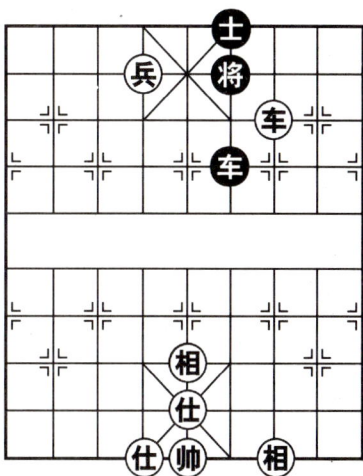

图 259

第 260 局　　车兵胜车士

本局是 2006 年全国体育大会，特级大师柳大华取胜之战（图 260）！

1. 车五平六　车 3 平 4

2. 车六平三　车 4 进 2

3. 车三平五　车 4 退 2

4. 兵七进一　将 4 平 5

5. 车五平二　将 5 平 6

6. 相三进五　车 4 平 1

7. 相五退七　车 1 进 2

8. 车二平四　将 6 平 5

9. 车四平八　将 5 平 6

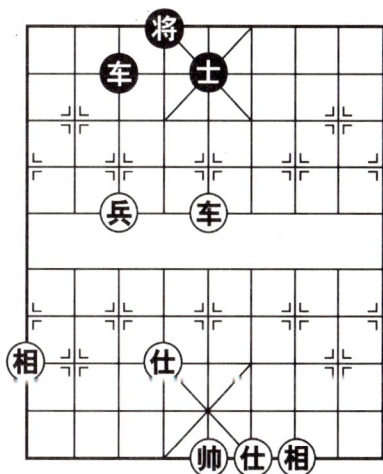

图 260

倘若将 5 平 4，车八进四，将 4 进 1，车八退一，将 4 退 1，兵七平八，丢士红胜。

10. 车八平四　将 6 平 5　　11. 车四进一　将 5 平 4

12. 车四平五　车 1 退 2

欠行状态只好退车保士。

13. 兵七进一　将4平5　　　**14.** 兵七平六（红胜）

第 261 局　　车兵胜车士

本局是 2009 年首届济南青岛潍坊象棋擂台赛，山东李健取胜之战（图 261）！

1. 兵三平四　将4平5

2. 车六平四　车5进2

3. 车四平七　……

似可兵四进一，将5退1，车四平七，士4退5，兵四进一，车5平6，车七进五，士5退4，车七退一，车6进2，车七平六，车6平3，帅六平五，车3退6，车六退五，士4进5，车六平三，红胜。

3. ……　　　　将5退1

4. 车七进五　将5进1

5. 兵四进一　将5平4　　　**6.** 车七退二　车5平4

7. 帅六平五　车4平5　　　**8.** 相五退三　车5退1

9. 车七退五　车5平4　　　**10.** 兵四平五　车4进1

11. 相七进五　……

似可车七平六，车4进3，仕五进六，士4退5，兵五进一，红胜。

11. ……　　　　将4退1　　　**12.** 车七进七　将4进1

13. 车七退九（红胜）

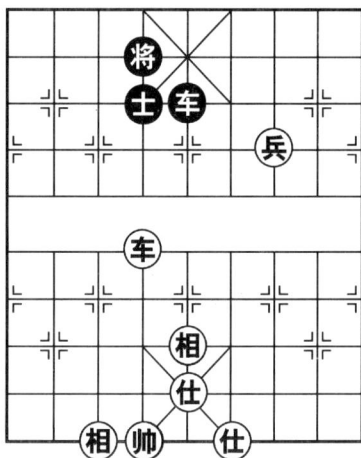

図 261

第 262 局　　车兵胜车士

本局是 2003 年全国象棋个人赛，女子特级大师党国蕾取胜之战（图 262）！

1. 车五平六　车6平4　　　**2.** 车六平七　车4平5

倘若车4进8，帅五进一，车4退4，车七进三，将4进1，车七平四，红胜。

3. 仕六进五　车5平2　　　**4.** 车七进三　将4进1

5. 兵八平七 将4平5

6. 兵七平六 ……

倘若车七平四，车2进8，帅五平四，车2平3，帅四进一，车3退6，红胜。

6. …… 车2进2

7. 兵六进一 将5平6

8. 兵六平五 车2平5

9. 兵五平四 ……

精妙！

9. …… 将6平5

倘若将6进1，车七平四，将6平5，车四平五，抽车红胜。

10. 车七平四 车5平3

11. 车四退一 将5退1

12. 兵四平五 车3平5

13. 兵五平六（红胜）

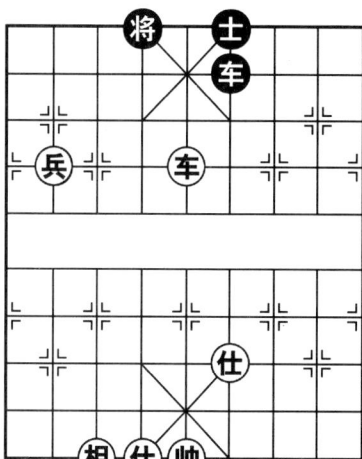

图 262

第 263 局　车兵胜车士

黑车跟兵，似乎很难解链，但是红棋自有锦囊妙计（图263）！

1. 兵九进一 车1退1

2. 仕五退六 车1进1

3. 车九进三 士5退4

4. 车九退二 士4进5

5. 车九退一 ……

精巧顿挫！

5. …… 车1退1

6. 相五进七 将5平6

7. 车九平四 将6平5

8. 车四平七 将5平6

9. 兵九平八 ……

小兵安全渡河，胜势。

9. …… 车1平2

10. 兵八进一 车2退1

11. 车七平四 将6平5

12. 车四平五 将5平6

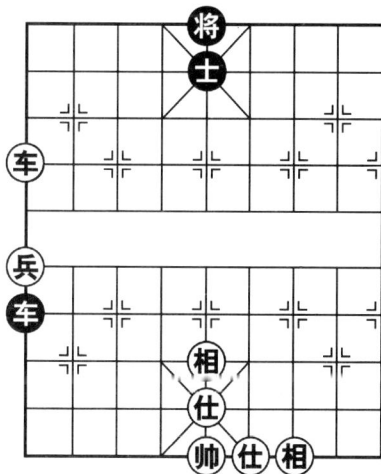

图 263

13. 兵八平七	车 2 平 3	14. 相三进五	将 6 平 5
15. 仕四进五	将 5 平 6	16. 车五平三	将 6 平 5
17. 车三进三	士 5 退 6	18. 兵七平六	车 3 平 4
19. 兵六平五	车 4 平 5	20. 兵五平六	车 5 退 2
21. 车三退三	将 5 平 4	22. 兵六平五	车 5 平 2
23. 车三退一	将 4 平 5	24. 车三平五	将 5 进 1
25. 相五退七	将 5 退 1	26. 兵五进一	将 5 平 4
27. 车五平六	将 4 平 5	28. 兵五平六	士 6 进 5
29. 兵六进一	车 2 平 5	30. 车六平二	车 5 进 4
31. 车二进四	士 5 退 6	32. 车二退二	士 6 进 5
33. 车二进一	士 5 退 6	34. 车二平四	车 5 平 7
35. 帅五平四	车 7 退 6	36. 车四退一	士 6 进 5
37. 车四平七（红胜）			

第 264 局　车兵胜车士

古谱《橘中秘》残局。"车兵必胜车
士"（图 264）。

1. 车五退二　车 6 平 4

2. 车五平六　车 4 平 5

3. 车六平四　车 5 退 2

4. 帅五平四　将 6 进 1

5. 仕五进六　车 5 平 4

6. 车四进四　……

一进车是等待的佳着！

6. ……　　　车 4 平 5

7. 车四退二　……

二退车是顿挫的继续。

7. ……　　　车 5 平 4

8. 车四退三　……

再退车逼黑车离开 4 路线，是取胜关键！

8. ……　　　车 4 平 2

倘若车 4 平 5，车四平五，车 5 进 6，仕六退五，将 6 退 1，兵六平五，
红胜。

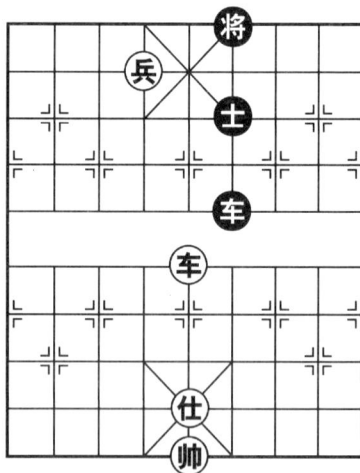

图 264

9. 车四平五　将6退1

倘若车2退1，车五进六，车2平4，车五平四，将6平5，车四进一，红胜。

10. 兵六平五　车2进7	11. 帅四进一　车2退3
12. 车五进一　车2平8	13. 车五平四　车8退4
14. 车四平三　车8退2	15. 车三进六（红胜）

第265局　车兵胜车象

古谱《橘中秘》经典残局。"车低兵必胜车象"（图265）。

1. 兵四平三　将5进1

2. 车四进四　将5进1

3. 车四进一　将5退1

4. 兵三平四　将5平4

5. 车四平八　车5平4

6. 车八退六　车4平6

7. 帅四平五　车6平5

8. 帅五平四　将4进1

9. 车八进四　将4退1

10. 车八进一　将4进1

11. 帅四退一　车5进2

12. 车八平七　车5退2

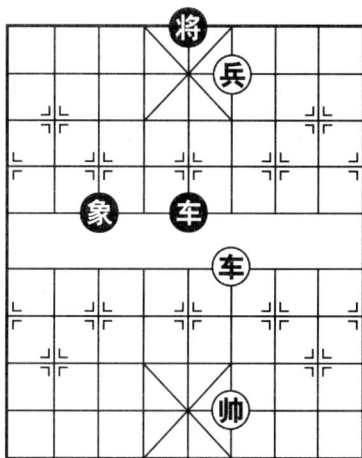

图 265

| 13. 车七退二　车5平4 |
14. 车七平五　车4进5	15. 帅四进一　车4退1
16. 帅四退一　车4退4	17. 帅四平五　车4进5
18. 帅五进一　车4退5	19. 车五进三　将4退1
20. 兵四平五　将4进1	21. 车五平六（红胜）

第266局　车兵和车象

"红兵倘若过河，车兵必胜车象"，小兵没有过河，红棋有和棋之机。

本局是2008年五羊杯全国象棋冠军邀请赛，赵鑫鑫与赵国荣两位特级大师之战（图266）!

| 1. 车一退一　车7平9 | 2. 车一平六　将4平5 |

3. 车六平五　　将5平4

4. 兵一进一　　将4退1

5. 帅四平五　　象7退5

小兵受到顽强阻击而难渡河，和棋已定。

6. 仕五进六　　车9进1

7. 相五退三　　车9退1（和棋）

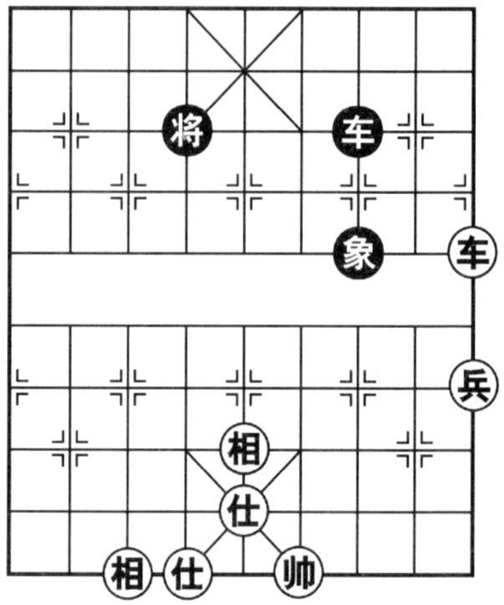

图 266

第 267 局　　车兵和车象

本局是 2005 年全国象棋个人赛，才溢大师与阎文清大师之战（图 267）！

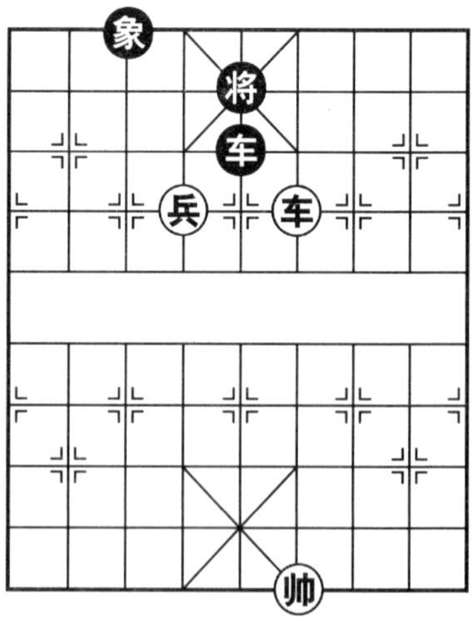

1. 兵六平五　　车5平3

2. 车四进二　　将5退1

3. 车四退五　　车3进7

4. 帅四进一　　车3退1

5. 帅四退一　　车3平5

6. 兵五平四　　车5退4

7. 兵四进一　　……

唯一攻击之路！

7. ……　　　　象3进5

8. 车四进三　　象5退7

9. 兵四进一　　象7进9

10. 兵四平三　　象9进7

12. 兵三平四　　将5平4

至此与上局大有似曾相识的感觉。

13. ……　　　　车5平4

15. 帅五平四　　象7退9

图 267

11. 车四进三　　将5进1

13. 车四平八　　……

14. 帅四平五　　车4平5

16. 车八退一　　将4进1

17. 车八退二 ......

倘若车八退一，将 4 退 1，车八平一，车 5 平 6，帅四平五，车 6 退 3，和棋。

17. ...... 车 5 平 6

18. 帅四平五 车 6 平 5

19. 帅五平四 象 9 进 7（参考图）

这步棋值得商榷，似应车 5 进 2 坚守为宜。

20. 车八平四 ......

错失良机！似可车八平二，车 5 进 2，车二平六，将 4 平 5，车六平四，将 5 平 4，车四进一，将 4 退 1，车四退二，车 5 平 4，车四平三，车 4 平 6，帅四平五，车 6 平 5，帅五平四，将 4 进 1，车三平八，车 5 退 3，车八进二，将 4 退 1，车八进一，将 4 进 1，车八平五，红胜。

参考图

20. ...... 象 7 退 9

21. 车四进一 将 4 退 1

22. 车四退一 将 4 进 1

23. 兵四平五 象 9 退 7

24. 车四进一 车 5 退 2

25. 车四进一 车 5 进 2

26. 兵五平六 象 7 进 9

27. 兵六平七 将 4 平 5

因为红车不能离线，红棋难胜。

28. 兵七平六 将 5 平 4

29. 兵六平七 将 4 平 5

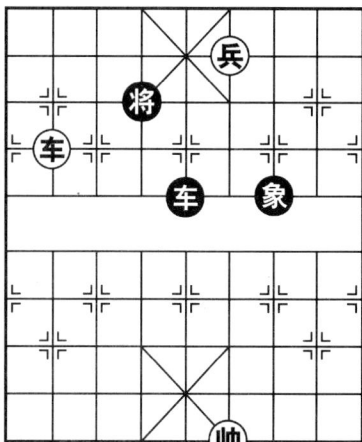

30. 车四进一 将 5 退 1（和棋）

第 268 局　车兵胜车象

本局是 2011 年全国象甲联赛，特级大师阎文清取胜之战（图 268）！

1. 车八平二 车 3 进 1

2. 车二退二 象 1 进 3

3. 车二平五 象 3 退 5

4. 帅六平五 车 3 进 2

5. 车五平四 车 3 平 4

无奈！倘若象 5 退 3，兵三平四，将 5 进 1，帅五平四，将 5 平 4，车四平六，将 4 平 5，车六平五，将 5 平 4，帅四平五，车 3 平 6，仕五进四，车 6 退 2，车五平六，将 4 平 5，车六平七，红胜。

6. 车四进二 将 5 退 1

7. 车四平八（红胜）

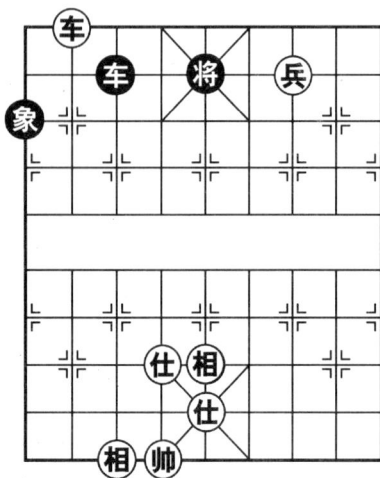

图 268

第 269 局　车兵胜车象

本局是 2009 年象甲联赛，广州名手黎德志取胜之战（图 269）！

1. 兵六进一　　车 6 平 5
2. 帅五平六　　将 6 退 1

无可奈何！倘若车 5 平 6，车六平五，红棋亦胜。

3. 车六平二（红胜）

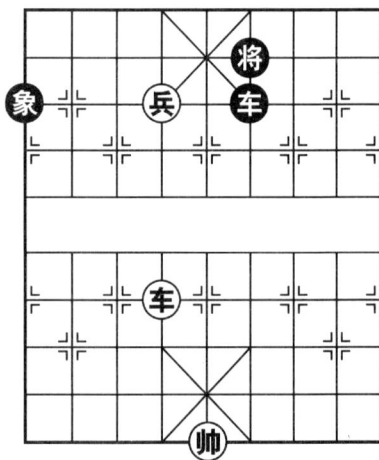

图 269

第 270 局　车兵胜车象

本局是 2005 年象甲联赛，聂铁文大师取胜之战（图 270）！

1. 兵一进一　象 3 进 5　　　　2. 车一平六　……

攻守自由的佳着，可确保小兵过河！

2. ……	车 6 平 5
3. 兵一进一	车 5 退 3
4. 兵一平二	将 5 退 1
5. 车六进三	车 5 平 7
6. 车六退四	车 7 平 5
7. 车六平二	车 5 平 4
8. 帅六平五	车 4 平 5
9. 仕五进六	将 5 平 6
10. 兵二进一	车 5 平 6
11. 兵二进一	车 6 退 1
12. 兵二进一	车 6 退 1
13. 车二平八	象 5 退 3
14. 车八进五	车 6 平 3

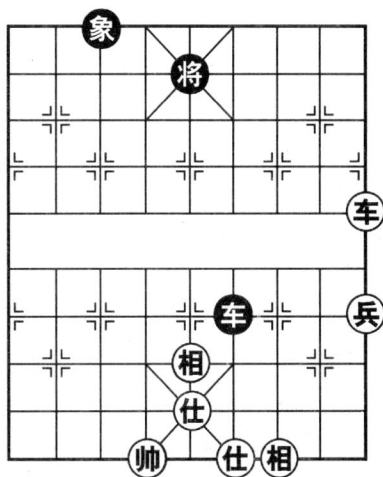

图 270

15. 兵二平三　将 6 平 5

16. 兵三平四　车 3 进 8

黑棋因不能前行而陷于绝境。倘若车 3 进 3，车八退一，红胜。

17. 帅五进一　车 3 退 1（红胜）

第 271 局　车兵胜车象

车兵位置较好，取胜较易。

本局是 1965 年全国象棋个人赛，北京著名象棋大师臧如意取胜之战（图 271）！

1. 兵七平六　……

亦可车六平五，将 5 平 6，兵七进一，车 6 进 1，帅六退一，车 6 进 1，帅六进一，车 6 退 7，兵七平六，象 9 进 7，兵六平五，将 6 退 1，车五平六，红棋亦胜。

1. ……　车 0 进 1	**2. 帅六退一　车 6 进 1**

3. 帅六进一（参考图）　车 6 平 5

倘若车 6 退 7，兵六进一，将 5 平 6，车六平五，车 6 进 6，帅六退一，车 6 进 1，帅六进一，将 6 进 1，车五进五，车 6 退 1，帅六退一，车 6 退 8，帅六平五，车 8 退 7，车五退二，将 6 退 1，兵六平五，将 6 退 1，车五平四，红胜。

4. 兵六进一　将 5 退 1	**5. 车六平七　将 5 平 6**
6. 车七平四　……	

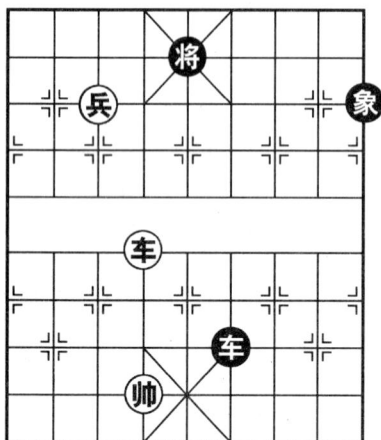

图 271

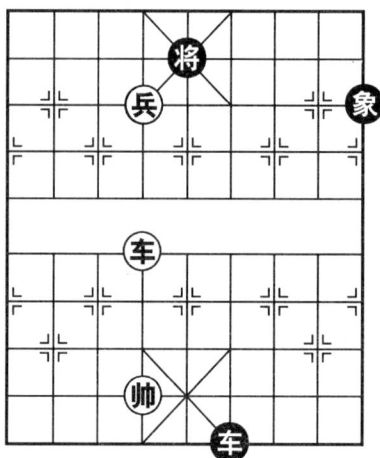

参考图

一气呵成，连珠妙杀！

6. ……　　　将 6 平 5

7. 车四进四（红胜）

第 272 局　车兵胜车象

本局是 1991 年第 1 届鳌鱼杯象棋棋王挑战赛，特级大师李来群取胜之战（图 272）！

1. 车六退一　将 6 退 1

2. 车六平二　……

佳着！黑难抗御。

2. ……　　　车 6 平 5

3. 帅五平六　将 6 平 5

4. 车二进一　将 5 进 1

5. 兵七平六（红胜）

倘若将 5 平 6，车二退一，将 6 退 1，兵六平五，红胜。

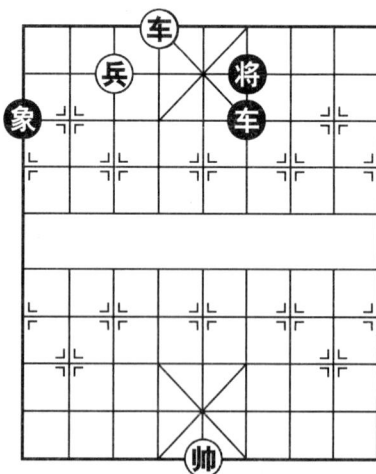

图 272

第 273 局　车兵胜车象

本局是 2009 年象甲联赛，广州名手黎德志取胜之战（图 273）！

1. 兵六进一　车 6 平 5

2. 帅五平六　将 6 退 1

无可奈何！倘若车 5 平 6，车六平五，红棋亦胜。

3. 车六平二（红胜）

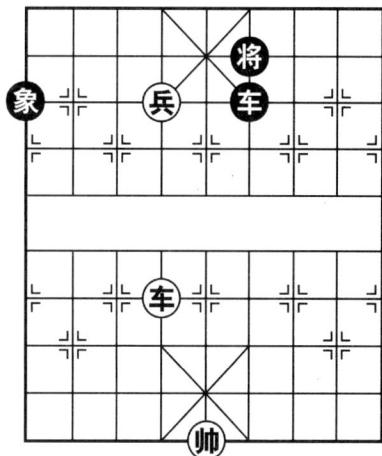

图 273

第 274 局　车卒胜车相

车相对车卒单象颇有排局韵味，车卒可巧胜。

本局是 1990 年全国象棋团体赛，特级大师柳大华取胜之战（图 274）！

1. 车六平五　将 5 平 6

2. 车五进二　将 6 进 1

3. 帅六平五　……

倘若相三退一，车 6 平 3，相一进三，卒 7 平 6，车五平六，车 3 退 5，车六平四，将 6 平 5，车四平五，象 7 退 5，帅六进一，车 3 进 3，帅六退一，车 3 平 2，车五平六，车 2 退 1，车六进四，将 5 退 1，车六退四，车 2 平 5，车六进五，将 5 进 1，车六退一，将 5 退 1，车六退二，象 5 退 3，黑胜。

3. ……　　　象 7 退 5

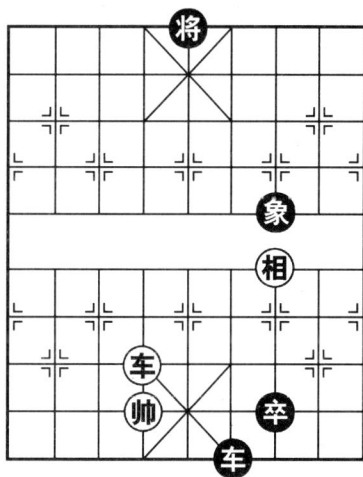

图 274

佳着！

4. 车五进三 ……

倘若帅五平六，车6退3，车五平六，卒7平6，车六进四，将6退1，车六进一，将6进1，车六退三，将6平5，车六进二，将5退1，车六退四，车6平5，车六进五，将5进1，车六退一，将5退1，车六退四，象5进3，车六进五，将5进1，车六退一，将5退1，车六退四，车5进3，黑胜。

4. ……　　车6平4（黑胜）

第275局　车卒胜车相

车卒对车相的惊险争斗，不是排局胜似排局！也是学习车卒残局的优良教材！

本局是2008年全国象棋个人赛，才溢大师与特级大师吕钦的攻守大战（图275）！

1. 帅四平五　车1平4

2. 帅五平四　卒4平3

看似平淡无奇，实则是暗伏不易被察觉的妙着！

赛后才溢大师自评："鬼着！诱使红方犯下致命错误，由此可以看出老棋手经验丰富的地方。"

3. 帅四退一 ……

赛后才溢大师自评："败着！当时以

图 275

为相飞到帅的侧翼，并飞回了底线已成正和，遂放松了警惕，犯下了不可弥补的错误！此时应冷静地改走帅四平五，以下黑如续走车4进4，帅五退一，卒3平4，帅五平四，车4平8，车五进一，形成官和局面。"

3. ……　　车4平8

赛后才溢大师自评："制胜之着！吕老师看准机会眼疾手快，无愧于羊城少帅的美名！至此，红方无力回天，败局已定。"

4. 车五平六　将4平5　　　　**5. 车六平五　将5平4**

6. 车五平六　将4平5　　　　**7. 车六平五　将5平4（参考图）**

8. 相七进九 ……

煞费苦心飞边相！另有两种选择：①车五进二，车8进3，帅四进一，车8进1，帅四退一，车8平3，黑胜。②车五平四，车8进3，帅四进一，车8

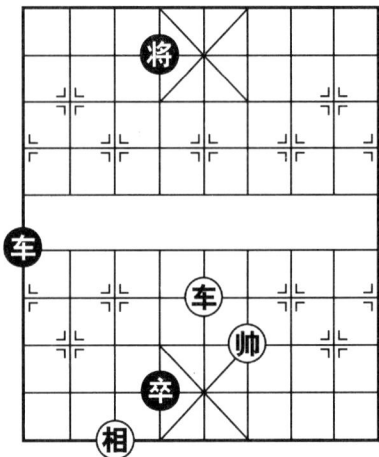

进 1，帅四退一，车 8 平 3，黑胜。

8. …… 　　车 8 进 3

9. 帅四退一 　……

倘若帅四进一，车 8 退 1，帅四退一，车 8 平 1，黑棋胜势。

9. …… 　　卒 3 平 4

10. 车五平六 　将 4 平 5

11. 车六平五 　将 5 平 4

12. 车五平六 　将 4 平 5

13. 车六平五 　将 5 平 4

14. 相九进七 　卒 4 平 5

绝杀，黑胜。

15. 车五平六 　将 4 平 5

16. 车六平五 　将 5 平 4

18. 车六平五 　将 5 平 4（黑胜）

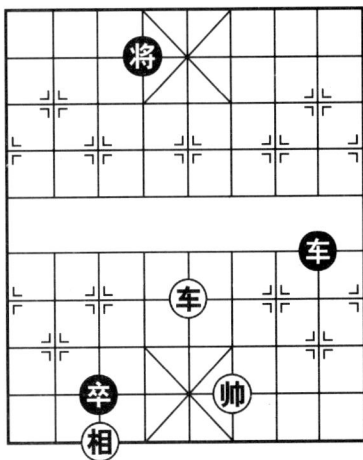

参考图

17. 车五平六 　将 4 平 5

第 276 局　车兵和车双象

"车高兵可胜车双象"，倘若兵被牵连可成和棋。

本局是 2010 年全国象棋个人赛，张申宏大师与宗永生大师之战（图 276）!

1. 车四平八 　象 3 进 1

2. 兵八进一 　象 5 退 7

退象跟兵势在必行。

3. 兵八进一 　车 5 退 1

4. 兵八进一 　车 5 退 1

5. 车八进三 　……

防止双象连环。倘若车八平三，象 7 进 9，车三平二，象 9 退 7，车二进六，车 5 平 7，帅五平四，象 1 进 3，兵八平七，象 3 退 5，和棋。

图 276

5. …… 　　车 5 平 7

6. 帅五平四 　车 7 平 6

7. 帅四平五 　车 6 平 7

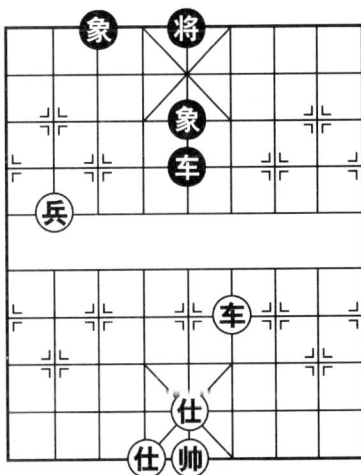

8. 帅五平四 　车 7 平 6

9. 帅四平五　车6平5　　　　　**10.** 车八平三　象7进9

11. 车三平二　象9退7（和棋）

第 277 局　车兵胜车双象

本局是 2003 年全国象棋个人赛，张强大师取胜之战（图 277）！

1. 车九平二　象5进3

2. 兵六进一　将6进1

3. 仕五进六　车6平5

4. 仕四进五　车5平6

5. 车二进五　将6平5

倘若将6退1，车二退一，将6进1，车二平五，车6平4，车五退二，车4退2，车五平四，将6平5，帅五平四，车4退1，车四进一，将5退1，车四进一，将5退1，车四平六，红胜。

6. 车二平五　将5平4

7. 兵六平七（红胜）

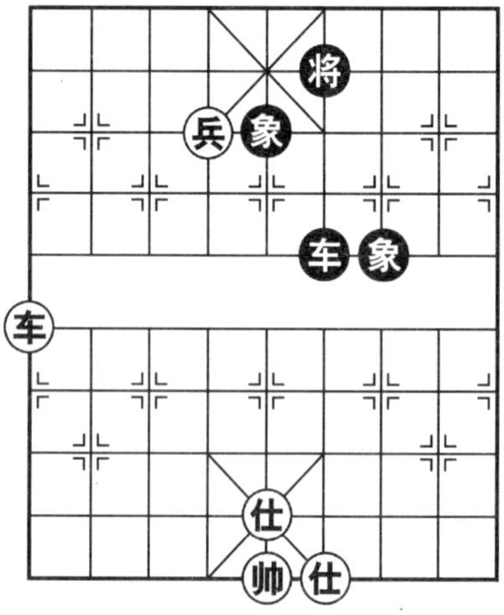

图 277

第 278 局　车兵胜车双象

本局是 1988 年全国象棋团体赛，特级大师吕钦取胜之战（图 278）！

1. 兵七平六　车3平4

2. 车四平六　……

精妙！

2. ……　　　　将5平6

倘若车4平6，兵六进一，将5平6，车六平五，红胜。

3. 兵六进一（红胜）

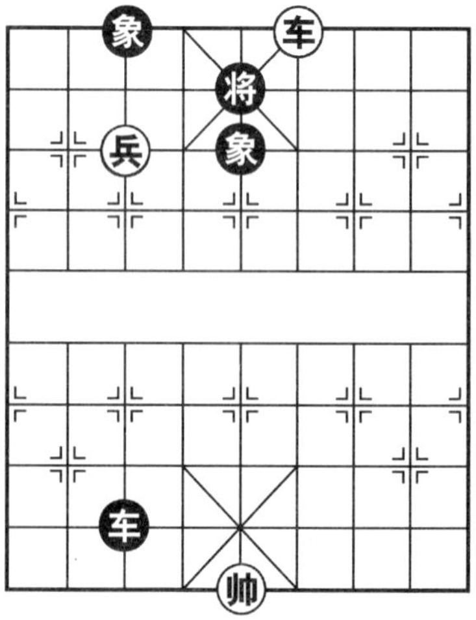

图 278

第 279 局　车兵胜车双象

本局是 2003 年全国象棋团体赛，女子大师韩冰取胜之战（图 279）。

1. 车六平三　车 8 平 5

无奈！倘若车 8 进 4，车三退三，车 8 平 6，车三平五，车 6 退 2，仕五进四，车 6 进 3，车五进二，将 6 进 1，车五进一，红胜。

2. 车三退一　将 6 退 1

3. 兵六平五（红胜）

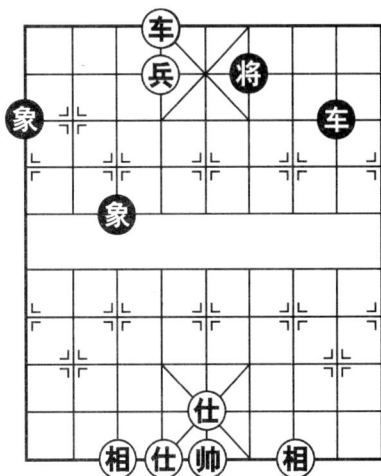

图 279

第 280 局　车兵和车士象

"车兵难胜车士象"。

本局是 2011 年亚洲象棋个人赛，国际特级大师中国澳门李锦欢与越南名手阮黄林之战（图 280）！

1. 相七进五　士 5 退 6

2. 兵六进一　士 6 进 5

3. 兵六平七　车 3 平 6

4. 车一进三　士 5 退 6

5. 车一退五　士 6 进 5

6. 车一平五　车 6 平 5

7. 车五平八　象 3 进 1

8. 仕五退四　士 5 退 4

9. 帅五进一　士 4 进 5

10. 车八进二　士 5 退 4

图 280

11. 兵七平六　士 4 进 5

12. 车八平七　车 5 进 2

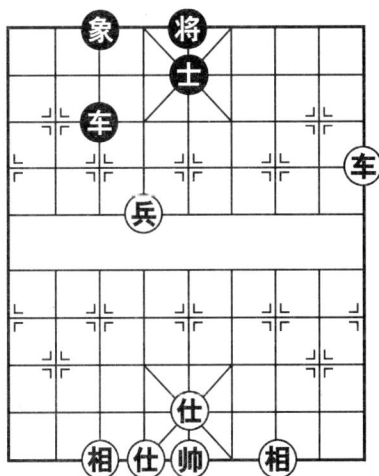

13. 车七进一　车 5 平 4

14. 兵六平五　车4退2（参考图）

看似象要被捉死，实则一经腾挪便柳暗花明，充分显示李特大精湛的残局功夫。

15. 车七退三　车4平6

16. 车七进二　车6平4

17. 兵五平四　车4平5

18. 兵四平三　士5退4

19. 车七退二　车5进1

20. 兵三进一　车5退1

21. 兵三进一　车5退1

22. 车七平三　象1进3

23. 兵三进一　车5进3（和棋）

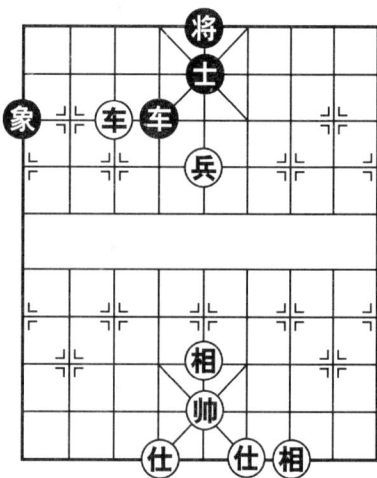

参考图

第281局　车兵胜车士象

通常"车士象"可和"车兵"。倘若位置不佳，车兵也有取胜之机。本局是特级大师胡荣华取胜之战（图281)!

1. 车六退一　象7退5

2. 车六平二　车3平4

3. 帅六平五　车4进4

倘若车4进1，兵四进一，将5平4，兵四平五，将4平5，车二进三，抽车红胜。

4. 车二进三（红胜）

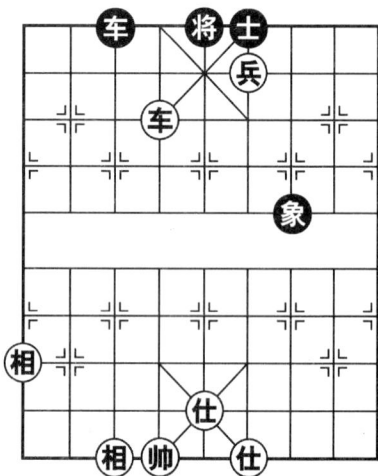

图281

第 282 局　车兵胜车双象

网络原版残局（图 282）。

1. 车八平六　　将 6 平 5
2. 兵三平四　　……

形成二鬼拍门之势，红棋胜定。

2. ……　　　　车 6 平 3
3. 帅五平六　　车 3 退 2
4. 车六退一　　士 4 进 5
5. 车六平二　　车 3 平 4
6. 帅六平五　　士 5 退 6
7. 车二平五（红胜）

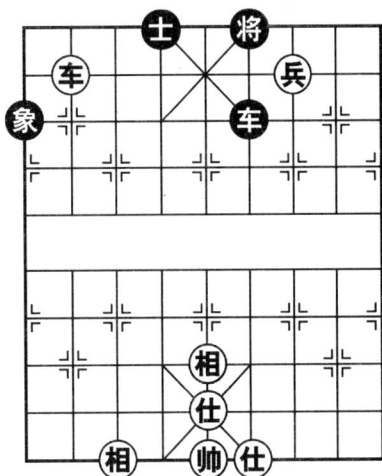

图 282

第 283 局　车兵胜车双士

"车兵难胜车双士"，只有在特殊形势下车兵才有巧胜之机（图 283）。

1. 相五退七　　车 4 退 7

倘若车 4 退 3，车八进三，车 4 退 4，车八平七，红胜。

2. 相七进九　　车 4 平 1
3. 兵七平六　　车 1 平 3
4. 兵六平五　　……

小可车八平二，车 3 进 4，兵六平五，士 6 进 5，车二进三，红胜。

4. ……　　　　士 6 进 5
5. 车八平一　　将 5 平 4
6. 车一进三　　将 4 进 1
7. 车一平七（红胜）

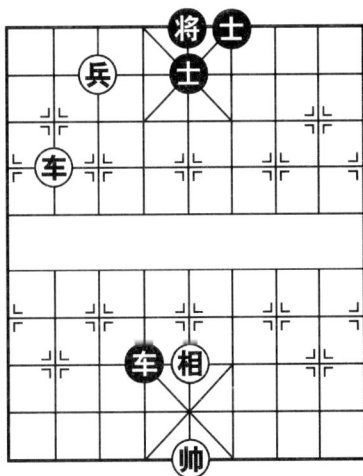

图 283

第284局　车兵胜士象全

"车底兵胜士象全"（图284）。

1. 车七进三　将6平5

倘若象7进9，兵七平六，象9进7，车七平八，象7退9，车八进二，将6进1，兵六平五，士5进6，车八退一，士6退5，车八退二，士5进6，车八平六，士6退5，车六平四，士5进6，帅五平四，将6平5，车四进一，红胜。

2. 车七平八　将5平6

3. 兵七平六　象7进9

4. 车八进二　象9进7

5. 兵六平五　将6进1

6. 车八退三　士5进6

7. 车八平六　士6退5

图284

8. 车六平三　士5退6

9. 车三平四　将6平5

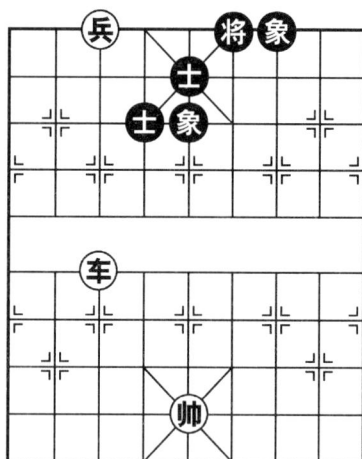

10. 兵五平四（红胜）

第285局　车兵胜双卒士象全

"车高兵必胜双卒士象全"。只要掌握诀窍，车兵战胜双卒士象全手到擒来（图285）。

1. 兵七平六　……

倘若错走兵七进一，象5退7，兵七进一，象3进5，前功尽弃，和棋之势。

1. ……　　　象5退7

2. 车二平三　……

逼象定位。

2. ……　　　象7进5

3. 车三平七　卒5平4

4. 车七进三　卒6平5

5. 兵六平七　士5退6

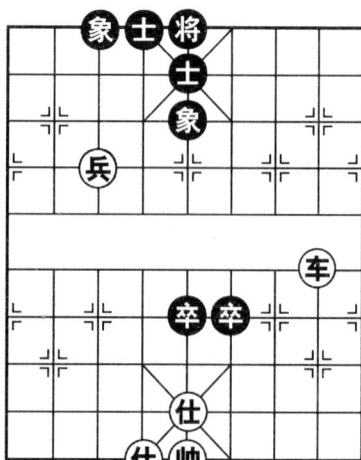

图285

6. 兵七平八 士6进5　　　**7.** 兵八进一 士5退6

8. 兵八进一 士4进5　　　**9.** 兵八平七 将5平4

10. 车七平八 卒5平6　　　**11.** 车八进一 将4平5

倘若象5进3，兵七进一，将4平5，车八退一，卒6平5，车八平七，卒5平6，车七退二，卒6平5，车七平五，卒5平6，兵七平六，将5平4，车五平六，将4平5，车六退二，红胜。

12. 兵七平六 象5进3　　　**13.** 车八进一 象3退1

14. 车八平九 卒6平5　　　**15.** 兵六平七 士5退4

16. 兵七平八 士6进5　　　**17.** 车九退二（红胜）

第286局　车兵和双卒士象全

"车低兵难胜双卒士象全"。

本局是2003年全国象棋大师冠军赛，张申宏与赵鑫鑫两位大师之战（图286）。

1. 车四平五 象9进7

2. 车五平四 象7退9

3. 仕五退四 象7进5

4. 帅五进一 象9退7

5. 车四平五 将5平6

6. 帅五平六 将6平5

7. 车五平四 卒4平3

8. 车四平六 卒3平4

老练细腻！不给红方一兵换双士的机会。

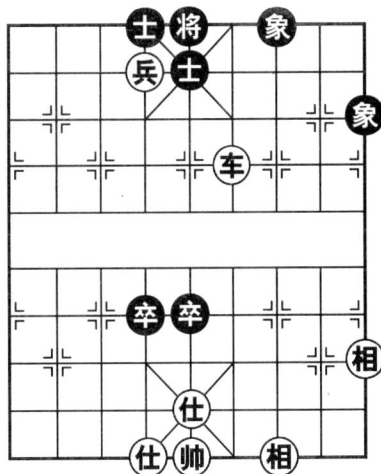

图286

9. 相一进三 象7进9　　　**10.** 车六平七 象9退7

11. 车七进一 将5平6　　　**12.** 车七平八 将6平5

13. 车八平九 卒4平3　　　**14.** 车九退二 卒3平4

双卒与士象全的完美防御，使黑军的九宫城堡固若金汤。

15. 车九平六 象7进9　　　**16.** 车六平八 象9退7

17. 车八退二 象7进9（和棋）

第十五章　车双兵残局

第 287 局　车双兵胜车士

"车双兵必胜车双士"。

本局是 2010 年广州亚运会象棋赛，特级大师许银川取胜之战（图 287）!

1. 兵二平三　士 5 退 4
2. 兵一进一　士 6 进 5
3. 兵一平二　士 5 退 6
4. 兵二进一　士 6 进 5
5. 车三平四　车 5 进 3
6. 兵三平四　车 5 退 1
7. 兵二平三　车 5 退 3
8. 相五退三　车 5 进 3
9. 兵三进一　车 5 退 3
10. 兵三进一　车 5 平 9
11. 兵三平四　车 9 退 1

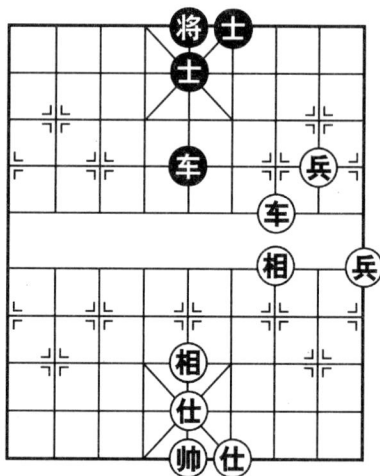

12. 仕五进四（红胜）

图 287

倘若车 9 平 6，兵四进一，车 6 平 9，兵四进一，车 9 退 1，兵四平五，士 4 进 5，车四平八，红胜。

第 288 局　车双兵胜车士

"车双兵必胜车双士"。

本局是 2005 年象甲联赛，张强大师取胜之战（图 288）!

1. 兵七进一　车 7 平 4
2. 仕五进六　车 4 退 2
3. 兵三平四　车 4 平 8
4. 兵七平六　车 8 进 7

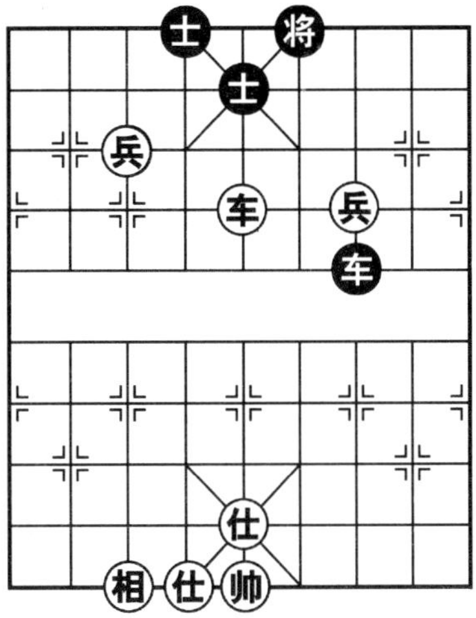

图 288

5. 帅五进一　车 8 退 1　　　　**6.** 帅五退一　车 8 进 1

7. 帅五进一　车 8 平 6　　　　**8.** 兵四平三（红胜）

第 289 局　车双兵和车单缺象

　　红兵尚没过河，车单缺象有巧和之机。

　　本局是 2011 年象甲联赛，上海名手赵玮与特级大师洪智之战（图 289）。

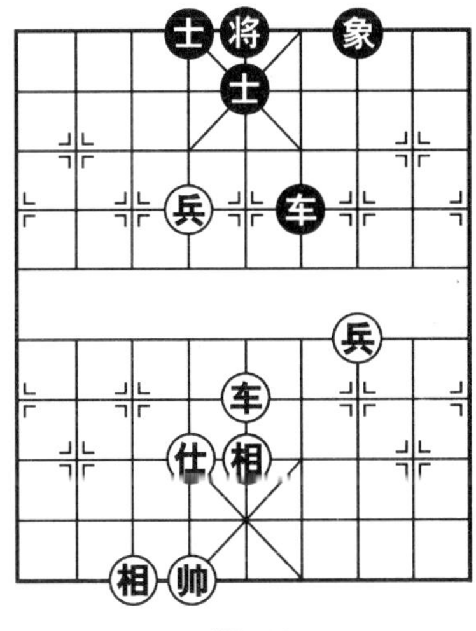

1. 兵六平五　车 6 平 7

2. 车五进一　象 7 进 9

3. 帅六平五　将 5 平 6

4. 相五退三　士 5 进 6

5. 相三进一　士 4 进 5

6. 相七进五　将 6 平 5

7. 车五进一　将 5 平 6

8. 帅五进一　将 6 平 5

9. 相五退三　将 5 平 6

图 289

10. 车五退二　车 7 平 9　　　　**11.** 车五进一　车 9 平 7

12. 车五进一　车 7 平 9　　　　**13.** 兵五进一　……

　　屡攻不下，只好冲中兵换士。

13. …… 车 9 平 6

14. 兵五进一 士 6 退 5

15. 车五进三 车 6 进 5

16. 帅五退一 车 6 进 1

17. 帅五进一 车 6 退 1

18. 帅五退一 车 6 进 1

19. 帅五进一 车 6 退 7（参考图）

机警！退守可成和棋。

20. 车五退二 将 6 进 1

21. 车五平二 车 6 平 5

22. 相三进五 车 5 平 7

23. 车二平四 车 7 平 6（和棋）

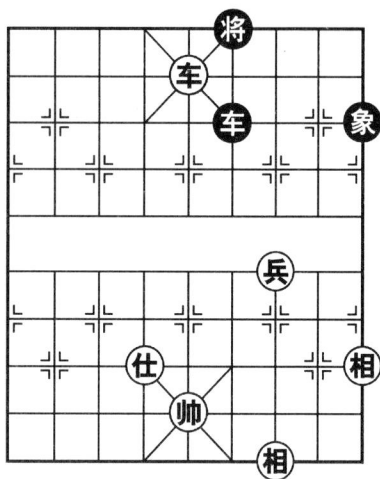

参考图

第 290 局　车双兵和车单缺象

本局是 2005 年全国象棋排名赛，特级大师于幼华与张强大师之战（图 290）。

1. 兵八进一 ……

倘若兵八平七，车 4 平 3，兵七平八，车 3 平 4，不变则判和。

1. …… 车 4 退 2

2. 车三平八 士 5 退 6

3. 车八进四 车 4 进 2

4. 兵三进一 士 4 进 5

5. 车八平七 车 4 退 1

高瞻远瞩的精妙佳着！

6. 车七进二 士 5 退 4

7. 兵三进一 车 4 退 1

8. 车七退一 车 4 平 3

兑车后再"将上三楼"，和棋。

9. 兵八平七 将 5 进 1（和棋）

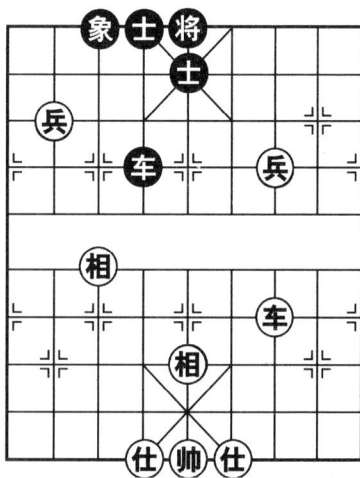

图 290

第 291 局　车双兵胜车单缺象

车双兵对车单缺象，是可胜可和的高难残局。

本局是 2005 年象甲联赛，四川谢卓淼大师取胜之战（图 291）。

1. 车七进一　车 1 平 5

似应象 5 进 7，兵九进一，士 5 退 6，兵九平八，车 1 平 4，车七退三，象 7 退 5，车七进二，士 4 进 5，加大红棋取胜难度。

2. 兵八平七　车 5 退 1
3. 兵九平八　将 5 平 6
4. 车七平九　将 6 平 5
5. 车九退三　将 5 平 6
6. 车九平六　将 6 平 5
7. 兵七平六　车 5 平 7
8. 兵八平七　象 5 退 7
9. 车六平五　象 7 进 9

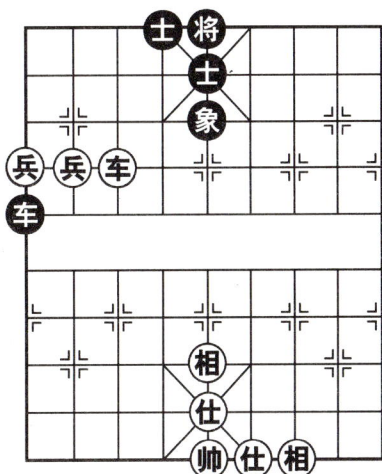

图 291

10. 兵六平五　象 9 退 7
11. 兵七平六　车 7 退 1
12. 兵五平四　象 7 进 9
13. 车五平七　象 9 退 7
14. 仕五进六　象 7 进 9
15. 兵六平七　车 7 平 1
16. 兵四平三（参考图）　车 1 平 5

双兵分开形成左右两翼之势是取胜诀窍。

17. 帅五平六　士 5 退 6
18. 兵三平四　士 6 进 5
19. 兵七进一　象 9 退 7
20. 兵七进一　车 5 平 4
21. 兵四平三　士 5 退 6
22. 车七平三　车 4 平 5

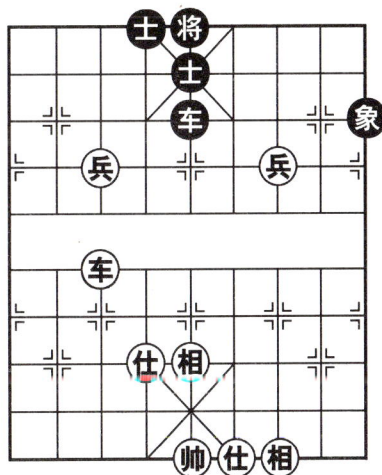

参考图

23. 兵三进一　象 7 进 9
24. 帅六平五　车 5 退 1
25. 车三平七　车 5 进 1
26. 车七平三　车 5 退 1
27. 车三平七　车 5 进 1

28. 车七平三　车 5 退 1　　　　**29.** 车三平七　车 5 进 1

30. 车七平三　车 5 进 2　　　　**31.** 兵七平六　……

小兵终于逼进九宫城下。

31. ……　　　车 5 平 4　　　　**32.** 车三平五　士 4 进 5

33. 兵六平五　……

佳着！胜势在望。

33. ……　　　士 6 进 5　　　　**34.** 相五进七　车 4 退 3

35. 车五平二　象 9 退 7　　　　**36.** 车二进五（红胜）

第 292 局　车双兵和车士象全

"车双兵难胜车士象全"。

本局是 2011 年全国智力运动会，特级大师万春林与汪洋大师之战（图 292）。

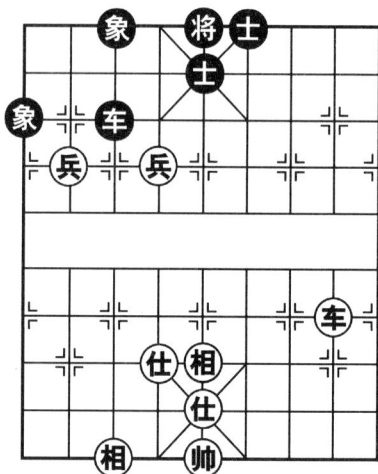

图 292

1. 车二平八　车 3 平 9

2. 兵八进一　车 9 进 1

3. 车八进三　士 5 退 4

4. 兵八平七　士 6 进 5

5. 兵七进一　车 9 平 8

6. 兵六平五　车 8 退 1

7. 车八平七　车 8 进 2

8. 兵七平六　车 8 平 3

9. 车七平八　车 3 平 4

10. 兵五平六　士 5 退 6

11. 前兵平七　士 6 进 5

长跟红兵，红棋难以取胜。

12. 兵六平七　车 4 平 3

13. 前兵平六　将 5 平 6　　　　**14.** 相七进九　将 6 平 5（和棋）

第 293 局　车双兵和车士象全

本局是 2011 年象甲联赛，汪洋与孙勇征两位大师之战（图 293）。

1. 兵二进一　车 6 退 2　　　　**2.** 兵二进一　车 6 退 1

3. 车七平二　车 6 进 2　　　　**4.** 兵七进一　车 6 平 3

倘若车 6 退 1，兵七进一，车 6 退 1，帅六退一，士 5 退 6，和棋。

5. 车二进三　　车 3 平 6

6. 兵七进一　　车 6 退 2

7. 兵七平六　　象 9 进 7

8. 仕五进四　　士 5 退 6

9. 兵六进一　　将 5 平 4

10. 车二平八　　士 6 进 5（和棋）

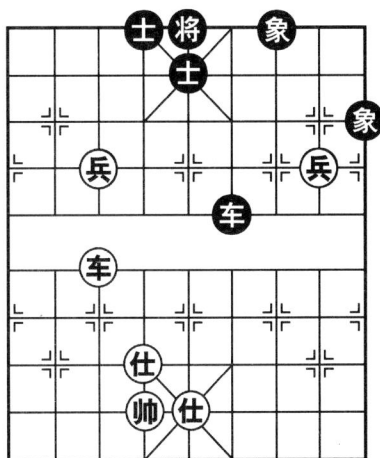

图 293

第 294 局　车双兵胜车士象全

车双兵一旦形成双兵两翼展开，便伏有二鬼拍门、三车闹士之势，但稍有闪失就会折戟沉沙。

本局是 2007 年全国象棋个人赛，特级大师洪智取胜之战（图 294）！

1. 兵三进一　　……

小兵疾冲，两翼合围，黑棋有一定的风险。

1. ……　　　　车 3 退 2

2. 车六平五　　车 3 平 4

3. 兵六平七　　车 4 平 3

4. 兵七平六　　车 3 平 4

5. 兵六平七　　象 5 进 3

6. 兵三进一　　车 4 平 7

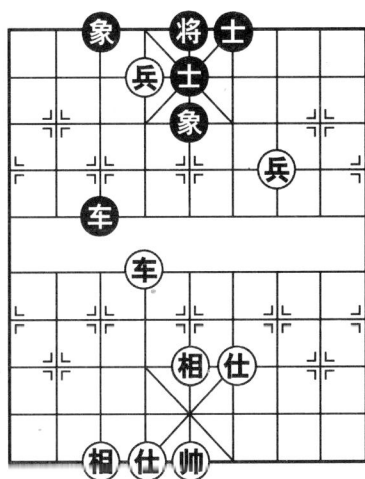

图 294

7. 兵三平四　　车 7 平 6

8. 兵四平三　　车 6 平 7

9. 兵三平四　　车 7 平 6

10. 兵四平三（参考图 1）　　象 3 退 1

亦可车 6 平 3，兵七平六，车 3 平 4，以下红棋有两种选择：①兵六平五，士 6 进 5，兵三平四，车 4 平 5，车五平三，士 5 退 6，车三进五，将 5 平 4，

仕六进五，象 3 退 1，车三退三，士 6 进
5，车三平七，士 5 进 4，帅五平六，将 4
平 5，车七平二，将 5 平 4，仕五退四，
将 4 进 1，和棋之势。②兵六平七，车 4
平 6，仕六进五，车 6 平 3，兵七平六，
车 3 平 4，兵六平七，车 4 平 6，车五平
七，车 6 平 3，兵七平六，车 3 平 4，兵
六平七，车 4 进 2，车七平一，车 4 退 2，
兵三平四，车 4 平 6，车一进四，车 6 平
4，车一进一，车 4 平 6，兵四平三，车 6
平 4，黑棋尚可抗御。

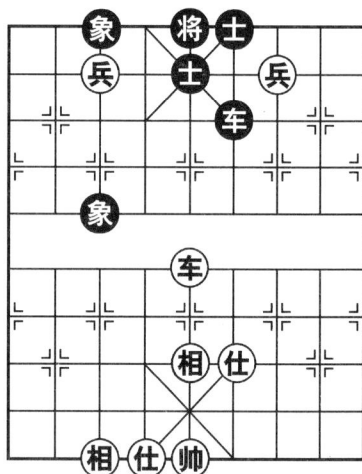

参考图 1

11. 车五平二　将 5 平 4

似可车 6 平 4，兵三平四，车 4 平 6，
车二进四，象 3 进 5，兵七平六，士 5 进 4，也是和棋。

12. 车二平八　车 6 平 7　　　　**13. 兵三平四　车 7 平 6**

14. 车八平六（参考图 2）　……

精妙！

14. ……　　　　　车 6 平 4

如将 4 平 5，兵七平六，象 1 进 3
（如车 6 退 1，相五退三，绝杀），车六进
二，象 3 进 1，相五进三，车 6 平 5，仕
六进五，车 5 平 2，车六平二，红胜。

15. 车六平五　……

绝杀！

15. ……　　　　　象 3 进 5

倘若将 4 平 5，兵四进一，将 5 平 6，
车五进四，红胜。

16. 车五平二（红胜）

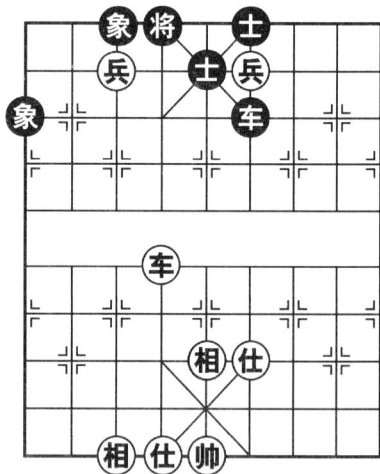

参考图 2

暗伏兵四平五，绝杀；倘若将 4 平 5，车二进五，小兵可换双士，胜势。

第 295 局　车双兵胜马炮士象全

"车双兵必胜马炮士象全"。倘若用马换个小兵不就和棋了吗？其实在残局
里用马换兵真的很难。

本局是 1984 年全国象棋团体赛，童本平大师取胜之战（图 295）！

1. 车九平一　马 7 进 8
2. 车一平二　马 8 退 6
3. 兵五平四　马 6 退 8
4. 兵七进一　炮 2 进 8
5. 相五退七　马 8 退 6
6. 车二平八　炮 2 平 1
7. 兵四进一　马 6 进 5
8. 兵四进一　……

绝妙！倘若贪吃而兵四平五，象 7 进 5，和棋之势。

8. ……　　　炮 1 退 8
9. 兵七平六　炮 1 进 2

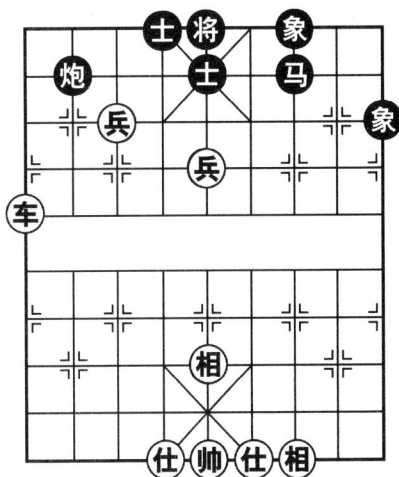

图 295

10. 兵四平五（红胜）

第 296 局　车双兵和马炮士象全

车双兵要循序渐进稳扎稳打，或一兵换双象，一兵换双士皆可取胜，倘若疏忽，马炮也有和棋之机。

本局是 2005 年全国象棋大师冠军赛，傅光明与杨剑两位大师之战（图 296）。

1. 车八平四　……

略有粗糙之嫌！似应车八平一，象 5 退 7，兵四平三，稳步进取为宜。

1. ……　　　炮 9 进 1

机不可失！弃马打兵是求和的佳着。

2. 兵八进一　马 6 退 4
3. 车四平一　炮 9 平 8
4. 车一平二　炮 8 平 9
5. 车二平一　炮 9 平 8
7. 兵八进一　马 4 退 6

二度弃马，精彩！

8. 兵八平七　炮 9 退 2

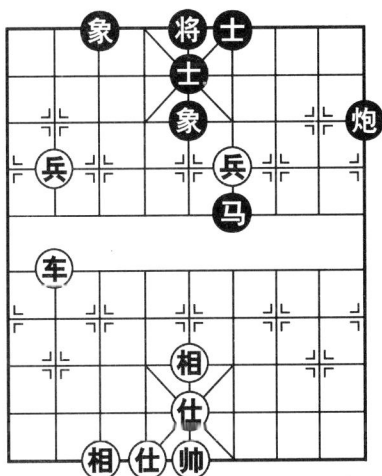

图 296

6. 车一平二　炮 8 平 9

9. 车二平七　象 3 进 1

10. 车七进二　象5进3

无奈之下只好弃兵！

11. ……　　　炮9平2

13. 兵四进一　士6进5

15. 车七退二　炮4进1

17. 兵三进一　炮4退1

19. 车九平五　炮7进2

21. 相五退三　将5平6　（和棋）

11. 兵七平八　……

12. 车七进三　士5退4

14. 兵四平三　炮2平4

16. 仕五退四　象3退5

18. 车七平九　炮4平7

20. 车五平三　炮7平5

第 297 局　车双兵胜双马士象全

"车双兵必胜双马士象全"。图297，看似双马位置极佳，但是也很难阻挡小兵攻城。

本局是 2005 年象棋甲级联赛，李鸿嘉大师取胜之战！

1. 兵一平二　将5平4

2. 兵二进一　马6进8

以马换兵则形成"车兵对单马士象全"，红棋也是必胜。

3. 车二进二　将4平5

4. 车二平六　象3进1

5. 相五进七　象5退3

6. 仕五退六　象3进5

7. 帅五进一　象1退3

黑棋因无子可走只好放行小兵从容右移。

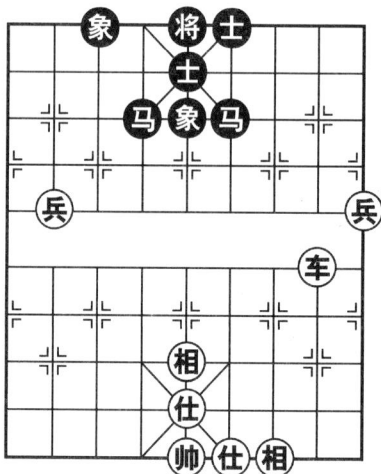

图 297

8. 兵八平七　马4进2

10. 相七退九　象3进1

12. 相五进七　象3进5

14. 兵八平七　马4退2

16. 车六平七　马4退2

长捉红车违规，只好退马。

18. 车八平七　象3进1

20. 帅五进一　马4进5

9. 兵七平八　马2退4

11. 相三进五　象5退3

13. 帅五退一　象1退3

15. 兵七平六　马2进4

17. 车七平八　马2退4

19. 兵六进一　象5退3

21. 车七进一　马5进6

22. 兵六平七　马6退5　　**23.** 兵七平八　马5进4

24. 车七退二　马4进6　　**25.** 车七平九　……

边车管住黑象，胜势已定。

25. ……　　马6进4　　**26.** 帅五平四　士5退4

27. 车九平六　马4进2　　**28.** 兵八进一　马2退1

29. 车六平九　马1退3　　**30.** 兵八进一　马3退4

31. 车九进二（红胜）

第 298 局　车双兵胜双马士象全

"小兵还没过河，双马防守严密，红棋能赢吗？"请看甘肃著名棋手焦明理取胜之战（图298)!

1. 车五平一　将5平6　　**2.** 车一进四　将6进1

3. 车一退六　将6退1　　**4.** 车一平六　象3进1

5. 车六进三　马5进7　　**6.** 车六平四　将6平5

7. 车四退一　马7退9　　**8.** 车四平五（参考图）　象1退3

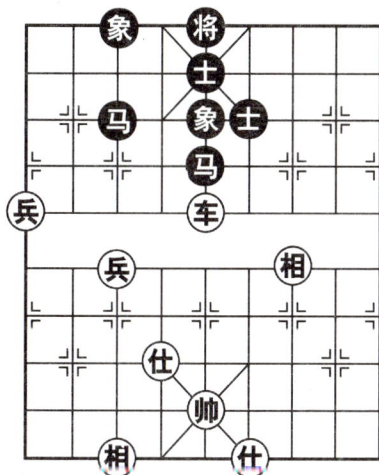

图 298

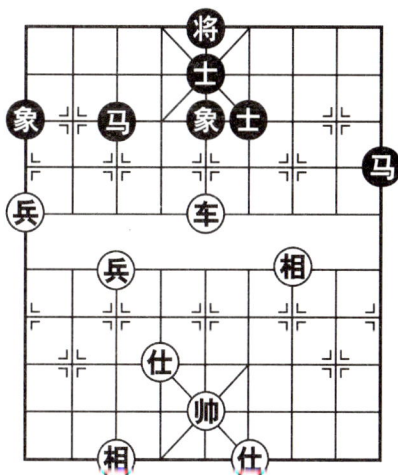

参考图

如马3退4，兵九进一，象1退3，兵九平八，马9进8，兵八平七，马8进7，帅五退一，将5平6，前兵平六，象3进1，相三退五，马7退8，车五平八，马8进6，车八进一，小兵可从容渡河。

9. 兵七进一　马9进7　　**10.** 兵七进一　马3进5

11. 兵七平六　马5退7　　**12.** 兵九进一　后马退6（红胜）

第十六章　车三兵残局

第299局　车三兵胜车士象全

"车三兵必胜车士象全。"

车三兵战胜单车士象全看似简单，不就是把小兵过河就赢棋了吗？非也！请看1964年两位全国象棋冠军胡荣华与杨官璘演绎的马拉松攻守大战，必获益匪浅（图299）。

1. 兵四平五　……

为了保证三兵过河必胜，放弃而走兵三进一，车6进2，兵四平五，象5进7，车三退一，而形成的车双兵胜车单缺象之势。

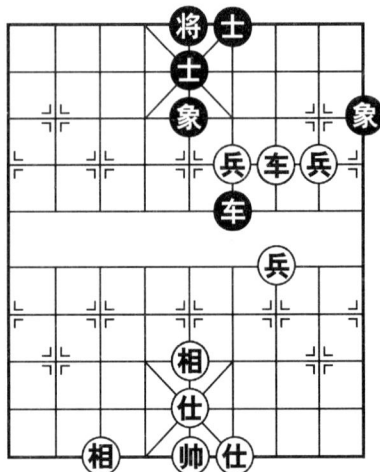

图299

1. ……　　　车6平5

2. 仕五进四　将5平4

3. 仕四进五　将4平5

4. 兵五平六　车5平4

5. 兵六平七　车4平3

6. 相七进九　车3平8

7. 兵二平一　车8平9

8. 兵七平六　象9退7

9. 兵六平五　将5平4

10. 兵一平二　车9平8

11. 兵二平一　车8平9

12. 相九退七　将4平5

13. 兵五平四　象7进9

14. 车三平二　象9退7

15. 兵四平三（参考图1）　……

胡特大煞费苦心不拘一格而找到一条攻击之路。

15. ……　　　将5平4

16. 前兵进一　车9平6

17. 前兵进一　将4平5

18. 车二平三　将5平4（参考图2）

参考图1

参考图2

19. 兵一平二 ……

似可前兵进一，象5退7，兵三进一，车6平4，车三进三，红胜。

19. …… 象7进9   **20. 车三平八** 将4平5

21. 兵二平三 士5退4   **22. 车八进一** 车6平5

23. 前兵平四 士6进5   **24. 前兵平四** 车5平6

25. 车八退一 车6平8   **26. 前兵平五** ……

小兵换士展开突破。

26. …… 士4进5

27. 车八进三 士5退4

28. 兵四进一 车8平3（参考图3）

29. 车八退一 ……

佳着！倘若兵四平五，车3退2，帅五平六，车3平5，车八平六，将5进1，车六退一，将5退1，车六退二，车5平7，车二退三，将5进1，帅六平五，将5平6，车二平五，车7平6，和棋之势。

29. …… 车3退2

30. 车八平六 士4进5

31. 兵四进一 士5退6

32. 帅五平六 车3退2

参考图3

33. 车六退一 象9进7

34. 相七进九 车3平2   **35. 相五退七** 车2平3

36. 仕五退四　车 3 平 2　　37. 仕四退五　车 2 平 3

38. 兵三进一　……

小兵换象击破双象防线。

38. ……　　象 5 进 7　　39. 车六退一　象 7 退 5

40. 车六平二　车 3 平 4

倘若车 3 进 1，兵四进一，将 5 平 6，车二进三，红胜。

41. 帅六平五　车 4 进 4　　42. 车二进三（红胜）

第300局　车三兵胜车士象全

本局是 2009 年全国象棋个人赛，王跃飞大师取胜之战（图300）！

1. 兵八进一　象 3 进 5

2. 兵一平二　车 3 平 2

3. 兵八平七　车 2 平 3

4. 兵七平六　车 3 平 4

5. 兵六平七　车 4 平 1

6. 车五平六　车 1 进 6

7. 仕五退六　车 1 退 3

倘若车 1 退 8，兵七平六，车 1 进 1，兵五进一，车 1 平 4，车六进二，三兵必胜士象全。

8. 相三进五　士 5 进 6

9. 兵五进一　士 4 进 5

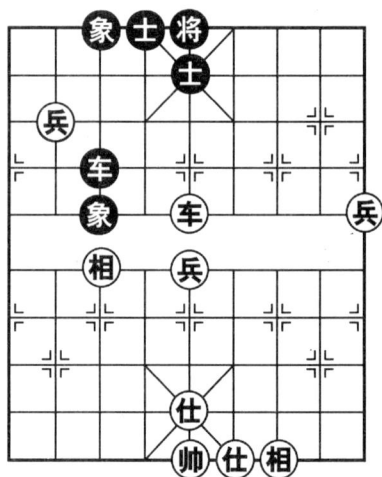

图 300

10. 车六进一（红胜）